2018 年国家社科基金一般项目"清水江流域民间借贷契约文书研究"(项目编号：18BZS139)最终成果

国家社科基金丛书
GUOJIA SHEKE JIJIN CONGSHU

清水江流域民间借贷
契约文书研究

A Study on the Contract Documents of
Nongovernmental Loans in Qingshuijiang Area

安尊华 著

人民出版社

责任编辑:邵永忠
封面设计:石笑梦

图书在版编目(CIP)数据

清水江流域民间借贷契约文书研究 / 安尊华 著. —北京:
　人民出版社,2023.10
ISBN 978-7-01-025815-7

Ⅰ.①清⋯　Ⅱ.①安⋯　Ⅲ.①契约-文书-研究-贵州　Ⅳ.①D927.730.36

中国版本图书馆 CIP 数据核字(2023)第 135382 号

清水江流域民间借贷契约文书研究
QINGSHUIJIANG LIUYU MINJIAN JIEDAI QIYUE WENSHU YANJIU

安尊华　著

人民出版社 出版发行
(100706　北京市东城区隆福寺街 99 号)

北京九州迅驰传媒文化有限公司印刷　新华书店经销

2023 年 10 月第 1 版　2023 年 10 月北京第 1 次印刷
开本:710 毫米×1000 毫米 1/16　印张:29　字数:480 千字

ISBN 978-7-01-025815-7　定价:130.00 元

邮购地址 100706　北京市东城区隆福寺街 99 号
人民东方图书销售中心　电话 (010)65250042　65289539

目　　录

图目录

表目录

绪　　论

契约文书乃当事人双方协商订立的有关土地、房产、山林等产业买卖以及借贷、商业经营等关系的凭证，具有凭证性、原始性、文物性特征，其类型众多、源远流长、承载着厚重的历史记忆，是历史学、经济学、法学、民族学等诸多学科研究的重要史料。学术界对于契约文书的整理与研究方兴未艾。

一、清水江文书研究

清水江文书指涵盖贵州省锦屏、天柱、黎平、剑河、三穗等县的清水江中下游地区的田地、房地、林地等契约、户册、账簿税单、碑铭、分家合同、宗谱以及官府文告等历史文献。它是继徽州文书之后，当前所见的中国第二大民间契约文书系统，数量、种类与保存之法皆引人注目，是明代后期迄民国时期乡村社会发展最原始的实物见证，是研究西南和中原地方社会经济关系及其发展状况的珍贵史料。到 2018 年 8 月，黔东南苗族侗族自治州（以下简称黔东南州）各县档案馆累计收藏清水江文书 208046 份①，另有贵州民族

① 其中，黎平县收录进馆原件 61060 份，锦屏县收录进馆 59387 份（现已超过 62300 份），岑巩县收录进馆 4000 余件，三穗县收录进馆 31267 件，从江县收录进馆 261 份，剑河县收录进馆 20000 份，台江县收录进馆 654 份，榕江县收录进馆 197 份，天柱县收录进馆 31220 份。详见贵州省档案局（贵州省地方志办）编《贵州清水江文书编纂业务培训资料汇编》，内部资料，2018 年，第 1 页。

研究院、贵州大学、贵州省档案局、凯里学院、中山大学等单位亦收藏少量清水江文书，估计清水江文书总数在 50 万份以上。早在民国时期，清水江文书的史料价值就受到学者关注。胡敬修（1941）《黔东木业概况》指出"青山之买卖，须立契约"。龚其昌有《与天柱雷寨欧阳昭谈林业情况》。始于 20 世纪 80 年代的"六山六水调查"成果涉及该流域。① 20 世纪八九十年代杨有赓开创锦屏林契研究。清水江文书在 21 世纪受到学术界重视，其研究成果大致可分为：

（一）林业与经济

张应强（2002）揭示清代中后期清水江木材贸易及地方社会具体运作的重要侧面②，其《锦屏》（2004）全面展示了清水江流域苗族村落的经济社会生活以及木材市场流通历史概况③，其《木材之流动：清代清水江下游地区的市场、权力与社会》（2006）研究清水江流域以木材采运为中心的地域社会文化演变，堪称此类研究中的扛鼎之作④，他的《区域开发与清水江下游村落社会结构——以〈永定江规〉碑的讨论为中心》（2009）探讨清初开辟"新疆"和疏浚清水江及相关社会构建。⑤ 沈文嘉等（2004）认为侗、苗族人民形成了独到的杉木造林方法⑥，且在《清代清水江流域林业经济与社会发展论要》（2005）一文中提出清代当地侗、苗族人民已经实现了由稻作农业向人工林业

---

① 贵州省民族事务委员会、贵州省民族研究所编：《贵州六山六水民族调查资料选编·侗族卷》，贵州民族出版社 2008 年版，第 1 页。

② 张应强：《从卦治〈奕世永遵〉石刻看清代中后期的清水江木材贸易》，《中国社会经济史研究》2002 年第 3 期，第 53—59 页。

③ 张应强、胡腾：《锦屏·编者序语》，李玉祥摄影，生活·读书·新知三联书店 2004 年版。

④ 张应强：《木材之流动：清代清水江下游地区的市场、权力与社会》，生活·读书·新知三联书店 2006 年版。

⑤ 张应强：《区域开发与清水江下游村落社会结构——以〈永定江规〉碑的讨论为中心》，《原生态民族文化学刊》2009 年第 3 期，第 16—22 页。

⑥ 沈文嘉等：《清代清水江流域侗、苗族杉木造林方法初探》，《北京林业大学学报》（社会科学版）2004 年第 4 期，第 30—33 页。

的经济转型①。万红（2005）论述了该流域内木材与山林交易和民族生态旅游。②单洪根（2007）认为锦屏林契是"活化石"③，他在《锦屏文书——与清水江林业史话》（2017）中，突出历史上林业的生产方式、木材市场运作模式、法则制度、民俗文化和"一以贯之的林业可持续发展理念"④。吴声军（2009）认为林契是一种生态智慧和技能。⑤傅安辉（2010）认为苗、侗民族与外来客商培育了清水江木材市场。⑥马国君等（2011）揭示了林木生产的社会规约。⑦王宗勋（2012）指出，锦屏文书对林业经济持续发展和生态文明建设起到促进作用。⑧徐晓光等（2013）认为，清政府对清水江流域的经济开发和调控，使木材贸易秩序得以建立。⑨陆跃升（2014）⑩认为汉族移民推动了清水江流域农业开发的繁荣。林芊（2015）指出"明代清水江流域有成熟的文书"⑪，其《明清时期清水江流域林业生产与木材贸易研究的思考》（2016）一文，进一步强调了清水江流域"由人工育林繁荣起来的林业生产促成了地

---

① 沈文嘉：《清代清水江流域林业经济与社会发展论要》，《古今农业》2005 年第 2 期，第97—102 页。

② 万红：《试论清水江木材集市的历史变迁》，《古今农业》2005 年第 2 期，第 103—112 页。

③ 单洪根：《锦屏林业契约文书——清代林业生产关系的活化石》，《凯里学院学报》2007 年第5 期，第 37—40 页。

④ 单洪根：《锦屏文书——与清水江林业史话》，中国政法大学出版社 2017 年版。

⑤ 吴声军：《锦屏契约所体现林业综合经营实证及其文化解析》，《原生态民族文化学刊》2009年第 4 期，第 36—41 页。

⑥ 傅安辉：《论历史上清水江木材市场繁荣的原因》，《贵州民族学院学报》（哲学社会科学版）2010 年第 1 期，第 166—168 页。

⑦ 马国君、黄艳：《清水江流域林木生产的社会规约探析——以现存契约文书为分析依据》，《原生态民族文化学刊》2011 年第 4 期，第 47—55 页。

⑧ 王宗勋：《浅谈锦屏文书在促进林业经济发展和生态文明建设中的作用》，《贵州大学学报》（社会科学版）2012 年第 5 期，第 70—75 页。

⑨ 徐晓光、夏阳：《清朝政府清水江林木市场经济调控法律制度研究》，《原生态民族文化学刊》2013 年第 1 期，第 20—29 页。

⑩ 陆跃升：《清代汉族移民与清水江中、上游农林经济开发考述》，《农业考古》2014 年第 4 期，第 63—66 页。

⑪ 林芊：《国内成熟文书在少数民族地区的运用：明代清水江文书契纸样式简论——明代清水江文书研究之一》，《贵州大学学报》（社会科学版）2015 年第 4 期，第 53—61 页。

主经济的发育从而改变了流域内的经济结构"①。杨孝斌等（2016）认为，清水江文书林契的股份制记数法与《九章算术》中的比例分配问题"具有明显的相似性"②。

（二）土地与经济

王宗勋（2009）认为清水江流域是典型的契约社会。③ 史达宁（2011）讨论了清水江流域民间借贷原因、借贷种类和借贷利率。④ 龙泽江（2013）初步考证苗族侗族地区货币流通中的银两成色、平砝标准和银钱比价关系⑤，同时又在《清代贵州清水江苗族土地契约的计量分析》（2014）一文中，揭示了清代苗族土地交易具有周期性波动的规律。⑥ 林芊（2015）认为，"苗、侗民族聚居区的清水江流域明代土地占有形态由原来主要的土司占有领地转化成苗田、屯田和民田三种类型构成"，"屯民来源、缴纳赋税方式也是苗侗社会经济生活主要内容"。⑦ 朱荫贵（2013）认为，土地买卖和地权转移是清水江文书的主要种类，表明近代该流域经济社会活动与江南农村相比没有大的差别，有更灵活和便于操作的方面。⑧ 张新民（2014）认为，清水江流域土地买卖关

---

① 林芊：《明清时期清水江流域林业生产与木材贸易研究的思考——清水江文书·林契研究之一》，《贵州大学学报》（社会科学版）2016 年第 3 期，第 91—99 页。

② 杨孝斌等：《清水江文书林业契约中的记数数码、股份制记数法研究》，《原生态民族文化学刊》2016 年第 2 期，第 54—59 页。

③ 王宗勋：《清代清水江中下游林区的土地契约关系》，《原生态民族文化学刊》2009 年第 3 期，第 23—30 页。

④ 史达宁：《清水江借贷契约初探》，载张新民主编《人文世界——区域·传统·文化》（第四辑），人民出版社 2011 年版。

⑤ 龙泽江：《从清水江文书看清代贵州苗侗地区货币流通中的几个问题》，《贵州大学学报》（社会科学版）2013 年第 2 期，第 68—72、99 页。

⑥ 龙泽江、张清芳：《清代贵州清水江苗族土地契约的计量分析》，《农业考古》2014 年第 3 期，第 181—189 页。

⑦ 林芊：《从明代民间文书探索苗侗地区的土地制度——明代清水江文书研究之三》，《贵州大学学报》（社会科学版）2015 年第 6 期，第 53—61 页。

⑧ 朱荫贵：《从贵州清水江文书看近代中国的地权转移》，《贵州大学学报》（社会科学版）2013 年第 6 期，第 69—77 页。

系的发达必然引起地权的频繁转移。① 张海英等（2014）认为，天柱春花鱼鳞册展现了乡村土地关系，具有了某些"永佃制"，甚至"一田两主"制的色彩。② 戴鞍钢（2014）论及林业经营中的租佃分成。③ 谢开键（2019）指出"出典回佃"式典交易利率整体上低于借钱还钱模式的利率，是出典人选择这一交易方式的重要原因。④

（三）文化与社会

林芊的《明清时期贵州民族地区社会历史发展研究——以清水江为中心、历史地理的视角》指出清水江具有运军、屯粮、商品和木材等的运送能力，"它还是全省一条重要的政治、经济、文化走廊，同时也是一条民族迁徙孔道"⑤；其《凸洞三村：清至民国一个侗族山乡的经济与社会——清水江天柱文书研究》（2014）以清至民国时期天柱县的各种文书，结合地方志和官方文献，"以凸洞三村为中心，来展开和再现清到民国时期于其间的侗族经济与社会生活"⑥；《清水江林契所反映的"股权"属性及林地权样态》（2018）述及清水江林业契约中的股与股份方式，认为它们是解开清水江流域清至民国时期林业生产中林地权属问题的关键所在。⑦ 张明、林芊（2020）认为，"苗

---

① 张新民：《区域社会经济史研究的新创获——清水江文书与中国地方社会国际学术研讨会综述》，《中国经济史研究》2014 年第 2 期，第 167—171 页。

② 张海英、黄敬斌：《春花鱼鳞册》，载张新民主编《探索清水江文明——清水江文书与中国地方社会国际学术研讨会论文集》，巴蜀书社 2014 年版。

③ 戴鞍钢：《山林权的经营与转让——读〈清水江文书·天柱卷〉之二》，载张新民主编《探索清水江文明——清水江文书与中国地方社会国际学术研讨会论文集》，巴蜀书社 2014 年版。

④ 谢开键：《"出典回佃"式交易研究——以清中后期贵州省锦屏县为例》，《中国社会经济史研究》2019 年第 1 期，第 43—51 页。

⑤ 林芊：《明清时期贵州民族地区社会历史发展研究——以清水江为中心、历史地理的视角》，知识产权出版社 2012 年版，第 27 页。

⑥ 林芊：《凸洞三村：清至民国一个侗族山乡的经济与社会——清水江天柱文书研究》，巴蜀书社 2014 年版，第 58 页。

⑦ 林芊：《清水江林契所反映的"股权"属性及林地权样态》，《贵州大学学报》（哲学社会科学版）2018 年第 1 期，第 42—53 页。

疆"的"核心区域主要在清水江中游南岸'外化生苗'地区"①，苗界指今铜仁东部和黔东南州。吴才茂（2010）探讨民族村落人的迁徙与山地开发之间的关系，其《从契约文书看清代以来清水江下游苗、侗族妇女的权利地位》（2013）认为苗、侗族妇女的权利地位主要体现在财产的继承和对财产不同程度的自主处理上，②《民间文书与清水江地区的社会变迁》（2016）从契约、文书、族谱、碑刻等入手，讨论了汉族文字、信仰、宗族观念在清水江地区的传播及其所引起的社会变迁。③ 邓刚认为，"三锹人"分布在黎平、锦屏县的二十多个村落中。④

钱晶晶（2011）探讨了地缘与血缘等村落社会的构成原则。⑤ 张银锋（2011）认为魁屏县胆侗寨有利于理解地方社会历史变迁。⑥ 秦秀强（2012）指出清水江流域的碑刻是研究"苗侗文化与汉文化接触交流的重要史料"。⑦ 刘亚男等（2012）指出，"血缘、地缘与神灵相结合所衍生的乡约与道德规范，使伦理观念始终伴随在清水江下游地区的社会经济发展之中"。⑧ 王凤梅等（2013）认为宗族在维持家庭延续性和宗族凝聚力中具有一定的作用。谢景连（2014）认为，清水江文书研究偏重于保护、抢救与整理。⑨ 石开忠

---

① 张明、林芊：《苗界苗疆考——对明清时期贵州"苗民"聚居地称谓演变的历史考察》，《地域文化研究》2020 年第 1 期，第 64—69、154 页。

② 吴才茂：《从契约文书看清代以来清水江下游苗、侗族妇女的权利地位》，《西南大学学报》（社会科学版）2013 年第 4 期，第 155—161、176 页。

③ 吴才茂：《民间文书与清水江地区的社会变迁》，民族出版社 2016 年版，第 6 页。

④ 邓刚：《"三锹人"与清水江中下游的山地开发——以黔东南锦屏县岑梧村为中心的考察》，《原生态民族文化学刊》2010 年第 2 期，第 44—48 页。

⑤ 钱晶晶：《三门塘人的空间观念及表达》，《原生态民族文化学刊》2011 年第 4 期，第 30—37 页。

⑥ 张银锋：《"屋山头"的文化嬗变：对清水江流域一个侗族村落的历史人类学考察》，《原生态民族文化学刊》2011 年第 4 期，第 38—46 页。

⑦ 秦秀强：《清水江下游苗侗地区碑刻文化调查——以天柱县为例》，《贵州民族学院学报》（哲学社会科学版）2012 年第 3 期，第 7—11 页。

⑧ 刘亚男、吴才茂：《从契约文书看清代清水江下游地区的伦理经济》，《原生态民族文化学刊》2012 年第 2 期，第 36—45 页。

⑨ 谢景连：《清水江区域社会与清水江文书研究现状简述》，《怀化学院学报》2014 年第 4 期，第 27—30 页。

（2014）讨论了历史时期清水江流域村民反剥削、反压迫的斗争。[①] 李斌等（2018）从碑刻与社会治理、社会经济、文教昌隆、苗疆妇女社会生活等角度研究清水江流域的历史；梳理所搜集到的 1200 余通碑刻，重点论述其官府告示、乡规民约、路桥井渡、学校教育、宗族祠堂、寺观庙宇及其学术价值。[②]

（四）法律与政治

徐晓光的《清水江流域林业经济法制的历史回溯》（2006）全面阐述了锦屏林业契约的社会功能与文化价值[③]，他的《锦屏乡土社会的法与民间纠纷解决》（2012）从原生态和人类学视角讨论乡土社会的纠纷解决方式，这是法律方面的力作。[④] 其《教化、"归化"与文化——清代清水江流域苗族侗族地区与法律有关的教育文化事实》（2012）指出，苗、侗族村民使用汉字书写林业契约是他们汲取先进汉文化的明显标志。[⑤] 他又在《清水江流域传统林业规则的生态人类学解读》（2014）一文中对黔东南清水江流域苗族侗族传统生态观念、生态制度、生态补偿等方面进行了全面研究[⑥]，另有《苗族习惯法传承过程与"广场化"仪式》（2018）论及清水江流域苗族习惯法的传承过程，苗族传统的"立法"活动主要通过"议榔大会"来完成，纠纷解决通过理老主持裁定、理师"摆古说理"来完成。[⑦]《清水江流域传统贸易规则与商业文化研究》（2018）通过解读文书中的贸易资料，透视清水江流域的林业贸易规则，探讨清代和民国时期该地区的社会变迁。[⑧]

---

① 石开忠：《碰撞与调适——清水江流域人民武装反抗斗争与当地社会文化变迁》，《贵州大学学报》（社会科学版）2014 年第 5 期，第 76—80 页。

② 李斌等：《碎片化的历史：清水江流域碑刻研究》，民族出版社 2018 年版。

③ 徐晓光：《清水江流域林业经济法制的历史回溯》，贵州人民出版社 2006 年版。

④ 徐晓光：《锦屏乡土社会的法与民间纠纷解决》，民族出版社 2012 年版。

⑤ 徐晓光：《教化、"归化"与文化——清代清水江流域苗族侗族地区与法律有关的教育文化事象》，《教育文化论坛》2012 年第 2 期，第 8—11 页。

⑥ 徐晓光：《清水江流域传统林业规则的生态人类学解读》，知识产权出版社 2014 年版。

⑦ 徐晓光：《苗族习惯法传承过程与"广场化"仪式》，《民间法》2018 年第 2 期，第 346—355 页。

⑧ 徐晓光：《清水江流域传统贸易规则与商业文化研究》，社会科学文献出版社 2018 年版。

梁聪《清代清水江下游村寨社会的契约规范与秩序：以文斗苗族契约文书为中心的研究》（2008）探讨苗族习惯法。[①] 秦秀强（2010）认为明清时期清水江流域的"江规"属于法律规范。[②] 吴才茂（2013）认为，清代中期以降国家法律逐渐渗透到社会诸领域，形成多元诉讼并存的纠纷解决机制。[③] 邓建鹏（2013）认为，晚清之后的"认错字"是苗族村寨内部纠纷的解决机制。[④] 吴述松（2014）认为，苗疆、国家权力耦合维系了社会稳定，促进了清水江流域经济社会和文化的发展。[⑤]

李亚（2015）探讨苗族习惯法中的裁岩、埋碑、挖地坎、契约文书中的四抵等方式，对"管理林业生产所起到的积极作用"[⑥]。李晓娟（2017）以清白文书为客体探明文书的特征，认为"习惯法存在的原因即是对国家法的补充、限制和延续"[⑦]。曾梦宇（2017）提出"当江"制度"有效地保证了清水江木材贸易的顺利进行"[⑧]。谢景连（2018）认为，从"人、地、权"三个维度进行综合分析，可推进清水江文书土地问题的研究。[⑨]

王宗勋（2017）认为，国家意识和汉族宗族文化进入侗族地区后，与侗

---

① 梁聪：《清代清水江下游村寨社会的契约规范与秩序：以文斗苗族契约文书为中心的研究》，人民出版社2008年版。

② 秦秀强：《江规：清代清水江木材采运贸易规范考察》，《原生态民族文化学刊》2010年第1期，第49—56页。

③ 吴才茂：《清代清水江流域的"民治"与"法治"——以契约文书为中心》，《原生态民族文化学刊》2013年第2期，第26—33页。

④ 邓建鹏：《清至民国苗族林业纠纷的解决方式——以清水江"认错字"文书为例》，《湖北大学学报》（哲学社会科学版）2013年第4期，第86—90页。

⑤ 吴述松：《清水江两百年争江案判决与乾隆以蛮治蛮新政》，《北方民族大学学报》（哲学社会科学版）2014年第1期，第54—60页。

⑥ 李亚：《苗族习惯法对林业生产的管理研究——以加池寨清水江文书为中心》，《原生态民族文化学刊》2015年第3期，第73—78页。

⑦ 李晓娟：《贵州清水江清白文书存在原因及评析》，《中国地方志》2017年第6期，第48—56、64页。

⑧ 曾梦宇：《"当江"制度与民族地区经济发展的保护研究》，《原生态民族文化学刊》2017年第4期，第42—46页。

⑨ 谢景连：《人·地·权："插花地"地湖契约文书整理研究》，《原生态民族文化学刊》2018年第3期，第43—48页。

族款规款约相互渗透，形成宗族文化，有利于维护民族团结;① 其《从"化外之苗"到"契约之乡"——以平鳌"输粮附籍"碑为中心》（2019）认为，在木商文化影响下，清代以后，平鳌"输粮附籍"碑文反映了清水江下游苗族社会从"化外生苗"到"契约之乡"的历史变迁过程;② 王氏另有《民间文献"锦屏文书"的生态文明价值探析》（2019）指出，锦屏文书具有生态价值，其智慧对生态文明建设和乡村振兴具有积极作用。③ 刘崧（2017）认为，清水江文书的约束力"之根源可以定性为一种前现代类型的信任关系"。④ 杨志军、刘崧认为，官府的存在"为民间社会通过文书实现谐调与自治提供了不可或缺的威权保证"。⑤ 吴才茂（2019）讨论了王坤一的《明月清风：明清时代的人、契约与国家》（社会科学文献出版社 2018 年），认为现代学术意义上的契约文书研究是制度史的注脚;⑥ 其《"礼"入苗疆：清代清水江文书中的婚姻世界》（2019）认为，清代改土归流以后，礼治成为清水江流域开发与经营的重要环节，"六礼""庚帖为凭"等，表明国家权力通过干预婚姻生活进入苗疆基层社会;⑦《亦谱亦志：清代西南土司族谱编纂的方志化研究——以亮寨蛮夷长官司为例》（2020）认为龙氏族谱"既是龙氏一族的族谱，也是该土司政区的地方志"⑧。盘应福（2019）认为，天柱文书的清白文书主要有

---

① 王宗勋：《法律、族规与款规款约的互渗及作用——以魁胆侗寨为例》，《贵州大学学报》（社会科学版）2017 年第 4 期，第 39—44 页。

② 王宗勋：《从"化外之苗"到"契约之乡"——以平鳌"输粮附籍"碑为中心》，《原生态民族文化学刊》2019 年第 2 期，第 42—48 页。

③ 王宗勋：《民间文献"锦屏文书"的生态文明价值探析》，《贵州大学学报》（社会科学版）2019 年第 2 期，第 135—144 页。

④ 刘崧：《解读清水江文书的信任机制》，《寻根》2017 年第 3 期，第 16—23 页。

⑤ 杨志军、刘崧：《清水江文书的信任机制及其阐释》，《浙江档案》2017 年第 11 期，第 50—54 页。

⑥ 吴才茂：《一叶知秋：明清契约文书究竟还能研究什么？读〈明月清风：明清时代的人、契约与国家〉》，载赵晶主编《中国古代法律文献研究》第十三辑，社会科学文献出版社 2019 年版。

⑦ 吴才茂：《"礼"入苗疆：清代清水江文书中的婚姻世界》，《西南大学学报》（社会科学版）2019 年第 6 期，第 190—200、204 页。

⑧ 吴才茂：《亦谱亦志：清代西南土司族谱编纂的方志化研究——以亮寨蛮夷长官司为例》，《原生态民族文化学刊》2020 年第 5 期，第 21—33 页。

处纠、避争与纠错三类，体现了"惯习、礼法与秩序三者的有机统一"①。谢景连（2019）认为，自然生态系统是插花地形成的终极制约因素。②

程泽时（2011）对徽州和清水江流域的佃山契、佃田契、卖会契等作了比较，并论及清水江文书与地方制度史、法理、立法等，探讨清水江文书的现代法价值意义;③ 其《互动与共享：清代南疆社会转型之理讼调适》（2017）提出寨款理讼、土司理讼、屯堡理讼和流官理讼等分析框架，流官理讼的建立实现了清代苗疆法制的基本统一。④

（五）学科、文书整理与保护

李斌等（2016）的《清代清水江流域社会变迁研究》通过整理文书，从资源、遗民、政治结构、经济结构、社会组织、社会管理、教育、日常生活等方面研究社会变迁，认为"这些遗存至今的汉文文献丰富了中国地方民间文献形式和内涵；基于民族文化背景，在结合其他地方文献和口述资料基础上对这些珍贵民间文献进行释读，或可对独具特色的'民间历史文献学'理论和方法大有裨益"⑤。张新民（2016）提出，清水江学"必须将资料整理的范围由文书延伸扩大至典籍文献、口述史料、田野实录，同时兼采历史学、人类学、文化学等学科的方法论优长"⑥；其《乡村日常生活与帝国经略政治——关于清水江文书整理与研究的几点思考》（2019）认为，清水江文书的整理预示着区域学研究"史料环境"的彻底改善，其史料特性为全息性、完

---

① 盘应福：《惯习、礼法与秩序：近世清水江下游地区的"关系清白"研究》，《青海民族研究》2019 年第 3 期，第 63—70 页。

② 谢景连：《"插花地"：文化生态、地方建构与国家行政：清水江下游地湖乡的个案研究》，社会科学文献出版社 2019 年版。

③ 程泽时：《清水江文书之法意初探》，中国政法大学出版社 2011 年版。

④ 程泽时：《互动与共享：清代苗疆社会转型之理讼调适》，中国法制出版社 2017 年版。

⑤ 李斌等：《清代清水江流域社会变迁研究》，贵州民族出版社 2016 年版。

⑥ 张新民：《清水江文书的整理研究与清水江学的构建发展》，《贵州大学学报》（社会科学版）2016 年第 1 期，第 98—102 页。

整性、民间性、归户性和民族性。①

黄娟（2010）评价了田野资料与历史文献的解读方法、写作线索及学术价值，"其后牵涉的是波澜壮阔的区域社会发展史"②。钱宗武（2014）认为，要加强清水江文书研究，"促进学科建设和人才培养"，"建立清水江学学术话语体系"。③刘崧（2015）认为清水江文书是伦理文书和档案文书通行，"是介于礼法之间的一种特殊文化存在"。④

王健等（2017）认为，应该回到清水江文书所在地的"田野"中去厘清其运行的地方性逻辑。钟一苇等（2017）认为，清水江文书"对我国传统社会经济、文化的研究具有重要价值"。⑤龚晓康认为，清水江文书"携带了大量的历史文化信息，是深入了解清水江流域、西南民族文化和乡土中国的第一手珍贵资料"。⑥杨军昌等（2019）认为，清水江文书研究具有区域史的鲜明学科特征，要有"清水江中心观"的学术理念，这为"构建清水江学奠定了学术积累"。⑦曹贤平、赵冬香（2020）认为，清水江文书知识体系和内容特征等信息可供清水江文书元数据标准提供筛选依据。⑧

另有对教育进行的研究，如周冬梅与石开忠认为，学校教育的普及"提高了清水江流域各族人民的整体文化素养，'文治日兴，人知向学'的社会风

---

① 张新民：《乡村日常生活与帝国经略政治——关于清水江文书整理与研究的几点思考》，《吉首大学学报》（社会科学版）2019 年第 2 期，第 127—140 页。

② 黄娟：《木材缘何流动——评〈木材之流动：清代清水江下游地区的市场、权力与社会〉》，《原生态民族文化学刊》2010 年第 2 期，第 40—42 页。

③ 钱宗武：《清水江文书研究之回顾与前瞻》，《贵州大学学报》（社会科学版）2014 年第 1 期，第 88—94、134 页。

④ 刘崧：《礼法之间：清水江文书的定性问题》，《档案管理》2015 年第 2 期，第 12—14 页。

⑤ 钟一苇、杨博：《从引证看清水江文书的研究》，《贵州民族研究》2017 年第 3 期，第 191—195 页。

⑥ 龚晓康：《清水江文书文献价值研究》，贵州大学出版社 2016 年版。

⑦ 杨军昌、王斌、林芊：《基于清水江学建构的清水江文书研究再认识》，《贵州大学学报》（社会科学版）2019 年第 4 期，第 145—146 页。

⑧ 曹贤平、赵冬香：《清水江文书数据库建设元数据标准设计》，《信息与电脑》（理论版）2020 年第 10 期，第 139—142 页。

气日渐形成"。① 杨军昌、李斌等（2020）认为，清水江流域教育文化遗产是中央王朝与地方政府主导、民众与儒家文化诸因素共同作用的结果。② 还有语言学研究，如肖亚丽（2017）认为，要开展方言词、文言雅词等词汇的研究；③（2020）指出，栽手、夫手等"体现出民间文献的地方用词特点"④，等等。

外国学者对清水江文书的关注，主要有：英国历史学家科·大卫（David Faure）（2002）认为，"锦屏契约非常珍贵，像这样大量、系统地反映一个地方民族、经济、社会发展状况的契约在中国少有，在世界上也不多见，完全有基础申请世界文化遗产。"⑤ 日本相原佳之（2010）讨论了清水江流域村民运用多样的林业经营方式持续从事杉木生产；⑥ 其《清代贵州省东南部的林业经营与白银流通》（2014）指出，道光十年（1830）左右低纯度的白银开始注入村寨，应对办法是以纹银为基准货币，"在三寨主家的推动下，杉木木材维持比较高的估价，而纯度较高的白银从下游地域流入上流村寨"。⑦ 寺田浩明（2012）论及我国明清时期的民间契约形态、效力以及土地制度，力图用"权利—冤抑""非规则的法律形态"等模式解读中国法律。⑧

---

① 周冬梅、石开忠：《清水江流域教育发展述论》，《教育文化论坛》2011年第2期，第107—111页。

② 杨军昌、李斌等：《清水江流域少数民族教育文化研究》，知识产权出版社2020年版。

③ 肖亚丽：《清水江文书语言学研究综述》，《原生态民族文化学刊》2017年第4期，第47—50页。

④ 肖亚丽：《清水江文书词语释义十一则》，《原生态民族文化学刊》2020年第2期，第18—24页。

⑤ 吴育瑞：《锦屏文书：穿越五百年的文化记忆》，《中国民族报》2011年4月1日，第10版。

⑥ ［日］相原佳之：《从锦屏县平鳌寨文书看清代清水江流域的林业经营》，《原生态民族文化学刊》2010年第1期，第32—43页。

⑦ ［日］相原佳之：《清代贵州省东南部的林业经营与白银流通》，载张新民主编《探索清水江文明——清水江文书与中国地方社会国际学术研讨会论文集》，巴蜀书社2014年版。

⑧ ［日］寺田浩明著：《权利与冤抑：寺田浩明中国法史论集》，王亚新等译，清华大学出版社2012年版。

二、民间借贷契约文书研究

与清水江文书相比较，国内的民间借贷契约文书的研究大致可分为两种类型：

（一）总体研究

着眼于借贷契约文书中出现的典当、抵押、借贷数额，探讨明清、民国经济社会形态。此类研究发端于 20 世纪二三十年代，如韩德章（1932）研究浙西农村借贷并将其分为短期、长期借贷与钱会等。① 王亚南的《中国半封建半殖民地经济形态研究》（1957）认为，高利贷业是集中土地的有效手段，"高利贷业者对于借款者所处的地位，比之商人对于其货物买卖者，土地者对于其被需要土地的所有者的地位，是更加有利或有势力得多"。② 傅衣凌的《明清农村社会经济》（1961）认为，中国封建土地所有制是"土地权力、商业资本、高利贷资本三位一体的综合体"，中国封建社会的发展长期处于"早熟又不成熟""死的拖住活的"的状态，中国封建社会是一个"弹性的封建社会"，是"以地主经济为中心的大一统的专制主义国家"，不同于"马克思所说的那种等级森严、以土地分给尽可能多数的臣属为特征的欧洲或日本的纯粹封建社会"。③ 20 世纪 80 年代以后，众多学者在此基础上对明清、民国民间借贷契约文书及其相关课题展开了广泛研究。李金铮（2000）把乡村借贷分为高利贷与传统互助借贷两类，认为高利贷者是控制乡村借贷的霸主，家庭生活贫困是导致农民负债的主要原因，农民对高利贷者的"感激"和不满，反映了他们的矛盾心态。④ 刘秋根（2000）认为，高利贷资本受到各代社会舆

---

① 韩德章：《浙西农村之借贷》（附表），《社会科学杂志》（北平）1932 年第 2 期，第 139 页。

② 王亚南：《王亚南文集》（第三卷），福建教育出版社 1988 年版。

③ 傅衣凌：《明清农村社会经济·明清社会经济变迁论》，中华书局 2007 年版。

④ 李金铮：《借贷关系与乡村变动：民国时期华北乡村借贷之研究》，河北大学出版社 2000 年版。

论谴责，但明清时期城乡仍广泛存在。① 俞如先（2010）指出民间借贷发生具有其客观必然性，不仅仅是因为周转或融通的需要；借贷利率受乡族关系的影响。②

（二）具体研究

通过对某地区、某时间段的民间借贷契约文书研究，来关注民间借贷契约文书所反映的契约习惯、经济关系与契约精神。

第一，借贷契约的约定与精神。陈国灿（1992）从吐鲁番出土契券看出，钱粮借贷是民间围绕各种社会关系出现的一种自行约束和规定，唐代契约普遍化和定型化是人类社会一大进步。③ 陈永胜（2000）认为，敦煌民间借贷契约中表现出的契约理念与契约精神，构成了西部法律文化传统的重要内容。④ 郭兴利、成中英（2014）认为，小规模民间借贷有其积极意义，注重改变中国传统文化中的借贷无契约习惯，强调培养契约精神。⑤ 王斐弘（2015）认为，敦煌借贷契约的民间规则见证了中国古代高度发达的私契自治精神。⑥ 李一鸣（2018）认为，汉代民间借贷主要分为互助型和商业型两类，其习俗体现出汉代社会重视契约和公平公正的观念。⑦

第二，借贷利率。杜建录（2013）推断汉代借贷利率。⑧ 吴秉坤（2011）

---

① 刘秋根：《明清高利贷资本》，社会科学文献出版社 2000 年版。

② 俞如先：《清至民国闽西乡村民间借贷研究》，天津古籍出版社 2010 年版。

③ 陈国灿：《由雏形走向定型化的契约——谈谈吐鲁番出土契券》，《文史知识》1992 年第 8 期，第 24—30 页。

④ 陈永胜：《敦煌文献中民间借贷契约法律制度初探》，《甘肃政法学院学报》2000 年第 3 期，第 76—81 页。

⑤ 郭兴利、成中英：《个人破产与民间借贷的文化分析——成中英教授访谈录》，《南京林业大学学报》（人文社会科学版）2014 年第 1 期，第 114—119 页。

⑥ 王斐弘：《敦煌借贷契约的民间规则——以举钱契为例》，《民间法》2015 年第 2 期，第 132—144 页。

⑦ 李一鸣：《试论汉代的民间借贷习俗与官方秩序——兼论汉代民间借贷中的"契约精神"》，《民俗研究》2018 年第 1 期，第 78—86、154—155 页。

⑧ 杜建录：《中国藏黑水城出土汉文借钱契研究》，《西夏学》2013 年第 2 期，第 11—16 页。

探讨清至民国时期的典制，指出"典制还存在典权人不占有、为使用、不收益标的物的形态"①。袁春湘（2015）认为，我国现阶段，民间借贷呈现非监管性、多样性、社会阶段性特征；利率市场化是利率法律化并在此基础上的自由化，须采取稳步推进的方式。② 李海峰（2016）认为，古巴比伦存在着较多的动产借贷行为，其借贷利率多样、多变，与《汉谟拉比法典》规定的利率不一致，后者并不能反映当时借贷活动的实际。③ 李进岳（1958）认为商业资本和高利贷资本的凶残压榨是导致清末农村经济崩溃的原因之一。④ 张忠民（1992）认为高利贷通过生活消费借贷对维系再生产起重要作用。⑤ 方行（1984）认为，高利贷是一种高剥削率的封建经济，其给农民带来的严重经济后果应具体分析。⑥ 刘五书（1999）认为高利贷具有寄生性、非生产性和保守性。陈志武等（2014）认为，对高利贷的道义批判可能加剧了借贷纠纷中的极端冲突。⑦

第三，借贷格式形态。黄时鉴（1978）指出，清政府在处理蒙汉土地抵押借贷纠纷中似乎偏袒蒙古人。⑧ 陈国灿（1984）推断了敦煌所出的借贷契约年代。⑨ 杨选第（1996）从元代亦集乃路民间私人契约文书，看出元代借贷契

---

　　① 吴秉坤：《典制的完整形态：清至民国徽州典契研究》，《淮北师范大学学报》（哲学社会科学版）2011 年第 5 期，第 50—53 页。

　　② 袁春湘：《民间借贷法律规制研究：以利率为中心》，法律出版社 2015 年版。

　　③ 李海峰：《从民间借贷契约看古巴比伦时期的利率——兼论〈汉穆腊比法典〉中借贷利率的非现实性》，《安徽史学》2016 年第 3 期，第 111—118 页。

　　④ 李时岳：《清末农村经济的崩溃与农民运动》，《史学月刊》1958 年第 6 期，第 12—18 页。

　　⑤ 张忠民：《前近代中国社会的高利贷与社会再生产》，《中国经济史研究》1992 年第 3 期，第 143—151 页。

　　⑥ 方行：《清代前期农村高利贷资本问题》，《经济研究》1984 年第 4 期，第 58—64 页。

　　⑦ 陈志武、林展、彭凯翔：《民间借贷的暴力冲突：清代债务命案研究》，《经济研究》2014 年第 9 期，第 162—175 页。

　　⑧ 黄时鉴：《清代包头地区土地问题上的租与典——包头契约的研究之一》，《内蒙古大学学报》（人文社会科学版）1978 年第 1 期，第 2—10 页。

　　⑨ 陈国灿：《敦煌所出诸借契年代考》，《敦煌学辑刊》1984 年第 1 期，第 1—9 页。

约具备的某些特点及其居民经济生活的概貌。① 王红梅（2012）从蒙元时期民间借贷窥见回鹘文使用情况。② 杨淑红（2013）指出，蒙文契约采用留住保证，汉文契约倾向于采用履行保证，后者反映了债权保障趋于严密、担保制度逐步完善的发展方向。③

第四，借贷契约习惯及变化。霍存福、章燕（2004）认为，吐鲁番出土的蒙元时期回鹘文借贷契约与唐宋时期汉文契约相似，违背契约不偿处罚，按"民间惯例"加息偿还。④ 霍存福（2007）认为，敦煌吐鲁番借贷契约的抵赦条款是民间社会对抗国家赦免私债的契约表现，反映了民间高利贷与国家控制的长时间博弈。⑤ 冯学伟（2011）探讨敦煌吐鲁番文书借贷契约中的"乡元生利"惯例。⑥ 热依拉·依里木、刘明（2017）认为，维吾尔"民间契约文书"烙有深刻的乡村传统智慧，对于民间借贷的特征具有很强解释力。⑦

第五，民间借贷契约与国家法律。吴欣（2004）认为，中人在借贷中作为人为保障，凸显了身份契约所具有的人治特色。⑧ 霍存福（2005）认为，在唐代律令对契约的规制或指导实践中，契约内容对法律有遵守与抵触情形。在契约履行方式、利息限制、质物交付与处理、保人代偿等问题上冲突都十

---

① 杨选第：《元代亦集乃路的民间借贷契约》，《内蒙古师大学报》（哲学社会科学版）1996 年第 3 期，第 98—103 页。
② 王红梅：《蒙元时期回鹘文的使用概况》，《黑龙江民族丛刊》2012 年第 6 期，第 92—97 页。
③ 杨淑红：《元代的保人担保——以黑水城所出民间借贷契约文书为中心》，《宁夏社会科学》2013 年第 1 期，第 81—89 页。
④ 雷福存、章燕：《吐鲁番回鹘文借贷契约研究》，《吉林大学社会科学学报》2004 年第 4 期，第 95—106 页。
⑤ 雷福存：《敦煌吐鲁番借贷契约的抵赦条款与国家对民间债负的赦免——唐宋时期民间高利贷与国家控制的博弈》，《甘肃政法学院学报》2007 年第 2 期，第 1—11 页。
⑥ 冯学伟：《敦煌吐鲁番文书中的地方惯例》，《当代法学》2011 年第 2 期，第 10—21 页。
⑦ 热依拉·依里木、刘明：《乡村借贷、非正式治理与信贷效率——基于维吾尔借贷契约的历史启示》，《上海经济研究》2017 年第 9 期，第 119—128 页。
⑧ 吴欣：《明清时期的"中人"及其法律作用与意义——以明清徽州地方契约为例》，《东南大学法律评论》2004 年春季号，第 166—180 页。

分明显。① 梁凤荣（2005）认为，唐律令确立了对不同种类的借贷之债采取不完全相同的保护原则，民间立契技术为后世提供了示范程式。② 周静、张颖（2008）认为，唐代官方对民间借贷高利息无法控制，民间借贷使封建经济腐蚀分解，走向衰微。③ 李德嘉（2012）认为，唐代官法对民间借贷契约有所规范，而民间借贷有独立性与自治性，并设法规避或抵御官法。刘蓉（2014）指出，西夏法典《天盛律令》对借贷的形式、利率、强制清偿债务、当铺经营者的责任等进行了规制。④ 李霞（2015）指出，元代法律对民间借贷契约的利息、担保作了规制。⑤ 周利（2017）认为，民间社会在契约订立、履行和违约等有一套行为准则和风俗规定，受官府法令管束；民间契约有自由协定和官府重点监管两部分。⑥

第六，民间借贷契约与经济社会。潘宇、李新田（2000）认为，中人、保人是民国大部分民间民事契约的基本构成要件。⑦ 陈志武等（2014）指出，发生债务违约，贷方对包括生命风险在内的违约成本不对称地更高。⑧ 高彦彬（2014）认为，要防范和降低民间契约融资的风险，农村企业应当主要利用规范化的民间借贷来融资。⑨ 李雨纱、张亚光（2015）认为，民间借贷双方通常存在一定亲缘关系，借贷关系中信息基本对称，民间金融活动存在明显的市

① 雷存福：《论中国古代契约与国家法的关系——以唐代法律与借贷契约的关系为中心》，《当代法学》2005 年第 1 期，第 44—56 页。

② 梁凤荣：《唐代借贷契约论析》，《郑州大学学报》（哲学社会科学版）2005 年 13 第 4 期，第66—68 页。

③ 周静、张颖：《唐代民间借贷利息的官方与民间两视野——对一份敦煌吐鲁番契约的解读》，《中国商界》（下半月）2008 年第 2 期，第 138—139 页。

④ 刘蓉：《简论西夏法典对借贷契约的规制》，《职工法律天地》（下）2014 年第 3 期，第 8 页。

⑤ 李霞：《元代法律对民间借贷契约的规制》，《兰台世界》2015 年第 13 期，第 137—138 页。

⑥ 周利：《唐代借贷契约中的国家干预》，《当代经济》2017 年第 34 期，第 32—34 页。

⑦ 潘宇、李新田：《民国间民事习惯调查中所见的中人与保人研究》，《法制与社会发展》2000年第 6 期，第 82—87 页。

⑧ 陈志武、林展、彭凯翔：《民间借贷的暴力冲突：清代债务命案研究》，《经济研究》2014 年第 9 期，第 162—175 页。

⑨ 高彦彬：《农村企业民间契约融资的风险与防范》，《河南理工大学学报》（社会科学版）2014年第 3 期，第 279—283 页。

场分割和信贷配给现象。① 陈峥（2016）研究近代广西民族地区乡村民间借贷期限、利率方式与经济社会之间的联系等。② 黄忠鑫（2017）认为，清代福建永泰县的田根流转，根租可能进入借贷领域。③ 近年来，还有大量契约文书整理成果面世。

外国学者对中国民间借贷的关注，主要有：苏联 E. A. 贝洛夫（1960）认为，中国地主垄断了土地，地主用钱来放高利贷，"高利贷的盘剥使地主的压榨剥削更加深重，农村高利贷者和商人用债务来束缚农民，常常以低价收购他们的产品"。④ 法国童丕研究敦煌借贷契约，"不仅得以重视了这个时代的经济，而且展示了日常生活的一个重要方面"（戴仁语），⑤ 既分析借贷机制，又描述契约所展示的社会。日本白井佐知子研究徽州文书中的典与当，以及借贷行为的具体做法。⑥

专家和学者对民间借贷契约文书作了大量有益的探讨，具有重要的启迪意义，然综观这些研究成果，仍存在几点不足：

第一，缺乏长时段的考察研究。明代贵州建省后，明清政府通过改土归流将清水江流域渐次纳入中央王朝管辖之下。其民间借贷契约文书伴随着该流域的文明开发经历了长期的、渐进的历史过程，需要作长时期的历史关注，才能得出全景式的历史图像。

第二，缺乏整体史的研究视域。虽然民间借贷契约文书具有强烈的地域

---

① 李雨纱、张亚光：《近代中国民间金融契约整理与制度解析》，《经济科学》2015 年第 6 期，第 117—128 页。

② 陈铮：《民间借贷与乡村经济社会研究：以近代广西民族地区为中心》，经济日报出版社 2016 年版。

③ 黄忠鑫：《清代福建永泰县的田根流转与契约书写》，《暨南学报》（哲学社会科学版）2017 年第 1 期，第 61—68、130—131 页。

④ ［苏联］E. A. 贝洛夫：《辛亥革命前夕中国的政治经济概况》，《历史教学》1960 年第 1 期，第 11—14 页。

⑤ ［法］童丕：《敦煌的借贷：中国中古时代的物质生活与社会》，余欣、陈建伟译，中华书局 2003 年版。

⑥ ［日］白井佐知子：《论明清时代徽州的典与当》，载卞利、胡中生主编《民间文献与地域中国研究》，黄山书社 2010 年版。

性和时代性特征，但它所反映的国家对该地域的控制与经营、村民对国家政策的回应，以及抵押、典当、借贷关系等，都需要从整体史的视野作研究。

第三，边疆及民族地区的研究很弱，特别是近年来在清水江流域的天柱、锦屏、黎平、三穗、剑河等县陆续发现大量苗、侗民族民间借贷契约文书，尚未引起学人深入研究。

第四，偏重林业、法律研究，社会经济史研究欠缺。用部分文书来推断整个清水江流域林业经济和国家法与习惯法的互动显得证据不足。社会经济史涉及数据复杂，难度大，受关注度极小。未将清水江文书放在中国文书史的大历史背景中进行考察，未形成清水江文书研究的独特范式。

第五，研究内容有待细化和深入。从契约文书研究民间借贷概念、种类、利率、原因和生产较多，但受资料限制，对民间借贷与乡村市场、经济社会和国家的互动与关联等研究明显不足。定量研究极少，理论分析亦不足。口述史料和碑刻资料亦有待挖掘。

目前，民间借贷契约文书是中国区域经济社会史研究的重要课题，随着大量民间契约文书的陆续发现，开展本专题研究具有十分重要的意义。加强对清水江流域民间借贷契约文书研究，必将对民间借贷政策制定与管理、风险防范和经济社会的发展有更多的借鉴作用。有效利用清水江流域的新史料，可以丰富甚至在局部上修正已有中国民间借贷契约文书研究。有鉴于此，我们精心选择民间借贷契约文书开展深入研究。

第一章　清水江流域民间借贷契约文书格式

　　何谓民间借贷？一直以来，学术界对民间借贷的概念界定较为模糊，几乎可以说没有整齐划一的标准和依据。不同学科角度和不同历史时期均有不同的看法和观点，甚至学者对民间借贷的提法也不一致，如温锐称为传统民间借贷①，苏少之、常明明称作私人借贷②，李金铮称为乡村借贷③。但总而言之，民间借贷是区别于官方借贷的一个相对概念，也就是说处于官方金融系统之外的、被普通群众予以接受认可的一种资金融通方式。本书较为认同陈铮先生的观点，"民间借贷是一种没有官方金融机构参与的私人借贷形式，它主要包括个人之间的借贷及个人向非政府金融机构的借贷。"④ 凡涉及官府主导的借贷形式如农仓、平民借贷所、行，均不在本讨论之列。民间借贷是一种非常古老而又年轻的经济行为。说它古老是因为民间借贷发端起于春秋战国时期，西汉时私人从事的借贷经营者被称为"子钱家"，其历史极悠久。说它年轻是它至今在乡村经济以至于乡村振兴中依然扮演着至关重要的角色。

---

　　① 温锐：《民间传统借贷与农村社会经济——以 20 世纪初期（1900—1930）赣闽边区为例》，《近代史研究》2004 年第 3 期，第 184 页。
　　② 苏少之、常明明：《建国前后人民政府对农村私人借贷政策演变的考察》，《中国经济史研究》2005 年第 3 期，第 61 页。
　　③ 李金铮：《民国乡村借贷关系研究》，人民出版社 2003 年版，第 3 页。
　　④ 陈峥：《民间借贷与乡村经济社会研究：以近代广西民族地区为中心》，经济日报出版社 2016年版，第 27 页。

民间借贷范围非常广泛，仅就搜集到的清水江文书来看，有一般借贷契约、抵押借贷契约、典当契约以及涉及合会组织的契约等。作为金融活动，这些借贷的行为主体是私人（个体），而非国家，其金融活动称为民间借贷，由此形成的这些契约文书，则称其为民间借贷契约文书。

清水江文书若提到"券""券书"，是沿袭了古代的用法，如《周礼》所说的"傅别""质剂"，是"券书"，即汉代称契约文书为"券书"。郑玄说："傅别、质剂，皆今之券书也。"① 民间契约在汉魏晋时期被称为"私约"，"有私约者，当律令"②，"民有私约，如律令"③。此时的私约与官府的律令相当，同样具有法律效力。南北朝时期称民间契约为"私要"，"民间私要，要行二家"④。隋唐时期称民间契约为"私契"，有点类似现今的称法。"官有政法，人从私契。"⑤ 意为民间认可私契的效力。"官有（政）法，人从此契，用为后凭。"⑥ 这亦是民间私契有效力的称法。契约与合同的区别在于，契约是单契，涉及一方，如借贷契约，只涉及借入人一方，而合同是多份，涉及双方或多方。清水江流域的民间借贷契约，一般是借入人向出贷人借款或物所订立的单契，有的是字据、便条。

一、民间借贷契约文书格式类型

清水江民间借贷契约文书传播来自湖南、江西、江苏和浙江等汉文化地

---

① （清）孙诒让：《周礼正义》卷五《天官·小宰》，中华书局 2013 年版，第 167 页。

② 《东汉砖铭·建宁元年马蒯砖铭》，载殷荪编《中国砖铭》，江苏美术出版社 1998 年版，第 201 页。

③ （明）徐渭：《徐文长文集》卷四《送章蒲坼之官》，载《续修四库全书》第 1354 册，上海古籍出版社 2012 年版，第 710 页。

④ 《高昌良愿相左舍子互贷麦布券》，载国家文物局古文献研究室等编《吐鲁番出土文书》第三册，文物出版社 1981 年版，第 6 页。

⑤ 《丙子年敦煌王阿吴卖儿契》，载张传玺主编《中国历代契约会编考释》（上），北京大学出版社 1995 年版，第 234 页。

⑥ 《唐天复二年（九〇二）敦煌曹大行等换舍地契》，载张传玺主编《中国历代契约会编考释》（上），北京大学出版社 1995 年版，第 230 页。

区。明代，明朝廷在该流域设立天柱千户所、铜鼓、新化、隆里等地设置卫所屯堡，并派遣大批军户从中原来到这些地域屯守，这些军户将中原契约文书传到该流域。从明代建省以后，尤其是清雍正年间进一步完成改土归流以降，湘、鄂、赣、苏等地汉民商人逐渐来到该流域从事木材贸易和其他商业活动，中原汉族的契约文化更加广泛地传入，加上该流域文化教育有所发展，契约文书日益趋向成熟，这为民间借贷契约的产生创造了重要条件。

从清水江流域苗、侗民族现已出版的借贷契约文书来看，民间借贷契约文书主要集中在清乾隆初（1736）至民国末年（1949 年 9 月 30 日）。本书所及借贷契约的格式主要指借贷契约的书写格式。因为绝大多数都写在无格无方框的宣纸上，采用竖行排列，呈现一定的规律，本书将其归纳为五种类型，即平齐式、抬头式、避讳式、便条式和账簿式，并结合借贷类型进行讨论。至于运用官版契约登记的借贷契约，主要是典与当类，是官府为了征收契税而设，不是民间金融行为，只略提及，不在此格式之列。口头借贷，无须立契，所以这里不讨论其契约格式。书面借贷，因借贷双方必须订立契约，由此形成一定的契约格式。这里的格式，专指文字的排列格式。

（一）平齐式

所谓平齐式，是指契约文书在书写时，将正文所有行与落款的年月日平行排列，在文书上部的所有行的第一个字几乎平行，最下端亦大体整齐。这种格式的文书，整体布局近似一个长方形。契约文书一般从右往左书写，纵向排列，为体现契约文书在格式上的特征，本章的释文均按左端对齐处理。凭中、代笔人置于文正文中部或略靠后面，如《道光二十三年二月十三日陈万洪出典土契》：

立典土契人陈万洪，今因家下缺少钱用无从得处，自愿分落面分之土，
座（坐）落地名平老土一幅同（桐）油出典，请中上门问到堂兄陈万淮
明（名）下承典凭中，议定市用铜钱三千五百文整，其钱三斤半重，亲

手领明，并无下欠分文。其土任从堂兄耕种同（桐）油畜禁简（捡）子，不限远近，备得原价上门收赎。恐后无凭，立出典字为据。

凭中 陈万柄

代笔 陈万滔

道光二十三年二月十三日 立①

在平齐式中，为了对钱主表示尊重，将钱主与正文分开一定的距离，通常有两种做法，另起一行书写和空开两字的距离。

一是遇到将钱主另起一行书写。因为文书原件上，一般采用竖排右起，所以用现在的横排左起的方式，我们用"行"，不用"列"，以免混乱，如《姜镒借契》：

立借字人姜万镒，为因生理缺少艮（银）用，自己亲身问到姜映辉兄名下，实借文（纹） 艮（银）贰拾两正（整），亲手领回应用。不俱（拘）远近还，不得有误。立借字是实。照月加三。

亲笔

乾隆五十八年十二月十二日 立②

再如《嘉庆二十五年七月初五日姜是荣借钱字》：

立借字人姜是荣，为因生理缺少银用，无从淳（得）出，自己登门借到姜绍滔叔名下，实借本银二十二两整，亲手收回家中应用。其银言定照月加三行息，不俱（拘）远近想（相）还，不淳（得）有误。今（欲）有凭，立此借字是实。

代笔 开池

嘉庆廿五年七月初五日 立③

---

① 贵州省档案馆、黔东南州档案馆、三穗县档案馆合编：《贵州清水江文书·三穗卷》（第一辑），第3册，贵州人民出版社2018年版，第34页。

② 陈金全、杜万华主编：《贵州文斗寨苗族契约法律文书汇编——姜元泽家藏契约文书》，人民出版社2008年版，第49页。

③ 本文书来自贵州省锦屏县河口乡文斗村姜启贵家藏契约文书，特此说明。

无论一般借贷、抵押借贷、典与当借贷契约文书，都有一定数量运用了平齐式。

二是在出贷人（钱主、银主）姓名前空两格，即遇到出贷人（钱主）姓名时，空两个字格，带有尊重的意思，如《民国二十五年七月二十三日张光明典当田坝田与杨照海字》：

> 立典田字人苗埂寨张光明，为因缺少钱用无出，自己将到填霸田七丘，约谷拾四石，本名所占六石，今将本名壹半典与本寨
> 杨照海名下永典为业。当日凭中议定典价大洋拾四元整，亲手领足应用，日后不俱（拘）远近价到归赎。其田任凭钱主耕种收花管业，二比俱无异言。恐后无凭，立此典字是实为据。
>
> 凭中笔　赵学明
>
> 民国廿五年丙子七月廿三日　　　　立①

或者在姓和名之间空两格，如《范宗尧借当契》：

> 立借当字人范宗尧，今因要银无出，自愿将到嫂姜氏福香继受夫杉木三块，壹块地名翻到，此木捌股均分，本名占壹股……。今将此叁处木植出当与兄姜　　映辉，本银壹拾两整，亲手领回应用。
>
> 凭中　　范继尧
>
> 嘉庆二十四年八月廿九四日　　　　立②

本契约中，提及钱主姜映辉时，在姓和名之间空两格。

借贷契约有极少量的官契（红契或契、字据），绝大多数为白契。红契经由官府钤有红印，表明官府对民间契约有一定的管理。白契和红契在清水江流域价值相同，统称契约。民间习惯上称字约。

---

① 本文书来自贵州省锦屏县张继渊家族所藏文书，特此说明。

② 陈金全、杜万华主编：《贵州文斗寨苗族契约法律文书汇编——姜元泽家藏契约文书》，人民出版社 2008 年版，第 184 页。

（二）抬头式

本书中所言抬头式，是指在民间借贷契约书写时，第一行顶格书写，第二行低于第一行一个字，遇到钱主姓名时，将钱主姓名另起一行顶格书写，其余正文和批字部分与第二字平行，中人、书写人则置于契约中部，落款时，将年代又顶格书写，形成三行高于正文的字，"两头高"的特征。这样的契约格式，本书称为抬头式，如《嘉庆十九年七月十三日姜宗元借字》：

立借字人姜宗元，为因生理，自己借到

姜映辉兄名下银九十两正（整），亲手领回。共银召（照）月加三

行行息，不拘远近本利归还。立此借字是实。

宗义　笔

嘉庆十九年七月十三日　　立①

《石廷安、石廷著兄弟二人借字约（民国九年七月初四日）》：

立借字约人石廷安、廷著兄弟二人，为因生理缺少银用无出，自己登门问到，愿将土名你柱田壹丘，在（载）禾十四把，系作三股均分，我二人所占二股，今将二股作抵于本房

石朝礼名下，实借过足银拾贰两正（整），亲手领回应用。其银自借之后，每两照月加三行利，候木议价如数归清。……恐口无凭，所借是实。

凭　　弟　石建熙
中
陈再盛
笔

---

① 本文书来自贵州省锦屏县河口乡文斗村姜启贵家藏契约文书，特此说明。

民国九年七月初四日　　立①

又如《民国二十年八月初四日罗秀乔借钱与张光明字》所示：

立借钱字人苗埂寨张光明，为因家下缺少用费，无所出处，自己登
门问到雄黄寨

罗秀乔名下，实借元钱陆拾封整，亲手领足应用。其钱自借之后，

言定本年十一月归还，称脚谷三百斤，上了，明年称脚 谷 六百斤，

斤两不得有误。……

中笔　杨承现

民国二十年辛未八月初四日　　　立②

当然，将竖排的契约文书换成横排之后，格式效果不能完全显示，况且绝大多数契纸无格子。

再如贵州省锦屏县文斗寨姜启贵和姜元泽家藏契约文书所示，民国时期的钱主仍另起一列书写，并抬高一字的距离，有时只另起一行书写钱主，如图1-1、图1-2、图1-3、图1-4所示。③

---

① 李斌主编，凯里学院、黎平县档案馆编：《贵州清水江文书·黎平文书》（第一辑），第18册，贵州民族出版社2017年版，第282页。

② 本文书来自贵州省锦屏县张继渊家族所藏文书，特此说明。

③ 本文书来自贵州省锦屏县河口乡文斗村姜启贵和姜元泽家藏契约文书，特此说明。

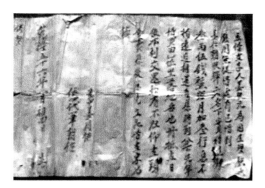

图 1-1　姜元泽家藏契约文书　　　　图 1-2　姜启贵家
藏契约文书

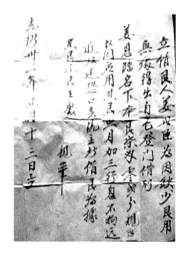

图 1-3　姜元泽家藏契约文书　　图 1-4　姜启贵家藏契约文书

（三）避讳式

本书中所说的避讳式，是指民间借贷契约在落款时，将明朝、清朝等皇帝年号或"民国"一行高于正文两字或一字书写，契约正文各行第一字平行，形成右低左高的格式，也可称为半抬头。清乾隆以前的借贷契约未见。由目前影印出版的契约文书来看，这种文书格式起于清乾隆年间。

一是乾隆年间的借贷契约，将"乾隆"二字高于正文两格书写，并将

"乾隆叁拾九年八月廿一日　立借"① 大于正文字号书写。其余契约文整齐运用竖行排列。无画押。"乾"字高于正文。一般情况下，清水江流域借贷契约有此格式，如《范世珍借契》：

> 立借字人岩湾寨范世珍，今因家下缺少银用，无处得出，亲自问到文斗寨姜映飞名下，借过本银四两整，亲手领回应用。其银限在十二月还清，不得有误。如有误者，各自换约出当。今恐无凭，立此借限字为据。
>
> 亲笔　范述尧
>
> 乾隆五十一年十一月二十四日　字②

该流域民间典当契约亦有此类格式，如《吴富台典田约（乾隆三十四年二月三十日）》：

> 立典田约人□高场寨吴富台，为因家下缺少银用无出，自己问到吴龙海名下，典当大坟坪坝水田半丘，载禾捌把，当日言定价足色银八两整，亲手领回应用。……恐无凭，立□□约存照。
>
> 乾隆三十四年二月卅日　立典
>
> 代笔　吴文昇③

以及《杨□海借约（乾隆四十三年十二月十三日）》：

> 立借约人下脚杨□海，今因家下缺少口粮无出，借到谢胜忠名下，实借过本银二两乙□六分，平（凭）中议定每□□□，如有短少，自愿将□□坐屋二间连地在内，地名谨能□□□□丘，约禾三把作当。……今恐无凭，立此存照。

---

①　张应强、王宗勋主编：《清水江文书》（第一辑），第7册，广西师范大学出版社2007年版，第134页。

②　陈金全、杜万华主编：《贵州文斗寨苗族契约法律文书汇编——姜元泽家藏契约文书》，人民出版社2008年版，第41页。

③　李斌主编，凯里学院、黎平县档案馆编：《贵州清水江文书·黎平文书》（第二辑），第35册，贵州民族出版社2019年版，第26页。

......

乾隆四十三年十二月十三日　　　立约①

无论皇帝年号抬高一字或两字，抑或略高于正文来书写，均可视为一种避讳的格式。在这类契约中，亦有对钱主（出贷人）尊重的情形，如《杨老□典田约（乾隆三十三年二月初二日）》：

立典约人杨老□，为因家下缺少艮（银）用，

问到

本寨岳父杨补言名下，自愿将寨对门田乙丘，约禾六把，出典与杨处为业。当日议定价纹银五两，入手收用。其田自典之后，恁从岳父相约发卖，老□不得异言。今恐有凭，立典约存照。

凭中　杨老晚

代书　　定有

乾隆三十三年二月初二日　　立典②

以及《吴今华典田约（乾隆四十五年正月二十八日）》：

立典田人□坑吴今华，为因缺少银用无出，自愿将本名水田几丘，坐落地名谨石耕田三丘十二把，又登现□□东油田二丘约禾十二把，先尽房族，无人承典，后凭中出典与

李进儒名下承典为业，当日凭中，实受过典价文（纹）艮（银）七两五分整，亲手收回应用。……

前借一两二分。

凭中　吴艮用

代笔　吴华成

---

① 李斌主编，凯里学院、黎平县档案馆编：《贵州清水江文书·黎平文书》（第二辑），第43册，贵州民族出版社2019年版，第6页。
② 李斌主编，凯里学院、黎平县档案馆编：《贵州清水江文书·黎平文书》（第二辑），第23册，贵州民族出版社2019年版，第4页。

乾隆四十五年正月廿八日　　立借①

这样的格式显得很复杂，而且流行的区域较窄。随着时代的演进，文书写手越来越偏重简明的格式，如《范文澜借银契》所示：

> 立借字人岩湾寨范文澜，今因无银使用，自己借到文斗寨姜绍望、
> 姜映辉二人名下，实借过本银乙两九钱整，入手应用。其艮（银）
> 言定加四行息，不拘远近归还，不得有误。恐后无凭，立字为据。

乾隆六十年十一月廿日　　亲笔立②

二是嘉庆年间的借贷契约文书亦用避讳式。嘉庆年间皇帝年号高于正文两个字的距离，并大一号字书写，如《粟允和借约（嘉庆五年二月初九日）》：

> 立借约人粟允和，因本银缺少无出，自己问到
> 石参五公名下，实借过银贰拾两整，亲手收回应用。其银言定晏
> （按）月加三行息，不惧（拘）远近归还，不得分文短少。恐后无
> 凭，自愿将孟彦店房三间作当。立借字为据。
>
> 　　　　　　　　　亲笔
> 　　　　　　　　　凭中　石明高

嘉庆五年二月初九日　　立③

"嘉"字高出正文一个字的距离。皇帝年号略高于正文，我们用横排时，高出一字，如《杨老更典田约（嘉庆十七年六月二十二日）》：

> 立典约人本寨杨老更，为因缺少银用无出，自愿将王台便隔田二丘，
> 约禾四把出典，与本房杨老元名下承典为业，当日凭中议定足价银
> 四两整，亲手收回田应用。……今恐人信难凭，立此典字为据。

---

① 李斌主编，凯里学院、黎平县档案馆编：《贵州清水江文书·黎平文书》（第二辑），第43册，贵州民族出版社2019年版，第7页。

② 陈金全、杜万华主编：《贵州文斗寨苗族契约法律文书汇编——姜元泽家藏契约、文书》，人民出版社2008年版，第55页。

③ 李斌主编，凯里学院、黎平县档案馆编：《贵州清水江文书·黎平文书》（第一辑），第14册，贵州民族出版社2017年版，第36页。

　　　　　　　　　　　　　　凭中　　杨通恁

嘉庆十七年六月二十二日　　立①

　　嘉庆年间皇帝年号有时高于正文约两个字的距离，并大一号字书写，如《杨老强典田约（嘉庆二十一年八月十四日）》：

　　立典约人（唐）旧寨杨老强，为因缺少银用无出，自愿将土名德亚卯田乙丘约五禾把出典，与本房杨文礼名下承典为业，当日议定典银四两整，亲手收回田应用。……

　　　　　　　　　　　　　　　　　　　　四

　　　　　　　　凭中　　　杨老

　　　　　　　　　　　　　　　　剪

　　　　　　　　代笔　　　杨通文

嘉庆二十一年八月十四日　　典字②

　　道光年间亦将"道光"高于正文书写，并将钱主高于正文一字的距离书写，如《杨通明典田约（道光四年三月初一日）》：

　　立典田约任本房杨通明，为因缺少费无出，自愿将地名登宙田乙丘约禾九把，今出典卖与

　　杨补富名下承典为业，今日议过典价银九两整，亲收领田应用。此田典后每年上埂分禾，日后不许一业掉换二家。……恐口无凭，立此典字为据。

　　　　　　　　　　　　　　凭中　　杨老保

　　　　　　　　　　　　　　代笔　　杨万无

道光四年三月初一日立

_____

① 李斌主编，凯里学院、黎平县档案馆编：《贵州清水江文书·黎平文书》（第二辑），第23册，贵州民族出版社2019年版，第62页。
② 李斌主编，凯里学院、黎平县档案馆编：《贵州清水江文书·黎平文书》（第二辑），第23册，贵州民族出版社2019年版，第78页。

　　　　　　　　　　　　　　　　　　　此约典字①

　　咸丰年间民间借贷契约格式大多亦如此。例如《覃正发借字（咸丰九年十一月三十日）》：

立借字人覃正发，今借到

崔际明名下□盐文（纹）艮（银）肆拾伍两正（整），其银三面言定，周年壹分二厘行息，不俱（拘）远近相还，不得短少。恐口无凭，立此借字为据。

　　　　　　　　　　　　　　　　　　龙定邦

　　　　　　　　　　　　　凭中　刘仁昌

　　　　　　　　　　　　　　　　张毓楷

咸丰九年十一月卅日覃季文　笔　立②

再如图1-5（1-2）借贷契约文书所示：

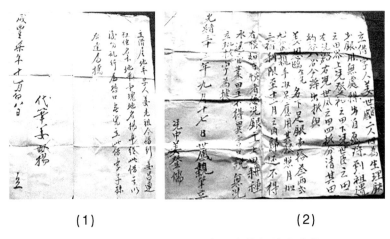

　　　　　　（1）　　　　　　　　　　　　　（2）

图1-5（1-2）　　姜元治泽家藏契约文书③

　　① 李斌主编，凯里学院、黎平县档案馆编：《贵州清水江文书·黎平文书》（第二辑），第23册，贵州民族出版社2019年版，第94页。

　　② 贵州省档案馆、黔东南州档案馆、三穗县档案馆合编：《贵州清水江文书·三穗卷》（第一辑），第4册，贵州人民出版社2018年版，第178页。

　　③ 此两份文书来自贵州省锦屏县河口乡文斗村姜元泽家藏契约文书，特此说明。

光绪年间的借贷契约文书仍然遵循皇帝年号高于正文的习惯格式。例如《光绪十九年五月初八日张老岩向张开盛叔侄借钱字》：

> 立借字人苗埂寨张老岩，为因家下缺少钱用无出，自愿上门借到堂兄张开盛、张开理、侄天喜、天思叔侄四人名下，实借过铜钱拾千文整。此钱自借之后，言定三年还清，不得有误。如有误者，自愿将本身农工归还。恐后无凭，立此借字是实为据。
>
> 凭中　吴天云
>
> 光绪拾九年五月初八日　　　亲笔　立①

又如《宣统二年六月十四日张国先典田与杨应琳字》的格式亦相同：

> 立典田字人本寨张国先，为因缺少钱用无出，自愿将到地名党都田乙丘，约谷乙石半，出典与杨应琳名 下 承买 业。当日凭中议定典价典钱肆千四百文整，亲手收用。……
>
> 中笔　张国栋
>
> 宣统二年六月十四日　立②

避讳式还将抬头式融合进来，只是皇帝年号一行高于第一行和钱主所行书写，比如《宣统二年十二月二十日张国元典田与张国珍字》所示：

> □□立典田字人苗埂寨张国元，为因娶婚缺少费用无出，自愿将到地名宰郎台田乙丘，约谷伍石半，凭中出典堂兄张国珍名下承典为业。当日凭中议定典价大青钱拾仟贰伯（佰）八十文整，亲手收足。……恐口无凭，立此典卖是实为据。
>
> 凭中　张国正　石灿忠
>
> 宣统贰年十二月廿日　　　国正笔　立③

---

① 本文书来自贵州省锦屏县张继渊家族所藏文书，特此说明。
② 本文书来自贵州省锦屏县张继渊家族所藏文书，特此说明。
③ 本文书来自贵州省锦屏县张继渊家族所藏文书，特此说明。

民国年间借贷契约文书亦将"民国"二字高于正文一字或两字书写。民国元年有的写作"天运壬子年",文书亦将"天运"高于正文一字书写,如《民国元年四月二十日陈弟老借钱米字》:

立借父子钱米字人陈弟老,今因借到本寨龙颜林名下,后来多年,侄子陈再畔族内人等所卖上寨巴地方,相还伍千文整。龙定有其钱亲手领明,并无下欠分文。今恐口无凭,立有收清字为据。

凭中　杨无林

代笔　刘堂兵

天运壬子年四月廿日　　　　龙定有收清　立①

《石荣宽典田字(民国十五年三月初十日)》将"清明会"高于正文书写,同时"民国"二字中,只有"民"字高于正文一格,我们仍把它归为避讳类。

立典田字人石荣宽,为因缺少口粮无出,自己登门问到,愿将

景岑 害 田二丘,载禾六把,出典与

清明会上石文锦、石德亮、石荣伟、石荣芳众等名下承典为业,当日三面议定典价民钱七千二百八十文,亲手收回应用。……立此典字为据。

亲笔　　石荣芳

民国丙寅年三月初十日　立②

整体而言,清水江流域清代民间借贷契约文书在格式上基本具有皇帝年号高于正文的习惯,其演变规律是从清初到清末,以保留避讳的格式为主。民国年间的借贷契约亦将"民国"抬高两字来写,但并不固定。这种将年号

---

① 贵州省档案馆、黔东南州档案馆、三穗县档案馆合编:《贵州清水江文书·三穗卷》(第一辑),第3册,贵州人民出版社2018年版,第65页。

② 李斌主编,凯里学院、黎平县档案馆编:《贵州清水江文书·黎平文书》(第一辑),第9册,贵州民族出版社2017年版,第398页。

高于正文两字的书写习惯，在清代中后期逐渐有所变化，到民国年间变逐渐趋向不抬高两字，而是略有抬高，以至大体平行了。该流域的乡民更多地采用平齐式。

针对一般借贷契约和典当契约，有必要归纳其内容上的格式。

一是信用借贷契约和抵押借贷契约。用"立借"字样款式，文书开头常写作"立借字人某某""立借谷人某某""立借屋地平字人某某""立借银人某某""立限字人某某"等，接着写原因、借贷银钱粮食数量、单位、利率、归还时间，居中靠后书写凭中、代笔人、保人、在场人、礼费，最后一行书写年号、月、日等，如下所示：

立借/借抵字人△△△，为因△△△△△，无从得出，请中/自己问到△△△名下承借本银/钱/禾谷△△△，其银钱/禾谷照月加△△利，本利共还△△△。不拘远近本利交还/言定△△△归还清，不得有误。（以△△△△△作抵。）立有借字为据是实。

　　　　△△△称/戳

　　　　　　　　　　　　　　　　　　凭中
　　　　　　　　　　　　　　　　　　代笔　△△△

△朝△年△月△日　　　立

二是典当契约。先标明"立典/当"某物。若标的物为田、土、园地、房屋、地基，一般说明这些标的物来源、坐落、数量、产量、股数、四至；银主/钱主姓名、数量、币种、钱粮割、是否有利息、计息方式、附加条件、典当期限、回赎时间，还写明借主违约后，银主/钱主有权处置标的物以偿还债务。正文之后常有批语（外批）、凭中、代笔人、保人、在场人、礼费、落款年月日等，可以归纳如下：

立典田/土/房屋/山林/土股/塘契（字）人△△△寨△△△，今因△△△△，自愿将到△△△△△△△，请中问到△△△名下承典为业。当面凭中议定典价银/钱/粮食△△△△。△△△△领清。其银/

钱/粮食限在△△△归清，不得有误。如误，△△△△△△。典△△△年。限至△△△归赎。立此典字/当约为据。

外批：△△△

凭中　　△△△

代笔/亲笔　　△△△

△朝△年△月△日　　立典/当

（四）条据式

在清水江流域的民间借贷契约文书中，还发现一定数量的简便借据，将其格式称为条据式。这里的条据式借贷契约格式，主要指这类契约只有借主、钱主、钱的数量、利率、时间、代笔人，整体上只有一行或二三行字，没有凭中、担保人、证人等栏目，如《道光二十八年五月初九日谢生保借钱字据》所示：

道光廿八年五月初九日借

谢生保借钱二千二百〇五十文。

代笔　谢秀明

谢成保钱二千二百〇五十文，禾利三十三斤。[1]

再如《吴宏达借字（光绪十七年三月十六日）》：

光绪十七年三月十六日

吴宏达今借到土地会钱伍佰陆拾文，加三行利，限是（至）十月归还，不德（得）有悟（误）。[2]

借禾谷时亦用简明契式。如《宣统元年□□月□□日王三乔借谷字》：

---

[1] 贵州省档案馆、黔东南州档案馆、剑河县档案馆合编：《贵州清水江文书·剑河卷》（第一辑），第1册，贵州人民出版社2018年版，第190页。

[2] 李斌主编，凯里学院、黎平县档案馆编：《贵州清水江文书·黎平文书》（第二辑），第36册，贵州民族出版社2019年版，第63页。

宣统初年己酉岁王叁桥借净本谷贰伯（佰）肆拾捌斤。①

便条式借贷契约文书大多数情况属于一般借贷契约和欠限字据，以及少量的其他借贷形式的契约。关于欠限字，如《吴士诚欠字（道光十八年八月十八日）》：

　　▢字人吴士诚，今欠到

吴应书田价钱壹万贰千伍百文整，限十九年二月内兑足。此欠是实。

道光拾捌年八月十八日　士琏笔立②

以及《石理义限条字（民国三十六年十月十日）》所示：

具限条字人归己村石理义，欠到岑胡石荣芬归己对门共山木三根，

共洋大贰元四角整，限本月十八日如数归清，不得有误。所限是实。

具限人　石理义

石理化笔

民国三十六年古十月十一日　立限③

是否有凭票兑付的形式？票据契式是借贷双方凭票付款的方式，一般写明交款人、钱数目、收款人、时间等，"习惯上于票头书写'凭'字样，内容更为简便"。④清水江流域民间借贷契约提到"宝号"拨款银多少，未书"票兑""凭票"字样，如《吴正兴宝号还钱收条（民国八年闰七月二十八日）》：

兹有收到

铜关吴正兴宝号、由诚具号拨来还安祥尾数洋银贰佰毫整。自收之

后，倘寻出有字约、部（簿）据均作为废纸。恐口无凭，立此收条

为据。

----

① 贵州省档案馆、黔东南州档案馆、剑河县档案馆合编：《贵州清水江文书·剑河卷》（第一辑），第1册，贵州人民出版社2018年版，第224页。

② 李斌主编，凯里学院、黎平县档案馆编：《贵州清水江文书·黎平文书》（第二辑），第43册，贵州民族出版社2019年版，第34页。

③ 李斌主编，凯里学院、黎平县档案馆编：《贵州清水江文书·黎平文书》（第一辑），第7册，贵州民族出版社2017年版，第300页。

④ 俞如先：《清至民国闽西乡村民间借贷研究》，天津古籍出版社2010年版，第103页。

民国八年己未［岁］闰七月廿八日　宰滚安祥号　王治宸　李学林　同立①

另外，清水江流域收字（收据）亦用条据式。大多数收字（收据）列出收款人、银钱数目、凭中、代笔人、时间等，即出贷人、借入人明确，钱物数目清楚，执票人是出贷人，以下略举数例，并保留他们在原图中的格式，如《李含芳、鲁之泗收字（道光二十三年二月初三日）》：

> 立收字人文昌会首李含芳、鲁之泗，收到吴廷祥承顶吴挽离所欠之账，今已本利一并收清。所收是实。
>
> 凭　贾如龙
>
> 李江　笔
>
> 道光贰十三年二月初三日　立②

又如《石起风、石起昌二人典收字约（同治六年十二月二十日）》所示：

> 立典收字约人寨官石起风、吴起昌二人，先年得典 胃 鲁温石发龙田乙丘，禾六把，其有典价一利收清，分文不久（欠）。日后结（揭）出典约系事（是）故此（纸）。
>
> 代笔　罗再贤
>
> 同治六年十月二十日　立赎③

有时运用"外批"字样说明借入人另欠之账，以及账务是否收清，原契约是否退回等，如《谢庆先收字（光绪十四年十二月十二日）》：

> 立收字人下寨谢庆先，今收到控洞寨林秀清，收钱本利陆仟捌佰文整，本利收清。其有典字未退，日后查出老约，送与林姓。所收是

---

① 李斌主编，凯里学院、黎平县档案馆编：《贵州清水江文书·黎平文书》（第三辑），第58册，贵州民族出版社2020年版，第200页。

② 李斌主编，凯里学院、黎平县档案馆编：《贵州清水江文书·黎平文书》（第二辑），第46册，贵州民族出版社2019年，第345页。

③ 李斌主编，凯里学院、黎平县档案馆编：《贵州清水江文书·黎平文书》（第一辑），第13册，贵州民族出版社2017年版，第16页。

寔（实）。

外批：林秀清下欠本钱壹仟陆佰文整。

凭中　吴高魁

光绪拾肆年十二月十二日　亲笔立　谢锡璋①

另有收据（凭条）并不列出中人，出贷人即是代笔人，无须中人，这类收条在民国中后期较流行，如《陆文煊收条（民国二十二年四月二十一日）》：

兹收到

控硐杨士能交来还先年士和所借本银壹百毫整，除收来外，仍欠本

银壹百玖拾肆毫。此据。

民国二十二年四月廿一日　肇洞陆文煊收条②

由最初的出贷人、借入人、中人、代笔人、外批、币种、数量、本利等栏目齐全详细，到内容简洁，只需出贷人、借入人和钱数是否收讫，清至民国收据的格式呈现出逐渐简便的趋势。

抵押、典借、当借以及合会中的借贷极少使用此种格式。抵押、典借、当借以及合会中的借贷格式涉及较多，中人、证人、保人、标的物的四至、数量、限期、违约等，必须在契约中写清楚。条据（包括借条收字、凭条、收条等）多数情况下只涉及借主、钱主、钱物的数量和种类、利率等，格式上相对较简略。条据式契约的显著特征是简洁、准确。

（五）账簿式

账簿式，亦称账单式。记载借贷账务的簿籍、表册，或者刻于石碑之上的账务，包括时间、事主、数量等内容。这种格式所记载的内容具有单一性

---

① 李斌主编，凯里学院、黎平县档案馆编：《贵州清水江文书·黎平文书》（第二辑），第47册，贵州民族出版社2019年版，第295页。
② 李斌主编，凯里学院、黎平县档案馆编：《贵州清水江文书·黎平文书》（第二辑），第48册，贵州民族出版社2019年版，第78页。

的特点，大多数只列出姓名和钱粮数目，缺乏其他信息，不便于研究。习惯上，称之为流水账，例如《土地会账本（时间不详）》：

　　杨士彬借土地会之钱壹仟叁佰文。如有为（违）误，厦往田乙

　　丘，禾三把作抵。如有不归，将田变卖归还。所当字寔（实）。①

账簿式的借贷文书，有长有短，格式不固定，记录人一般按照账务产生的具体情况记录，并不遵循约定俗成的格式。这种格式，也可称为流水账式，如《光绪九年十一月十六日杨陆盛借欠米账簿》：

光绪九年十一月十六日

　　绞颁洞杨陆盛注

　　唐天佑该米二斗五升乙　　完　　除乙升与谌治连

　　……

　　杨通仁米一升四　　完　　　光绪七年

　　八年②

清水江流域的借谷单，只记载借入人姓名和禾谷的数量，无其他信息。如《计开谷单（光绪二十一年五月）》：

　　计开谷单

　　杨如魁借谷乙百斤。

　　……

　　生财二十斤又拾斤。

　光绪廿一年五月　借③

清水江流域苗、侗族借贷契约的格式从整体上看，有事主、正文、凭中、

---

① 李斌主编，凯里学院、黎平县档案馆编：《贵州清水江文书·黎平文书》（第二辑），第48册，贵州民族出版社2019年版，第386页。
② 贵州省档案馆、黔东南州档案馆、三穗县档案馆合编：《贵州清水江文书·三穗卷》（第二辑），第9册，贵州人民出版社2018年版，第191页。
③ 李斌主编，凯里学院、黎平县档案馆编：《贵州清水江文书·黎平文书》（第二辑），第47册，贵州民族出版社2019年版，第315页。

代笔人、立契时间等栏目，借贷契约文书主要包含正文（事主、事由、标的物、数量、钱主、钱币、利率、期限等）、中人、代笔人（亲笔的情况较少）和立契年月四个部分。

清水江流域苗、侗族借贷契约文书的格式主要有前述的五种，总体上呈现出由循规蹈矩向简明方向发展演进的趋势。这可能与中原儒家文化进一步深入和清水江流域苗、侗族人民的文化提升有关，不在本书讨论之列。另外，该流域经济的发展日益活跃，人们需要更迅速地将经济社会发展的事务记载下来，这些传世的契约文书即从侧面透视了当地民间借贷的丰富性和地域特色。

民间借贷格式上的简便性，特别是从清乾隆向中华民国的时代演进过程中，民间借贷契约越来越呈现出简洁易操作的趋势，无疑为清水江流域经济发展中的频繁交易提供了方便，亦从另一个方面反映了经济流通的活跃场面。苗、侗族借贷契约的格式由繁到简的发展规律，伴随着区域经济发展的历史进程，凸显了鲜明的地域特色。

二、与其他地域同类文书格式之比较

（一）与省外比较

1. 云南省新平契约

云南省新平契约属于彝族的契约，其特点是文书中有洒、戛等字，洒指沙滩，戛指街道。①

同为借贷契约文书，新平契约将凭中、代笔人两栏置于立契时间之后，并在最后一行大字书写"借约存照"。

立契银文约人李葱斯同男世业巴，为因乏用，凭中立约，借到堂孙李萃

---

① 林文勋、徐政芸主编：《云南省博物馆藏契约文书整理与汇编》（第四卷），人民出版社 2013年版，第 4 页。

名下市银玖两伍钱整，入手应用。其银利每两每月行利二分，俟还银之

日本利一并清结，不致短小（少）分厘。恐口无凭，立此借约为照。

嘉庆二十年十月十八日　　　立借约人李葱斯

　　　　　　　　　　　　同男业巴

　　　　　　　　　　　　凭中　　李　华

　　　　　　　　　　　　代笔　　王倬章

　　　借　约　存　照①

一般将"借约为据"大字写置于整个契约之右端，并将钱主"白大嫂"高于正文书写，"名下"二字小字书于正文左侧。②凭中（凭中人）多数情况写于正文与时间落款之间，靠近底端书写。代字、代书（代笔人）置于落款时间栏的右靠底端。

清至民国的这些契约，借贷契约中的所有人基本上都画押，画押（花押）一栏，有画圈、画"十"字、画图形以及直接写"花"字。民国时期开始用印章，方法是将涉事人的私章红印钤于文书上。

云南新平的借贷契约文书中，立契时间一行末尾，再次列出事主，并画押，书写人置于最后一列，契约左端大字书写"借约为据"或"借约存照"，列有担保人（保人）、过付人等，这几点是与清水江流域苗、侗族借贷契约在格式上的明显不同之处。清水江流域在清代后期至民国时期，画押一栏很少出现。大多数情况下，省略了画押栏。且清水江流域的借贷契约文书中，几乎没有过付人，担保人（保人）亦极稀少。

清水江流域苗、侗族借贷契约与云南新平的借贷契约相同之处在于：每份借贷契约都包括事主、借贷原因、出贷人姓名和住所、钱币种类和数量、

---

① 林文勋、徐政芸主编：《云南省博物馆藏契约文书整理与汇编》（第四卷），人民出版社2013年版，第107页。
② 林文勋、徐政芸主编：《云南省博物馆藏契约文书整理与汇编》（第四卷），人民出版社2013年版，第109页。

利息额度和支付方式、违约处理、抵押物、银钱之秤、中人、代笔人、立契时间、画押等。

清水江流域的典约与昆明的典约在格式上亦有明显区别。昆明的典约，一是将"典约存照"或"典田文契存照""典契存照"用大字书写，在清代一般置于落款时间的右侧靠上，而在民国时期则将它们置于契纸的最左端。二是将出贷人高于正文两字书写，且将皇帝年号高于正文两格书写，其余正文部分各列平行排列。凭中、代书人、保人、证人等多数情况置于时间落款的右侧并略靠底端。同样，将事主再次书写，置于时间落款一行的后面。画押、花押居多，手印和钤印的方式亦用。如下例：

> 立转典田文契人杜昌、杜联芳，系本村八甲住人，今因乏用，有祖业田壹丘，计五工，坐落柳树塘脚下第七丘，东至赵姓塘子，南北西至本家田，四至开明，随田秧田壹节布种四升，坐落三岔沟，四至二比相知，秋粮四　京升，条丁夫差随粮上纳。今凭中人说合，情愿立契出典与本族
>
> 杜洋名下为业，实接授典价制足钱伍拾千文整，入手应用。自典之后，任凭钱主栽种，杜昌、杜联芳不得异言。此系二比情愿，日后取赎，钱到田归。恐后无凭，立此转典文契存照。
>
> 咸丰五年三月初十日　立转典田文契人　杜　昌（画十）
> 　　　　　　　　　　　　　　　　　　杜联芳（画十）
> 　　　　　　　　　　　　凭中人　　　杜万甲（画十）
> 　　　　　　　　　　　　　　　　　　杜云龙（花押）
> 　　　　　　　　　　　　　　　　　　杜永裕（画十）
> 　　　　　　　　　　　　代字人　　　金慧圃（花押）
>
> 　典　田　文　契　存　照①

---

① 林文勋、徐政芸主编：《云南省博物馆藏契约文书整理与汇编》（第四卷），人民出版社2013年版，第699页。

昆明的典借契约一般包括事主、住所、典借原因、典物（标的物）名称和种类、坐落、四至、产量（面积）、种植情况、出贷人姓名和住所、钱币种类和数量、黑典期、回赎约定、中人、代笔人、立契时间、画押以及粮赋、税票等。简言之，事主、标的物的情况详细准确，双方无其他任何争议；然后是钱主、钱币数量及种类详列，最后是画押确保典借的真实性和有效性。

与昆明的典借契约相比较，清水江流域苗、侗族的典契中，凭中、代笔人画押情形在清代有，所占比例较小；民国时期的典借，画押极少，偶尔出现，亦有钤印的情况，即在凭中、画押两栏上更简便。清水江的苗、侗族典契，事主在开始已经交代，所以契文落款不再列出，显得简洁。如果是事主自己担任书写人，一般在落款处标明"亲笔"二字，"亲笔"后面一般未见画押（花押）。整体而言，清水江流域苗、侗族的典借契约在格式上显得更简明，更易于书写人掌控。昆明的典借契约从清至民国，由目前已经出版的契约文书来看到，格式比较固定，所涉及一宗典借事务的栏目俱全，内容丰满，以致显得有些烦琐，这对文书写手要求亦更高。如此格式对借贷双方的保护更全面，然其法律约束力大体相当。这大致可以说，清水江流域苗、侗族人相互之间更能够信任。

云南省新平县和昆明两处的借贷类契约文书与清水江流域苗、侗族的同类契约文书在格式有明显的区别，主要表现为"借约存照""典约存照"另设一列置于文末或文首，钱主高于正文两格，所有人画押，事主（借主）在落款的时间列后再书一次等，后者则无此格式。

2. 安徽省

略举典当和借贷类契约数例。如《顺治三年（一六四六年）休宁县许应斗典田契》：

> 廿四都一图立典契人许应斗，今将续置得田四十号，坐落地名上方坞，系常字三千六百五十四号起，五十七号止，计租柒租。……叁

共计租伍拾五砠，出典与族弟许名下，纹银贰十伍两整。当日三面言定，银不起利。其田听从受典人收租无异，其田主回家将原价取赎，无得阻当。今恐人心难凭，立此典契存炤（照）。

其银足九六色合屯米。

顺治丙戌年八月　初一日　立典契人许应斗

中见人　许兆文①

《康熙四十八年（一七〇九）休宁县项福生借谷约》：

立借约人项福生，今凭包中毕君达借到汪名下干谷一石整，约至来年新出加利三斗一并送还。不得少欠。今恐无凭，立此借约存照。

康熙四十八年八月　立借约人　项福生（押）

包中　毕君达（押）②

《乾隆二十五年（一七六〇年）开泰县毛来廷借银约》：

立借约人毛来廷，今因生理，缺少银用无出，自己问到穆姓醮会上众人穆连生等，揭借过纹银四十八两整，入手领回应用。其银言定每月二分五厘行息。不得短少。如无银还，将曲尺田一丘作抵，约谷十石，任从耕种，不得异言。今恐无凭。立此借约为据。

乾隆二十五年七月二十五日　亲笔立③

这三份契约表明，其一，安徽的借贷契约包括事主、中人（包人、中见人）、标的物、数量、种类、约定的利率、违约处置、画押、立契年月等项，与清水江流域相比较，几乎无差别。区别在于将担保人写作包人，而清水江流域一般用凭中、凭、凭笔等，极少用担保人、担承人。其二，清水江流域的借贷契约中，画押栏目不常见，偶尔出手印和印章的情形。

---

① 张传玺主编：《中国历代契约会编考释》（下），北京大学出版社1995年版，第1488页。
② 张传玺主编：《中国历代契约会编考释》（下），北京大学出版社1995年版，第1569页。
③ 张传玺主编：《中国历代契约会编考释》（下），北京大学出版社1995年版，第1571页。

（二）与省内其他地域比较

1. 道真民间借贷契约文书

道真的民间借贷契约主要集中在清道光至民国年间。其格式主要表现为落款时皇帝年号高出两字书写，例如《周陈氏母子向邹裘格借粮借字》：

> 立出借字人周陈氏、周伯槐母子二人，今手借到邹裘格名下谷子七斗，彼日面议利息本利壹供（共）九斗壹小开不误，秋收应明。倘□秋冬不楚，将受分母子二人耕食田土作抵，邹性（姓）耕裁，周姓不得异言祖（阻）格（隔）。今恐人心不一，立出借字为凭。
>
> 　　道光丙午六月初七日　　立出借谷子人　周陈氏（花押）
>
> 　　　　　　　　　　　　　　　　　　　周伯槐（花押）
>
> 　　　　　　　　　　　　　　　　　　　周廷旺　笔（花押）①

书写人置于末端，事主（借主）列于落款之后。再如《刘开虎出当房屋土地与龚仕友当约》：

> 立出当房屋基趾（址）园铺（圃）文约人刘开虎，今因移居开花无钱用费，将自己祖父遗留山土房屋间半，连树木悉行在内，凭中出当与龚仕友名下耕种管理，坐落地名岩坪，情愿请凭中证面议当价铜钱贰阡（仟）文整……。恐口无凭，故立当约一纸为据。
>
> 　　道光十一年辛卯岁冬月十八日　立出当约人　刘开虎（花押）
>
> 　　　　　　　　　　　　　　　　　　　龚仁俸（花押）
>
> 　　　　　　　　　　　　　　　　　　　任在万（花押）
>
> 　　　　　　　　　　　　　　　　　　　龚仕科
>
> 　　　　　　　　　　　　　　凭中人　任在顺（花押）

① 汪文学编校：《道真契约文书汇编》，中央编译出版社2015年版，第6页。

刘元贵（花押）

刘开相（花押）

代笔人　　任文智（花押）①

道真县的借贷契约中的事主、代书人、中人等几乎都画押，花押多，另有画小圈的情形。偶尔有将钱主的姓氏高出正文一字的距离书写，如《骆芳来向邹裘格借粮借字》：

立出借字人骆芳来，经手借到

邹裘格名下苞谷乙石，彼即贰家面议每乙斗还式斗。其有苞谷不误，十月内亢（炕）甘（干）还明簸揭足。倘若十月内本利不楚，情愿将自己宅下园子乙间作抵，恁随邹姓耕种，骆姓不得易（异）言阻滞。恐口无凭，故出借字为券。

道光乙巳年三月式十六日　　出借字人　骆芳来　　（花押）

冉深元　笔②

书写人有时不用画押，如《周柏柱将耕食田地出当与周伯仲当约》：

立出当约人堂兄周伯柱，今因无钱用度，将自己耕食水田地名柏杨湾水田大小六丘共凑壹段，凭中面当与堂弟周伯仲名下耕栽，面议当价铜钱伍百文，一首（手）现交无欠。……恐口无凭，当约是实。

咸丰元年正月什八日　　　　出当约人　周伯柱（花押）

凭中人　周福长（押）

周锡璋　笔③

下例《骆永贡向邹福林借钱借字》是抬高钱主姓氏一格书写，代笔人不用画押，其他与前面的格式相同。

立出借字人周永贡，今因无钱用度，今首（手）借到

---

① 汪文学编校：《道真契约文书汇编》，中央编译出版社 2015 年版，第 8 页。
② 汪文学编校：《道真契约文书汇编》，中央编译出版社 2015 年版，第 27 页。
③ 汪文学编校：《道真契约文书汇编》，中央编译出版社 2015 年版，第 43 页。

邹福林二爷名下铜钱乙千五百文正（整），借日二家面议利息每月叩

（扣）　算加三行利，乾（承）恁胞（包）谷贰斗，不得少欠分

文。……立出低（抵）字与邹姓为据。

外批：每年干恁胞（包）谷二斗不误，秋收□明，不得短少升合。

永厚批明。

同治八年九月三十日　　　　　　立出借字人　骆永贡（花押）

凭中人　骆水厚（花押）

骆象高　笔①

即令是亲笔书写的借贷契约，亦须画押。契约中凭中、代书人省略，如
《陈见泽向邹武氏借钱借字》：

立出借字人陈见泽，今手借到邹武氏名下铜钱拾贰阡（仟）文正
（整），彼郎（即）面议利息每年每千恁苞谷子二市斗不误，秋收应
明。……今恐人心不亦（一），故出借字一纸与邹性（姓）为凭。

光绪己卯年六月十二日　　出借字人　陈见泽　亲笔（花押）②

民国时期的借贷契约有两个明显的变化，一是将"立"字高出正文一字
的距离书写，多数情况下落款一列的"民国"二字高出正文两格，有时高出
正文一格。正文部分各列排列整齐，如《邹庆堂向唐家柱借钱借字》：

立出借字人邹庆堂，今因无钱支用，经手借到唐省家柱哥名下铜钱
拾阡（仟）文正（整），彼日二家面议利息不误，每年每千加式十
五文行利，照月扣算。其钱不拘远近相还。……故出借字一纸与唐
姓为凭。

民国丁巳年九月二十四日　　　　出借字人　邹庆堂（画十）

邹庆孔笔③

---

①　汪文学编校：《道真契约文书汇编》，中央编译出版社 2015 年版，第 111 页。
②　汪文学编校：《道真契约文书汇编》，中央编译出版社 2015 年版，第 213 页。
③　汪文学编校：《道真契约文书汇编》，中央编译出版社 2015 年版，第 379 页。

　　民国时期的借贷契约另一个明显的变化是几乎不再用"封"，而清代的借贷契约则较多地运用"封"。这个"封"，相当于契约上的一个简介，将事主（借主）的姓名、标的物、地名、数量、钱主、钱及数量等约略说明，如《刘开虎出当房屋土地与龚仕友当约封》写作"刘开虎得当之房屋基趾（址）园圃地名岩千坪屋口间半当与龚仕友钱二千文"①。不用"封"，如《邹庆堂向徐枝树借钱借字》：

　　立出借字人邹庆堂，经手借到徐枝树名下铜钱式百千文整，借日二家面议，利息每千每年加二升半行利，照数扣算不误，秋收风飏簸净口明清楚，勿得短少升角（合）。……特书立并字一纸以与徐姓存执。

民国己巳年全月册日出字人　　　　　　　邹庆堂（花押）

　　　　　　　　　　　　　　　　　　　　德

　　　　　　　　凭中人　骆　　溥

　　　　　　　　　　　　泽　　笔②

　　另外，民国时期的借贷契约有时"立""民国"两处只高出正文一格，有各列平齐的趋势。如《李光彩加当土地与邹道洪加当约》：

　　立出加当文约人李光彩，今因无钱支用，故将自己之业地名仲家沟水田壹股，请凭中正（证）出加与原主邹道洪名下耕栽，彼日加当纸洋贰万元正（整），彼日现交本人清（亲）领明白，并无尾欠。……口说莫凭，故出加当为用。

民国乙酉年冬月廿日出加约人　　　　　李光彩　亲笔

　　　　　　　　凭　周长和（画圈)③

　　道真县的借贷契约清代共计102份，有71份皇帝年号高出正文两格书写，

---

①　汪文学编校：《道真契约文书汇编》，中央编译出版社2015年版，第7页。
②　汪文学编校：《道真契约文书汇编》，中央编译出版社2015年版，第420页。
③　汪文学编校：《道真契约文书汇编》，中央编译出版社2015年版，第470页。

有 8 份抬高钱主姓氏一格书写，光绪年间开始出现契文各列平行书写的趋势。民国时期借贷契约有 35 份，其中 10 份抬高"民国"二字书写。整体而言，清代契约有七成采用避讳式，民国则约三成。除由避讳式，即皇帝年号高出正文两格书写，逐渐向各列平行排列演进的趋势外，契约格式的其他方面自清至民国，几乎没有太多变化。这表明该地域的借贷契约格式比较固定，没有太多的改变。这与清水江流域苗、侗族的借贷契约在格式方面有四个明显不同处：一是多数情况下，落款栏的皇帝年号或民国年号高出正文两格，二是事主在年号后面再次列出，三是凭中、代笔人等几乎都置于落款年代栏的右端并靠近底部，四是清代的借贷契约用"封"简明记录事主、标的物信息、借主及所借钱物数量及种类。除代书人，其他人包括事主几乎都在契约中画押。

清水江流域苗、侗族借贷契约的格式根本没有"封"，只有极少量的借贷契约用避讳式，凭中、代书人等画押或盖章亦不严格。相对而言，清水江流域苗、侗族借贷契约的格式并不固定，更多地采用平齐式。

2. 安顺民间借贷契约文书

目前所见安顺大屯民间契约共有 700 余份，其中借贷契约有 36 份，主要属于清道光至民国年间，在格式方面有其自己的特点。

一是清代的借贷契约，基本上采用避讳式，将皇帝年号高于正文两个字的距离书写，如《道光二十年李作梅、李作任转当水田文契》：

立转当明本心文买李作梅、李作任，今将父当明赵处水田二块，坐落革老（仡佬）坟。请凭中上门，转当与陈朝相名下耕种佃安。彼时得受转当价九叁银查两陆钱整，亲手领明。自当之后，有银赎取，无银任随陈处耕安，不得异言。恐口无凭，立转当文约为据。

当契一张，同当蜡树在内。

有银赎取

凭中　丁朝昌

王应佳

李作横

道光二十年三月初六日　亲笔　立①

有时将立契人（事主）、凭中等置于落款时间的右侧靠底端，将"有银取赎"四字排成两行，与凭中并行字体略大，如《同治四年吴廷柱当粮田文契》：

立当明粮田文吴人灵廷柱，为因需用，今将父分授自己名下田一块，坐落大沟边。今请凭中上门，出当与齐成献、齐位献二人名下为业。

是日三面言定，九玖银玖两整。……恐口无凭，立当契为据。

同治四年五月十五日　立当契　吴廷柱

有　银　　　　　　　　　　本人亲笔　立

赎　取　　　　　　　　　　凭中人　吴上信②

除了"有银赎取"，还有"对月赎取""天理良心""各凭天理""天理各平（凭）""照契归赎"等，如《光清二十八年丁顺星当水田文契》：

立当明水田文吴人丁顺星，为因乏用，无处出辨（办），今将本名下水田壹块坐落小山边，请凭中上门出当与丁河星名下管业耕种。是日三面议定，当价玖玖银无砂柒两整。……。恐口无凭，立当字为据。

代字人　周士兴

凭中人　黄朝发

光绪二十八年四月十八日立

天理良心③

---

① 吕燕平编：《大屯契约文书汇编》（上），孔学堂书局2020年版，第414页。

② 吕燕平编：《大屯契约文书汇编》（下），孔学堂书局2020年版，第663页。

③ 吕燕平编：《大屯契约文书汇编》（上），孔学堂书局2020年版，第372页。

"天理良心""银到赎取"等语，位置有置于落款左上侧和契约正文后面另起一列书，字号大于正文。

民国时期的借贷契约"民国"或"中华民国"比契约正文抬高两字的距离书写，有时将"民国某年"大字书写。亦采用各列平行的平齐式书写，无画押批语，如《民十九年李叶氏借银约文契（1）》：

[立] 借银约心时氏，为因乏用，特请凭中上门，借 [到] □□丁王氏名下浦小板银拾元整。言定每月每元行利三仙，不得短少仙星，仍将园背后窝子田块作抵如有短少不齐，愿将抵业变卖还清。恐口无凭，特立借约为据。

凭中人　周考哥

代字人　丁枢星

民国十九年阴历八月十八日　立①

安顺大屯的借贷契约中大体上六成采用避讳式，四成采用平齐式。

二是将事主（借主）再次书写在落款时间的后面，有时还画押。这种情况近六成，清代和民国皆有，如《民国元年汪镇有当水田文契》：

立当明水田文忍人注镇有，为因需用，今将本已所治（置）之田大小贰块，坐落大沟边。镇有愿请凭中上门，出当与李华廷名下管理耕种。即日三面议定当价九九银拾两整。……。恐口无凭，立当契为据。

老契一张在内。

各凭天理

凭中人　张文顺

代笔人　丁汉章

---

① 吕燕平编：《大屯契约文书汇编》（上），孔学堂书局 2020 年版，第 508 页。

中华民国元年阴历冬月十八日　立当契人　汪镇有　立①

又如《民国三十三年丁舜俞借银文契》：

立借长（银）人丁舜俞，为因乏用，亲自上门借到丁学文名下市用
国币贰仟伍佰元整。言定每月每元行利壹角，不得短少角仙。如有
短少角仙，情愿将板死山苞谷地壹份，大小贰块作抵，任随变卖赔
还。恐口无凭，特立借字为据。

硬耽（担）

丁逸凡

凭中人

丁舜俞亲笔

民国三十三年古历八月二十一日　　丁舜俞　立借（押）②

　　其三，画押仅有三成左右，清代和民国皆有。相对而言，有画押的契约
格式在当约中较多，可能涉及回赎；在借约中较少。画押的方式有"押"
"十""花"等，另有私人印章。如《民国三十五年李锦荣当房屋文契》：

业当明瓦屋文契人李锦荣，为因今将本已名下厢房二间，坐落大门
数（楼）。……四至分明。亲自上门与李云奎名下为业居住。是日三
面议定，市用国币柒万元正（整），即日当主亲手领明应用。……恐
口无凭，立当字为据。

后面圆（园）□在内。

□中人　周德新（画忠）

□□字　李新武（画押）

民国三十五年古历八月二十八日　李锦荣（画十）　　　　　立③

　　至于中人、代书人、证人、担保人等的位置，从清代的多置于落款时间

---

① 吕燕平编：《大屯契约文书汇编》（上），孔学堂书局2020年版，第472页。
② 吕燕平编：《大屯契约文书汇编》（上），孔学堂书局2020年版，第297页。
③ 吕燕平编：《大屯契约文书汇编》（上），孔学堂书局2020年版，第10页。

右下侧，逐渐向民国时期的置于契约正文后面靠下端演进。简言之，由外向内变化，接近九成。整体而言，大屯的借贷契约格式从清代至民国变化趋势是规范、简明，有效力，略有微调，格式变化不太明显。

大屯借贷契约与清水江流域苗、侗借贷契约在格式上的区别在于：一是落款时间一行的后面再次书写事主（借主）；二是将"有银赎取""天理良心"等语在契约之后或在落款之后大字书写；三是采用避讳式较多，有时大字书写皇帝年号或民国某年。换言之，清水江流域苗、侗族的借贷契约格式显得更简洁，更明了。

> 立借字人苗埂寨张老岩，为因家下缺少钱用无出，自愿上门借到堂
>
> 兄张开盛、张开理、侄张天喜、张天思叔侄四人名下，实借过铜钱
>
> 拾千文整。此钱自借之后，言定三年还清，不得违误。如有误者，
>
> 自愿将本身农工归还。恐后无凭，立此借字是实为据。
>
> 凭中　吴天云
>
> 光绪拾九年五月初八日　　　亲笔　　　立①

此外，清水江流域民间借贷契约文书的形态值得一提。文书形态，指该文书在不同条件下的表现形式。清水江流域民间借贷契约文书主要是原件（影印件）、极少量的抄件和民间用官版契纸填写的契约文书。

从契约文书的载体和制作方式来看，它们的载体有纸质原件、纸质抄件、布帛件、石件，其中以纸质原件为主。契约文书的制作方式，绝大多数是用毛笔书写的，极少量运用水笔（钢笔）书写或石刻。民间不用油印契约文书，运用官版契纸书写的借贷契约，则属于油印兼毛笔填写的制作方式。这些纸质的契约文书，有的在民间已经粘贴在木板上，所以运用照相机摄制时，留下了木板的痕迹。有的装在特制的木箱里，长期卷着，所以在摄制时，必须有人用手拉直后，再由另外的人拍摄，于是出现契约文书图片上留下手指的

---

① 本文书来自贵州省锦屏县张继渊家族所藏文书，特此说明。

情形。

从契约文书形成过程来看，清水江流域民间借贷契约文书有草契，即订立契约前的草拟件。有的借贷契约，相同的有几份，可能其中的某份或几份是草契，另外的是誊写的。文书持有人将它们都庋藏了。这些契约，大致有格式化的借贷契约、约定俗成的格式、某一县域内的通用格式、相同的习惯用语、称呼等。同为清水江流域，不同时段、不同地段亦有区别。正式订立契约文书之后，有时有上手契，一同附上。有时提及老契（上手契）由某某收执，有时用"领钱清白字"说明原契价已领清，契字未寻出，或原典价已揭，若今后寻出，作为故纸，不存在任何效力等加以说明。

从税契的视角看，清水江流域民间借贷契约中，有典卖时官府印制，民间填写的"新典契""典契"等。用官版契纸记载缴纳契税的文书数量极少，但它反映了官府对民间典借的管理。对契约征税起源于东晋，"税契始于东晋，历代相承，史文简略，不能尽考。宋太祖开宝二年，始收民印契钱，令民典卖田宅输钱印契，税契限两月。"① 此后，官府钤印、征契税的契称为红契。清水江流域，红契不及十分之一，民间借贷契约中的红契更极稀少。究其原因，在于白契效力具备，无须官府做证，民间忌惮契约较高而尽量躲避，官府亦无暇对民间借贷事项加以限制，其中民国时期的红契，有贴印花税票的情况。

从产权转移角度看，清水江流域民间借贷契约中，有大量的典与当产业的契约，其中以典当田地为主。这些典当契是单契（单字），业主（借入人）暂时将产业的经营权典当与出贷人，获得必要的资金或粮食，渡过眼前的难关，然后在典当期内，将物权暂时让渡给出贷人。典当期满后，按契约中的约定价格将产业回赎。出贷人在典当期内获得对所典当产业的经营权和收益权。倘若借入人违约，出贷人按约定可以处分所典当的产业，其中还有加典契，即

---

① 马端临：《文献通考》卷一九《征榷考六·牙契》，中华书局1986年版，第187页。

借入人因为缺乏资金或粮食，再次将其他产业典给原出贷人，获得必要的资金或粮食而订立的契约，亦有回赎契、退典契（吐退字）以及清白字等。

从语言文字上看，清水江流域民间借贷契约文书用汉语写成，其中极少数情况下运用汉字记录侗音，即运用汉字记录少量的人名、地名的侗语音符，保留了苗、侗民族的地域特征。目前尚未发现运用其他语言来书写这类契约文书的情形，这与其他地域的契约文书有明显区别。

第二章　清水江流域民间信用借贷

　　在讨论本章前，需要明确两个问题，一是民间借贷分类，二是银与钱币、面积等计算方法。

　　首先，关于民间借贷的分类。学术界对民间借贷的种类看法不一。李金铮以华北和长江中下游乡村为例，将乡村借贷分为两类，即高利贷和传统互助借贷。高利贷包括私人借贷、店铺借贷和典当业，传统互助借贷主要指钱会，放贷者主要有地主、富农、商人等；徐畅认为除了现代金融机构外，其他融资渠道还有私人借贷、典当、合会。同时，他还将私人借贷等同于高利贷，并把高利贷分为单纯高利贷、押当高利贷、商业高利贷等。① 俞如先认为应把民间借贷分为三类，即信用借贷、抵押借贷、典卖。② 陈铮根据债主来源不同，将借贷分为一般私人借贷、非政府组织借贷，前者主要包括实物、货币、耕畜借贷，后者主要包括典当业和合会。③ 冯剑在其《近代天津民间借贷研究》的博士论文中，将借贷分为高利贷、私人借贷、典当、钱庄等。④ 徐钰将借贷分为两种形式，即普通借贷和特殊形态借贷，其中普通借贷分为有息

---

① 徐畅：《二十世纪二三十年代华中地区农村金融研究》，齐鲁书社2005年版，第47页。
② 俞如先：《清至民国闽西乡村民间借贷研究》，天津古籍出版社2010年版，第91页。
③ 陈铮：《民间借贷与乡村经济社会研究：以近代广西民族地区为中心》，经济日报出版社2016年版，第108—127页。
④ 冯剑：《近代天津民间借贷研究》，2012年南开大学博士学位论文。

和无息借贷，特殊形态借贷主要有典当。[1] 童丕从年代学和借贷技术角度将借贷划分为两种类型，粮食借贷（9 世纪前半叶吐蕃时期）和织物借贷（10 世纪曹氏家族统治时期)[2]，并指出："把契约分为不同的类型，对汉学家们来说是个棘手的问题。事实上，没有任何一个分类标准能使人完全接受。"[3] 玉井是博将借贷性质的契约分为借钱契、借绢契、借地契、借驼契，仁井田陞分为买卖、消费借贷、赁借贷、雇佣和请负。[4] 张慧然认为根据借贷用途可以划分为生产性借贷和生活性借贷，以借贷过程中有无担保可分为担保借贷和信用借贷。[5] 这些分类基于不同的借贷材料而定，有一定的科学性，但并不能穷尽借贷契约的类型。事实上，对于国内各地借贷契约的分类，应根据具体材料的情况而定，无须整齐划一，亦难做到人人满意，见仁见智即可。

《岑巩县志》言，清水江流域岑巩县境内的"民间借贷活动，解放前，有个人间接直接借贷及'约会'借贷两种。其借贷内容有钱谷、典当及租赁，作法上多种多样，高利贷最突出，甚至有以高利贷为职业者"[6]。租赁不属于借贷，故未涉及。除此之外本书认为，可根据民间借贷契约文书的具体内容来划分借贷类型更接近实际情况。从传世契约文书来看，清水江流域"有信用借贷，也有抵押、典当借贷，有低息或无息借贷，也有高利借贷，有放养牲畜的借贷，也有买卖青苗的借贷。农村则以借钱还粮或借粮还钱，买卖青苗，典当田、土、山林，'放养'牲畜为主要借贷方式"[7]。借、典当是农村

---

① 徐钰：《清至民国时期清水江流域民间借贷活动研究——以〈天柱文书〉为中心》，2016 年贵州大学硕士论文，第 88、92、100、117 页。

② ［法］童丕著：《敦煌的借贷：中国中古时代的物质生活与社会》，余欣、陈建伟译，中华书局 2003 年版，第 18—19 页。

③ ［法］童丕著：《敦煌的借贷：中国中古时代的物质生活与社会》，余欣、陈建伟译，中华书局 2003 年版，第 13 页。

④ ［法］童丕著：《敦煌的借贷：中国中古时代的物质生活与社会》，余欣、陈建伟译，中华书局 2003 年版，第 13—14 页。

⑤ 张慧然：《清代洛阳地区民间借贷研究》，2019 年郑州大学硕士学位论文，第 19 页。

⑥ 贵州省岑巩县志编纂委员会编：《岑巩县志》，贵州人民出版社 1993 年版，第 707 页。

⑦ 三穗县志编纂委员会编：《三穗县志》，民族出版社 1994 年版，第 487 页。

的主要借贷方式。基于此，本书将清水江流域民间借贷分为三种类型，即信用借贷、抵押借贷和典当。合会作为一种民间组织，参与民间借贷的运行，有必要开展研究，但不属于借贷类型，故将其作为一节置于后面讨论。有的称信用借贷为无抵押借贷或无质借贷，这是本章将讨论的主要内容。

其次，银币与钱币、面积、量与衡等换算。 关于清水江流域的银两、铜币、法币、面积、衡与量等计算方法，十分复杂，但必须科学、准确，以便引用契约文书中银币、铜币等各种数据进行运算。各类算法如下：

1. 银两与铜币

白银1两合制钱数（文）在明代数值较小，洪武年间（1368—1399）为100—120；成化年间（1465—1488）96；弘治年间（1488—1506）67.1；嘉靖年间（1522—1567）32.76—76.44；万历年间（1573—1620）58—93；崇祯年间（1628—1644），无载。[①]

清顺治元年至嘉庆十二年（1644—1807）1∶800。嘉庆十三年至道光十五年（1808—1832）1∶1200；道光十六年至十七年（1836—1837）1∶1300；道光十八年（1838）1∶1600，道光二十三年（1843）1∶1666；道光二十四年至咸丰八年（1851—1858）1∶2000，咸丰九年至宣统三年（1859—1911）1∶1500；禾谷150斤折合银1两。民国元至九年（1912—1920）1∶1400，十至二十七年（1921—1938）1∶2000，二十八至三十八年（1939—1949）1∶8000。[②]

---

① 彭信威：《中国货币史》，上海人民出版社1958年版，第517、569、570页。

② 在黎平县境内，民国三十八年（1949）7月5日起曾由县银行基金会划拨15000毫作为准备金，发行"银毫周转券"，票面值为1毫、半毫，各1万张，税款征收一律使用这种券，在市场上与银毫、铜圆通用，兑现等值。详见《黎平县志》编纂委员会编《黎平县志》，巴蜀书社1989年版，第444页。

2. 银两、银圆和毫银

民国四年（1915）前，银两与银圆之比为 1 : 1.4，民国五至二十一年（1916—1932）1 : 1.5；民国二十二年（1933），银两 7.5 钱折合 1 元（银 1 两折合银圆 1.333 元）。[①] 银两与毫银币，按银 1 两合 6.897 个贰毫银币和 13.794 个壹毫银币折算。毫银 1 两仍按银 1 两计算。

3. 银圆、铜钱与法币

民国二十八年（1939）法币开始贬值，贵州省物价评定委员会制定《平抑铜圆价格办法》，1939 年 1 月 18 日规定银圆 1 元兑换铜圆 6000 文。[②] 民国二十六年（1937）6 月国民政府规定法币 1 元折合银圆 1 元。银圆与法币比价变化大，二十七年（1938）1 : 1.02，二十八年（1939）1 : 1.83，二十九年（1940）1 : 4.17，三十年（1941）1 : 10.01，三十一年（1942）1 : 34.45，三十二年（1943）1 : 96.41，三十三年（1944）1 : 348.84，三十四年（1945）

---

① 个别地方铜币折合银两的比例小于这几个时段的比价，但并不影响本研究的运算。比如民国十年在黎平县境内，文书云"立借字人石梯荣，为因缺少银用无出，自愿将邓归塘一眼，载禾廿五把作抵，请中借□□□侄孙石培栋、石培振名下，实借过光洋十三元，合元银九两三钱七分"，其比例为 1 : 1.387，即银圆 1 元约折合银 0.721 两。详见李斌主编，凯里学院、黎平县档案馆编《贵州清水江文书·黎平文书》（第一辑），第 14 册，贵州民族出版社 2017 年版，第 354 页。

② 贵州省地方志编纂委员会编：《贵州省志·金融志》，方志出版社 1998 年版，第 29 页。法币不受人民信任，自 1940 年开始贬值，兑换铜圆落差较大，仅 1940 年在清水江流域的锦屏县就从 1 元折合 5000 文至 2100 文不等。"民国二十八年（1939），锦屏县政府下令通用法币，禁用硬币，明文规定法币 1 元与银圆一元等值，均折合铜圆 6 千文，强迫人民将所有银圆和铜圆按比值限期兑换成法币，严禁硬币在市面使用。但一则由于法币最低票面为 1 元，无角分等辅币，故全用法币是不便的；再则法币已趋向贬值，如民国二十九年（1940）在王寨市场法币 1 元只换铜圆 5 千文，茅坪市面换 4 千文，边沙换 2.5 千至 2.6 千文，固本及鳌鱼嘴换 2.1 千至 2.2 千文，人民是不信任法币的。"详见贵州省编辑组编《侗族社会历史调查》，贵州民族出版社 1988 年版，第 81 页。另，民国十七年（1928），清水江流域黎平境内银圆 1 元扣元钱 3200 文，见《石敦化借字（民国十八年二月十五日）》，载李斌主编，凯里学院、黎平县档案馆编《贵州清水江文书·黎平文书》（第一辑），第 4 册，贵州民族出版社 2017 年版，第 261 页。个别地方银圆换铜币的值可能高，如（民国）"甲戌时年七月初十 将光洋十元正赎回，价光洋每元申钱七千七百文"，即银圆 1 元折合铜币 7700 文。详见前书，第 15 册，第 2 页。另，《吴志先借字（民国十八年八月初六日）》载："（每）母元扣钱五拾七千整"，详见前书（第二辑），第 26 册，贵州民族出版社 2019 年版，第 24 页。这属于个别现象。

1：2142.57。三十五年（1946）1：1972.56，三十六年（1947）1：11071.13，三十七年（1948）1 至 7 月 1：238039.73 元，三十七年（1948）8 月上、中旬 1：6000000。

4. 银圆与金圆券

银圆 1 元折合金圆券（元）。民国三十七年（1948）8 月下旬至 10 月 1：2，三十七年（1948）10 月 1：10，三十七年（1948）12 月 1：40，三十八年（1949）1 月 1：250，2 月 1：1500，3 月 1：8000，4 月 1：150000，5 月 1：40000000，6 月 1：500000000。三十八年（1949）5 月金圆券急剧贬值，基本失去货币职能。国民政府从同年 7 月起，改发银圆券，规定 1 银圆券兑换金圆券 5 亿元。①

5. 田地面积

田地面积折算方法：1 运等于 2 箩，合 6 边。1 挑合 6 边，合 0.167 亩。1 边折合 10 籽。1 石（1 仓石）折合 10.14 边，合 10 斗，合 0.282 亩，合 2.704 把。1 亩合 9.6 把。1 把等于 10 手，1 把合 3.75 边。1 秤折合 4 边。1 卡（絭/莑）折合 0.5 边。1 耢（劳）合 10 边。② 习惯上，苗、侗族村民按 1 挑谷 100 市斤折算，收谷 6 挑的田面积为 1 亩。

---

① 详见《贵州省志·金融志》，方志出版社 1998 年版，第 45—46 页、第 70—71 页。安尊华《清水江流域土地契约文书研究》，科学出版社 2019 年版，第 68、80、85、86 页。

《杨文金借字约（民国十一年六月十八日）》记载一枚光洋的重量为 7 钱 3 分，即 36.5 克。

立借字约人本寨，本房杨文金因家下缺少银用无出，自己亲问到于本房，杨先包名下宾借过光洋四元，每元七钱三分，亲手收回应用其银，近每两照月加三行利，不惧远近，本利互还不得有误，所借是实，立此借字为据。

亲笔　杨大明

民国壬戌年六月十八日　立

参见李斌主编，凯里学院、黎平县档案馆编《贵州清水江文书·黎平文书》（第一辑），第 20 册，贵州民族出版社 2017 年版，第 398 页。

② 安尊华：《清水江流域土地契约文书研究》，科学出版社 2019 年版，第 68 页。

6. 量与衡

关于量与衡，本书中，一般以 1 石禾谷按 100 市斤计算。清代 1 仓升谷合 1.0526 库平斤，合 1.2564 市斤，1 仓升米合 1.307 库平斤，合 1.56 市斤。1 仓斗谷合 10.526 库平斤，1 仓斗米合 13.07 库平斤，合 15.6 市斤；1 仓石谷合 105.26 库平斤，合 125.64 市斤，1 仓石米合 130.7 库平斤，合 156 市斤。民国十八年（1929）曾颁布新度量衡制度，规定 1 石米重 78 千克（公斤）或 156 市斤。[①] 换成清代库平，则 1 石米重 130.7 斤。清水江流域计量粮食的单位，除官府的仓升、仓斗外，民间还使用市升、市斗、市石，且各县的标准不一，相差较大。[②] 一般 1 石米重 150 市斤，1 斗米重 15 市斤，1 升米重 1.5 市斤。老斗按 15 斤，老石按 150 斤计算。

一、信用借贷概况

清水江流域一般借贷包括信用借贷和抵押借贷两种类型。信用借贷在该

[①] 张鹏飞编：《新度量衡换算表》，上海中华书局 1947 年版，第 3 页。

[②] 清代官方一般用长方体的器皿测量容积。清代的尺有律尺和营造尺之分，长度不同。"横累百黍之尺为律尺，纵累百黍之尺为营造尺。"（见吴承洛《中国度量衡史》，上海辞书店 1984 年版，第 256 页。）这里的意思是，100 粒黍横着（宽）连接所形成的长度称为律尺，100 粒黍纵着（长）连接所形成的长度称为营造尺。1 律尺比 1 营造尺略短，1 律尺等于 0.81 营造尺。1 营造尺等于 1.23 律尺。清代官府征收税粮的石、斗，按照营造尺的标准制成。吴承洛认为，基于不同的史料记载和实物测算，1 营造尺的长度为 30.79 厘米至 32 厘米之间。（同前书，第 295 页。）"据《会典》：'户部量铸铁为式，形方，升积三十一寸六百分，面底方四寸，深一寸九分七厘五毫'。"（同前书，第 269 页。）可知升的底是边长 4 寸的正方形，其高 1.975 寸，其容积为 31.600 立方寸。1 寸约长 3.079—3.2 厘米，升的底面积 922.39—1035.47 立方厘米，取二者平均 979 立方厘米，0.979 立方分米（公升）。此升，称仓升（京升），是清代官府征收赋粮的标准量器。升、斗与石之间是十进制，则 1 仓斗等于 9.79 仓升，1 仓石等于 97.9 仓升。清代官府征收钱粮的衡器叫库平，1 库平斤合 16 两，1 两等于 37.301 克，1 斤等于 596.816 克，比 1 市斤（500）克多 96.816 克。1 库平斤等于 1.1936 市斤。（同前书，第 338 页。）光绪《黎平府志》卷四上记载："（稻谷）每挑重八十勉（斤），合仓石七斗六升零。"（《中国地方志集成·贵州府县志辑》编委会编《中国地方志集成·贵州府县志辑（17）·光绪黎平府志》，巴蜀书社 2016 年版，第 358 页。）则 1 斤合 0.95 仓升，100 斤合 95 仓升，则 1 仓石谷约合 105.26 库平斤，1 仓石谷 125.64 市斤，1 挑谷约重 95.512 市斤。

流域属于最便捷的借贷方式。

（一）清代文书分布

目前所见文书显示，清代清水江流域的民间信用借贷分布在锦屏、天柱、黎平、剑河、三穗、岑巩等县，其中锦屏118份，天柱9份，黎平172份，剑河16份，三穗8份，岑巩8份，共331份。

表2-1　清代清水江流域信用借贷汇总表

单位：份

时段/县	锦屏	天柱	黎平	剑河	三穗	岑巩	合计
乾隆	7		2				9
嘉庆	57		18	1			76
道光	37	1	58	6	3	2	107
咸丰	3	6	13		1	3	26
同治	1	2	13			1	17
光绪	9		61	7	4		81
宣统	4		7	2		2	15
合计	118	9	172	16	8	8	331

资料来源：1. 陈金全、杜万华主编：《贵州文斗寨苗族契约法律文书汇编——姜元泽家藏契约文书》，人民出版社2008年版。2. 潘志成、吴大华编著：《土地关系及其他事务文书》，贵州民族出版社2011年版。3. 张应强、王宗勋主编：《清水江文书》（第一至三辑），广西师范大学出版社2007/2009/2011年版。4. 张新民主编：《天柱文书》（第一辑），江苏人民出版社2014年版。5. 贵州省档案馆、黔东南州档案馆、黎平县档案馆合编：《贵州清水江文书·黎平卷》（第一辑），贵州人民出版社2017年版。6. 李斌主编，凯里学院、黎平县档案馆编：《贵州清水江文书·黎平文书》（第一至三辑），贵州民族出版社2017/2019/2020年版。7. 贵州省档案馆、黔东南州档案馆、剑河县档案馆合编：《贵州清水江文书·剑河卷》（第一辑），贵州人民出版社2018年版。8. 贵州省档案馆、黔东南州档案馆、三穗县档案馆合编：《贵州清水江文书·三穗卷》（第一辑），贵州人民出版社2018年版。9. 贵州省档案馆、黔东南州档案馆、岑巩县档案馆合编：《贵州清水江文书·岑巩卷》（第一辑），贵州人民出版社2019年版。对上述资料进行整理，为了简洁，凡来自这些资料的图表以下不再出注，特此说明。

从表 2-1 可知，清水江流域清代信用借贷，最多在道光年间，107 份，占比 32.32%，其次是光绪年间，81 份，占 24.47%，嘉庆年间 76 份，占 22.96%。从各县看，黎平 172 份，占 51.96%，超过一半。锦屏 118 份，占 35.65%，接近四成。这说明，清代清水江流域信用借贷契约文书主要集中在道光、光绪和嘉庆年间，其他时段虽有一定的数量，但总体数量不多，全部加在一起也仅为 20.25%；地域主要集中在黎平和锦屏，天柱、剑河、三穗、岑巩等县亦有少量分布。

（二）民国文书分布

就目前所见文书显示，民国清水江流域的民间信用借贷分布在锦屏、天柱、黎平、剑河、三穗、岑巩等县，其中锦屏 22 份，天柱 3 份，黎平 98 份，剑河无，三穗 5 份，岑巩 6 份，共 134 份。这个数据比清代少，原因有二：一是民国只有 38 年时间，清代延续 267 年；二是民国时期民间借贷更多地采用抵押和典当借贷的方式。从地域上看，134 份文书中，黎平占 73.13%。从时间上看，民国元年至十七年有 52 份，民国十八至三十四年有 42 份，民国三十五至三十八年有 20 份，时间不详 20 份（见表 2-2）。另外，新中国 2 份未计入。

表 2-2　民国清水江流域信用借贷汇总表

单位：份

时段/县	锦屏	天柱	黎平	剑河	三穗	岑巩	合计
1—17 年	5		40		4	3	52
18—34 年	8	2	32				42
35—38 年	3	1	12		1	3	20
时间不详	6		14				20
合计	22	3	98		5	6	134

清代至民国合计 465 份信用借贷，若按契约文书总量为 20 万份估计，占 0.21%。时间未详的 20 份归入民国栏目之后（另有新中国 2 份未计入），就征引的契约文书而言，该流域信用借贷中，清代 331 份，民国 134 份（见表2-3）。

表2-3　清水江流域信用借贷汇总表

单位：份

时段/县	锦屏	天柱	黎平	剑河	三穗	岑巩	合计
清代	118	9	172	16	8	8	331
民国	22	3	98		5	6	134
合计	140	12	270	16	13	14	465

二、信用借贷相关条件

民间借贷有一定的条件限制。倘若一贫如洗的村民要借钱米，自然是十分困难的。有的借贷需要中人撮合，有时还需要房亲、族亲在场做证明、做担保、订立契约或字据，方可借到钱物。有的情况下，借入人还须支付给中人、代笔人一定的报酬。清代与民国时代不同，民间信用借贷的条件，诸如书写人、中人、在场人等，会发生细微的变化。

（一）清代信用借贷条件

1. 中人

一般而言，借贷契约成立需要中人做证和调和。锦屏县的信用借贷契约中，请有中人（凭中、中证）的情况很少，清代 118 份中，仅有 23 份有中人，比例为 20%。随机选的 19 份信用借贷契约中，只有 2 份契约经过中人订立，比例略低。如道光十一年（1831）七月初二日姜相荣借过姜绍熊的纹银，而且这是一份借银之后限定时间归还的限字，可能姜相荣此前已经将银借到手中，为了补订这份限字，姜相荣请姜翎作为中人，在场做证。原契文如下：

道光十一年七月初二日姜相荣，到借本房伯爷姜绍熊名下之纹银，今限在十四年二月之内本利归还。如有过限，任凭银主耕种管业，借主不得异言。今欲有平（凭），立此限字是实。

凭中　姜翎

相荣　亲笔

道光十三年九月初四日　立①

道光十六（1836）年二月十七日加池寨姜世元、姜世英二人经过中人李正意撮合，并且由姜元连、姜相生二人担保才借到文斗寨姜映辉、姜相系、姜相弼等人银二两正（整）。②

清代黎平县的信用借贷契约文书172份中，请有中人的127份，占74.42%。这个比例高于锦屏县，说明黎平县的信用借贷重视中人环节。天柱9份，有中人者6份。剑河、三穗、岑巩等县信用借贷请有中人的比例亦高，其中剑河16份，有中人者12份，三穗8份，6份有中人，岑巩8份，7份有中人。清代清水江流域民间信用借贷中，有中人者共有181份，占331份的54.68%。另外，在同一份信用借贷契约中，有数人担任中人的情况。如《吴华汤、吴才眼、吴士明等七人借约（嘉庆二十三年七月二十五日）》记载："凭中：吴大顺、吴大每、吴唐勇、吴光烈。"③本契约中，中人有4人。

①　陈金全、杜万华主编：《贵州文斗寨苗族契约法律文书汇编——姜元泽家藏契约文书》，人民出版社2008年版，第303页。
②　潘志成、吴大华编著：《土地关系及其他事务文书》，贵州民族出版社2011年版，第52页。
③　李斌主编，凯里学院、黎平县档案馆编：《贵州清水江文书·黎平文书》（第二辑），第38册，贵州人民出版社2019年版，第206页。

清水江流域信用借贷契约文书中，一份契约有 2 或 3 名中人的情况①，中人画押则稀少。如《道光二十七年五月十八日洪承耀借字》有 2 名中人：

> 洪承耀立券借到崔义顺宝号艮（银）十两整，其艮（银）议定
> 周年加二分行息，不限远近相还。恐口无凭，立借约存据。
>
> 　　　　凭中　胡镇亭　大爷（押）　表刀斋　大爷（押）
>
> 道光二十七年五月十八日　亲笔　立②

本契约中，凭中胡镇亭和表刀斋皆画押，可能与所借银两属于宝号资金有关。清水江水流每份信用借贷契约中，中人数量的主要形态为 1 人。

2. 担保人

有些情况下，借钱、还钱必须订立借据，必须有保证人，或借钱还物、借物还物等都必须由证人担保。证人兼任担保人，在清水江文书中称为"硬承中"。因将所借之银本利折算成谷，如果超过期限，另按一定标准计算利息。如《吴显荣借字（民国十四年六月二十二日）》：

> 立借字人空硐寨吴显荣，为因缺少艮（银）用无出，□借今凭
> 中借到永从朱本绶名下之小洋壹伯（佰）角整，限至本年八月内本
> 利艮（银）折谷伍佰伍拾觔（斤），不得延岩（挨）托（拖）欠。
> 如有延岩（挨），任凭朱姓请人登门坐守。如有过限，自愿伍分行息

---

① 见《何恩兆借字（道光二十五年二月十四日）》记载"凭中　杨开基、梁廷献"，载李斌主编，凯里学院、黎平县档案馆编《贵州清水江文书·黎平文书》（第三辑），第 52 册，贵州人民出版社 2020 年版，第 250 页。《顾琰借字约（道光十七年十二月）》记载"凭中　顾琳、贾中玉"，载李斌主编，凯里学院、黎平县档案馆编《贵州清水江文书·黎平文书》（第三辑），第 52 册，贵州人民出版社 2020 年版，第 227 页。《石日暄借字（道光二十七年四月十四日）》记载"凭中　石□□、石世达、石学信"等 3 人，载李斌主编，凯里学院、黎平县档案馆编《贵州清水江文书·黎平文书》（第二辑），第 34 册，贵州人民出版社 2019 年版，第 100 页。《吴廷璋借字（咸丰二年四月二十日）》记载"凭中　杨文俊、林光□、杨春锦"等 3 人，载李斌主编，凯里学院、黎平县档案馆编《贵州清水江文书·黎平文书》（第二辑），第 46 册，贵州人民出版社 2019 年版，第 201 页。

② 贵州省档案馆、黔东南州档案馆、三穗县档案馆合编：《贵州清水江文书·三穗卷》（第一辑），第 4 册，贵州人民出版社 2018 年版，第 172 页。

照算，将本名事业变卖赔还，日后不得异言。恐口无凭，立此借限字为据。

硬承中　肖炳仁　□廷佐

民国十四年六月二十二日　立亲笔　立借①

再如《杨汤千借字约（嘉庆二十四年五月十九日）》：

立借字约人空洞寨杨汤千，为因家下缺少费用无出，自己请中问到上皮林朱色赤弟兄名下，实借过本银贰拾伍两整，亲手收回应用。其银言定每两周年加二五行利，不得异言阻挡。今欲有凭，立此借字存照。

当批：约内实借本艮（银）十三两余，艮（银）十二两未要。所批是实。

汤海　笔

代笔硬承中　杨文彬　杨海

嘉庆贰拾四年五月十九日　立②

"硬承中"在借贷契约里并不限于借钱还物，对于借物还物、借钱还钱等皆在使用，但是使用频率较小。换言之，在清水江流域的信用借贷中，担保人虽有，但不常见。

3. 书写人

清水江流域民间信用借贷契约一般把书写人称作代笔人，有时简称代书或代笔。清代锦屏共 118 份中，标明代笔人的有 95 份，其中亲笔书写 26 份，代笔人份数比例为 80.51%。天柱共 9 份，7 份标明代笔人，比例为 77.77%。

---

① 李斌主编，凯里学院、黎平县档案馆编：《贵州清水江文书·黎平文书》（第二辑），第 46 册，贵州人民出版社 2019 年版，第 241 页。
② 李斌主编，凯里学院、黎平县档案馆编：《贵州清水江文书·黎平文书》（第二辑），第 49 册，贵州人民出版社 2019 年版，第 22 页。

黎平 172 份，其中标明代笔人者 145 份（含 35 份亲笔书写），代笔人比例为84.3%。剑河 16 份中，记录代笔人者 15 份，比例为 93.75%。三穗 8 份中，皆书代笔人，比例为 100%。岑巩 8 份，7 份有代笔人，比例为 87.5%。该流域清代信用借贷契约中，书写代笔人的共有 277 份，占 331 份的 83.38%。

清水江流域信用借贷契约中，中人兼任代笔人值得一提。契约中一般写作"笔中""中笔""凭笔""代笔中"等。如《杨士林借字约（道光二十九年六月初三日）》：

> 立借字约人杨士林，为因缺少费用无出，自己问到鲁之渊名下，实借过本铜钱贰千文，亲手收回应用，其钱言定每千周年行利作禾贰拾伍斤，不得为（违）误。如有误者，自愿将地名八总田二丘，禾叁把作当。恐后人信难凭，立此借字为据。
>
> 　　　　　　　　　　笔中　林廷试
>
> 道光二拾九年六月初三日　立①

《张子富借字（民国十二年九月二十二日）》亦作"笔中"②。《姜明衍借字（民国十八年七月十四日）》写作"中笔"③，《龙文秀借字（民国二十八年七月初五日）》亦作"中笔"④。《石履中借字（道光十二年十二月二十八日）》写作"代笔中"⑤。还有家长（父亲）代笔的情况，如"凭父代笔杨宗发"⑥。

---

① 李斌主编，凯里学院、黎平县档案馆编：《贵州清水江文书·黎平文书》（第二辑），第 49 册，贵州人民出版社 2019 年版，第 52 页。

② 李斌主编，凯里学院、黎平县档案馆编：《贵州清水江文书·黎平文书》（第二辑），第 23 册，贵州人民出版社 2019 年版，第 353 页。

③ 李斌主编，凯里学院、黎平县档案馆编：《贵州清水江文书·黎平文书》（第一辑），第 22 册，贵州人民出版社 2017 年版，第 209 页。

④ 李斌主编，凯里学院、黎平县档案馆编：《贵州清水江文书·黎平文书》（第一辑），第 22 册，贵州人民出版社 2017 年版，第 304 页。

⑤ 李斌主编，凯里学院、黎平县档案馆编：《贵州清水江文书·黎平文书》（第一辑），第 14 册，贵州人民出版社 2017 年版，2017 年，第 169 页。

⑥ 贵州省档案馆、黔东南州档案馆、岑巩县档案馆合编：《贵州清水江文书·岑巩卷》（第一辑），第 2 册，贵州人民出版社 2019 年版，第 227 页。

通过上述讨论，可以看出，清代清水江流域信用借贷一般需要中人、书写人作为必要条件，但是担保人不是必要条件，仅偶尔出现。

（二）民国信用借贷条件

民国时期，清水江流域信用借贷条件仍然是中人和代笔人。

1. 中人

与清代一样，清水江流域民间信用借贷契约把"中人"写作"凭中"，或简称"凭"。各县的信用借贷契约标记的中人占比并不相同。

锦屏县的信用借贷契约中，记录中人的情况仍少，22 份中，14 份有中人，比例为 63.94%，这个比例高于清代。天柱县 3 份，有中人者 2 份。黎平 98 份中，有中人者 41 份。剑河无载。三穗 5 份皆有中人。岑巩 6 份，5 份有中人。契约文书中记录中人的，共计 67 份，占 142 份的 47.18%，比清代 54.68%低 7.5 个百分点。这说明中人这个必要条件在缓慢削弱。少数情况下，中人兼任书写人，称为"中笔""凭笔""凭笔中"。如《姜明衍借字（民国十八年七月十四日）》：

> 立借人邓蒙姜明衍，为因缺少银用，自己登门问到江边寨吴老诔名下，实借过本光洋五元，亲手收回应用。其光洋言定每元当脚禾五十勐（斤），不俱（拘）远近本银归还。恐口无凭，立此借为据。
>
> 中笔　杨昌仁
>
> 中华民国十八年七月十四日　　立①

---

① 李斌主编，凯里学院、黎平县档案馆编：《贵州清水江文书·黎平文书》（第一辑），第 22 册，贵州人民出版社 2017 年版，第 209 页。

再如《龙文秀借字（民国二十八年七月初五日）》亦有"中笔　杨昌荣"① 的记录。《吴胜保借字（民国三十三年六月初七日）》则写作"凭笔中吴明社"②。虽然信用借贷契约文书中标明中人的比例民国比清代少，但同一份信用借贷契约中，民国时期仍然存在多个中人做证的情况，如《民国三十三年七月二十五日刘世科承认还账字》：

> 立承任（认）还账字人刘世科弟兄，今因先年所借白绍全、绍
> 金名之洋壹佰元至今，请凭地方绅嗜（耆）本利算楚，还洋壹万元，
> 外□谷贰石。谷、洋限至是年十月廿兑清无误。事后两下不得异论
> 生支（枝）。无凭，此据。
>
> 　　　　　　　　王德霖　　　沈大钧
> 凭中　　沈大钦　　　刘世刚
> 　　　　　　　　瞿万堂　　　瞿开和
> 代笔　　　世　　均
>
> 民国卅三年七月廿五日　　立③

本契约中有6名中人，说明信用借贷在某些情况下，比如久借未还、借入人信誉差、家境拮据等情况下必须多名中证才能确保借贷交易成立。要而言之，在清水江流域信用借贷中，中人写作"凭中"是常态，中人仍然是信用借贷成立的必要条件之一。

2. 书写人

书写人作为信用借贷契约成立的条件之一，民国时期仍然重要。锦屏共

---

① 李斌主编，凯里学院、黎平县档案馆编：《贵州清水江文书·黎平文书》（第一辑），第22册，贵州人民出版社2017年版，第304页。

② 李斌主编，凯里学院、黎平县档案馆编：《贵州清水江文书·黎平文书》（第三辑），第57册，贵州人民出版社2020年版，第135页。

③ 贵州省档案馆、黔东南州档案馆、岑巩县档案馆合编：《贵州清水江文书·岑巩卷》（第一辑），第1册，贵州人民出版社2019年版，第58页。

19 份信用借贷契约中，标明书写人的有 12 份，其中亲笔书写 7 份。有书写人份数比例为 63.16%。天柱共 3 份，都有书写人，比例为 100%。黎平共计 98 份，标明书写人者 71 份，其中含 10 份亲笔书写人，书写人比例为 72.45%。剑河无载。三穗 5 份，均有代笔人，比例为 100%。岑巩 6 份，6 份有书写人，比例为 94.44%。民国时期清水江流域标明书写人的信用借贷契约共 99 份，占 134 份的 73.88%，比清代 83.38%低 9.5 个百分点。文书中有时写作用"请笔"或"笔""手笔""出笔"，但是以"代笔"为常态。极个别写作"代笔人"，如《石文周借字（民国十四年七月十一日）》：

> 立借字人石文周，为因缺少口粮无出，自问到愿将岑柱分种清明会之田禾总一百斤，出卖与石德昭名下。实借铜钱贰千贰百文正（整），入手领收应用。其钱自借之后，至秋收任凭钱主上埂收花，二比不得异言。此借是实为据。
>
> 请笔　石昌后
>
> 民国乙丑年七月拾壹日　立①

《石占兴借字（民国三十五年三月十一日）》作"请笔　谢荣华"②。《老平借字约（民国十五年正月十七日）》写作"笔　吴启圣"③。《陆老长借字（民国十八年六月初四日）》写作"手笔　陆文昌"④，以及有的契约上亦称作"执笔"⑤，这些例证足见书写人有多种表述形式。

与清代相似，民国时期信用借贷契约亦有父亲（家长）担任书写人的情

---

① 李斌主编，凯里学院、黎平县档案馆编：《贵州清水江文书·黎平文书》（第一辑），第 7 册，贵州人民出版社 2017 年版，第 274 页。

② 李斌主编，凯里学院、黎平县档案馆编：《贵州清水江文书·黎平文书》（第二辑），第 34 册，贵州人民出版社 2019 版，第 325 页。

③ 李斌主编，凯里学院、黎平县档案馆编：《贵州清水江文书·黎平文书》（第三辑），第 60 册，贵州人民出版社 2020 年版，第 154 页。

④ 李斌主编，凯里学院、黎平县档案馆编：《贵州清水江文书·黎平文书》（第二辑），第 45 册，贵州人民出版社 2019 年版，第 35 页。

⑤ 李斌主编，凯里学院、黎平县档案馆编：《贵州清水江文书·黎平文书》（第三辑），第 52 册，贵州人民出版社 2020 年版，第 374 页。

形，但属于极少数情况，如《民国七年五月二日杨元亨立借钱字》：

> 立借钱字人杨元亨父子名下，今因无钱用度，亲自上门问到姚
> 复珍父子名下，承借伍拾阡（仟）零叁伯（佰）文整。其钱借日议
> 定本年无利，限至冬月相还不误。若过本年相还，日后每千每年照
> 月加三行息不误。今恐口无凭，立借字一纸为据。
>
> 外批：日后先叩（扣）账目，后赎大田当价。原笔批。
>
> 凭中　　　　杨世荣
>
> 凭父代笔　　杨宗发
>
> 民国七年五月初二日　立借钱字人杨元亨（押）　　立①

本契约中，杨宗发与杨元亨父子向姚复珍父子借过青红钱 50000 文。如在当年冬月前还清，不收取利息；倘若超过借钱的当年，将按年利率 3% 收取利息。由借钱人家长书写契文。这与"亲笔"即立契人书写有所区别，即本契约的借贷是父子联名的方式，而单"亲笔"是单一的借入人。

3. 手印与印章

清代信用借贷契约有画押的情形，但极少。民国时期有手印和印章的方式。使用印章反映了当时民间借贷契约吸纳了新的文化元素，但是传统的按手印仍然发挥着应有的效力。比如《民国三十四年十二月十九日胡启林向本族冬至会借谷并限期归还字》：

> 立借字人胡启林，兹借到本族冬至会谷壹佰伍拾贰斤，限至明
> 年九月间无息归还，不得有误，否则即由介绍人胡贤广负责偿还。
> 此据。
>
> 内添"到""还"贰字。
>
> 介绍人　胡贤广（手印）母（拇）指

---

① 贵州省档案馆、黔东南州档案馆、岑巩县档案馆合编：《贵州清水江文书·岑巩卷》（第一辑），第 2 册，贵州人民出版社 2019 年版，第 227 页。

借入人　胡启林（手印）母（拇）指

代　笔　胡启然（手印）母（拇）指

民国卅四年古十二月十九日①

本契约中，介绍人、借入人和代笔人都按手印，并注明是拇指，充分证明所借之谷物真实可靠，必须按时归还。借主胡启林借到冬至会谷子152斤，若到第二年九月不能无息还清，由将由介绍人无条件偿还。这里的手印是重要的证据，这与所借之谷子属于会上公物有关系。此外，借贷契约文书中使用个人印章并不多见。契约中个别人用印，其余人则未用。如《王清禄借积谷条（民国三十五年六月二十七日）》：

锦屏县九寨乡第三保花名自耕农王清禄，今借到本乡积谷六市

斗，限于本年古厂（历）十月以前还清。□兴担人负责缴清。

借谷人　　王清禄

担保人　　王碧树

证明人　　龙立善（印）

民国卅五年六月廿七日　　　立借条②

王清禄借到积谷6市斗，若到当年十月未能偿还，则由担保人负责清偿。契约中只是证明人用了个人印章，借谷人和担保人只有署名，未做其他标记。《一九四九年古历八月二十六日杨德森借杨金发猪肉并限期归还字》中，借主杨德森使用本人印章，以确保按期归还所借之猪肉。若杨德森未能履约偿清350斤猪肉，其名下的土地将被债主用于抵偿肉债。③

---

① 张新民主编：《天柱文书》（第一辑），第21册，江苏人民出版社2014年版，第135页。又见安尊华点校《清水江流域民间借贷契约文书校释》，光明日报出版社2021年版，第362页。

② 张应强、王宗勋主编：《清水江文书》（第二辑），第7册，广西师范大学出版社2009年版，第184页。又见安尊华点校《清水江流域民间借贷契约文书校释》，光明日报出版社2021年版，第50页。

③ 张新民主编：《天柱文书》（第一辑），第3册，江苏人民出版社2014年版，第83页。该契约原题为"民国三十八年八月二十六日"。又见安尊华点校《清水江流域民间借贷契约文书校释》，光明日报出版社2021年版，第51页。

民国后期信用借贷中出现借入人印章，反映了时代气息，传统的画押方式逐渐稀少，社会在向前进步。

清代清水江流域信用借贷契约文书 465 份，标明代笔人的有 376 份，占80.86%，达到八成。这说明，代笔人是该流域的民间信用借贷契约成立的必要条件之一。其中含有 95 份借入人亲笔书写，占 20.43%，即五分之一的信用借贷契约由借入人书写。在这些契约中，标注中人的有 248 份，占 53.33%，即超过半数的信用借贷契约需要中人参与达成，这表明中人是该流域信用借贷成立的条件之二。另外，这其中 11 份有担保人，6 份画押。担保人与画押手续稀少，表明这二者已不成为必要条件。

从两个时段来论，清代信用借贷契约标明书写人的比例为 83.38%，民国比此数低，为 73.88%。中人方面，清代信用借贷契约占 54.68%，民国为47.18%。这表明代笔人和中人这两个条件，民国时期比清代宽松，更灵活，标明代笔人的信用借贷契约文书的比例有下降的趋势。

比较清代与民国，清水江流域信用借贷契约文书记载的中人有减少的趋势，代笔人的数量亦有所减少，在契约中并不一定都标注，但代笔人必须存在，由借入人亲自书写的借贷契约有所增多。总之，尽管中人在弱化，但清水江流域信用借贷的必要条件仍是中人和书写人。

三、信用借贷物质形态

（一）清代信用借贷

1. 实物借贷

清代清水江流域锦屏、天柱、黎平、剑河、三穗、岑巩等县民间信用借贷的物质形态呈现多样化状态，实物借贷有土、路、水、禾、谷、苞谷等。借路、水、土等，属于借，而不是贷，因运送木材或耕种田地需要水源而借路或水，未涉及经济交易，亦无数量。土用股份表示。禾、谷等粮食属于借贷，借猪属于借，折价后用货币表示，用钱（银）来偿还，则涉及贷。

（1）借土地

借土地是清水江流域比较特殊的实物借贷。村民把土地借来后，用于栽种作物，同时土中的树木依然成长，约定树木长大后，土与木全部归还主人。如《张高农立借地契（嘉庆八年五月初八日）》：

> 立借地人张高农，今因借到加食姜佐兴、廷德山场四股均分，坐路（落）土名虫强，上平（凭）姜梦山田，下平（凭）路，右平（凭）兴隆地，左平（凭）岩塝杉木，四字（至）分明，张姓借土一股，日后木头长大连木带地归与主。家客并无系（丝）分。
>
> 笔　高 夏
>
> 嘉庆八年五［月］初八日　　　［立］①

张高农借到姜佐兴、姜廷德山场四股均分之一股，用到树木长大，土与木全部归还土股主人，并约定，张高农不享受该土股收益的任何分成。又如嘉庆二十二年（1817）九月二十三日杨昌兴兄弟二人向地主姜世太、姜世荣、姜世德三人所借之地用于耕种，生产粮食以资食用，"一（以）后地主栽杉木，杨昌兴二人无患（份）"。② 换言之，杨昌兴兄弟二人仅借地耕种，无权分配该土地树木的收益。上述文书表明，清水江流域的借地，等待杉木长大后，地与木全部归还地主，借主没有任何分成。借主的收益在于所借土的使用权。

----

① 张应强、王宗勋主编：《清水江文书》（第三辑），第6册，广西师范大学出版社2011年版，第14页。又见安尊华点校《清水江流域民间借贷契约文书校释》，光明日报出版社2021年版，第9页。

② 张应强、王宗勋主编：《清水江文书》（第一辑），第9册，广西师范大学出版社2007年版，第364页。又见安尊华点校《清水江流域民间借贷契约文书校释》，光明日报出版社2021年版，第15页。

（2）借路

借路，主要用于木材搬运。搬运工作中，借方不损坏树木，搬运结束，路复原状，不再作为路使用。如《吴文显借路字（嘉庆十六年三月十四日）》：

> 立借路字人吴文显，今因井挽所买李姓之木坎发（砍伐），古路拖往归孟，今借到吴元明之塘，土名□桃木拖过，日后外人不得古路校（效）尤。立此借路字为据。
>
> 　　　　　　　　　　　　　　　　　代笔　黄光青
>
> 嘉庆十六年三月十四日　日①

吴文显买木砍伐之后，运送时需要借过古路，于是向吴元明订立借字，约定请允许拖运木材，但以后外人不可以仿此过路。再如《王永远、文大亨借讨契》：

> 立借讨字人王永祥、文大亨，今因砍白号山之木，欲经翁扭之山，奈无老路所过，只登门借讨姜绍熊、绍齐、相清、相德所共左边岭之山，下栽又与姜连合所共右边之山。我王、文二姓夫子细心拖拉，不得推坏。恐口无凭，立此借字为据。
>
> 　　　　　　　　　凭中人　朱和兴兄　苏荣光兄
>
> 　　　　　　　　　　　依口代笔　潘道生
>
> 道光拾八年九月廿五日　立讨借字仝（同）前②

王永祥、文大亨因为砍伐树木搬运时无路可过，向姜绍熊等借山木将树木拖拉出去，约定不可损坏林木。

借路搬运砍伐的树木，搬运结束，路归还原主，未涉及经济补偿，无息

---

① 李斌主编，凯里学院、黎平县档案馆编：《贵州清水江文书·黎平文书》（第三辑），第60册，贵州民族出版社2020年版，第369页。

② 陈金全、杜万华主编：《贵州文斗寨苗族契约法律文书汇编——姜元泽家藏契约文书》，人民出版社2008年版，第345页。

亦无抵押，属于生产资料方面的借，借后归还，这从侧面反映了清水江流域木材经营发达，木材砍伐和运输需借地而行，需当地村民的支持。

（3）借水

清水江流域村民借水灌溉农田是生产活动的重要内容，但就借水而订立的契约极少。如《石怀珠借求包字（嘉庆十九年五月十二日）》：

> 立借求包字人石怀珠，因新开巴养因乙丘无水灌溉，求到石树和、佩璋、声秀、文琇、杨献忠、维桢名下，借过余剩之水养活田禾，当日请中理讲，自知新开之田本无水分，仰求中等，转求声、秀献忠等将所余之水许借三年，言过春天水发耙田之候（后），许将所余之水放入新开田内，至五六月阳亢天旱，自架水些以河水养禾，决不敢短（断）以上诸人之水不暗入田内。……此田求中人转劝，许借三年。立此求借字一纸付与日后存照。
>
> 代笔人　张天责
> 如壁
> 凭　中　石显远

嘉庆十九年五月十二日　立①

本契约中，借主石怀珠因为新开垦田地需要引水灌溉，请求石树和等借过剩余之水养活田禾，并且请中人石显远从中撮合，约定两条：

其一，春天发水后，石树和等同意将其田耕种后剩余之水放入借主新田，许借水期限为三年。每年五六月高温天旱时，借主不可以借水，只能从河中引水浇灌。倘若此时私自暗地截放溪水经过石树和的田再流到新田，则属于违约，借主答应任凭石树和等揭开新田埂。

其二，所有与石登朝所换之田，以后修整借出不得与新田合并为一丘，所拨换之田，自订立契约年起，允许新开小孔，用余水注入新田，所有换回

---

① 李斌主编，凯里学院、黎平县档案馆编：《贵州清水江文书·黎平文书》（第一辑），第14册，贵州民族出版社2017年版，第74页。

旧来缺口仍放出河边。

此约关于借水的时段、期限、路线、拨换之田开小孔引水注入新田等，非常苛刻、细致，这表明农田用水在村民生产活动中具有非常重要的意义。

需要说明的是，借路、借土地和借水，属于单纯意义上的借，虽有归还等相关条件，但未涉及资金、粮食以及物质等方面的保值或利息。借到路、土和水使用之后，在约定时间内归还原主即可，这类属于借，与下文的借贷禾谷、借钱截然不同。

（4）借禾谷等

这类属于生活借贷。村民无银（钱），缺乏粮食，只能依靠借贷的方式来解决。在信用借贷中，借粮存在无利息和收取利息两种情况。如《姜朝俊借银字（嘉庆二十一年闰六月十八日）》：

> 立借字人本寨姜朝俊，为因家缺少良（粮）食无处得出，自巳（己）问到姜松乔名下，实借谷五称整，亲手收回应用。言近（定）价共银一两八钱整，不拘远近相还，日后不得有误。今恐无凭，立此借字是实。
>
> 内添"共"字。
>
> 嘉庆二十一年闰六月十八日　　亲笔　立[1]

本契约中，借主姜朝俊借到姜松乔谷 300 斤（5 称），折算成银 1.8 两，无利息，可算出银 1 两可买谷约 167 斤。按约定，借主借谷还银，无期限。

借贷粮食并收取利息是清水江流域信用借贷的常态。如《姜光宗借契》：

> 立借谷人姜光宗，今借到姜钟□娘谷壹石重玖拾斤，限在秋收后之时本利共还壹百捌拾斤，不得有误。今欲有凭，立此借谷字为据。
>
> 亲笔

---

[1]　张应强、王宗勋主编：《清水江文书》（第一辑），第 7 册，广西师范大学出版社 2011 年版，第 182 页。

道光十八年五月初三日　立①

姜光宗所借之谷 90 斤，到秋收归还时，利息谷 90 斤。再如《姜天生借谷契（道光三十年二月二十五日）》记载，姜天生向姜宗保借谷 90 斤，"加五利，不拘远近相还"。②

家畜亦成为借贷之物。借猪等折算成银（钱）有时收取利息，如《龙腾贵借银约（嘉庆二十四年五月初四日）》中，龙腾贵向姜廷德借猪 2 头，折价银 2.3 两，按月收取 3% 的利息，"借价银贰两三钱，召（照）月加三行利"③。又如《顾琰借字约（道光十七年十二月）》④ 中，顾琰向赢士彦借过猪 1 头，折价钱 9000 文（合银 6.92 两），未收取利息。借贷家畜，折算成银（钱）以便于偿还。

现将清代清水江流域实物信用借贷归纳如表 2-4：

表 2-4　清代清水江流域信用借贷实物表

借入人	出贷人	时间	实物	数量	出处
张高农	姜佐兴 姜廷德	嘉庆八年五月初八日	土	山场四股均分之 1 股	《清水江文书》 三/6/14
杨恒凤	姜廷德	嘉庆十二年六月初四日	猪	2 只，价银 3.4 两	《清水江文书》 一/1/317
姜朝俊	姜松乔	嘉庆二十一年闰六月十八日	谷	5 秤，价银 1.8 两	《清水江文书》 一/7/182
龙腾贵	姜廷德	嘉庆二十四年五月初四日	猪	2 个	《清水江文书》 一/1/336

---

① 陈金全、杜万华主编：《贵州文斗寨苗族契约法律文书汇编——姜元泽家藏契约文书》，人民出版社 2008 年版，第 341 页。

② 张应强、王宗勋主编：《清水江文书》（第一辑），第 1 册，广西师范大学出版社 2011 年版，第 360 页。

③ 张应强、王宗勋主编：《清水江文书》（第一辑），第 1 册，广西师范大学出版社 2011 年版，第 33 页。

④ 李斌主编，凯里学院、黎平县档案馆编：《贵州清水江文书·黎平文书》（第三辑），第 52 册，贵州民族出版社 2020 年版，第 227 页。

借入人	出贷人	时间	实物	数量	出处
马宗荣	姜占熊	道光元年三月初一日	禾	300斤	《清水江文书》一/1/340
姜光宗	姜钟□	道光十八年五月初三日	谷	1石重90斤	《法律文书汇编》341
王永远 文大亨	姜绍熊 姜绍齐 姜相清	道光十八年九月二十九日	路		《法律文书汇编》345
姜显智	姜绍齐	道光十九年三月十八日	谷	90斤	《法律文书汇编》350
姜天生	姜宋保	道光三十年二月二十五日	谷	90斤	《清水江文书》一/1/360
姜万全	姜吉主	光绪十五年二月初九日	谷	110斤	《清水江文书》一/10/274
姜景标	姜宣才	宣统元年十月二十日	谷	558斤	《清水江文书》二/1/158
吴文显	吴元明	嘉庆十六年三月十四日	路	桃木拖过	《黎平文书》60/369
石怀珠	石树和 石佩璋等	嘉庆十九年五月十二日	余剩之水		《黎平文书》14/74
杨才得	杨海	道光十年三月二十七日	禾	3秤	《黎平文书》49/32
顾琛	嬴士彦	道光十七年十二月	猪	1双，9000文	《黎平文书》52/227
吴应华		道光廿四年十一月初十日	谷	150斤	《黎平文书》43/57
石又祖	石正邦 石宗理 石补回	咸丰四年二月廿七日	禾	130斤	《黎平文书》6/341
罗兴隆	嬴士彦	咸丰七年三月初一日	谷	360斤	《黎平文书》52/272
吴清辉	吴兴明	同治七年十一月二十八日	谷子	3石	《黎平文书》35/405
石洪寅	潘正昌	同治九年十二月二十五日	谷子	90斤	《黎平文书》60/43

续表

借入人	出贷人	时间	实物	数量	出处
吴文广	吴士隆	光绪六年十二月二十六日	禾	285斤	《黎平文书》58/59
石应连	石应连	光绪九年七月	禾	100斤	《黎平文书》34/145
唐光□	石国士	光绪十年□月□日	禾	300斤	《黎平文书》34/149
杨如魁 杨如标 林光成 杨如荣 杨生财		光绪二十一年五月	谷	100斤 30斤 30斤 70斤 30斤	《黎平文书》47/315
吴凤贤	会土吴佩智等	宣统三年六月初四日	谷子	160斤	《黎平文书》42/370
王昌受	谢老林	光绪十年一月二十四日	谷	300斤	《剑河卷》一/1/216
杨老曾等	龙绍发	光绪十八年十月初二日	谷	本利4.15石	《剑河卷》一/5/291
王叁乔		宣统初年	谷	248斤	《剑河卷》一/1 /224
刘经伍	刘万三	咸丰二年四月十三日	谷	5斗	《岑巩卷》一/1/15
张明芳	吴贵秀	宣统三年十二月二十日	苞谷	1斗	《岑巩卷》一/4/12

从表2-4可以得出以下几点结论：

一是清代清水江流域信用借贷中，实物有禾（6份）、谷（16份）、苞谷（1份）、猪（3份）、土股份（1份）、路（2份）、余剩之水（1份）等，涉及禾、谷、猪等生活资料和水、土等生产资料，其中禾占20%，谷（子）占53.33%，禾谷共计73.33%。这说明，该流域清代信用实物借贷所涉及的实物主要是禾谷，即粮食是实物借贷的主体部分。

二是实物信用借贷中，锦屏县11份，黎平县14份，剑河县3份，岑巩县2份，共30份。该流域清代无抵押实物借贷主要分布在黎平和锦屏县。剑河等其他县有少量分布。当然，这是仅以本书所征引文书为前提而言的。

三是从信用借贷中所借实物数量来看，最多 558 斤，最少 10 斤（1 斗按 10 斤计算），总计 4876 斤，不足 100 斤有 10 宗，100 余斤 7 宗，200 斤以上 10 宗，300 斤以上 8 宗，平均每份 180.59 斤，200 斤以内占 62.96%。这说明，该流域的无抵押粮食借贷较多分布于 200 斤以内，以小额度为主。究其原因，主要在于数额小，便于借入人偿还，而且利率较高（后文将讨论），限期偿还周期较短，一般半年。另一方面，这对于出贷人而言，便于回收粮食本利，即使有困难无法近期还清的情况，自身所受损失也不大。

可见，清代清水江流域的实物信用借贷的物质形态以粮食为主，禾、谷所占比重大，超过七成，有一定量的苞谷，其他实物有猪、牛。土地、路、水作为实物，仅为借用。

2. 货币借贷

清代清水江流域货币信用借贷，各时期有所不同。文书所见，第一个时期为乾隆朝。

（1）乾隆时期

此期间借贷的货币是银，以借银还银、收取银利息为主要方式。如《杨□海借约（乾隆四十三年十二月十三日）》所载，"实借过本银二两乙钱六分，平（凭）中议定每□□□"。[1] 乾隆五十六年（1793）八月初四日姜元发"借到姜仕朝、映辉二人名下实借过银叁两伍钱整，照月加叁行息，不拘远近相还"。[2] 另如《姜万镒借契》：

立借字人姜万镒，为因生理缺少艮（银）用，自己亲身问到姜

① 李斌主编，凯里学院、黎平县档案馆编：《贵州清水江文书·黎平文书》（第二辑），第 43 册，贵州民族出版社 2019 年版，第 6 页。
② 陈金全、杜万华主编：《贵州文斗寨苗族契约法律文书汇编——姜元泽家藏契约文书》，人民出版社 2008 年版，第 45 页。

映辉兄名下，实借文（纹）艮（银）贰十两整，亲手领回应用。不俱（拘）远近还，不得有误。立借字是实。照月加三。

亲笔

乾隆五十八年十二月十二日　立①

本契约中，姜万镒所借纹银 20 两，按月每两加三（3%）付利息，未限制偿还时间。

（2）嘉庆时期

此期间信用借贷的货币主要是银两，执行月利，用银付息。如《杨通文借字约（嘉庆四年三月初二日）》：

立借约人岑弩寨杨通文，为因家下缺少银用无出，亲自问到塘朗寨杨老歌名下，实借过纹银三两整，亲手收回应用。其银自借之后，召（照）月加三行息，不俱（拘）远近本利足数归还，不得有误。

亲笔

嘉庆四年三月初二日　　　立

嘉庆五年二月初七日还

本艮（银）三两，下欠利艮（银）元钱九②

本契约中，杨通文借过杨老歌纹银 3 两，按月每两加三付利息。嘉庆十三年（1808）十月初八日龙富美借过姜映辉银 150 两，支付相同的利息。本银的多少不影响利息率。也有不同的情况，如嘉庆十二年（1807）三月初八日吴虽连、吴民乔借银 47.41 两，"言定每月每日五厘行利"③，嘉庆二十四

---

① 陈金全、杜万华主编：《贵州文斗寨苗族契约法律文书汇编——姜元泽家藏契约文书》，人民出版社 2008 年版，第 49 页。

② 李斌主编，凯里学院、黎平县档案馆编：《贵州清水江文书·黎平文书》（第一辑），第 19 册，贵州民族出版社 2017 年版，第 4 页。

③ 李斌主编，凯里学院、黎平县档案馆编：《贵州清水江文书·黎平文书》（第三辑），第 55 册，贵州民族出版社 2020 年版，第 52 页。

(1819) 年五月十九日杨汤千借银 25 两，"其银言定每两周年加二五行利"① 等。

嘉庆时期出现用禾谷作为全年的利息，以及每两银按月称脚禾的付息方式。称脚禾，又叫称底禾，是借银或钱之后交纳的固定利息。如嘉庆十九年 (1814) 十二月二十九八日禾香借到姜映辉本银 15 两，"将田内之谷每年以四百斤作利，其银无利钱"②。嘉庆二十一年 （1816） 六月初六日杨光德借到姜显台银 10 两，"其艮（银）言定每两□□称却（脚）禾十秤"③，即每年付谷息 600 斤。

值得注意的是，嘉庆时期的信用借贷契约中，有将违约处罚约定为出贷人管理某产业或某作当的方式，或者变卖某物偿还，且这类契约本身属于借约而不是当约。如嘉庆五年 （1800） 三月二十九日杨通文向陈得超等借银 2.5 两，按月加三支付利息，限定当年 12 月归还，如违约，"愿将谨□田□丘约禾三把作当"④。又如《吴华顶借约（嘉庆十六年二月二十九日）》：

> 立借约人吴华顶，为因家下缺少艮（银）无出，自问到吴今恶名下，实借过银十两整，亲手收回应用。其银言定每两每月加贰行。自愿将己德乙田□丘，约禾七把作当。恐后无凭，立此借约存照。……⑤

吴华顶借银 10 两，按每两每月加二支付利息，并用田 1 丘作当。从出贷人的角度看，采取这些方式确保所借出之货币能够回收。乾嘉时期信用借贷

---

① 李斌主编，凯里学院、黎平县档案馆编：《贵州清水江文书·黎平文书》（第二辑），第 49 册，贵州民族出版社 2019 年版，第 22 页。

② 陈金全、杜万华主编：《贵州文斗寨苗族契约法律文书汇编——姜元泽家藏契约文书》，人民出版社 2008 年版，第 139 页。

③ 李斌主编，凯里学院、黎平县档案馆编：《贵州清水江文书·黎平文书》（第一辑），第 19 册，贵州民族出版社 2017 年版，第 7 页。

④ 李斌主编，凯里学院、黎平县档案馆编：《贵州清水江文书·黎平文书》（第一辑），第 19 册，贵州民族出版社 2017 年版，第 5 页。

⑤ 李斌主编，凯里学院、黎平县档案馆编：《贵州清水江文书·黎平文书》（第二辑），第 38 册，贵州民族出版社 2019 年版，第 129 页。

的货币主要是银两。

(3) 道光时期

此期间清水江流域信用借贷的货币银两与铜币并行，借银还银、以银作利息是主要方式。另有借钱还钱，借银以禾谷作利、借钱以禾谷作利等方式。

借银还银，用银付利息。如《杨登转借银限字（道光二年十二月初四日）》：

> 立限至（字）杨登转，为因年内无银，自今限到来年二月内归
> 还本利共银叁两整，不得过期。如有过期，每月加利艮（银）乙钱。
> 今欲有凭，立此限为据。
>
> 外批：当收银二两整。
>
> 凭中　代笔　吴芳山

道光贰年十二月初四日　立①

道光十一年（1831）三月初一日周连登借到玉屏崔义顺宝号纹银 38 两，周年按一分付息（1%）。②

借银用禾谷作利息。道光七年（1827）三月初四日□□生借到谢包娄银 1.5 两，"其银禾利□两二十斤"，若有异言，"□从艮（银）手每两三分"。③ 道光十五年（1835）六月初六日□□晚借银 2.3 两，八月内归还，"若有误者，凭中议定过限之时每两收禾三十稊"，④ 亦收取脚禾谷作为利息。道光十九年（1839）八月初三日姜再荣借银 4 两，"言定每两当却（脚）禾乙秤"⑤。

---

① 李斌主编，凯里学院、黎平县档案馆编：《贵州清水江文书·黎平文书》（第二辑），第 38 册，贵州民族出版社 2019 年版，第 327 页。

② 贵州省档案馆、黔东南州档案馆、三穗县档案馆合编：《贵州清水江文书·三穗卷》（第一辑），第 4 册，贵州人民出版社 2018 年版，第 158 页。

③ 贵州省档案馆、黔东南州档案馆、剑河县档案馆合编：《贵州清水江文书·剑河卷》（第一辑），第 1 册，贵州人民出版社 2018 年版，第 212 页。

④ 贵州省档案馆、黔东南州档案馆、剑河县档案馆合编：《贵州清水江文书·剑河卷》（第一辑），第 1 册，贵州人民出版社 2018 年版，第 194 页。

⑤ 李斌主编，凯里学院、黎平县档案馆编：《贵州清水江文书·黎平文书》（第一辑），第 6 册，贵州民族出版社 2017 年版，第 148 页。

或者一共收脚禾多少，如姜述宋借银 1 两，"言定共却（脚）禾九十斤天秤，每岁归清"。①

借钱还钱，以钱作为利息。道光十年（1830）四月六日杨通富借到刘西堂名下青红钱 2 两，"议定每两照月加贰伍行利，限至冬月本利相还，不得短少"。②道光十二年（1832）一月二十八日姚恒借钱 12000 文，每千钱每月加二付息，即付 2% 的利息。③

道光时期信用货币借贷沿袭以前的做法，在契约中双方约定，如果借入人违约，出贷人将借入人所当之业直接管业。如《吴希贤借字（道光十年六月十四日）》：

> 立借字人吴希贤，为因缺少用度无出，自愿将土名归水田一丘，又将土名白乾田二丘，一共约禾二十把，作当与石基金、声金名下，实借过本艮（银）九两三钱整，亲手收回应用。其艮（银）言定每两照月加三行利，不拘远近本利归还，不得有误。如有误者，恁从艮（银）主照当管业，日后不得异言。今恐无凭，立此借字为据。……④

当然，这种违约处置，在借贷契约中，常常是借入人自愿的原则。道光十年（1830）四月二十八日吴文凤借银 92.1 两，利率为每两每月加二，"自愿将德买文进美捞大田一丘，约禾三十把；又得格田一丘，约禾四把作当。其银限卖田归还"。⑤出贷人在借入人违约的情况下，有权变卖因信用借贷未

---

① 李斌主编，凯里学院、黎平县档案馆编：《贵州清水江文书·黎平文书》（第一辑），第 6 册，贵州民族出版社 2017 年版，第 146 页。

② 贵州省档案馆、黔东南州档案馆、岑巩县档案馆合编：《贵州清水江文书·岑巩卷》（第一辑），第 4 册，贵州人民出版社 2019 年版，第 196 页。

③ 贵州省档案馆、黔东南州档案馆、三穗县档案馆合编：《贵州清水江文书·三穗卷》（第一辑），第 4 册，贵州人民出版社 2018 年版，第 160 页。

④ 李斌主编，凯里学院、黎平县档案馆编：《贵州清水江文书·黎平文书》（第一辑），第 15 册，贵州民族出版社 2017 年版，第 110 页。

⑤ 李斌主编，凯里学院、黎平县档案馆编：《贵州清水江文书·黎平文书》（第二辑），第 48 册，贵州民族出版社 2019 年版，第 140 页。

偿还而作当的产业。道光十一年（1831）三月二十日林廷德到期不能偿还所借的钱 16000 文，出贷人可以将借约中作当的坐屋 1 间半议作断卖，由硬承中人变卖偿还。[1] 这说明，道光年间，民间信用借贷偿还保障方面，出贷人和借入人之间的约定内容有所增加，如道光二十五年（1845）二月十四日何恩兆借到嬴士彦铜钱 4000 文，利率为每千周年加二，即每千每年 20 文。如违约，"任凭钱主将本名下得买塘一股变卖倍（赔）还"[2]。

（4）咸同时期

文书所示，咸同年间信用借贷主要货币为铜币和银两，银的比例相对小。

其一，"借钱还钱，以钱作利；借银还银，以银作利"仍然是通行的借贷方法。如《吴学生借字咸丰三年五月十八日》：

> 立借字人邑更寨吴学生，为因强奸事，无从得出，自愿请中哀求江寨、边寨鲁之滨先生名下，实借过铜钱拾千文，周年加三分行息，不得分文短少，一（亦）不得拖欠。如有日后无归，自愿发达归还。今恐仁信难凭，立此借字为据。
>
> 凭中　欧补发求　杨士纪
>
> 代笔　廖宏近

咸丰三年三月十八日　立[3]

咸丰十一年（1861）十二月二十六日郑祖顺借青红钱 5000 文，按每月加二五支付利息（2.5%），限期到冬十本利偿还。[4]《石芝和、石姝花二人借字

---

[1] 李斌主编，凯里学院、黎平县档案馆编：《贵州清水江文书·黎平文书》（第二辑），第 47 册，贵州民族出版社 2019 年版，第 184 页。

[2] 李斌主编，凯里学院、黎平县档案馆编：《贵州清水江文书·黎平文书》（第三辑），第 52 册，贵州民族出版社 2020 年版，第 250 页。

[3] 李斌主编，凯里学院、黎平县档案馆编：《贵州清水江文书·黎平文书》（第三辑），第 55 册，贵州民族出版社 2020 年版，第 65 页。

[4] 贵州省档案馆、黔东南州档案馆、岑巩县档案馆合编：《贵州清水江文书·岑巩卷》（第一辑），第 4 册，贵州人民出版社 2019 年版，第 123 页。

（同治二年四月初三日）》① 中，石芝和、石姝花所借银 19.2 两，每两按月加三行利（3%），约定如果不能按时偿还，出贷人吴希祥有权按照当约管理大杉木 1 冲。

其二，借钱、借银用禾谷作利息。咸丰元年（1851）二月二十三日石永培借银 3 两余，每年禾利 300 斤。② 同年七月初九日杨□培借银 2 两，每两周年谷利 20 斤。③ 用禾谷作利的数额起伏较大。

此期间，借钱、借银用禾谷付息，用经济作物茶子折成市价偿还本钱支付利息，与禾谷作利具有同等效力。如《杨士彬借字（咸丰二年四月二十日）》：

> 立借字人空硐寨杨士彬，为因缺□，向许清名下实借过本铜钱
>
> 贰千七百八十文，入手收用。其钱言定每千至秋收之日，称祖（租）
>
> 谷叁拾斤，本钱限至冬月，将茶子照市折钱归清，不得短少。如有
>
> 短少，自愿将本名事业变卖赔还。……④

杨士彬借钱 2780 文，每千文租谷 30 斤，本钱则用茶子折算成市价支付。咸丰二年（1852）四月二十日吴廷祥借残 1700 文，每千文秋收时称租谷 30 斤，本钱"限至冬月将茶子照市折价归清，不得短少"⑤。

其三，借钱、借银既有利息，又用田地、房屋地基、猪牛、产业、田地收益等作为偿还的条件。倘若借入人违约，出贷人有权按约处置标的物。如《杨□培借字约（咸丰元年七月初九日）》：

---

① 李斌主编，凯里学院、黎平县档案馆编：《贵州清水江文书·黎平文书》（第一辑），第 3 册，贵州民族出版社 2017 年版，第 323 页。

② 李斌主编，凯里学院、黎平县档案馆编：《贵州清水江文书·黎平文书》（第一辑），第 9 册，贵州民族出版社 2017 年版，第 133 页。

③ 李斌主编，凯里学院、黎平县档案馆编：《贵州清水江文书·黎平文书》（第二辑），第 35 册，贵州民族出版社 2019 年版，第 310 页。

④ 李斌主编，凯里学院、黎平县档案馆编：《贵州清水江文书·黎平文书》（第二辑），第 49 册，贵州民族出版社 2019 年版，第 54 页。

⑤ 李斌主编，凯里学院、黎平县档案馆编：《贵州清水江文书·黎平文书》（第二辑），第 46 册，贵州民族出版社 2019 年版，第 353 页。

立借字约人上高场寨杨□培，缺少田价不述，自己请中问到下高场寨吴学亮，实借过文（纹）银贰两整，亲手收回应用。每两周年谷利贰拾斤整，不得有误。如有误者，居（俱）在己共田贰丘，约禾四把作 抵 ，日后不得异言。如有禾利不当，居（俱）在银主管业。恐后无凭，立此借字为据。

代笔　杨文□

咸丰元年七月初九日　立借①

杨□培向吴学亮借银2两，若违约不能按时交纳禾利，收禾4把的田则由银主管业。咸丰三年（1853）六月十四日，吴士明借到郭桓丰钱3000文，按每千加三支付利息，若不归还本利，田1丘约禾10把之田，"钱主变卖该田产归本"②，即钱主有权处置该田产。同治六年（1867）二月十九日吴国干借到□□君钱2700文，每千支付利谷，若违约，"自愿将猪牛作抵变卖归还"③。

咸丰和同治年间（1851—1874）清水江流域信用借贷契约货币方面，银两、铜币并行，按月收利息，银两、铜币和禾谷都可作为支付利息的媒介，同时还出现用茶子折算本钱（银）的现象。虽然是信用借贷，但出贷人与借入人约定，若借贷方违约，出贷人将有权处置（管业或变卖）作为借贷条件的标的物。

（5）光绪至清末

此期间清水江流域信用借贷的货币银钱并行，银钱比价相对稳定，大约在1∶1500之间。银两的借贷略多于铜币。

一是借银还银，以银作利；借钱还钱，以钱作利。一般有偿还债务时间

---

① 李斌主编，凯里学院、黎平县档案馆编：《贵州清水江文书·黎平文书》（第二辑），第35册，贵州民族出版社2019年版，第310页。

② 李斌主编，凯里学院、黎平县档案馆编：《贵州清水江文书·黎平文书》（第二辑），第43册，贵州民族出版社2019年版，第319页。

③ 李斌主编，凯里学院、黎平县档案馆编：《贵州清水江文书·黎平文书》（第二辑），第43册，贵州民族出版社2019年版，第121页。

限制。这一类属于信用借贷中比较多的方式，如《吴国元借字（光绪元年四月二十日）》：

> 立借字人宰拱寨吴国元，为因缺用钱，借到黎平所黄如银名下，实借过铜钱贰千文整，亲手收回应用。其钱言定每年照月五分行利，不得短少，亦不拘远近归还。恐口无凭，立此借字为据。

> 代笔　吴家明

同治十四年四月廿日　立①

吴国元借到黄如银钱 2000 文，按每月五分（5%）支付利息，即每月付利息 100 文，未限定还款时间，属于借钱还钱方式。光绪五年（1879）十二月初七日吴德成等所借铜币 32800 文，则限定当年十月十四日偿还。② 光绪十年（1884）四月二十日黄祖连借到铜币 17000 文，每年加三行息（3%），限定当年冬月偿还。③ 光绪二十七年（1901）二月初十日吴竦嫩、吴平你所借纹银 22 两，月利息用银支付，利率为三分（3%）④，契约中未定偿还时间。

二是无论借贷银或钱，皆用禾谷作利。有偿还债务时间限制。用禾谷作为利息，可能与出贷人自己想法有关，即禾谷不会因为货币涨跌而受影响，特别是期限越长，禾谷越稳定。如《吴文广借字（光绪六年十二月二十六日）》：

> 立借禾字人高长寨吴文广，为因口粮无出，自己请中上门借到岩洞吴士隆岩下，实借过铜钱四仟壹百文整，今借到案洞寨吴士隆名下，本禾贰佰捌拾伍斤，限在开年二月归还，不得有误。今欲有凭，所借字（是）实。

---

① 李斌主编，凯里学院、黎平县档案馆编：《贵州清水江文书·黎平文书》（第三辑），第57册，贵贵州民族出版社2020年版，第177页。

② 李斌主编，凯里学院、黎平县档案馆编：《贵州清水江文书·黎平文书》（第二辑），第40册，贵州民族出版社2019年版，第273页。

③ 贵州省档案馆、黔东南州档案馆、三穗县档案馆合编：《贵州清水江文书·三穗卷》（第二辑），第6册，贵州人民出版社2018年版，第102页。

④ 李斌主编，凯里学院、黎平县档案馆编：《贵州清水江文书·黎平文书》（第三辑），第58册，贵州民族出版社2020年版，第85页。

<blockquote>
凭中　吴龙秀　明仁
</blockquote>

　　光绪六年十二月廿六日　　亲笔立①

　　吴文广借到铜币 4100 文，按时价折合成禾，则为 285 斤。出贷人要求借入人吴文广到第二年二月偿还禾利，而不是钱。换言之，无论期限满时禾谷涨价，此斤两不可短少。再如《龙仁寿借字（光绪十九年十二月二十三）》：

<blockquote>
立借字人本寨龙仁寿，为因缺少银用无处得出，自己上门问到

熊永贵名下，承借银四两三钱一分整。美（每）两上六斗利谷，限

在九冬十月归还，不得有误。落（若）有误者，立此借字为据。
</blockquote>

<blockquote>
代笔　龙镇荣
</blockquote>

　　光绪十九年十二月二十三［日］　　　立借字②

　　龙仁寿借到熊永贵银 4.31 两，约定每两支付利息谷 6 斗，限定当年九、十、冬月偿还。即利息收取谷，而本则是银两。光绪七年（1881）六月初九日潘士兴借到嬴安顺 500 文，限十月内本利偿清，支付利息谷 20 斤。③

　　三是借贷银或钱，若不能按期偿还，均有标的物交由出贷人处置或者支付利息的约定，一般有偿还债务时间限制。光绪八年（1882）七月十二日石芳荣借到石氏奶陶香钱 5000 文，每千文付利息禾 40 斤，若违约，自愿将收禾 8 把的田交由钱主作当。④ 光绪十六年（1890）年六月二十三日吴学明借吴士高铜币 2500 文，用谷作为利息，每千文 30 斤，若违约，母猪一头则由钱主处置。⑤

　　倘若借入人违约，则原无利息的银两或铜币，到期时按约定支付利息，

---

　　① 李斌主编，凯里学院、黎平县档案馆编：《贵州清水江文书·黎平文书》（第三辑），第 58 册，贵州民族出版社 2020 年版，第 59 页。

　　② 贵州省档案馆、黔东南州档案馆、剑河县档案馆合编：《贵州清水江文书·剑河卷》（第一辑），第 5 册，贵州人民出版社 2018 年版，第 294 页。

　　③ 李斌主编，凯里学院、黎平县档案馆编：《贵州清水江文书·黎平文书》（第三辑），第 52 册，贵州民族出版社 2020 年版，第 306 页。

　　④ 李斌主编，凯里学院、黎平县档案馆编：《贵州清水江文书·黎平文书》（第一辑），第 10 册，贵州民族出版社 2017 年版，第 84 页。

　　⑤ 李斌主编，凯里学院、黎平县档案馆编：《贵州清水江文书·黎平文书》（第二辑），第 41 册，贵州民族出版社 2019 年版，第 76 页。

如光绪三十一年（1905）十月十三日杨昌进所借银 10 两，如果在第二年四月初一日不能还清，则按每两支付 50 斤禾处置，"限到开年四月初一归清。如有不为，每两当却（脚）禾伍拾斤"，[1] 即违约则支付 50 斤禾。这里，交纳脚禾，相当于违约之后收取利禾，属于违约处罚。徐扬素所借之铜币 6000 文，如果在第二年二月不能偿还，则要按照每月加三（3%）的利率付息。[2]

在光绪至清末的信用借贷中，货币为银两和铜币，一般按月计息，付息方式比较灵活。借入人倘若未能在约定时间内偿清本利，出贷人按双方约定，有权处置借入人的标的物。此标的物与用于抵押的标的物有所不同，即在违约的前提下，标的物才存在，而不是以标的物为条件借贷钱粮。

整体而言，清代清水江流域信用借贷的货币主要是银两，其次是铜币，而且自道光以降，铜币的使用逐渐增多，咸同年间铜币借贷的契约文书在数量上超过银两，付利息、归还期限、违约处置等方面，亦呈现多种方式。

将清代清水江流域锦屏、天柱、黎平、剑河、三穗、岑巩等县的民间无抵押货币借贷统一折算成银两，如表 2-5。

表 2-5　清代清水江流域信用借贷货币折银表

县/时段	锦屏		天柱		黎平		剑河		三穗		岑巩	
	份数	折银（两）	份数	折银（两）	份数	折银（两）	份数	折银（两）	份数	折银（两）	份数	折银（两）
乾隆	7	78			2	12.16						
嘉庆	53	1842.75			16	526.01	1	1.2				
道光	32	643.76	1	0.63	55	1107.99	6	10.9	3	58	2	2.4
咸丰	3	8.55	6	8.30	11	89.17			1	45	2	6.93

---

① 李斌主编，凯里学院、黎平县档案馆编：《贵州清水江文书·黎平文书》（第一辑），第 1 册，贵州民族出版社 2017 年版，第 159 页。

② 李斌主编，凯里学院、黎平县档案馆编：《贵州清水江文书·黎平文书》（第一辑），第 7 册，贵州民族出版社 2017 年版，第 28 页。

续表

县/时段	锦屏		天柱		黎平		剑河		三穗		岑巩	
	份数	折银（两）	份数	折银（两）	份数	折银（两）	份数	折银（两）	份数	折银（两）	份数	折银（两）
同治	1	1.69	2	5.33	11	45.83					1	3.33
光绪	8	43.95			57	520.41	6	17.3	4	43.8		
宣统	3	7.2			6	86.95					1	22.67
合计	107	2625.9	9	14.26	158	2388.52	13	29.4	8	146.8	6	35.33

说明：1. 锦屏县有清道光1份无载，光绪1份无载。黎平道光3份数据不清。2. 所有折银，不论纹银、色银，统一按银计算，所以在讨论总量时，相对于纯银而言，有一定的折扣，忽略不计，并不影响整体借贷的研究。下同。

清代清水江流域民间信用借贷，通过货币折银的方式，可得到以下几点结论。

一是各县的平均每份折银量差异较大。锦屏县107份信用借贷契约，折银2625.9两，每份大约24.54两。天柱县9份，折银14.26两，每份大约1.58两。黎平县158份，折银2388.52两，每份大约15.12两。剑河县13份，折银29.4两，每份大约2.26两。三穗县8份，折银146.8两，每份大约18.35两。岑巩县6份，折银35.33两，每份大约5.89两。总计301份，共折银5240.21两，平均每份17.41两，其中以锦屏县单宗折银价最高，达24.54两。天柱县最低，每份大约1.58两。当然，这里的比较仅就现有材料而言。

二是时段上主要集中在嘉庆、道光和光绪年间。信用借贷契约文书较多的锦屏和黎平两县，文书呈现的时段不同。锦屏县集中在嘉庆和道光年间，分别为53份和32份。黎平县集中在道光和光绪两个时期，分别为55份和57份。该流域平均每份所借贷的银大约17.41两，301份大约5000两。据此可以估算，如果这个数量相当于实际交易的1%，则全部信用借贷所借之银大约50万两。从乾隆元年至宣统三年共176年，平均每年信用借贷折银大约2800多两。

另外，清代清水江流域信用借贷中，所涉及的货币亦可通过数据来表示，有两个主要特点。

其一，借贷的货币主要是银两，其次是铜币。在301份中，除去信息不清的6份外，银两212份，毫银2份，铜币（铜圆、青红钱等）81份，共295份，其中银占72.54%，钱占27.46%。这说明该流域清代信用借贷的货币中银币的比例大，超过七成，铜币不足三成（见表2-6）。

其二，以时段论，乾嘉时期，借贷货币全部为银两。道光年间，铜币开始进入借贷领域，但银两仍然占据主导地位，超过八成（81.25%）。咸丰年间，钱币作为借贷的主要货币，比例达到73.91。同治时期钱币占六成。光绪时期铜币占44.59%，四成多。宣统时期占四成。铜币的比例在咸同年间有上升，超过七成，以后一直影响整个清代。从乾隆时期至清末，清水江流域民间信用借贷所借的货币都是金属货币，即银两和铜币（见表2-6）。

表2-6　清代清水江流域信用借贷货币表

单位：份

类型/县		锦屏	天柱	黎平	剑河	三穗	岑巩	合计
乾隆	银两	7		2				9
嘉庆	银两	53		16	1			70
道光	银两	31		39	5	2	1	78
	铜币	1	1	13	1	1	1	18
咸丰	银两			3		1		4
	铜币	3	6	6			2	17
同治	银两	1		5				6
	铜币		2	6			1	9
光绪	银两	7		29	3			39
	铜币	1		25	3	4		33
	毫银			2				2

类型/县		锦屏	天柱	黎平	剑河	三穗	岑巩	合计
宣统	银两	3		3				6
	铜币			3			1	4
小计	银两	102		97	9	3	1	212
	铜币	5	9	53	4	5	5	81
	毫银			2				2
	无载			6				6
合计		107	9	158	13	8	6	301

说明：黎平嘉庆年间色银 1 份，道光纹银 3 份，色银 2 份，元银 2 份，咸丰 2 份未载货币，光绪 1 份未载货币。

整体上说，清代清水江流域信用借贷的货币以银两为主，占 70.99%，超过七成。铜币次之，占 26.62%，货币记载不清占 2.39%。

（二）民国信用借贷

民国时期清水江流域的民间信用借货与清代有一定的关联，一是实物借贷仍然存在，二是货币借贷仍以银两、铜币为主要媒介。

1. 实物借贷

民国时期，清水江流域锦屏、天柱、黎平、剑河、三穗、岑巩等县民间信用借贷的物质有禾谷、大木、布匹，其中以禾谷为主要形态。借木材和布匹，属于借，而不是贷，因借木材之后，约定用树木归还。借布匹作特殊用途，未涉及贷。禾、谷等粮食属于借贷。

（1）借木材

民国二十五（1936）年十二月十二日姜宣瑞、姜于高弟兄因为修建房屋，缺少柱木，向姜宣韬借大木 2 根，约定用树木归还，即将其"皆雅田坎木两

根相还宣韬蓄 禁 为业"。① 村民借木还木，这里未折算成银两或钱，属于借物还物，而无贷的内容。

借布用于老年人逝世。只列出数量，但未约定归还时间和折价等信息。如《石雍熙、石光金借条（民国三十三年十二月十三日）》：

> 立借条人石雍熙、石光金二人，为因家父弃世缺乏白布，央中借到八柳寨杨起祯大姐夫名下，实借来白布拾丈零壹尺正（整）。恐后无凭，立此借条是实为据。
>
> 　　　　　　　　凭中　　　石乐星
>
> 　　　　　　　　　　石培栋　　笔
>
> 民国卅三年甲申十二月十三日　　　立②

本契约中，石雍熙、石光金因其父亲去世，向其姐夫借白布 10.1 丈，未折算成银或钱，亦无归还时间。本例借布，属于借物，无贷的内容。

（2）借禾谷

借禾谷是民国时期无抵押实物借贷的主要方式。民国四年（1915）十一月十六日石昌荣借禾 188 斤，"石昌荣兄借去本银贰两六钱整……外有：借去末禾壹百八十八斤，戊午年末有利禾"③，未显示支付利率和归还时间，属于借禾还禾，以禾作利息。民国三十七年（1948）四月十二日杨胜鱼向黄招汉借谷老斗 5 斗，按月加六付息（6%），当年八月底偿还。④ 再如《民国十年十一月二十四日游芳祥父子立借钱字》：

> 立借谷子字人游芳祥父子，寒微年岁饥荒，亲自上门借到伍发

----

① 张应强、王宗勋主编：《清水江文书》（第二辑），第 2 册，广西师范大学出版社 2009 年版，第 408 页。又见安尊华点校《清水江流域民间借贷契约文书校释》，光明日报出版社 2021 年版，第 18 页。

② 李斌主编，凯里学院、黎平县档案馆编：《贵州清水江文书·黎平文书》（第一辑），第 1 册，贵州民族出版社 2017 年版，第 228 页。

③ 李斌主编，凯里学院、黎平县档案馆编：《贵州清水江文书·黎平文书》（第一辑），第 4 册，贵州民族出版社 2017 年版，第 157 页。

④ 张新民主编：《天柱文书》（第一辑），第 3 册，江苏人民出版社 2014 年版，第 228 页。

昌名下净谷乙石，其利加五行息，限至明岁十月内本利还清不误。
自借之后，两无议论。今口无凭，立借字乙纸为据。

代笔　龙绍元

民国辛酉年冬月廿四日　立借字人游芳祥（押）男德臣（押）

立①

本契约中，游芳祥父子借谷1石，按月支付5行谷息（5%），限定第二年十月内偿清。借入人父子皆画押。画押不是借谷条件，而是还偿还所借谷本和谷利的保证。民国十一年（1922）三月十一日赢学标借到婶母禾350斤，秋收之日为偿还时间，利率为每月加五（5%）②，并未画押。

借禾谷亦有借入人违约时，出贷人出卖借入人的标的物，偿还所借之禾谷。如民国八年（1919）□月十五日吴德忠借杨作标谷50斤，本利生银20毫，并用收禾3把之田作为标的物，若违约，"变卖归还，借主不得异言"。③

借入人违约时，有运用发誓、诅咒的方式作为处罚的情形。如《吴兴怀借字（民国三十四年五月十九日）》：

立借字人椌硐寨吴兴怀，为因家下缺少费用粮食，凭中借到下香硐寨石乃保花名下，实借过禾本利共壹百伍拾斤整，限至十月还清。如有不还清，将此字当天火化，兴怀自愿阴边还清，立此借字为据。

凭中　杨焕提　石茂云

民国叁拾四年五月十九日　立④

---

① 贵州省档案馆、黔东南州档案馆、岑巩县档案馆合编：《贵州清水江文书·岑巩卷》（第一辑），第4册，贵州人民出版社2019年版，第69页。
② 李斌主编，凯里学院、黎平县档案馆编：《贵州清水江文书·黎平文书》（第三辑），第52册，贵州民族出版社2020年版，第374页。
③ 李斌主编，凯里学院、黎平县档案馆编：《贵州清水江文书·黎平文书》（第二辑），第50册，贵州民族出版社2019年版，第84页。
④ 李斌主编，凯里学院、黎平县档案馆编：《贵州清水江文书·黎平文书》（第三辑），第53册，贵州民族出版社2019年版，第38页。

吴兴怀借到石乃保花禾 150 斤，限定当年十月还清。倘若未能做到，出贷人把契约焚烧，诅咒借入人到阴间偿还本利。诅咒方式与按手印方式相比，在效力方面显得苍白无力，但是借入人凭着良心、凭着对天（神）的敬畏而不愿意违约。民国三十四年（1945）十二月十九日胡启林向本族冬至会借谷 152 斤，限至第二年九月间无息归还。若不偿还，由介绍人偿还。另，契约中介绍人、借入人、代笔人都用左手拇指按印①，以确保所借谷物的真实性和有效性。

（3）借积谷

民国时期，清水江流域信用借贷在借禾谷时出现新现象，即所借之谷属于国民乡政府的公物。借本乡积谷，有付利息和无息两种情况。书立字据、借谷数量、利率、详列借谷人、担保人、证明人如保长或甲长等，手续比较烦琐。从公家借物，必须有偿还保证，这是借积谷字据的特征。

民国三十一年（1942）七月五日王有林借到本联保积谷八斗，限定当年农历十月以前按每月加二（2%）付息，本利一并遂请（清）。若误，由担保人负责赔缴。契中注明"十捌日缴来积谷柒斗贰升。欠贰斗二升"②。所借的字据中有借谷人、担保人和证明人的姓名。民国三十五年（1946）六月二十七日王清禄借到本乡积谷 6 市斗，限在当本年古历十月以前还清。如违约，则由担保人负责缴清，并列出借谷人、担保人，证明人用了印章。③ 再如《杨再先、杨正坤借条（民国三十八年七月十三日）》：

今借到本乡仓积谷四市石整，此借是实。

报关员　　□□

唐旧　借谷人　杨再先　杨再坤

① 张新民主编：《天柱文书》（第一辑），第 21 册，江苏人民出版社 2014 年版，第 135 页。

② 张应强、王宗勋主编：《清水江文书》（第二辑），第 7 册，广西师范大学出版社 2009 年版，第 222 页。

③ 张应强、王宗勋主编：《清水江文书》（第二辑），第 7 册，广西师范大学出版社 2009 年版，第 184 页

担保人　　杨秀正

甲长　　杨正文

民国三十八年七月十三日①

杨再先和杨再坤借到本乡仓积谷 4 市石，无息，亦未约定偿还时间，但有担保人、报关员和国民政府基层组织甲长做证，归还是有保障的。借积谷比民间村民相互借贷的契约内容上要简洁一些。国民政府积谷的目的在于青黄不接时为民众贷谷，辅助村民的生产事业，但是带有强制性，利率和民间借贷相差无几，其实质是对农民进行剥削。清水江流域积谷设立较早，比如锦屏县设立于 1936 年，当年该机构积谷 1402 石。1944 年积谷附着田赋征收，每元积谷 1 市斗。② 例契文中民国三十八年（1949）的积谷属于与田赋共征而获得的，超越了人民的意愿，但村民需要食用，却不得举借贷积谷以维持生计，而不在乎有利息或无利息。

民国清水江流域实物信用借贷归纳如表 2–7。

表 2–7　民国清水江流域信用借贷实物表

借入人	出贷人	时间	实物	数量	出处
姜于瑞 姜于高	姜宣韬	民国二十五年十二月十二日	大木	2 根	《清水江文书》二/2/408
王有林	本联保积谷	民国三十一年七月五日	谷	8 斗	《清水江文书》二/7/222
王清禄	本乡积谷	民国三十五年六月二十七日	谷	6 市斗	《清水江文书》二/7/184
胡启林	本族冬至会	民国三十四年十二月十九日	谷	152 斤	《天柱文书》一/21/135

---

① 李斌主编，凯里学院、黎平县档案馆编：《贵州清水江文书·黎平文书》（第二辑），第 24 册，贵州民族出版社 2019 年版，第 98 页。

② 《中国少数民族社会历史调查资料丛刊》修订编辑委员会：《侗族社会历史调查》，民族出版社 2009 年版，第 144 页。

续表

借入人	出贷人	时间	实物	数量	出处
杨胜鱼	黄招汉	民国三十七年四月十二日	谷	老斗5斗	《天柱文书》一/3/228
石昌荣		民国四年十一月十六日	禾	188斤	《黎平文书》4/157
吴德忠	杨作标	民国八年□月十五日	谷	56斤	《黎平文书》50/84
嬴学标	姉母	民国十一年三月十一日	禾	350斤	《黎平文书》52/371
石雍熙 石光金	杨起祯	民国三十三年十二月十三日	白布	10丈1尺	《黎平文书》1/228
吴兴怀	石乃保花	民国三十四年五月十九日	谷	150斤	《黎平文书》53/38
杨再先 杨正坤	本乡仓积谷	民国三十八年七月十三日	谷	4市石	《黎平文书》24/98
吴士才等		时间不详	谷	4353斤 共37笔	《黎平文书》60/436①
谢应文		民国九年六月十四日	谷	5斗	《岑巩卷》一/5/74
游芳祥父子	伍发昌	民国十年十一月二十四日	谷	1石	《岑巩卷》一/4/69
尚恩祥弟兄	杨昌泽	民国三十八年一月十六日	谷	2老石	《岑巩卷》一/4/185

说明：新中国1份未统计。一九五〇年二月十九日蒋泰顺借谷10石。《天柱文书》一/8/150。

---

① 这37笔借贷如下：

〇吴士才借谷一百五十斤 〇吴文贞一百斤〇吴凤国借谷二百斤 〇吴正远五十斤 〇龙吉顺二百三十斤 〇吴文通一百斤 〇吴士隆二百斤又五十斤 〇吴文森□斤 〇吴午一百斤 〇吴广祥一百五十斤 〇吴兴培五十斤 〇吴葵已二十斤国生招〇吴正家□斤 〇吴正彬一百五十斤〇吴文瑞二百斤 〇吴正已一百斤 〇吴国深一百五十斤又二十二斤 〇龙吉明四十斤 〇吴正刚二百四十三斤 〇吴葵祥四十斤 〇吴正旺一百九十斤 〇潘兴姝伍十斤〇吴凤祥一百斤 〇吴文英一百斤〇吴文才一百五十斤 〇烧香□谷一百斤〇龙家讓二百斤 〇吴贞祥二百斤〇□□□一百斤 〇龙春广一百斤〇吴凤朝一百五十斤 〇松老娘一百斤〇吴正新一百五十斤 〇龙安宝五十斤又五十斤 〇龙吉春一百五十斤 〇正林五十斤正彬招〇春德十八斤 见《吴士才、吴文贞、吴凤国等借谷清单（时间不详）》，载李斌主编，凯里学院、黎平县档案馆编《贵州清水江文书·黎平文书》（第三辑），第60册，贵州民族出版社2020年版，第436页。

由表2-7可知：

一是民国清水江流域信用借贷中，实物有禾（2份）、谷（11份）、木材（1）、布匹（1）等，以生活资料为主，其中禾占12.33%，谷（子）占73.33%，禾谷共计86.67%，接近九成。这说明，该流域民国时期无抵押实物借贷所涉及的实物主要是禾谷，谷的比例最大，超过七成，大体说明，谷成为该流域实物借贷的主体。

二是实物信用借贷中，锦屏县3份，天柱2份，黎平7份，岑巩3份，共15份。这些数据表明，清水江流域民国时期无抵押实物借贷主要分布在黎平、锦屏、天柱、岑巩等县。

三是从信用借贷中所借实物数量来看，一宗最多为1000斤（10石，1石100斤），最少40斤，总计6729斤。若将其中一宗37笔分开看，与表2-7中其他全部累计，可知，不足100斤有14次，100至200斤（不含200）25次，200斤至300斤7次，300斤以上2次，平均每次180.59斤，100至200斤占52.08%，200斤以内占81.25%。这表明，禾谷作为实物借贷的主体，在数量上，一半以上处于100至200斤之间，八成以上分布在200斤以内。民国时期清水江流域无抵押实物借贷以禾谷为主，其特征是小额度占多数，大额极少。其原因仍然是出贷人考虑数额小便于偿还，粮食借贷周期短，周转快，利率偏高。

可见，民国清水江流域实物信用借贷的物质形态以粮食为主，禾、谷所占比例大，超过八成，谷的比例超过七成，禾谷是该流域主要的借贷物。其他实物有木材、布匹等。

（三）货币信用借贷

民国时期货币信用借贷分为三个时段，即民国元至十七年（1912—1928）、十八至三十四年（1929—1945）、三十五至三十八年（1946—1946）。

1. 民国元至十七年（1912—1928）

首先，此期间清水江流域信用借贷仍然以"借银还银，以银付利息；借钱还钱，以钱还利息"为基本特征。如《民国元年十一月二十二日刘子龙借钱字》：

> 立借钱字人刘子龙，今因无钱用度，亲自上门问到郎洞小青明会首杨昌贵、杨昌祥、杨昌象等名下，承借青红钱肆阡（仟）文正（整）。其钱行息，钱利月行二伍，周年加叁，不得短少。若有到周年本利还青（清）。恐口无凭，立借钱字为据。

凭中　杨海臣

代笔　李德春

中华元年冬月廿二日　　　请立①

本契约中，刘子龙借到杨昌贵等青红钱 4000 文，按每千文每月加二五（2.5%）的标准支付利息，周年还清。又如民国五年（1916）五月二十九日姜登廷借银 1.02 两，按每两月加五（5%）支付利息，未约定期限。② 民国七年（1918）五月初二日滚老金借到吴老生银 16.6 两，按每月每两加三的利率付息，限期到第二年二月偿清。③

亦有极少不支付利息的情形。如民国十年（1921）十月十二日石维玉借光洋 32 元④，无利息和还款期限。民国十六年（1927）十二月十四日石焕谟

---

① 贵州省档案馆、黔东南州档案馆、三穗县档案馆合编：《贵州清水江文书·三穗卷》（第一辑），第 4 册，贵州人民出版社 2018 年版，第 65 页。

② 陈金全、杜万华主编：《贵州文斗寨苗族契约法律文书汇编——姜元泽家藏契约文书》，人民出版社 2008 年版，第 529 页。

③ 李斌主编，凯里学院、黎平县档案馆编：《贵州清水江文书·黎平文书》（第三辑），第 58 册，贵州民族出版社 2020 年版，第 109 页。

④ 李斌主编，凯里学院、黎平县档案馆编：《贵州清水江文书·黎平文书》（第一辑），第 13 册，贵州民族出版社 2017 年版，第 83 页。

借到亲家杨胜怡银 21.86 两和大洋 130 元①，皆无利息。

此期间若借贷大洋，亦有运用大洋付息的情形。如民国十七年（1928）十月三日杨昌淋，杨胜贞叔侄二人借到杨光新光洋 60 元，按每元每月加三（3%）收取利息。② 民国十七年（1928）十二月二十一日吴有正借到吴有义银 40 毫，"言定每块每月叁分行息"③，利率相同。

其次，无论借银借钱，皆用禾谷支付利息。禾谷付息的优点是收益稳定，不受其他因素所影响，如《吴略你、吴万良二人借字（民国二年七月初二日）》：

　　　　立借字人高开吴略你、吴万良二人，为因缺少费用急迫无出，自己亲身上门借到审拱吴国元名下，实借本纹银四两二分整，亲手领回应用。其银言定每两道（到）秋收之日利禾叁拾斤，自愿不得短少异言。所借是实，立此为据。

　　　　　　　　　　　　　　　　凭笔　　　建元

　　民国二年七月初二日　　立④

吴略你、吴万良吴咥□银 4.03 两，每两到秋收时收禾 30 斤，即用禾作为银两的利息。民国三年（1914）九月三十日滚酒哩借到同吴大生铜钱 6200 文，"言定每仟禾利三十斤，又纹银一两七钱五分整，每两禾利四十斤"。⑤ 民国五年和民国六年账单显示，所借钱 8000 文，到秋收时，每千文支付禾利 15 斤，而 4.5 两银则按每两支付 30 斤禾利计息，另有银 14.32 两则按每月三分

　　① 李斌主编，凯里学院、黎平县档案馆编：《贵州清水江文书·黎平文书》（第一辑），第 12 册，贵州民族出版社 2017 年版，第 183 页。

　　② 李斌主编，凯里学院、黎平县档案馆编：《贵州清水江文书·黎平文书》（第一辑），第 21 册，贵州民族出版社 2017 年版，第 305 页。

　　③ 李斌主编，凯里学院、黎平县档案馆编：《贵州清水江文书·黎平文书》（第三辑），第 57 册，贵州民族出版社 2020 年版，第 109 页。

　　④ 李斌主编，凯里学院、黎平县档案馆编：《贵州清水江文书·黎平文书》（第三辑），第 57 册，贵州民族出版社 2020 年版，第 247 页。

　　⑤ 李斌主编，凯里学院、黎平县档案馆编：《贵州清水江文书·黎平文书》（第三辑），第 58 册，贵州民族出版社 2020 年版，第 103 页。

计息。①

民国七年（1918）六月十日吴玉和借到吴盛明钱 20060 文，每千文支付利息谷 16 斤。② 民国九年（1920）十一月二十四日石逢金借到石福宽大洋 6元，"日后银主每两当谷脚叁拾斤"③，即将光洋换成银两，再按每两银支付谷息 30 斤计算。选择禾谷支付利息，反映了出贷人的不同需求。

再次，借入人违约，约定的标的物由出贷人变卖或支付利息，或借入人自愿出卖某物赔还债务。如《民国三年三月二十五日张承书立借字》：

> 立借字人张承书弟兄等，今因借到姚复珍名下青红铜钱贰拾叁阡（仟）文整，借日言定每千每年每月加贰伍行息，对年加叁不误。若误，其有己面所喂之耕牛猪财，凭从姚姓发卖，张姓弟兄不能异言。恐口无凭，立借字为据。
>
> 　　　　　　　　　　　代笔人　　戴朝冠
> 　　中华民国三年三月二十五日　　张承书弟兄请笔　立④

张承书弟兄等借到姚复珍青红钱 23000 文，按每千文每月加二五（2.5%）的标准支付利息。如果违约，其猪牛任从出贷人出卖偿还债务。

民国四年（1915）五月初十日石昌岳借到吴正元银 2 两，秋收时节，利息为每两银谷 25 斤，十二月必须归还，将其收禾 5 把的田作为条件。⑤ 民国七年（1918）五月初二日杨元亨父子借姚复珍父子青红钱 50300 文，约定当年

①　李斌主编，凯里学院、黎平县档案馆编：《贵州清水江文书·黎平文书》（第三辑），第 57 册，贵州民族出版社 2020 年版，第 250 页。

②　李斌主编，凯里学院、黎平县档案馆编：《贵州清水江文书·黎平文书》（第二辑），第 37 册，贵州民族出版社 2019 年版，第 391 页。

③　李斌主编，凯里学院、黎平县档案馆编：《贵州清水江文书·黎平文书》（第一辑），第 12 册 贵州民族出版社 2017 年版，第 149 页。

④　贵州省档案馆、黔东南州档案馆、岑巩县档案馆合编：《贵州清水江文书·岑巩卷》（第一辑），第 2 册，贵州人民出版社 2019 年版，第 187 页。

⑤　李斌主编，凯里学院、黎平县档案馆编：《贵州清水江文书·黎平文书》（第二辑），第 48 册，贵州民族出版社 2019 年版，第 346 页。

冬月还清，无利息。若跨年度，则按"每千每年照月加三行息"①，即按月利率3%支付利息。民国十四年（1925）五月二十日吴秉章借到吴广应小洋银180毫，"其银议定每年每角利谷三斤行息"②，若违约，其房屋交由出贷人处置。借入人自愿出卖约定的产业或其他物品偿还所借的债务，是信用借贷的较常见现象。

这里的小洋毫即小洋银，指广东、广西两省铸造的银两辅币，一般分为贰毫、壹毫两种，称为双毫、单毫。币面值标记20分、10分，即贰角、壹角，另有半毫，即五分银币。小洋银称银毫，又称毫洋，其中二毫币重量为1钱4分5厘，另一说重5.2克。本书按1枚二毫币的重量按1钱4分5厘折算。

最后，不按时还清债务，出贷人既收利息，还请人坐守，将借入人产业出卖偿债。如民国十四年（1925）六月二十二日吴显荣借到朱本绥小洋100角，本利折成谷550斤，约定在当年八月归还，若违约，自愿承担每月5分的利息，出贷人将派人坐守，变卖借入人的产业以偿还所借债务。③ 民国十五年（1926）四月二十七日吴显隆借到吴本昌银5两，限期当年冬十月归还，每两银支付利谷30斤，若违约，收禾12把的田将由出贷人变卖以偿清债务。④

2. 民国十八至三十四年（1929—1945）

其一，此期间信用借贷中，借银还银，以银付息，借钱还钱，以钱付息仍是常见的方式，但数量上有所下降。如《民国二十二年十一月十二日杨裕

---

① 贵州省档案馆、黔东南州档案馆、剑河县档案馆合编：《贵州清水江文书·岑巩卷》（第一辑），第2册，贵州人民出版社2019年版，第226页。

② 李斌主编，凯里学院、黎平县档案馆编：《贵州清水江文书·黎平文书》（第二辑），第41册，贵州民族出版社2019年版，第347页。

③ 李斌主编，凯里学院、黎平县档案馆编：《贵州清水江文书·黎平文书》（第二辑），第46册，贵州民族出版社2019年版，第241页

④ 李斌主编，凯里学院、黎平县档案馆编：《贵州清水江文书·黎平文书》（第二辑），第46册，贵州民族出版社2019年版，第423页。

祖借字》：

> 立借字人罗里寨杨裕祖，为因家下缺少用费实难得出，自己请中登门借到八卦胡焕先名下，实借过铜圆柒拾千文整，亲手领回应用。其钱自借之后，每千照月加叁行息，不得短少分文，限字（至）照春三月内本利还清，不得为（违）误。立此借字是实。
>
> 　　　　　　　　　　中笔　杨树先
>
> 民国廿贰年十一月十二日　立①

杨裕祖借到胡焕先铜圆 70000 文，按每千文月加三（3%）的标准支付利息，限期到第二年春三月偿还。民国二十三年（1934）十一月□一日龙志凡所借铜币 19000 文②，同样按月加三（3%）的标准支付利息，期限为一年半。民国二十七年（1938）四月二十三日石文贵、石甲宾借到蒋某人大洋 1 毛，"每月三分行息"③。借小洋银，本、利皆用小洋银偿还。

其二，借银（包括小洋银、银圆、银两等）还银，借钱还钱，二者皆以禾谷付息。这种方式比民国元年至十七年更普遍，反映了当地民众追求禾谷利息的需求，不愿冒险获取货币利息，如民国二十一年（1932）二月二十七日吴正康借到杨上中小洋银 100 角，利谷 200 斤。④《石耀彩借字（民国二十二年六月初七日）》：

> 立借字人本寨石耀彩，因为家下缺小钱用，自己问到泰隆借铜圆拾封，每封当利禾拾六斤，言无翻悔。恐口无凭，立此借字为据。
>
> 　　　　　　　　　　代笔　石佳兴

---

① 贵州省档案馆、黔东南州档案馆、黎平县档案馆合编：《贵州清水江文书·黎平卷》（第一辑），第 5 册，贵州人民出版社 2017 年版，第 41 页。

② 贵州省档案馆、黔东南州档案馆、黎平县档案馆合编：《贵州清水江文书·黎平卷》（第一辑），第 5 册，贵州人民出版社 2017 年版，第 317 页。

③ 李斌主编，凯里学院、黎平县档案馆编：《贵州清水江文书·黎平文书》（第二辑），第 34 册，贵州民族出版社 2019 年版，第 309 页。

④ 李斌主编，凯里学院、黎平县档案馆编：《贵州清水江文书·黎平文书》（第二辑），第 43 册，贵州民族出版社 2019 年版，第 398 页。

民国二十二年六月初七日①

石耀彩借到泰隆铜币 10000 文，同样用禾支付利息，标准为每千文支付 16 斤。另，民国二十六年（1937）二月二十五日杨忠灵借到杨老庆大洋 2 元，"每元当却（脚）谷六枱斤整"②，用谷作为利息，不过采取按大洋每元计谷多少的方式，共付利息禾 120 斤，而不按月计息。禾谷作为利息，价值稳定，收益安全。

其三，约定借钱人自愿处置田产偿清债务。如民国二十九年（1940）五月初四日杨玉华借银小洋叁□，每两支付利息禾 25 斤，"自愿将地名占成田二丘约禾五把整作当"③。民国三十四年（1945）十月二十六日姚国英借到嬴李里、嬴士明小洋银 50 毫，每年每两支付利谷 7 斤；如果违约，"自愿将之业井独金之田一丘变卖赔还"④。再如《吴文华借字约（民国三十三年七月初十日）》：

> 立借字约人岑阜物寨吴文华，为因正用无出，自己上门借到诚格寨潘绍明名，实过借本银小洋贰伯（佰）毫整，亲手收回应用。其银言定周年每月每年加利柒觔（斤）谷，限定二月归本银，不得延误。如有误者，任从请人坐催，立此借字为据。

> 民国叁十三年古历七月初十日　立⑤

吴文华借到潘绍明银 200 毫，用禾支付利息，如果违约，任从出贷人"请人坐催"，将所借之银收回。这个时期，对于信用借贷的偿还条件仍然重

① 李斌主编，凯里学院、黎平县档案馆编：《贵州清水江文书·黎平文书》（第二辑），第 32 册，贵州民族出版社 2019 年版，第 176 页。
② 李斌主编，凯里学院、黎平县档案馆编：《贵州清水江文书·黎平文书》（第二辑），第 27 册，贵州民族出版社 2019 年版，第 326 页。
③ 李斌主编，凯里学院、黎平县档案馆编：《贵州清水江文书·黎平文书》（第二辑），第 46 册，贵州民族出版社 2019 年版，第 436 页。
④ 李斌主编，凯里学院、黎平县档案馆编：《贵州清水江文书·黎平文书》（第三辑），第 52 册，贵州民族出版社 2020 年版，第 43 页。
⑤ 李斌主编，凯里学院、黎平县档案馆编：《贵州清水江文书·黎平文书》（第二辑），第 46 册，贵州民族出版社 2019 年版，第 58 页。

视，表明民间借贷在清偿债务方面并不顺畅。

3. 民国三十五至三十八年（1946—1949）

这四年时间虽短，但社会变化大，货币复杂，国民政府的法币贬值，社会环境对民间借贷影响大，民间更多地选择银两、银币作为借贷的货币。这一时期，清水江流域的民间借贷主要有三个特点。

第一，借银还银，用银支付本息。民国三十五年（1946）六月十二日陆振德借到陆空先小洋银330毫，每年每两利4毫，限在三月之内归还。① 再如《陆祯祥借字（民国三十六年七月初十日）》：

> 立借字人岑遂寨陆祯祥，为因急用无出，至（自）己上门借到，本寨陆恒先名下，承过小洋银四两整，亲手收回应用，限到八月每两行利四毫，不得有误。如有误者，立此借字为据。
>
> 外批三字。
>
> 　　　　　　　　　　　亲笔　陆祯祥
>
> 中华民国三十六年七月初十日　立借②

陆祯祥所借小洋银4两，用小洋银付息，每两4毫。民国三十六年（1947）七月二十二日陆祯祥借到陆怀先小洋银3两，每两每年利息4毫。③ 这说明借贷银币用银付息是清水江流域信用借贷的最常见方式，特别是1946至1949年，法币、金元券贬值，通货膨胀严重，金融市场混乱，民众的借贷意愿在于求稳，本钱和利息都要有保障，银币价值稳定，受村民喜爱。

第二，借大洋、小洋银，用谷、布支付利息，而本钱则用所借的货币偿

---

① 李斌主编，凯里学院、黎平县档案馆编：《贵州清水江文书·黎平文书》（第二辑），第50册，贵州民族出版社2019年版，第340页。

② 李斌主编，凯里学院、黎平县档案馆编：《贵州清水江文书·黎平文书》（第三辑），第55册，贵州民族出版社2020年版，第330页。

③ 李斌主编，凯里学院、黎平县档案馆编：《贵州清水江文书·黎平文书》（第三辑），第55册，贵州民族出版社2020年版，第331页。

还。民国三十五年（1946）六月初六日欧元坤借到嬴江辉小洋 25 毫，"每乙百毫每年行息谷子 80 斤"①，此处借 25 毫，则每年的利息该称谷 20 斤。吴花连借洋银 200 毫，秋收每百禾利 70 斤，杨老咧借光洋 10 毫，秋收连本带利 80 斤。② 再如《民国三十七年十一月四日田茂金借刘光有大洋字》：

> 立借光洋字人田茂全，今因手边无洋便用，亲自请中上门（问）到刘光有名下承借大洋贰拾圆正（整），其洋亲手领足，由十一月初五日现自（限至）十二月二十四日本义（利）息一自（致）凡（还）亲（清），息布二疋（匹）。

凭中　　杨胜乾

杨胜才

代笔　　何忠桂

民国三十七年十一月初四日　田茂金　请立③

田茂全借大洋 20，用布 2 匹支付利息。禾谷、布匹属于实物。人们较多地选择用粮食和物品支付利息，反映了出贷人对粮食等实物的需求，以及追求稳定收益的心态，可见禾谷是准硬通货。

第三，借入人借贷时约定偿还保证，自愿出卖家畜或田产偿清债务。民国三十五年（1946）五月二十七日某某借到陆邦瑞小洋银 1 两，"每年到周每两寸当一十五今（斤）"，若违约，自愿出卖其产业赔还。④《石占兴借字（民国三十五年三月十一日）》：

> 立借字器寨石占兴，今借侄洋寨杨显德名下，实借过大洋四元

①　李斌主编，凯里学院、黎平县档案馆编：《贵州清水江文书·黎平文书》（第三辑），第 54 册，贵州民族出版社 2020 年版，第 158 页。

②　李斌主编，凯里学院、黎平县档案馆编：《贵州清水江文书·黎平文书》（第三辑），第 57 册，贵州民族出版社 2020 年版，第 144 页。

③　贵州省档案馆、黔东南州档案馆、三穗县档案馆合编：《贵州清水江文书·三穗卷》（第三辑），第 13 册，贵州人民出版社 2019 年版，第 271 页。

④　李斌主编，凯里学院、黎平县档案馆编：《贵州清水江文书·黎平文书》（第三辑），第 52 册，贵州民族出版社 2020 年版，第 377 页。

正（整），亲手收回。自愿将黄牛一只。恐口无凭，立此借字为据。

外批：一脚。……①

石占兴用黄牛的四分之一的股份作为偿还债务的保证。民国三十八年（1949）六月初六日吴佩贞借到吴当义小洋银96毫，每年支付利息谷96斤，若不能偿还，其收禾5把的田将由出贷人处置，直到偿清债务。② 这些说明信用借贷需要借入人做出偿还承诺，约定某物由出贷人处置以偿还所借之钱粮。

总体上说，民国（1912—1949）清水江流域货币信用借贷以银为主，以铜币为辅，间有法币和钞票；以借银还银、借钱还钱，以所借之货币归还本利为主，逐渐发展到以禾谷等粮食和实物与银两和铜币支付利息并行的状态；借贷人有一定的偿还承诺、出贷人有催讨债务、处置借入人物件的权利。

另将民国时期清水江流域锦屏、天柱、黎平、剑河、三穗、岑巩等县的民间货币信用借贷统一折算成银两，如表2-8。

表2-8　民国清水江流域信用借贷货币折银表

县 时段	锦屏		天柱		黎平		剑河		三穗		岑巩	
	份数	折银（两）	份数	折银（两）	份数	折银（两）	份数	折银（两）	份数	折银（两）	份数	折银（两）
1—17年	5	111.25			37	421.98			4	27.47	3	55.93
18—34年	6	36	1	22.5	30	323.62						
35—38年	2	604.25			11	71.42			1	15		
未详	6	23.25			13	43.59						
合计	19	774.25	1	22.5	91	860.61			5	42.47	3	55.93

说明：锦屏县3份无载，黎平县1份无载，共119份，总计1755.76两，平均14.75两/份。

---

① 李斌主编，凯里学院、黎平县档案馆编：《贵州清水江文书·黎平文书》（第二辑），第34册，贵州民族出版社2019年版，第325页。
② 李斌主编，凯里学院、黎平县档案馆编：《贵州清水江文书·黎平文书》（第二辑），第46册，贵州民族出版社2019年版，第279页。

据表 2-8, 民国时期清水江流域信用借贷有以下几个特点:

一是各县的平均每份折银量差异较大。锦屏县 19 份信用借贷契约, 折银 774.25 两, 每份大约 40.75 两。天柱县 1 份, 折银 22.5 两。黎平县 91 份, 折银 860.61 两, 每份大约 9.46 两。剑河县无。三穗县 5 份, 折银 42.47 两, 每份大约 8.49 两。岑巩县 3 份, 折银 55.93 两, 每份大约 18.64 两。总计 119 份, 共折银 1755.76 两, 平均每份 14.75 两, 其中以锦屏县每份折银价最高, 达 44.11 两。三穗县最低, 每份大约 8.49 两。

二是时段上近四成集中在民国元年至十七年 (1912—1928)。信用借贷契约文书较多的黎平和锦屏两县, 文书呈现的时段不同。锦屏县民国十八至三十四年 (1929—1945) 有 6 份。黎平县在民国前两个时段分别为 37 份和 30 份 (见表 2-8)。

三是估算。该流域平均每份所借贷的银大约 14.75 两, 平均每份比清代 17.41 两低 2.66 两, 原因可能是时间短暂, 仅 38 年, 而清代自乾隆到宣统三年, 有 176 年。另外, 借贷契约订立的份数按年计算比清代多。同样可以估算, 119 份借贷涉及 1755.76 两, 若这个数量相当于实际交易量的 1%, 则民国时期全部信用借贷折银大约 17 万余两, 平均每年信用借贷折银 4600 多两。

值得一提的是, 长时段地看待清水江流域清至民国的信用借贷, 文书从乾隆年间有载, 那么时间段为 1736 至 1949 年, 计 214 年。此期间所见信用借贷契约共计 420 份, 折银 6895.97 两, 平均每份 16.66 两。黎平县份数最多, 达到 249 份, 折银居第二, 为 3249.15 两, 平均每份 13.05 两。锦屏县 126 份, 折银 3400.14 两, 平均每份 26.99 两, 平均每份折银最高。天柱县平均每份 3.68 两, 剑河县平均每份 2.26 两, 三穗县平均每份 3.27 两, 岑巩县平均每份 10.36 两 (见表 2-9)。

表 2-9 清至民国清水江流域信用借贷折银累计表

锦屏		天柱		黎平		剑河		三穗		岑巩	
份数	折银（两）	份数	折银（两）	份数	折银（两）	份数	折银（两）	份数	折银（两）	份数	折银（两）
126	3400.15	10	36.76	249	3249.13	13	29.4	13	189.27	9	91.26
合计		420 份		6995.97 两		平均			16.66 两/份		

由此可知，第一，黎平县的民间借贷数量最大，锦屏县次之，然而锦屏县的单宗折银最高。剑河县平均每份折银量低，天柱县数量最少。第二，从数量上可以推断，清至民国黎平、锦屏两县民间信用借贷十分活跃，三穗、三柱、剑河、岑巩大体相当，但远逊于黎平和锦屏二县。第三，若此数量相当于实际交易的 1%，那么估算该流域此期间的无抵押信用借贷总量为 65.8 万多两，平均每年交易额大约 3000 多两（按 214 年计）。另外，民国清水江流域信用借贷中所涉及的货币有银两、银圆、小洋银、铜圆、钱、青红钱、法币等。通过数据可知其特点：

其一，借贷的货币主要是银币，包括银两、银圆、毫银（小洋银）等，其次是铜币，包括铜圆、制钱和青红钱，另有法币，但以银为主。在 119 份信用借贷契约中，除去信息不清的 4 份外，借银 82 份，占 115 份的 71.37%。借铜币 30 份，占 102 份的 26.09%，这说明该流域民国信用借贷货币种类虽多，但以银币为主，借贷银币超过七成，铜币不足三成，但仍有生命力（见表 2-10）。

其二，以时段论，民国元年至十七年借贷货币数量最多。以地域论，黎平县总数最多，达 91 份，占 76.47%，超过七成。以金属货币论，借贷银两共 37 份，借银圆达到 23 份，借毫银（小洋银）达 24 份，说明民国政府的废两改元制度有一定成效，外域（主要是广东、广西两省）毫银（小洋银）在该流域占有一定市场，交易活跃，接近三分之一。铜币 30 份，而法币仅 3 份，这表明民间借贷对于不稳定的纸币并不看好，需求量极小，远不及银币在民间受欢迎，连铜币也不如（见表2-10）。

表 2-10　民国清水江流域信用借贷货币表

单位：份

时间	类型\县	锦屏	天柱	黎平	剑河	三穗	岑巩	合计
1—17年	银两	4		20				24
	铜币	1		6		4	3	14
	银圆			8				8
	毫银			3				3
18—34年	银两			4				4
	铜币	1	1	5				7
	银圆	2		9				11
	毫银			11				11
	法币			1				1
35—38年	银圆			2				2
	毫银			9				9
	法币	2						2
时间不详	银两	3		4				7
	铜币	3		6				9
	银圆			1		1		2
	毫银			1				1
小计	银两	7		28				35
	铜币	5	1	17		4	3	30
	银圆	2		20		1		23
	毫银			24				24
	法币	2		1				3
	无载	3		1				4
合计		19	1	91		5	3	119

综合表 2-6 和 2-10，制成清水江流域信用借贷货币图，如图 2-1。

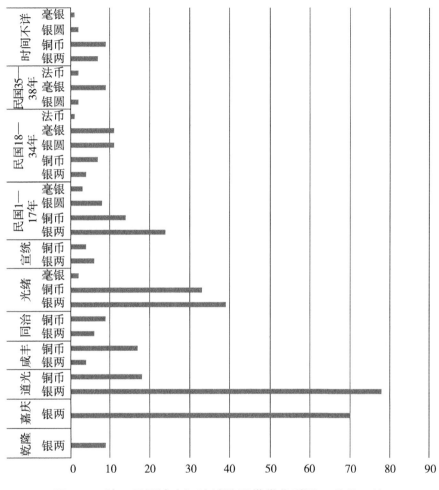

图 2-1 清至民国清水江流域信用借贷货币图（单位：份）

通过图 2-1，可以发现清至民国清水江流域民间信用借贷货币变化有几条规律：

一是清道光以前借贷货币是银两，从道光开始出现铜币，持续到清末，在咸丰、同治年间铜币数量超过银两。

二是清光绪年间毫银流入，经过民国前 17 年（1912—1928）的流通，毫银逐渐成为该流域的重要货币之一。

三是银（银两、银圆、毫银）一直是该流域的主要货币，铜币具有一定的生命力，直到1945年。法币数量极少，贬值迅速。银与铜币始终是该流域的主要货币。

四、借贷达成形式

（一）口头形式

用口头保证借得物何时归还，经出贷人同意，有时经中人证明，借入人借到钱物的形式叫口头形式。这是村民借钱时的一种形式，虽不普遍，但存在。这表明诚信在村民中被普遍地遵守。不计算利息，也不需要订立契约，基本上是一种互助性质的借贷。有时为了便于归还和账务明晰，出贷人往往做好登记，等借入人归还钱物时，做好销账处理。较详细明晰的登记造册，有利于借贷双方关系的确立和终止，以免发生归还钱物后，因未销账而引起不必要的误会。

借贷手续也很简单。一般借贷稻谷在100斤以内或货币一元左右的，凭口说一声就算事。数目大些，债主怕借入人还不了时，如有田契（有段时间此地田地无契纸）即以田契作抵；没有田契要借入人家族中亲房两户作担保人。这种情况也不普遍。1925年以前，这里借贷不立字据，也不写账，双方记在心头，到期自动履行。数目大的，有时另找一两人在场，以为中证，也没有其他任何手段。几十年来从未有借入人赖债的事情发生（解放前夕张正刚被迫出走，是本寨唯一躲债的）。①

口头达成借贷的方式，在清水江流域民间是存在的。一般而言，借贷数

---

① 《民族问题五种丛书》贵州省编辑组、《中国少数民族社会历史调查资料丛刊》修订编辑委员会编：《苗族社会历史调查》（一），民族出版社2009年版，第62页。

目较小时，双方记在心里，到期借入人主动偿还。数目较大时，找一两人作为中证，即可以达成借贷。这是清水江流域借贷契约文书所没有的，但该流域的确存在。

（二）书面形式

书面形式指借贷双方需要订立契约，以确保所借贷的资金或实物能够如期收回，不致受损害。无论亲友，或者非亲非故者，皆须履行立契手续，这是清水江流域民间借贷的主流形态。

一般情况下，实物借贷和货币借贷都需要订立字约或书立条据，以作为偿还的凭据。契约开门见山，开头即书写"立借约人"某某、"立借字人"某某，如《欧才保借字（道光八年五月□日）》：

> 立借字人欧才保，为因缺少口粮无出，自己请中上门问到本寨鲁之汉名下，实借过本铜钱贰拾四千文整，亲手收回应用。其钱言定周年每千钱三分行息，不得短少。如有短少，□后子孙发达还清，不得异言。立此承（存）照为据。
>
> 凭中　朱家鋆
> 代笔　陈大法

道光捌年五月□日立借[①]

借铜币的契约，有时在开头写作"立借钱字人"某某，如《民国七年三月十六日姚老龙立借钱字》：

> 立借钱字人姚老龙，今因无钱用度，亲至（自）上门借到姚绍祥名下，承借青红钱五千文正（整），借日钱领清无欠。自借之后，其钱议定无利，限到十月相还不误。口说无凭，立借钱字为据。
>
> 凭中　　周四　洪炳敖

---

① 李斌主编，凯里学院、黎平县档案馆编：《贵州清水江文书·黎平文书》（第三辑），第54册，贵州民族出版社2020年版，第270页。

代笔　　姚祖贵

民国七年三月十六日　　姚老龙　　请立①

从数量上看，实物信用借贷契约份数（46）仅为银币和铜币等货币借贷契约（465）的9.89%，实物信用借贷可能不用立契的偏多。实物借贷一般写作"立借约字人"某某，在契约中在说明所借之物，亦有直接写作"立借谷字人"某某、"立借禾字人"某某者，如《吴文广借字（光绪六年十二月二十六日）》：

立借禾字人高长寨吴文广，为因口粮无出，今借到案洞寨吴士隆名下本禾贰佰捌拾伍斤，限在开年二月归还，不得有误。今欲有凭，所借字（是）实。外批：安庄壹仟文整，又猪肉三斤。

凭中　吴龙秀　吴明仁

光绪六年十二月廿六日　　亲笔　　立②

清水江流域信用借贷有代替他人借钱，仍然书写借主姓名，不书立代替人姓名，但必须在契约中注明借主与代替人。如《欧元坤借字（二）（民国三十五年六月初六日》）

立借字人岂埂寨欧元坤，为因上粮欵（款）子急迫碍不已，自己登门问到归公寨赢江辉名下，实借过小洋贰拾伍毫整，亲手急用。每乙百毫每年行息谷子捌拾斤，并不异言短少。立此□借实字为据。

外批：岂扒吴显仁替元坤借。

请笔　吴永文

民国叁伍年六月初六［日］　　立③

①　贵州省档案馆、黔东南州档案馆、岑巩县档案馆合编：《贵州清水江文书·岑巩卷》（第一辑），第2册，贵州人民出版社2019年版，第230页。

②　李斌主编，凯里学院、黎平县档案馆编：《贵州清水江文书·黎平文书》（第三辑），第58册，贵州民族出版社2020年版，第59页。

③　李斌主编，凯里学院、黎平县档案馆编：《贵州清水江文书·黎平文书》（第三辑），第54册，贵州民族出版社2020年版，第158页。

另有借钱时订立借券的情况，但极罕见。如《罗奉椿借券（民国十四年十二月初七日）》：

> 立借券亡迫寨罗奉椿，因需用银急，今凭中借到瑶光寨姜聘之范子珍二位名下大洋贰百陆拾陆元捌脚（角），聘之名下外借大洋壹百元整。其洋自借后，每月加三作息，其洋限至开春二月尾间，本利归清。恐口无凭，立此借券为实。

李济元

凭中

范承祚

民国十四年十二月初七日　亲笔①

书面形式确保了民间信用借贷钱与物能够按时偿还，不论任何人，包括亲朋好友、非亲非故，亦不论数额大小、所借贷的币种（银币、铜币）和实物，都应当以书立的字约为依据，避免了以后不必要的经济纠纷。这是该流域民间契约发达、长期诚信守约的原因使然。

五、借贷关系终止

信用借贷可分为有期限和无期两种情形。无限期的借贷，借入人可以随时还贷，若有期限约定，则须按期偿还所借的钱物。在借贷契约和字据规定期限内还清债务，标志着借贷关系的终止。这属于借入人履行约定之后的一种自然终止。通常的做法是借入人将契约、借据、字据等凭证交给出贷人，由出贷人在原契约上作批注，写明结清债务的字样，亦可订立一份收字或收据交给借入人收存。

---

① 李斌主编，凯里学院、黎平县档案馆编：《贵州清水江文书·黎平文书》（第二辑），第26册，贵州民族出版社2019年版，第242页。

（一）契中注明

在契约中注明"已结清""收清""还清""故纸""还清字退"等字样，表明信用借贷关系终止。这是表明借贷关系终止的常见方式之一。

在契约中作批注，未还清时，说明下欠多少，借贷关系尚未终止。还清了，则批注"已结清""收清"等字样，此时借贷关系终止。如嘉庆四年（1799）三月初二日杨通文借到杨老歌纹银3两，照月加三支付利息，无归还期限，"嘉庆五年二月初七日还本艮（银）三两，下欠利艮（银）元钱九"，[①]注明还了一部分。再如《范绍芬、绍粹、姜绍略借契》：

立借字人范绍芬、范绍粹、姜绍略，为因生理缺少银用，自己借到姜映辉本银三十两正（整）。其银照月加三行利，立借字是实。

笔　　绍师

嘉庆二十二年十一月十二日　立

廿三年十一月八日，收银八两三钱。廿四年十二月二十九日，收银九两。

元年九月九日，收四夥，记银十两四钱，二年八月廿日，收廿一两四钱，四人名下清。绍芬、□□。[②]

根据此契约，范绍芬等借姜映辉银30两，每两每月3%，利息共19.5两。"四人名下清"说明此笔借贷结清，借贷关系终止。光绪二十三年（1897）三月十九日石昌秀借到吴国翰铜币46000文，利率为每千周年加三分五，契内批注"此系二十年所借之项本利乙并算清"[③]。这表明本借贷关系已终止。民国

---

① 李斌主编，凯里学院、黎平县档案馆编：《贵州清水江文书·黎平文书》（第一辑），第19册，贵州民族出版社2017年版，第4页。

② 陈金全、杜万华主编：《贵州文斗寨苗族契约法律文书汇编——姜元泽家藏契约文书》，人民出版社2008年版，第161页。

③ 李斌主编，凯里学院、黎平县档案馆编：《贵州清水江文书·黎平文书》（第二辑），第43册，贵州民族出版社2019年版，第160页。

九年（1920）九月十八日"石梯荣借圣会□□□足文银 7.9 两"，契约中注明"凭劝中还清了"①，表明此次借贷关系已终止。

在原借贷契约中注明"故纸"字样，一般注明时间和批注者姓名，如《吴行万、吴大马、吴转千三人借字约（道光十一年正月二十二日）》契文中有"故纸"，另有批注时间为"（道光）十二年八月二十四日　吴士□"。②

民国时期亦有在契约中注明"还清"债务的方式。如民国十八年（1929）六月十九日石炳晶、石培德、石炳鉴等四人借到石炳金等铜币 3600 文，按每千文照月加三行息（月利率 3%），契约中后来注明"利还七封二百文"③ 字样，即本利为铜币 7200 文，该宗借贷结束。民国二十一年（1932）六月二十五日石炳晶借到石□熙铜币 22500 文，约定第二年五月还清，实际到民国二十五年（1936）才结清，"丙子年八月十九日又收元钱九封，典价续（赎）回清了"。④

这种方式方便可行，出贷人直接在原契约上标注即可，证明此宗借贷关系已终止。

（二）收清字与收条

在信用借贷中，贷出方（钱主）书立"收清字"或"收条"，这是表明借贷关系终止的常见方式之二。如《吴公龙收字（乾隆五十七年五月十四日）》所示：

> 立收字新尚吴公龙，为因先年山硐九龙寨吴万安、唐应、干传

---

① 李斌主编，凯里学院、黎平县档案馆编：《贵州清水江文书·黎平文书》（第一辑），第 14 册，贵州民族出版社 2017 年版，第 352 页。

② 李斌主编，凯里学院、黎平县档案馆编：《贵州清水江文书·黎平文书》（第二辑），第 39 册，贵州民族出版社 2019 年版，第 41 页。

③ 李斌主编，凯里学院、黎平县档案馆编：《贵州清水江文书·黎平文书》（第一辑），第 15 册，贵州民族出版社 2017 年版，第 14 页。

④ 李斌主编，凯里学院、黎平县档案馆编：《贵州清水江文书·黎平文书》（第一辑），第 15 册，贵州民族出版社 2017 年版，第 16 页。

三人共借十两整，三股同分。今万应、安唐、应还过二股，本银陆两六钱六厘，本利归清。公龙所收是实，下欠干传一股，该本银三两三钱三厘。原约为据，任从艮（银）主理落，不与万安、唐应相干。今恐无凭，立此收字为据。

凭中　吴简通

乾隆五十七年五月十四日　收①

《李含芳、鲁之泗收字（道光二十三年二月初三日）》："收到吴廷祥承项吴挽离所欠之账，今已本利一并收清，所收是实。"②《吴雀收字（同治七年九月十五日）》：

立收字人黎平城吴雀，今收到吴士高本利收清，分文无欠，未有文约退，日后查出，细（系）事（是）字故纸。所收之实。

代笔　吴文谟

同治七年九月十五日　立③

同治十二年（1873）九月二十四日杨德心、杨发心、杨家心兄弟的收字写出缘由："为因父廷瑄放禾谷钱伸算拾贰秤与林廷德，今廷瑄子弟兄三人向廷德二子松顶、光彩本利收清，并无□欠，所收是实。余有老约一纸未退，后寻出系是故纸。"④ 光绪十二年（1886）四月十六日李如楷收到"吴士琟、文昌会已耿借项铜钱伍千伍佰文，凭中□已收清"。⑤ 光绪十五年（1889）四月十九日林秀枝收到"已转寨吴顺鸿、吴顺和之名下所借之钞，本利一并清，

———————

① 李斌主编，凯里学院、黎平县档案馆编：《贵州清水江文书·黎平文书》（第二辑），第38册，贵州民族出版社2019年版，第27页。

② 李斌主编，凯里学院、黎平县档案馆编：《贵州清水江文书·黎平文书》（第二辑），第46册，贵州民族出版社2019年版，第345页。

③ 李斌主编，凯里学院、黎平县档案馆编：《贵州清水江文书·黎平文书》（第二辑），第41册，贵州民族出版社2019年版，第25页。

④ 李斌主编，凯里学院、黎平县档案馆编：《贵州清水江文书·黎平文书》（第二辑），第47册，贵州民族出版社2019年版，第255页。

⑤ 李斌主编，凯里学院、黎平县档案馆编：《贵州清水江文书·黎平文书》（第二辑），第46册，贵州民族出版社2019年版，第209页。

分文无欠",① 等等。

　　收清字表明借入人所借之钱或实物已经偿还清楚。与收清字不同, 收字并不意味着债务已全部收清, 而只收了其中一部分, 并注明下欠多少。出贷人不嫌麻烦, 常书立收字。如《蒋恒丰收字（咸丰四年九月十二日）》:

　　　　立收字人蒋恒丰, 今收到林有河本利禾七十五斤, 除收, 下欠
　　本利谷乙百○五斤, 限至咸丰五年秋收归清退约。所收是寔（实）。

　　　　　　　　　　凭中　吴绍鱼　　□□□

　　咸丰四年 九 月十二日　亲笔立②

　　蒋恒丰收了一部分利息, 剩余部分一般注明归还期限。又如《梁泽霖收条（光绪二十一年四月初六日）》:"今收到控硐林秀菁之本钱叁仟壹百乙十文, 余者限于本月望□之内清交, 两不失信。"③

　　收清字中有时也注明原借贷契约失落未退, 若以后找到, 作为废契处理。如光绪三十一年（1905）三月二十六日陆文标、陆朝享收到石玉琨先年所借之钱, 本利收清,"其有借字一纸失落未退, 日后清出, 系 是故 纸"。④

　　民国时期"收字"有时写作"收条", 如《吴承宗收条（民国二十五年闰三月二十三日）》:

　　　　兹收到控洞寨林绍华还来先年得借有吴铭山之数目伍两, 共折
　　合小洋柒拾毫, 于去岁由名山出□于余往□。现绍华将银携来续
　　（赎）, 借字即时尚未寻获, 将此收条为凭, 日后查出此借字一纸,
　　着（作）为无用。此据。

---

　　①　李斌主编, 凯里学院、黎平县档案馆编:《贵州清水江文书·黎平文书》（第二辑）, 第47册, 贵州民族出版社2019年版, 第300页。
　　②　李斌主编, 凯里学院、黎平县档案馆编:《贵州清水江文书·黎平文书》（第二辑）, 第47册, 贵州民族出版社2019年版, 第217页。
　　③　李斌主编, 凯里学院、黎平县档案馆编:《贵州清水江文书·黎平文书》（第二辑）, 第47册, 贵州民族出版社2019年版, 第314页。
　　④　李斌主编, 凯里学院、黎平县档案馆编:《贵州清水江文书·黎平文书》（第二辑）, 第47册, 贵州民族出版社2019年版, 第334页。

民国廿五年又三月廿三日　吴承宗收条①

再如《杨正隆收条（民国二十九年四月十五日）》：

今收到控硐杨正隆还小洋银贰两。前借欧学才□□今归还，交

与欧馁康收清，分交无欠。其有字据登部（簿）未□。倘□□出字

据登部（簿），着（作）为无用也。立此收字为据。②

以上契约文书表明，清水江流域苗、侗族乡民在涉及经济事务的具体内容时，对于收字、收清字、收条的使用十分审慎、准确，旨在通过立字据的方式，避免以后不必要的误会，杜绝可能产生的经济纠纷。

（三）吐退字

在信用借贷中，出贷人（钱主）书立"吐退字"，说明所借之钱物已偿还清楚。所借之钱物还清后，如果原订立的借贷契约或字据遗失，未能找出，出贷人则注明旧契约或字据日后寻出，只作故纸处理，即作废，不再具有任何效力。借入人与出贷人订立吐退字，证明所借贷债务已经结清，借贷关系已经终止，这种做法旨在杜绝不必要的纠纷。文书中写作"如果寻出，是为故纸"等字样。如《一九五〇年二月十九日蒋泰顺吐退字》：

立土（吐）退字人蒋泰顺，先有借条字约拨谷，借条谷子拾石，

蒋泰富还清，日后执出拨条，子孙永远故纸无用。今欲有［有］凭，

立土退实为据。……③

蒋泰顺在吐退字中说明，所借谷子 10 石本利已收清，原有借条若找出，永远是故纸无用。从这里可知，清水江流域吐退字的重要作用在于说明钱物已经还清，原借据或契约一时未能找出，倘若以后找出，一定是故纸无用，

---

① 李斌主编，凯里学院、黎平县档案馆编：《贵州清水江文书·黎平文书》（第二辑），第 47 册，贵州民族出版社 2019 年版，第 416 页。

② 李斌主编，凯里学院、黎平县档案馆编：《贵州清水江文书·黎平文书》（第二辑），第 46 册，贵州民族出版社 2019 年版，第 180 页。

③ 张新民主编：《天柱文书》（第一辑），第 8 册，江苏人民出版社 2014 年版，第 150 页。

不可能再作为债务的依据，其宗旨在于杜绝债务纠纷。

有时收字亦说明原有老约未退，以后找出是故纸无用，意在杜绝纠纷。如《杨德心、杨发心、杨家心兄弟三人收字（同治十二年九月二十四日）》：

> 立收字人杨德心、杨发心、杨家心兄弟三人，为因父廷瑄放禾
> 谷钱伸算拾贰秤与林廷德，今廷瑄子弟兄三人向廷德二子松顶、光
> 彩本利收清，并无□欠，所收是实。余有老约一纸未退，后寻出系
> 是故纸。
>
> 　　　　　　　　　　　　　凭　中　杨文华
> 　　　　　　　　　　　　请代笔　吴廷璜

同治拾贰年九月廿四日　立收①

杨德心兄弟三人之父亲放贷禾谷与杨廷德，现已收清杨廷德子杨松顶、杨光彩的禾谷本利，并说明老约一纸未退还，以后寻出作为故纸，以免纷争。

由上述例证可知，吐退字约亦是表明借贷关系终止的又一方式。

（四）借断约

出贷人将借约中的标的物议作断价偿清债务，从而终止借贷关系，由此订立的契约称为借断约。不过这种结束借贷交易的契约，常在原借约之中另订立断卖契约。如《吴华顶借约（嘉庆十五年二月二十五日）》《吴华顶断卖田约（嘉庆十六年二月十九日）》两份契约在同一份契纸内：

> 立借约人本寨吴华顶，今为因家下缺少银用无出，自己问到吴
> 今恶（屋）名下，实借过艮（银）十两整，亲手收回应用。其言定
> 每两每月加二行利，日后不得分厘短少。如有短少，自愿将得乙田
> 六把当。若后不得，恁从艮（银）主耕种管业。立此借约存照。
>
> 　　　　　　　　　　　　　　代笔　吴根千

---

① 李斌主编，凯里学院、黎平县档案馆编：《贵州清水江文书·黎平文书》（第二辑），第47
册，贵州民族出版社2019年版，第255页。

　　　　立断卖田约人吴华顶，为因先年所借纹银，自己愿将祖父 手 下

田，并无钱粮在内，出断卖与吴今屋名下，实受断本利。面算利纹

银贰两，情量艮（银）八钱，归清。立此断约为据。

　　　　嘉庆十六年二月廿九日　立断

　　　　嘉庆十五年六月二十五日　立①

　　吴华顶于嘉庆十五年（1810）二月二十五日借到吴今屋银 10 两，到十六

年（1811）二月廿九日将祖遗田断卖与吴今屋，抵扣本利。契约显示，当天

吴华顶所借吴今屋银 10 两，又立有断卖约，用其祖父手下 6 把之田，三股均

分，出卖二股，在中人见证下断卖与吴今屋，偿清所借纹银本利。② 推测，可

能是吴华项将两处产业断卖，才抵扣完毕所借银 10 两的本利。

　　这是在借约的基础上，无力偿还所借贷的钱米时，断卖财产以偿清所借

债务的一种方式。换言之，借入人通过断卖土地等财产，从而终止了借贷。

　　从前面的例子可知，书立借断字约是借贷双方关系终止的补充方式。

　　此外，有必要指出，订立借约并在契文中约定用产业作当的借字，整体

上看属于借约，有的称为借当字，归入信用借贷。这类与纯粹的当约不同，

一是契文开头说明是借约，"立借约字人某某"，中间有"实借过"银、钱、

粮食多少。二是约定有利息和归还期限。三是借入人违约，不能偿清债务的

前提下，出贷人才将某标的物作当管业。关键的第三点是借贷偿还的保证，

这与当契具有本质的区别。站在出贷人的角度看，所借出之账务有收回的保

障，并且标的物权仍在借入人手中，物权未发生改变。由此可以推论，在借

典字、借当字和借当约中，皆须在借入人违约之后，标的物的物权才让渡给

出贷人；若已偿清债务，标的物无任何变化。基于此，本书将借当约、借当

----

　　① 李斌主编，凯里学院、黎平县档案馆编：《贵州清水江文书·黎平文书》（第二辑），第 38
册，贵州民族出版社 2019 年版，第 121 页。

　　② 李斌主编，凯里学院、黎平县档案馆编：《贵州清水江文书·黎平文书》（第二辑），第 38
册，贵州民族出版社 2019 年版，第 129 页。

字、借典字、欠限字均归入信用借贷，其根本理由是标的物的物权没有发生转移。

借当约在书写上，仍是借字，但其内容涉及当，故用借当约，它是借约（借字）的特殊形式。这种契约在清水江流域有一定的数量。采用借字形式，如果到期未赎转，将所当之业按当契管业，这是一种借约，只是拟用田产作当，与直接将田产当于钱主获得多少资金有不同之处。一是形式上是借字，二是在不违约的前提下，只归还所借之钱或物（粮食）。按当契管业，是一种可能性，是承诺，不是必然性，并不存在所当的标的物物权发生暂时转移，而在当契中，标的物已经暂时转入出贷人手中。如《石礼和借字（咸丰八年十二月二十三日）》：

> 立借字约人上寨石礼和，为因缺少用费，自愿将祖业地名登教田一丘，载禾三十把，出当与下寨石起彩、学仁二人名下，实借禾二千五百斤，亲手收回。当面凭　中议定不拘远近价到归赎，不得有误。如有误者，恁凭禾主照当管业，所借是实。
>
> 凭中　　石含金
>
> 亲笔
>
> 咸丰捌年十二月二十三日　立①

另一个重要理由是，典与当约，出典人或出当人一般在契约中书明典当期限和回赎条件，若无，仍将这类借当约、借典约归入信用借贷。把握这两个原则，即物权是否让渡、是否有典当期限和回赎条件，是区别信用借贷与典当的关键。

---

① 李斌主编，凯里学院、黎平县档案馆编：《贵州清水江文书·黎平文书》（第二辑），第34册，贵州民族出版社2019年版，第113页。

第三章 清水江流域民间抵押借贷

一、抵押借贷概况

（一）抵押借贷契约文书分布

1. 清代

就目前所见文书可知，清代清水江流域的民间抵押借贷分布在锦屏、天柱、黎平、剑河、三穗、岑巩等县，其中锦屏 15 份，天柱 14 份，黎平 294 份，剑河 14 份，三穗 13 份，岑巩 7 份，共 357 份（见表 3-1）。

表 3-1　清代清水江流域抵押借贷汇总表

单位：份

时段/县	锦屏	天柱	黎平	剑河	三穗	岑巩	合计
乾隆	1		2				3
嘉庆		1	11	1	1		14
道光	3	1	62	5			71
咸丰	1	1	25	1			28
同治	1	3	43			1	48
光绪	7	7	135	7	5	5	166
宣统	2	1	16		6	2	27
合计	15	14	294	14	13	7	357

由表 3-1 可知，清代清水江流域抵押借贷，最多在光绪年间，166 份，占 46.5%，其次是道光年间，71 份，占 19.89%，同治年间 48 份，占 13.45%。从各县看，黎平 294 份，占 82.35%，超过八成。锦屏、天柱和剑河各 14 份，分别占 3.92%。从时间上说，清代清水江流域抵押契约主要集中在光绪和道光年间，从地域上说，主要集中在黎平县，其余各县数量较小。大体可以推断，清代清水江流域民间抵押借贷主要集中在黎平，其次是锦屏和天柱，三穗、剑河、岑巩等县有少量分布。

2. 民国

根据契约文书可知，民国清水江流域的民间抵押借贷分布在锦屏、天柱、黎平、剑河、三穗、岑巩等县，其中锦屏 57 份，天柱 70 份，黎平 342 份，剑河 8 份，三穗 42 份，岑巩 39 份，共 558 份，黎平占 61.29%。该流域民国元年至十七年有 267 份，民国十八至三十四年有 191 份，民国三十五至三十八年有 59 份，时间不详者 41 份（见表 3-2）。

表 3-2　民国清水江流域抵押借贷汇总表

单位：份

时段/县	锦屏	天柱	黎平	剑河	三穗	岑巩	合计
1—17 年	23	22	170	5	18	24	267
18—34 年	13	45	109	1	17	6	191
35—38 年	3	2	39	2	4	9	59
时间不详	13	1	24		3		41
合计	57	70	342	8	42	39	558

清代至民国合计 915 份抵押借贷契约，若按契约文书总量为 20 万份估计，占 0.46%。时间未详的 24 份置于民国栏目之后。另外，黎平新中国 1 份、岑巩县新中国时期有 3 份未纳入此表统计。锦屏 72 份，天柱 84 份，黎平 636

份，剑河 22 份，三穗 55 份，岑巩 46 份，共 915 份，其中黎平县最多，占
69.51%，约七成。剑河县最少，仅 22 份，点 2.46%（见表 3-3）。

表 3-3　清至民国清水江流域抵押借贷汇总表

单位：份

时段/县	锦屏	天柱	黎平	剑河	三穗	岑巩	合计
清代	15	14	294	14	13	7	357
民国	57	70	342	8	42	39	558
合计	72	84	636	22	55	46	915

（二）抵押借贷类型

清水江流域抵押借贷的类型分为实物抵押借贷和货币借贷两种，其中实
物借贷主要是粮食，货币借贷主要涉及银币和铜币。

1. 实物抵押借贷

（1）清代

清代清水江流域实物抵押借贷选择的实物主要是粮食，包括禾、谷、米，
另有茶油，其中茶油 1 份，谷 20 份，禾 6 份，米 1 份，共 28 份。谷（子）占
71.43%。禾谷共占 92.86%，超过九成。禾、谷、米共 27 份，占 96.43%，这
表明清水江流域清代抵押实物借贷所涉及的实物主要是禾谷、米，即以粮食
为抵押借贷的主要方面，另有经济作物茶油等。

从分布上看，锦屏县 2 份，天柱县 2 份，黎平县 20 份，剑河县 3 份，三
穗县 1 份，黎平县占 71.43%。这说明实物借贷主要分布在黎平县，其余诸县
亦有一定数量。

从数量上看，抵押借贷中所借实物最多一宗 2500 斤，最少一宗 25 斤
（1 大斗按 15 斤计算），谷 3972 斤，米 2500 斤，禾 2150 斤，粮食共计 8622
斤，不足 100 斤有 4 宗，100 余斤 8 宗，300 斤以上 8 宗，粮食平均每份

319.33 斤，200 斤以内 16 宗，占 57.14%。加上茶油，200 斤以内占 60.71%，这说明该流域的实物抵押借贷中，小数额借贷占多数，以 200 斤以内为主（见表 3-4）。

表 3-4　清代清水江流域抵押借贷实物表

借入人	出贷人	时间	抵押物数量	实物数量	出处
姜开良兄弟	袁有华父子	咸丰元年正月二十日	祖业油榨房 1 座并屋基屋地	茶油 80 斤	《清水江文书》一/11/169
姜金培	姜兆相等	宣统二年七月十一日	田 1 丘，约谷 1 石	谷 100 斤	《清水江文书》三/6/485
杨品刚	蒋在学	咸丰十一年十二月十九日	猪、牛	谷子 1.2 石	《天柱文书》一/7/230
杨昌立	蒋在学	同治三年一月十六日	小田 1 丘，坎上油村 1 副	谷 2 大斗	《天柱文书》一/7/245
嬴总发	嬴士彦	道光二十六年正月二十七日	大杉树 1 份	禾 170 斤	《黎平文书》52/254
林廷德	蒋文盛	道光二十六年十二月十八日	黄牛	谷子 60 斤	《黎平文书》47/206
林廷德	毛旭公	道光二十七年六月初四日	黄牛 1 只	谷 240 斤	《黎平文书》47/207
林廷渭	吴士道	咸丰元年正月二十八日	田 1 股	谷子 60 斤	《黎平文书》47/213
石习祖	徐显宗	咸丰三年五月二十六日	田 1 丘禾 12 把	禾 540 斤	《黎平文书》22/10/36
石礼贵	石文星石学忠	咸丰七年六月二十三日	田 1 丘	禾 700 斤	《黎平文书》34/111/
石礼和	石起彩石学仁	咸丰八年十二月二十三日	秧田 1 丘-	米 2500 斤	《黎平文书》34/113
石三名石金祥	朱吉瑞	同治元年四月二十八日	田 1 丘计禾 12 把	禾 440 斤	《黎平文书》/22/10/50
石国忠	石光先	同治七年二月二十八日	田 1 丘，禾 30 花壹半	禾 200 斤	《黎平文书》5/227
石应连	石国士	光绪九年七月	秧田 1 丘	谷 100 斤	《黎平文书》34/154

续表

借入人	出贷人	时间	抵押物数量	实物数量	出处
石□果	石国士	光绪九年十二月十二日	秧田1丘	谷250斤	《黎平文书》34/146
杨成道	吴国久吴国滨	光绪十二年四月二十一日	田1井作抵	谷400斤	《黎平文书》55/82
杨昌德	石华彩杨盛世	光绪十九年四月十三日	河木1单计数60珠	谷150斤	《黎平文书》1/134
吴国文	吴国滨	光绪十九年二月二十日	田1丘	谷子200斤	《黎平文书》55/96
石安泽	石安义石国华	光绪二十一年十二月初十日	田11把（1.15亩）	谷160斤	《黎平文书》34/172
杨作铭	吴家兴	光绪二十四年二月初一日	田1丘	禾谷100斤	《黎平文书》46/117
杨通才	石福生	光绪二十八年六月初十日	豆田1丘	谷430斤	《黎平文书》34/215
□□祥	吴□□	光绪二十九年六月□日	田1丘，约禾8把	谷500斤	《黎平文书》43/170
石玉照	石庆熙	光绪三十二年二月十四日	地基1幅3间	谷子100斤	《黎平文书》14/334
吴凤贤	吴佩智等五人	宣统三年六月初四日	房屋地基	谷子160斤	《黎平文书》42/370
龙作海	龙仁寿	光绪二十六年三月二十三日	茶油山地土1块	谷1.8石	《剑河卷》一/5/299
周老岩	龙祖长	光绪二十九年三月初一日	园1团	谷4斗	《剑河卷》一/5/303
谢三凤	谢老林等	光绪三十二年二月初八日	田1丘，计禾花4担	谷217斤	《剑河卷》一/1/219
罗克聪	刘应田	光绪二十二年十二月二十七日	山土1幅	谷6箩	《三穗卷》二/6/112

（2）民国

民国时期清水江流域实物抵押借贷主要是粮食，且以禾谷为特征。

其一，抵押借贷中，实物是禾谷，其中禾（7份）、谷（33份）、禾谷（2份）等全是粮食，共42份，禾占21.43%，谷占78.57%，近八成是谷。这说明该流域民国时期实物抵押借贷所涉及的实物主要是禾谷，谷的比例近八成，则谷成为该流域实物借贷的主体（见表3-5）。

其二，实物抵押借贷中，锦屏县9份，天柱5份，黎平19份，剑河3份，岑巩6份。这些数据表明，该流域民国实物抵押借贷主要分布在黎平、锦屏、天柱、岑巩、剑河等县（见表3-5）。

其三，从抵押借贷中所借实物数量来看，最多11份为1160斤，最少1份15斤，总计8372斤。不足100斤有11宗，100至200斤（不含200）15宗，200斤至300斤6宗，300斤以上10宗，平均每份199.33斤，200斤以下26宗，占61.9%。这表明禾谷作为实物借贷的主体，在数量上，六成以上不足200斤。民国时期清水江流域实物抵押借贷以谷为主，兼有禾，单笔小额占多数，大额（500斤以上）极少（见表3-5）。

表 3-5 民国清水江流域抵押借贷实物表

借入人	贷出人	时间	抵押物数量	实物数量	出处
龙贵礼	吴成章	时间不详（残）	杉木1块	谷135斤	《清水江文书》三/1/282
姜显贵	姜纯义	民国二年六月二十七日	田大小2丘	谷454斤	《清水江文书》一/9/306
姜绍学等	姜学正等	民国四年一月十六日	田1丘谷8担	谷200斤	《清水江文书》二/1/378
姜三志弟兄	姜老启	民国九年十二月十三日	菜园1块	谷100斤	《清水江文书》一/5/97
姜发保	姜老启	民国九年十二月十三日	菜园1块	谷100斤	《清水江文书》一/5/98
姜必达	姜景恩等	民国十三年二月十八日	田1丘	谷87斤	《清水江文书》二/1/403
姜锡珠	姜锡瑞	民国二十八年六月十四日	地基1间	谷250斤	《清水江文书》一/9/460
姜秉魁	陆志海	民国三十八年五月二十五日	田2丘	谷300斤	《清水江文书》一/8/161
姜秉魁	陆志海	民国三十八年七月初八日	田1丘	谷300斤	《清水江文书》一/8/162

续表

借入人	贷出人	时间	抵押物数量	实物数量	出处
蒋正春	杨宗堂	民国八年四月十日	田	谷子5硕	《天柱文书》一/6/32
刘泽欢	刘新鸾	民国十七年五月二十日	田	谷3挑	《天柱文书》一/14/53
伍咏卓	龚秀桃	民国二十五年四月八日	田1丘	谷3.5挑	《天柱文书》一/20/336
姚俊贤	王老川	民国三十四年二月二十五日	屋基1坪	谷1挑	《天柱文书》一/21/32
刘宜盛	黄昭汉	民国三十七年三月八日	田	谷11.6石	《天柱文书》一/9/32
杨顺庆	杨起栋	民国元年六月十三日	猪1只	禾100斤	《黎平文书》1/164
石化清	石朝运	民国三年四月十三日	猪1只	谷100斤	《黎平文书》4/138
石德基	石朝远 石朝运	民国三年十二月十二日	猪1只	禾100斤	《黎平文书》4/146
吴显辉	杨士财	民国四年四月十七日	田1丘禾3把	禾谷50斤	《黎平文书》50/80
石廷熙	石朝礼 石朝运	民国六年三月初七日	猪1只	谷子200斤	《黎平文书》4/171
石玉书	石叶英	民国七年二月十六日	田1丘禾4把	禾100斤	《黎平文书》31/258
	石灿珏	民国七年三月初一日	杉山1块	谷400斤	《黎平文书》14/348
吴德忠	杨作标	民国八年□月十五日	田1丘禾3把	禾谷56斤	《黎平文书》50/84
石才元	石才荣	民国九年六月十七日	田2丘一半	谷子100斤	《黎平文书》56/23
石廷辉	石朝礼 石朝运	民国十年四月初八日	猪1只	禾80斤	《黎平文书》4/213
吴显辉	杨士和	民国十年六月二十一日	田1丘	谷290斤	《黎平文书》48/50
潘家林	吴国用	民国十二年五月十四日	牛1头	谷80斤	《黎平文书》44/53
徐思远	奶卯花	民国十四年十二月廿七日	牯子牛1只	禾60斤	《黎平文书》7/276

续表

借入人	贷出人	时间	抵押物数量	实物数量	出处
石荣芳	石线勤	民国十九年三月二十日	猪1只	禾100斤	《黎平文书》10/314
石永坤	嬴文章	民国十九年二月十七日	田1丘	谷100斤	《黎平文书》53/255
嬴凤标	嬴永科等	民国二十七年十月十六日	田1丘	谷150升	《黎平文书》52/376
罗世彦	罗世昌	民国三十二年九月廿四日	小鱼塘1口	谷450斤	《黎平文书》16/315
石伻宏	石文举	民国三十七年十一月二十五日	房屋地基	禾250斤	《黎平文书》32/218
石三林	石奶妹	抵借字（时间不详）	田1丘16把，分一半作抵	谷200斤	《黎平文书》5/396
吴老今	吴应升	民国十年三月二十一日	屋地基1间	谷8斗	《剑河卷》一/5/85
吴超贵	吴文贤	民国二十一年三月十五日	猪1只，1边	谷9斗	《剑河卷》一/5/98
吴文有	吴文贤	民国三十一年十月三日	牛2脚	谷1石	《剑河卷》一/5/113
李永发	刘应坤	民国五年三月二十日	田1丘	谷1石	《岑巩卷》一/3/198
李什顺	刘应坤	民国五年三月二十日	田土	谷1石5斗	《岑巩卷》一/3/240
尚恩祥弟兄	杨昌泽	民国三十年一月十六日	田土山场2股	谷2老石	《岑巩卷》一/2/182
刘得刚	刘世榜	民国三十八年七月五日	田	谷4老斗	《岑巩卷》一/1/61
张开宗	吴老海	民国三十八年一月二十八日	田2丘	谷1老硕大有乡之斗	《岑巩卷》一/4/280
张开运	吴老海	民国三十八年三月十六日	田1丘	谷，大有场老斗4老石	《岑巩卷》一/4/281

　　说明：新中国有5份。一九四九年十一月初二日，姜秉魁用田1丘作抵押，借到林昌和谷500斤（《清水江文书》（第一辑），第7册，第127页）。一九五〇年四月十八日，龙安麒用田2丘作抵押，借到龙华炘谷800斤（《清水江文书》（第三辑），第3册，第146页）。一九四九年古历八月二十六日，杨德森用己分土作抵押，借到杨金发猪肉350斤；一九四九年九月二日，杨德森用水田作抵押，借到杨金发谷32石（《天柱文书》（第一

辑），第3册，第83—84页）。一九五〇年九月四日，杨先培用油山作抵押，借到黄昭汉谷2100斤（《天柱文书》（第一辑），第9册，第33页）。民国五年（1916）三月二十日，李永发以田1丘作抵，借到刘应坤谷1石；民国五年（1916）三月二十日，李什顺用田土作抵，借刘应坤谷1石5斗（《贵州清水江文书·岑巩卷》（第一辑），第3册，第198、240页）。因有折银，此处暂统计。在汇总表中，均不累计。

2. 货币抵押借贷

（1）清代抵押借贷折银

整体而言，清代清水江流域抵押借贷的货币主要是银两，其次是铜币。道光以降，铜币的使用逐渐增多，道光年间借贷契约中，铜币作为货币的契约份数超过银两。该流域锦屏、天柱、黎平、剑河、三穗、岑巩等县的民间货币抵押借贷折成银两如表3-6。

表3-6　清代清水江流域抵押借贷货币折银表

县 时段	锦屏 份数	锦屏 折银（两）	天柱 份数	天柱 折银（两）	黎平 份数	黎平 折银（两）	剑河 份数	剑河 折银（两）	三穗 份数	三穗 折银（两）	岑巩 份数	岑巩 折银（两）
乾隆	1	5			2	2.6						
嘉庆			1	122	11	225.2	1	12	1	4.88		
道光	3	47.04	1	4.3	58	632.37	5	33				
咸丰					19	137.04	1	0.5				
同治	1	5	2	4.5	40	106.77			1	2.33		
光绪	7	71.01	7	141.3	122	1269.44	4	24.38	4	20.6	5	28.07
宣统	2	6.83	1	5.33	15	119.89			6	63.33	2	33.33
合计	14	134.88	12	277.43	267	2493.3	11	69.88	12	91.14	7	61.4

说明：黎平县7份信息不全，未计入。三穗县光绪1份无载。

由表3-6可知，清代清水江流域货币抵押借贷有以下几个特点：

其一是各县的平均每份折银量差异较大。锦屏县14份信用借贷契约，折银134.88两，平均每份9.63两。天柱县12份，折银277.43两，平均每份

23. 12 两。黎平县 267 份，折银 2493.3 两，平均每份 9. 34 两。剑河县 11 份，折银 69. 88 两，平均每份 6. 35 两。三穗县 12 份，折银 91. 14 两，平均每份 7. 6 两。岑巩县 7 份，折银 61. 4 两，平均每份 8. 77 两。总计 323 份，共折银 3128. 03 两，平均每份 9. 68 两。比同时期信用借贷平均每份 16. 66 两低 6. 98 两，其中以天柱县平均单笔折银最高，达 23. 12 两。剑河县最低，平均每份 6. 35 两。

其二是时段上主要集中在光绪、道光年间。光绪年间共 149 份，占 46. 13%，接近一半。道光年间 67 份，点 20. 74%。黎平县集中在光绪和道光两个时期，分别为 122 份和 58 份，占总数的 55. 73%。

其三是清代该流域抵押借贷折银 3000 余两，可以估算，这 323 份相当于实际交易的 1%，则全部抵押借贷所借之货币折银 30 余万两。从乾隆元年至宣统三年共 176 年，平均每年抵押借贷货币折银超过 1700 两，比同期信用借贷的 3000 多两少四成多。

（2）清代抵押借贷货币

在清代清水江流域货币抵押借贷中，所涉及的货币有两个主要特点（见表 3-7）。

一是借贷的货币主要是铜币和银币。在 323 份中，银两和银毫共 129 份，铜币（铜圆、青红钱等）194 份。铜币占 60. 06%，银币占 39. 94%。这说明该流域清代抵押借贷货币中，铜币的比例大，达六成以上，银币不足四成。

其二，以时段论，乾嘉时期，借贷货币全部为银两。道光年间铜币开始进入借贷领域并逐渐增多，达到 44. 78%。咸丰年间铜币作为借贷的主要货币，比例超过七成，此后省外银币流入该流域，呈现多种银币流通的态势，如光绪年间有宝纹银、纹银、新宝银等，但是铜币的流通量仍然很大，铜币包括制钱、铜圆、青红钱等。此期间共计货币抵押借贷契约 149 份，银作为货币共 55 份，铜币作为货币达 94 份，占光绪年间货币抵押借贷总量的 63. 09%，且这种态势保持到宣统年间。宣统年间共 26 份货币抵押借贷契约，其中，钱

16 份，银 10 份，钱占 61.54%。

总之，该流域道光年间铜币在抵押借贷中所占的比例逐渐上升，咸丰年间最高，超过七成，以后仍保持超过银币使用率的态势，一直到清朝末期。铜币和银两始终是清水江流域抵押借贷中所使用的主要货币。

表 3-7　清代清水江流域抵押借贷货币表

单位：份

类型	县	锦屏	天柱	黎平	剑河	三穗	岑巩	合计
乾隆	银两	1		2				3
嘉庆	银两		1	11	1	1		14
道光	银两	3	1	28	5			37
	铜币			30				30
咸丰	银两			5				5
	铜币			14	1			15
同治	银两	1		5				6
	铜币		2	35		1		38
光绪	银两	7	3	43	2			55
	铜币		4	79	2	4	5	94
宣统	银两	1	1	7				9
	铜币	1		7		6	2	16
	毫银			1				1
小计	银两	13	6	101	8			128
	铜币	1	6	165	3	12	7	194
	毫银			1				1
合计		14	12	267	11	12	7	14	323

说明：黎平道光年间有色银 4 份，元银 3 份，咸丰有纹银 4 份，元银 1 份，光绪有宝纹银 4 份，纹银 23 份，新宝银 5 份，宣统单毫银 1 份。三穗同治、光绪各有青红钱 1 份和 3 份。岑巩光绪青红钱 3 份，宣统青红钱 1 份。

（3）民国抵押借贷折银

民国时期清水江流域抵押借贷有以下几个特点：

其一，各县的平均每份折银量差异较大。锦屏县 48 份信用借贷契约，折银 671.25 两，平均每份 13.87 两。天柱县 65 份，折银 1272.72 两，平均每份 19.57 两。黎平县 320 份，折银 4804.67 两，平均每份 15.01 两。剑河县 6 份，折银 104.48 两，平均每份 17.41 两。三穗县 42 份，折银 619.19 两，平均每份 14.76 两。岑巩县 34 份，折银 576.29 两，平均每份 16.95 两。总计 515 份，共折银 8048.6 两，平均每份 15.63 两。其中以天柱县平均单份折银最高，达 19.57 两。锦屏县最低，平均每份 13.87 两（见表 3-8）。

其二，时段上集中在民国元年至十七年，计 244 份，占 47.38%，将近一半的抵押借贷在此时间段。民国十八至三十四年次之，为 184 份，占 35.73%。抵押借贷契约文书多的黎平和天柱县，文书呈现的时段不同。天柱县民国十八至三十四年最多，有 43 份。黎平县在民国元年至十七年最多，有 156 份。岑巩、锦屏也以第一时段抵押借贷最多（见表 3-8）。

其三，估算。该流域平均每份所借贷的银大约 15.63 两，比清代 9.13 两高 6.5 两，原因可能是抵押借贷交易量大，而时间仅 38 年。相对而言，自乾隆到清末有 176 年。515 份抵押借贷折银 8048.6 两，若此数量相当于实际交易量 1%，那么民国时期该流域抵押借贷折银可逾 80 多万两，平均每年超过 2.1 万两。

表 3-8　民国清水江流域抵押借贷货币折银表

时段 \ 县	锦屏		天柱		黎平		剑河		三穗		岑巩	
	份数	折银（两）	份数	折银（两）	份数	折银（两）	份数	折银（两）	份数	折银（两）	份数	折银（两）
1—17 年	23	183.65	20	1191.77	156	1782.62	5	79.48	18	203.38	22	483.58
18—34 年	12	449.7	43	1066.94	105	1943.39	1	25	17	310.11	6	54.19

续表

时段\县	锦屏		天柱		黎平		剑河		三穗		岑巩	
	份数	折银（两）	份数	折银（两）	份数	折银（两）	份数	折银（两）	份数	折银（两）	份数	折银（两）
35—38年	1	17.74	1	1.08	38	535.55			4	81.41	6	38.52
时间未详	12	21.16	1	12.93	21	551.38			3	24.29		
合计	48	671.25	65	1272.72	320	4804.67	6	104.48	42	619.19	34	576.29

说明：锦屏县抵押借贷货币折银共61份，加上11份实物抵押借贷，共计72份。天柱县抵押借贷货币折银共77份，加上7份实物抵押，共计84份。黎平3份信息不全，未计入。岑巩县新中国3份，折银268.75两，未计入。

(4) 民国抵押借贷货币

民国时期抵押借贷所使用的货币，主要有银币（银两、银圆、小洋银）、铜币（铜圆、制钱、青红钱）、法币等三种类型。通过数据可知其特点。

其一，借贷的货币主要是金属货币银和铜币。银币有三种，即银两（包括纹银、宝银、足银、老宝银、银圆宝等）、银圆（大洋）和毫银（小洋银）。其次是铜币，包括铜圆、制钱和青红钱。另有法币（钞洋），但以银币为主。在515份抵押借贷契约中，借贷银币（银两、银圆和毫银）共285份，占55.34%。铜币197份，占38.25%。这说明该流域民国时期抵押借贷货币种类虽多，但以银为主，接近六成，铜币不足四成。银和铜币仍然是民间抵押借贷的主要货币，亦是主要的流通货币（见表3-9）。

其二，以时段论，民国元年至十七年民间抵押借贷货币种类有银两（纹银、老宝银、银圆宝、宝纹银）、银圆（大洋、洋银、银洋、光洋、花钱）、毫银（小洋银）、铜币（铜圆、制钱）、元钞等。尽管名称杂乱，实际上是五种。民国十八至三十四年、民国三十五至三十八年，民间抵押借贷货币主要有银币（银两、银圆、毫银）、铜币和法币。

其三，以地域论，黎平县抵押借贷交易数最多，达320份，占62.14%，超过六成。

其四，以银币论，传统银两借贷共145份，借银圆达到72份，借贷毫银

68份，说明民国政府的废两改元制度收到一定效果，但不可能成为最主要的货币，民间世界对银两的信赖依然高，对省外的银币也认可。不过，省外银币在该流域一定范围内使用，主要在黎平县境内。法币仅33份，占6.41%，表明民间百姓不喜欢贬值较快的法币等纸币，而青睐长期保值的银两、银圆、毫银和铜币，即硬通货。银币（包括银两、银圆和毫银）和铜币始终是清水江流域民间借贷的主要货币（见表3-9）。

表3-9 民国清水江流域抵押借贷货币表

单位：份

时间＼类型＼县		锦屏	天柱	黎平	剑河	三穗	岑巩	合计
1—17年	银两	11	2	79	2	1		95
	铜币	11	17	44	3	17	22	114
	银圆	1	1	16				18
	毫银			16				16
	元钞			1				1
18—34年	银两			29				29
	铜币	4	32	12	1	11	1	61
	银圆	8	8	28				44
	毫银			27				27
	法币		3	9		6	5	23
35—38年	银两			14				14
	铜币			1				1
	银圆	1	1	10		1		13
	毫银			13				13
	法币					3	6	9

续表

类型 时间	县	锦屏	天柱	黎平	剑河	三穗	岑巩	合计
时间不详	银两	5		1		1		7
	铜币	7		13		2		22
	银圆		1	4				5
	毫银			3				
小计	银两	16	2	123	2	2		145
	铜币	22	49	69	4	30	23	197
	银圆	10	11	50		1		72
	毫银			68				68
	法币		3	10		9	11	33
合计		48	65	320	6	42	34	515

（5）抵押借贷整体趋势

第一，货币量。从乾隆至民国末年共214年，长时段地看待清水江流域清至民国的抵押借贷，此期间抵押借贷契约共计838份，折银11176.63两，平均每份13.34两。黎平县份数最多，达到587份，折银7297.97两，平均每份12.43两。锦屏县62份，折银806.13两，平均每份13.0两。天柱县77份，折银1550.15两，平均每份20.13两，最高。剑河县17份，平均每份10.26两。三穗县平均每份13.15两，岑巩县平均每份15.55两（见表3-10）。

将信用借贷与抵押借贷合起来看，在这214年里，黎平县的民间借贷数量最大，现存契约836份，折银10547.1两。锦屏县次之，188份，折银4206.27两，但平均每份折银最高，为22.37两。剑河县平均每份折银量低，仅为6.79两，契约数量为30份，这说明剑河县民间借贷总量最小，其余各县平均每份折银都在10两以上。从数量上可以推断，清至民国黎平、锦屏两县民间信用借贷十分活跃，天柱、三穗二县次之，岑巩、剑河大体相当，但不及前四县（见表3-10）。

通过比较信用借贷与抵押借贷可知，锦屏县和黎平县的信用借贷平均每份都高于抵押借贷，其余各县平均每份折银抵押借贷高于信用借贷，但是整个清水江流域的抵押借贷平均每份折银低于信用借贷折银，分别为13.34两和16.66两，低3两余。由此大致可以推断，清水江流域抵押借贷的平均每份价低于该流域的信用借贷平均每份价。这是该流域民间借贷的总趋势，是通过大量运算、比较研究发现的规律（见表3-10）。

从总量上看，清水江流域借贷契约共计1258份，平均每份折银14.45两。若此数量相当于实际交易的1%，那么估算该流域民间借贷折银总量为180多万两，平均每年8000两以上（214年），这个体量是相当可观的（见表3-10）。

表3-10 清至民国清水江流域借贷货币折银汇总表

类型	县	锦屏	天柱	黎平	剑河	三穗	岑巩	合计
信用借贷	份数	126	10	249	13	13	9	420
	折银（两）	3400.14	36.76	3249.13	29.4	189.27	91.26	6995.97
	平均（两/份）	26.99	3.68	13.05	2.26	14.56	10.14	16.31
抵押借贷	份数	62	77	587	17	54	41	838
	折银（两）	806.13	1550.15	7297.97	174.36	710.33	637.69	11176.63
	平均（两/份）	13.22	20.13	12.39	10.26	13.15	15.55	13.35
合计	份数	188	87	836	30	67	50	1258
	折银（两）	4206.27	1586.9	10547.1	203.76	899.6	728.95	18172.58
	平均（两/份）	22.37	18.24	12.62	6.79	13.43	14.58	14.45

第二，货币种类。根据表3-7和3-9，制成抵押借贷货币图（见图3-1）。由图3-1可见清至民国清水江流域民间抵押借贷货币变化的几个特点：

一是清道光以前抵押借贷中的货币是银两，铜币从道光年间开始出现，几乎与银两相当，从咸丰时起铜币占六成以上，是该流域的主要货币，且这种态势一直保持到清末。民国元年至民国十七年（1912—1928），铜币仍最多，银两上升，毫银亦增多，加上银圆，银作为货币在总量上超过铜币。

二是从民国开始，抵押借贷货币逐渐向多种货币发展，到民国末年，银两、银圆和毫银数量大体相当，法币萎缩，铜币极少。民国时期银（银两、银圆、毫银）逐渐成为该流域的主要货币，法币和铜币则逐渐退出历史舞台。

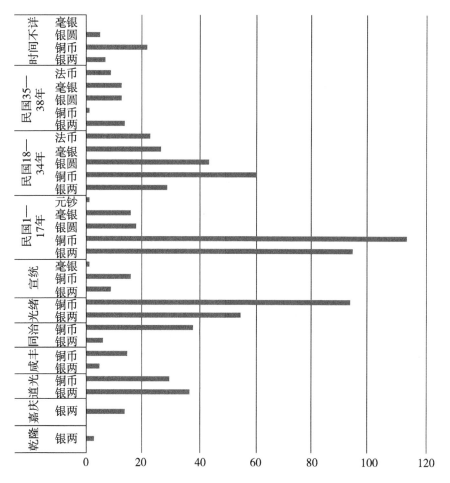

图 3-1　清至民国清水江流域抵押借贷货币图（单位：份）

（三）抵押借贷交易月份

纵观清水江流域民间抵押借贷交易发生的月份，可以形成几点认识：一是借贷发生的月份多在每年农历四、五、六月，其中六月最多，文书有 156份，占总数 915 份的 17.05%。四月、五月相继为 108 份和 97 分，分别占 11.8% 和 10.6%。各月份所占比例排序为：六、四、五、三、七、二、十二、十一、一、八、十、九，特别是八、九、十 3 个月仅占 8.41%，文书总计 77份，其中最少的月份是九月，仅 23 份。借贷发生相对较少的月份是正月和十一月，分别占 4.37% 和 5.03%（见表 3-11 和图 3-2）。

二是以季节论，农历五、六、七和二、三、四这两个季度借贷发生多，文书分别为 337 份和 272 份。如果以正月至六月作为上半年，七月至十二月为下半年，上半年有 576 份，下半年为 291 份，分别占 62.95% 和 31.8%。上半年借贷发生量几乎是下半年的一倍。这表明清水江流域民间借贷六成以上发生在上半年，特别是六、四、五、三月份。下半年主要发生在十二月和十一月。表明秋收之后，常将债务偿清，但年关、春节来临，除还清债务外，又有举债的现象（见表 3-11 和图 3-2）。

表 3-11　清至民国清水江流域抵押借贷月份表

农历月份	锦屏	天柱	黎平	剑河	三穗	岑巩	合计（份）	百分比（%）
一	3	2	23		6	6	40	4.37
二	2	8	49	2	3	8	72	7.87
三	5	15	53	6	8	6	92	10.06
四	4	12	78	3	8	3	108	11.8
五	7	10	64	4	5	7	97	10.6
六	12	8	125	1	4	6	156	17.05
七	7	6	63	1	4	3	84	9.18
八	1	3	20	1	2		27	2.95

续表

农历月份	锦屏	天柱	黎平	剑河	三穗	岑巩	合计（份）	百分比（%）
九	2	3	17	1			23	2.51
十	4	1	18	1	2	1	27	2.95
十一	8	6	25		6	1	46	5.03
十二	6	6	60	2	4	4	82	8.97
闰一						1	1	0.1
闰三		1					1	0.1
闰五		3	3		1		7	0.77
闰六			1	1			2	0.22
闰七		1	1				2	0.22
无载	11		35		2		48	5.25
合计（份）	72	84	636	22	55	46	915	100

说明：本表包括实物抵押借贷和货币抵押借贷。

　　三是春节刚过，抵押借贷就开始了，尤其是三、四、五、六月，青黄不接，村民为了生计，只得借钱物。这 4 个月共见契约文书 463 份（含闰三、五、六月），占 50.6%，即清水江流域民间借贷超过半数以上发生在农历三至六月份（见表 3-11 和图 3-2）。

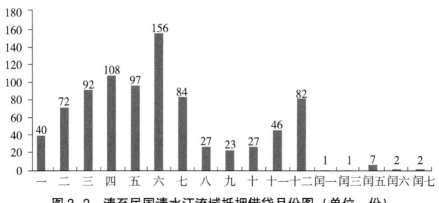

图 3-2　清至民国清水江流域抵押借贷月份图（单位：份）

（四）民间借贷交易月份

本书将清水江流域民间借贷发生的月份汇总讨论，将信用借贷交易月份和抵押借贷交易月份集中起来考察民间借贷发生的月份关系，发现三个规律。

其一，民间借贷更多地发生在上半年。上半年民间借贷发生 807 次（文书 807 份，含闰一至六月），占 58.48%，将近六成，下半年发生 483 份（含闰七月），占 35%，三成余。未载月份占 6.52%（见表 3-12 和图 3-3）。

其二，民间借贷更多地发生在农历六、四、三、五月。农历十二个月发生的借贷交易次数（文书份数）排序如下：六、四、三、五、十二、七、二、十一、一、十、八、九，其中六、四、三、五共 623 份，占 45.14%，接近半数。这说明青黄不接的农历三至六月是民间借贷发生的常见月份，其中以六月份最多，占 14.78%，差不多每六份民间借贷契约中，就有一份发生在六月。这充分说明六月份是民间借贷发生的高峰月，其次是四、三、五月，再次是十二月和七月。十二月份为什么较多？旧账结清，需要购置新年物品，或者再借新债，持续借贷等。七月份较多，因其紧接六月，亦处于新粮食尚未完全成熟上市阶段，需要钱、粮度日的人数仍然大量存在，形成对资金和粮食的大量需求（见表 3-12 和图 3-3）。

表 3-12　清至民国清水江流域民间借贷月份表

农历月份	信用借贷	抵押借贷	合计（份）	百分比（%）
一	19	40	59	4.29
二	38	72	110	7.97
三	46	92	138	10
四	35	108	143	10.36
五	41	97	138	10
六	48	156	204	14.78

农历月份	信用借贷	抵押借贷	合计（份）	百分比（%）
七	39	84	123	8.91
八	18	27	45	3.26
九	18	23	41	2.97
十	25	27	52	3.77
十一	41	46	87	6.31
十二	48	82	130	9.42
闰一		1	1	0.07
闰三		1	1	0.07
闰四	1		1	0.07
闰五	2	7	9	0.65
闰六	1	2	3	0.22
闰七	3	2	5	0.36
无载	42	48	90	6.52
合计（份）	465	915	1380	100

其三，农历九、八、十这 3 个月是民间借贷发生很少的月份。这 3 个月中，目前所见清水江流域契约文书仅 138 份，占 10%，即 10 份民间借贷中，只有 1 份发生在九、八、十月，其中九月份最少，仅占 2.97%，其原因当然在于秋收之后，村民除了偿还债务，尚存余钱、粮食，一时不需要举借外债，但仍有少数贫困人口需要钱粮维持生计，不得不在还了旧债时，又举借新债。足见即使秋收，对农民来说，并不都是丰收，或者说，丰收了，旧账清了，而新的资金和粮食紧缺的压力又产生了，所以不可能存在某月没有人举借钱粮的情形（见表 3-12 和图 3-3）。

清至民国清水江流域民间借贷发生的月份规律，展现了民间借贷与月份之间的确存在一定关系，且这种关系长期影响和维系着该流域人民的经济和社会生活。

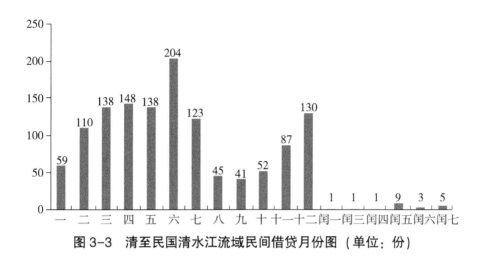

图 3-3　清至民国清水江流域民间借贷月份图（单位：份）

二、抵押借贷过程

（一）借贷关系的构成

抵押借贷应当是由信用借贷发展而来的。抵押借贷比信用借贷多一项物权担保，这个物权表现为抵押物。

出贷人认为借入人没有偿还能力，或者其信誉不足以保证所借钱物能够按期偿还，于是贷出方以大体能够相当于钱物价值的标的物，用实物、收益或股份等具有相当价值的实物或预期作为抵押借物，以保证所贷出的钱物不会遇到风险，或者说尽可能地降低风险。出贷人一般是地主，或至少是家庭富裕的村民。信用不良，偿还能力低是出贷人必须考虑的问题，否则宁愿不借不贷更为省事。同时，有抵押物作为条件，或者说有作为偿还债务的标的物，出贷人会更选择有保障的抵押借贷，借贷风险相对信用借贷而言小得多。这是出贷人的考虑。

另一方面，急需资金或粮食的借入人本身经济拮据，一般不可能轻易地取得钱主的信任，只有增加标的物，将其抵押给钱主，才有可能借到钱或粮食。借入人一般是贫穷的村民，或者从事贸易的人。

　　还有一借再借，旧时的债务尚未还清，又举借新债的情况。这可能是遇到大的变故，此时更无经济能力办理，只得用某物（诸如田产、房屋、地基等）作为抵押举债，借钱借物，以期渡过难关。

　　借抵字约指在抵押借贷中，抵押物权已经交到出贷人手中，物权发生改变，出贷人有权处置借入人所抵押的标的物。这是关键之处。凡契约中明确写到以某物作抵，或将某物抵与某人，从而借到多少银、钱、粮食等，均属于抵押借贷。

　　达成抵押借贷关系的条件包括：必要条件——抵押物；相对条件——中人、在场人、书写人（代笔人）、担保人、借入人承诺等。抵押借贷与信用借贷相比，其成立的条件多一个，即抵押物，所以在讨论其成立条件时，首先考虑抵押物。抵押物是必要条件。无抵押的借贷，则成为信用借贷。

1. 第一条件是抵押物

　　抵押借贷构成的首要条件是抵押物，这是借贷关系成立的必备条件。用什么作为抵押物？这是借贷双方首先要明确的问题。

（1）抵押物类型

　　在清水江流域的锦屏、天柱、黎平、剑河、三穗、岑巩等县，有以屋地基、房屋、地产、森林、树木、山林、园地、可预期的收获物（禾谷、茶油、山林股份、合会股份）等作为抵押物的，或以大型牲畜作抵押物，甚至以借入人本身作为抵押。

　　通过统计归纳，清水江流域抵押物具有以下几个特点：

　　其一，类别丰富，涉及以下十类。排列前三位的是田、地和家畜。

　　田。此类最多，直接用人民种植禾谷的田为抵押物，包括干田、水田、秧地。共 655 份，占 71.58%。

　　地类。以地为抵押物，包括菜园、园、地基、屋场、墦地、土块、棉花地、阴地、塘等。共 80 份，占 8.74%。

山林类，即以杉木山场、林木、油树块、茶山、山、油茶山地等为抵押物。共 31 份，占 3.39%。

房屋类。以房屋、厢房、仓库、榨房、碾房等作为抵押物。共 33 份，占 3.61%。

股份类。以股份为抵押物，涉及土股、山林股份、合会股份、塘股份等。共 9 份，占 0.98%。

产业类。包括祖业、产业、事业、饲养动物、某产业的部分等作为抵押物。共 32 份，占 3.50%。

家畜类。包括猪、黄牛、水牛，有时表述为用于耕作的黄牛，以及猪一半、牛一半等。共 59 份，占 6.45%。

物品类。木材、棺木、大木、锯刀等。共 13 份，占 1.42%。

人身。把本身（自身）作为抵押物。共 2 份，占 0.22%。

虚拟物。采用诅咒语方为抵押物。有 1 份，占 0.11%（见表 3-13）。

其二，以田为主，超过七成，加上地、山林，土地作为抵押物共 766 份，占很大比重，达到 83.72%。这充分表明，清水江流域抵押借贷的抵押物八成以上是土地。换言之，该流域居民首选不动产作为抵押物，因为它既值钱、保价，一般情况下又不会生变动（见表 3-13）。

其三，选择房屋、家畜等不动产作为抵押物，既有价值，又能够较快地变现，抵扣债务。同时，这些不动产的价值有大有小，具有灵活性，方便出贷人换回本利。

其四，以产业、物品为抵押物。通过产业，出贷人可以把握借入人的命脉，使所贷出的钱物有极大的保障。物品的价值更直接、具体，能够让出贷人立竿见影地换算成钱或者出售，非常方便出贷人抵扣债务。

其五，抵押物超越了物质界限，变成活生生的人，即借入人本身成为抵押物，或者抵押物变成虚拟的东西，即诅咒，意为不还钱物，就会死。这二者是清水江流域抵押借贷的特色。把人身作为抵押物，凸显了抵押借贷的条件苛刻，没有东西可以抵押，则借贷就不成立，所以贫穷的人为了生计，不得不将自身抵押给出贷人，以借贷钱粮度日。这也从侧面揭示了抵押借贷超经济的剥削性质。

表 3-13　清至民国清水江流域民间借贷抵押物表

类别	表述	锦屏 份数	天柱 份数	黎平 份数	剑河 份数	三穗 份数	岑巩 份数	合计（份）	百分比（%）
田地	田	50	63	462	13	36	31	655	71.58
	菜园	4	1					80	8.74
	园	1	2	10	3		1		
	地基	3	3	16	2	2	1		
	地基、园						1		
	屋场		1						
	（大）墦		2						
	土（块）	1			1	7			
	棉花地			5					
	阴地			1					
	塘			12					
山林	杉木山场			24				31	3.39
	林木	1							
	油树块		1						
	茶山			3					
	山				1				
	油茶山地				1				
房屋	房屋	3	3	20		3		33	3.61
	屋坪地基房屋		2						
	房屋并地基					1			
	厢房					1			

续表

类别	表述	锦屏份数	天柱份数	黎平份数	剑河份数	三穗份数	岑巩份数	合计（份）	百分比（%）
股份	塘股份	2						9	0.98
	末会一脚					1			
	本名会						2		
	他人会名						1		
	土（地）股份						3		
产业	祖业	1		10		3		32	3.50
	事业（产业）			9					
	面分之业		3						
	得当之业						1		
	杉木等业	1							
	借之业			1					
	养猪	1		1					
	右半乙见（井）			1					
家畜	猪	1	1	27				59	6.45
	猪半边				1				
	猪牛					1	1		
	牛			21		2			
	黄牛	1	1				1		
	牛二脚				1				
物品	木材			8				13	1.42
	寿木			1					
	大木叁拾伍根	1							
	木植四十根	1							
	据（锯）刀			1					
	文契（张）						1		

续表

系列 数额 县		锦屏	天柱	黎平	剑河	三穗	岑巩	合计 （份）	百分比 （%）
类别	表述	份数	份数	份数	份数	份数	份数		
人身	本身（自身）		1	1				2	0.22
虚拟	当天火化字约，阴边还清			1				1	0.11
合计（份）		72	84	636	23	57	43	915	100

说明：表中内容包括实物抵押借贷和货币抵押借贷。

（2）抵押物运用

从民间抵押借贷文书角度可以进一步说明清水江流域抵押物的丰富，以田作为抵押物是常态。

其一，田是最常见、最多的一种抵押物。

田是清水江流域抵押中最重要、最多的抵押物。一般用作抵押物的田，在契约中均标明地名、坐落，少数情况下田标记了产量，有时标明四至。如《嘉庆二十四年四月初七日谢包楼三借银约》：

> 立借银约人谢包楼三，今因家下要银使用，无从得处，自愿将到土名黄扒田壹丘，计禾花壹佰贰拾稿作抵。自己请中上门问到般洞寨徐圣珍名下，承借本银拾两正（整），其银亲手领明。其田佃种，每两出利禾贰拾伍斤，不限远近□□。今人心不古，书立抵字约一纸为据。
>
> 凭中人　谢二包三
>
> 代笔人　谢昌明
>
> 嘉庆贰拾肆年四月初七日　　立抵①

谢包楼三以收禾 120 稿的田作抵借到徐圣珍银 10 两。再如嘉庆二十四年

---

① 贵州省档案馆、黔东南州档案馆、剑河县档案馆合编：《贵州清水江文书·剑河卷》（第一辑），第 1 册，贵州人民出版社 2018 年版，第 188 页。

（1819）九月二十四日刘岩锦、龙朝相借陈万红等人杉木 1 单 408 根，议定价银 122 两，因银拨借未得，只得用田 4 丘作为抵押物，将木价银 122 两作为借款处理，并加收 3 行利息。①

有的时候所抵押的田标记了产量和四至等详细信息，其产量的计量单位有把、边、挑、箩等。道光十八年（1838）四月十六日谢二乔等抵当田，"自愿将到土名坐落鬼亨田一丘禾花十六边，上抵二贵山，下抵勾（沟），左右抵山为界，四至分明。"② 民国二年（1913）正月二十二日石朝远、石光辉用田 2 丘，载禾 20 把，抵借到石文清老宝银 25 两③，等等。

有时田与房屋并用抵押物。民国十一年（1922）三月十三日吴炽标"自愿将祖父所遗下之业，土名教香田叁拾把系是沙坝一丘，又屋宇一座作抵"④。一份契约中抵押物涉及众人时，提及"各人自愿将抵头着（作）抵"，再用"外批"标出每个人的抵押田。⑤

其二，属于土地的抵押物另有地和山林。清水江流域民间借贷中的地，如前所述包括地基、园地、土块、棉花地等。

地基，如光绪八年（1882）六月十八日罗老三兄弟屋地基作抵，借到陈洪顺实借过纹银 6.82 两。⑥ 宣统元年（1909）十二月初六日石氏、石廷荣、

① 张新民主编：《天柱文书》（第一辑），第 10 册，江苏人民出版社 2014 年版，第 28 页，又见安尊华点校《清水江流域民间借贷契约文书校释》，光明日报出版社 2021 年版，第 57—58 页。
② 贵州省档案馆、黔东南州档案馆、剑河县档案馆合编：《贵州清水江文书·剑河卷》（第一辑），第 1 册，贵州人民出版社 2018 年版，第 209 页。
③ 李斌主编，凯里学院、黎平县档案馆编：《贵州清水江文书·黎平文书》（第一辑），第 4 册，贵州民族出版社 2017 年版，第 125 页。
④ 李斌主编，凯里学院、黎平县档案馆编：《贵州清水江文书·黎平文书》（第二辑），第 36 册，贵州民族出版社 2019 年版，第 100 页。
⑤ "外批：相荣、相弼公用田，土名皆休，老福所种之田作抵。昌宗将皆党伸之田作抵。焕彩将皆晚秧田作抵。李如葵将皆皮休一节作抵。" 见陈金全、杜万华主编《贵州文斗寨苗族契约法律文书汇编——姜元泽家藏契约文书》，人民出版社 2008 年版，第 389 页。
⑥ 李斌主编，凯里学院、黎平县档案馆编：《贵州清水江文书·黎平文书》（第一辑），第 10 册，贵州民族出版社 2017 年版，第 83 页。

石廷郅母子用地基 1 间作抵，借到石昌荣足银 7.42 两。① 民国八年（1919）
十二月十六日石茂华用屋 2 间，"上瓦下平地基乙概作袛（抵）"②，借到青
寨吴永兴铜币 10800 文。③

园地、土块和棉花地，如咸丰二年（1852）十二月初五日王计保父子用
土 1 块，并标明四至，借到谢包楼铜币 1000 文。④ 光绪十年（1884）五月十
二日杨正先、杨正发等五人用园作抵，借到陈洪顺纹银 12 两。民国十年
（1921）七月初一日石敬锦用 1 块棉花地作抵，借到杨起桢老宝银 2.13 两，每
两每月加三行息，三年归还。⑤ 可见，房屋、园地等常被作为抵押物，用于抵
押借贷。

山林包括林木、山场、茶山等，如《杨士礼借字约（光绪元年十一月初
三日）》：

> 立借字约人杨士礼，为因缺少无出，自己请中问到卢朝熙名下，
> 实借过本铜钱贰千文整，亲手收回应用。其钱言定每仟行利谷卅斤，
> 不得短少，如有短少，自愿将地名广肯茶山乙边作抵。倘有本利无
> 归，恁从钱主将广肯茶山变卖填还，借主不得异言。今有凭，立此
> 借字为据。
>
> 凭中　蒋仲舒
>
> 杨士荣　笔

---

① 李斌主编，凯里学院、黎平县档案馆编：《贵州清水江文书·黎平文书》（第一辑），第 7 册，
贵州民族出版社 2017 年版，第 18 页。

② 李斌主编，凯里学院、黎平县档案馆编：《贵州清水江文书·黎平文书》（第二辑），第 34
册，贵州民族出版社 2019 年版，第 283 页。

③ 李斌主编，凯里学院、黎平县档案馆编：《贵州清水江文书·黎平文书》（第一辑），第 10
册，贵州民族出版社 2017 年版，第 93 页。

④ 贵州省档案馆、黔东南州档案馆、剑河县档案馆合编：《贵州清水江文书·剑河卷》（第一
辑），第 1 册，贵州人民出版社 2018 年版，第 213 页。

⑤ 李斌主编，凯里学院、黎平县档案馆编：《贵州清水江文书·黎平文书》（第一辑），第 1 册，
贵州民族出版社 2017 年版，第 181 页。

光绪元年十一月初三日　　立借①

本契约中，杨士礼用茶山 1 边作抵，借到卢朝熙铜币 2000 文。若违约，钱主卖抵押物偿还债务。山林类多数标明数量，少数情况标明四至。民国七年（1918）五月十八日石朝辅用山场木 1 块，作抵借到石德政铜币 4000 文。②民国九年（1920）十二月二十六日陈再盛兄弟用山杨杉木 1 和一半作抵，借到石德政足银 8 两整③。

以上表明，清水江流域村民主要选择不动产作为抵押物。

当然，他们亦选择动产作为抵押物，比如房屋、仓廒、猪牛圈等。如咸丰五年（1855）六月初八日石正林用禾仓 1 间作抵，借到徐金生纹银 0.23 两④。光绪三年（1877）四月初六日蒋盛新用坐屋 3 间作抵，实借过本铜币 4400 文⑤。民国十五年（1926）十一月初九日田庆富用厢房 2 间作抵，借到王明铜圆 50 封⑥。民国三十五年（1946）五月初七日吴先焕将房 1 间捐作抵，借到吴辛酉小洋 100 毫⑦。不过，抵押物与所借贷的钱之间不能成立某种比例关系。大体上，抵押物值钱多一些，所借贷的钱物数额相对大一些。

其三，股份。村民选择股份作为抵押物是清水江流域民间借贷的特色。用会钱股份作为抵押，如民国九年（1920）十一月十七日某某用"己面末会

①　李斌主编，凯里学院、黎平县档案馆编：《贵州清水江文书·黎平文书》（第二辑），第 49 册，贵州民族出版社 2019 年版，第 93 页。

②　李斌主编，凯里学院、黎平县档案馆编：《贵州清水江文书·黎平文书》（第一辑），第 8 册，贵州民族出版社 2017 年版，第 203 页。

③　李斌主编，凯里学院、黎平县档案馆编：《贵州清水江文书·黎平文书》（第一辑），第 7 册，贵州民族出版社 2017 年版，第 245 页。

④　李斌主编，凯里学院、黎平县档案馆编：《贵州清水江文书·黎平文书》（第一辑），第 10 册，贵州民族出版社 2017 年版，第 39 页。

⑤　李斌主编，凯里学院、黎平县档案馆编：《贵州清水江文书·黎平文书》（第二辑），第 47 册，贵州民族出版社 2019 年版，第 9 页。

⑥　贵州省档案馆、黔东南州档案馆、三穗县档案馆合编：《贵州清水江文书·三穗卷》（第一辑），第 1 册，贵州人民出版社 2018 年版，第 134 页。

⑦　李斌主编，凯里学院、黎平县档案馆编：《贵州清水江文书·黎平文书》（第三辑），第 57 册，贵州民族出版社 2020 年版，第 142 页。

一脚"作抵借到铜币 10000 文[①]，此处借入人用自己会上的股份作抵押物。

村民还用塘、田、山、土、杉木等的股份作为抵押物。道光三十年（1850）七月初八日石履中用自己塘的份额作抵，借到石履道、石履仁元银 1.5 两。[②] 光绪十三年（1887）三月初七日石朝英、石朝富用"归贵、告二处杉木二块共作四股均分，本名所占乙股"作抵，借到陈宏顺、士文二纹银 7 七两。[③] 宣统三年（1911）四月十四日冉崇高弟用田土 1 股、土 1 股作抵，借到姚绍基名下铜圆 30 封。[④] 民国九年（1920）七月初四日石廷安、石廷著兄弟二人用"田壹丘，在（载）禾十四把，系作三股均分，我二人所占二股，今将二股作抵"，借到石朝礼足银 12 两。[⑤] 民国二十二年（1933）六月初六日石昌琪用何（活）木 1 股作抵，借到石德职大洋 3 元。[⑥]

以及用牛的股份作为抵押。咸丰二年（1852）十一月十四日吴廷祥用牛的一脚作抵押，借到毛衡文铜钱 3800 文。[⑦] 民国三十一年（1942）十月初三日吴文有将牛二脚作抵，借到吴文贤明谷 1 石。[⑧] 这里，村民分别用牛的四分之一和二分之一股份作为抵押物，进行借贷。不论动产与不动产，只要村民拥有股份，就可以作为抵押物。将股份作为抵押物是清水江流域民间借贷鲜

① 贵州省档案馆、黔东南州档案馆、三穗县档案馆合编：《贵州清水江文书·三穗卷》（第二辑），第 10 册，贵州人民出版社 2018 年版，第 258 页。

② 李斌主编，凯里学院、黎平县档案馆编：《贵州清水江文书·黎平文书》（第一辑），第 14 册，贵州民族出版社 2017 年版，第 279 页。

③ 李斌主编，凯里学院、黎平县档案馆编：《贵州清水江文书·黎平文书》（第一辑），第 8 册，贵州民族出版社 2017 年版，第 130 页。

④ 贵州省档案馆、黔东南州档案馆、剑河县档案馆合编：《贵州清水江文书·岑巩卷》（第一辑），第 2 册，贵州人民出版社 2019 年版，第 166 页。

⑤ 李斌主编，凯里学院、黎平县档案馆编：《贵州清水江文书·黎平文书》（第一辑），第 18 册，贵阳：贵州民族出版社，2017 年，第 282 页。

⑥ 李斌主编，凯里学院、黎平县档案馆编：《贵州清水江文书·黎平文书》（第一辑），第 8 册，贵阳：贵州民族出版社，2017 年，第 327 页。

⑦ 李斌主编，凯里学院、黎平县档案馆编：《贵州清水江文书·黎平文书》（第二辑），第 46 册，贵州民族出版社 2019 年版，第 356 页。

⑧ 贵州省档案馆、黔东南州档案馆、剑河县档案馆合编：《贵州清水江文书·剑河卷》（第一辑），第 5 册，贵州人民出版社 2018 年版，第 113 页。

明的地域特征。

其四，产业。这里的产业，有属于借入人自己所分到、祖遗的，也有从他人手中典当与买来的产业。如光绪元年（1875）八月十九日吴天贵弟兄用分内之业作抵，借到黎平城颜立政铜币 14889 文。[①] 民国十五年（1926）一月十六日邹凤科"自愿将己面分受之业，坐落地名死人冲大沟，得典邹开禧之田乙连四丘作抵"[②]，借到周尚燃青红钱 20000 文。抵押物是其祖业、父业等受分之业以及其他方式置办的财产。

其五，家畜作为抵押物。村民主要选择猪、牛，这两种动物既值钱又保价，是清水江流域民间借贷中重要的抵押物。如嘉庆八年（1803）十一月二十九日，李明斋、李德一用耕牛 4 头作抵，偿还所借刘永全色银 19 两和银 30 两，每年交息谷 4.5 石，限到当年九月初五日还清，若违约，银主将变卖牛抵扣债务。[③] 另如道光八年（1828）七月初三日吴补学耕牛作抵借到鲁老学铜币 33000 文。[④] 民国三十三年（1944）六月初七日龙志环用耕牛 1 头押抵，借到潘老焕大洋 7 元。[⑤] 用猪、牛作为抵押物在清水江流域民间借贷中占有一定的比例。

其六，物品，包括会钱、木材、文契。清水江流域民间抵押借贷在选择抵押物时，贵重物品当为首选，比如村民将寿木棺材作为抵押物借钱。如《吴金禹借字（嘉庆二十三年三月二十三日）》：

> 立借字人吴金禹，为因先年所欠之艮（银），今转写借约借口人

---

① 李斌主编，凯里学院、黎平县档案馆编：《贵州清水江文书·黎平文书》（第二辑），第 35 册，贵州民族出版社 2019 年版，第 442 页。

② 贵州省档案馆、黔东南州档案馆、岑巩县档案馆合编：《贵州清水江文书·岑巩卷》（第一辑），第 4 册，贵州人民出版社 2019 年版，第 257 页。

③ 贵州省档案馆、黔东南州档案馆、岑巩县档案馆合编：《贵州清水江文书·岑巩卷》（第一辑），第 4 册，贵州人民出版社 2019 年版，第 196 页。

④ 李斌主编，凯里学院、黎平县档案馆编：《贵州清水江文书·黎平文书》（第三辑），第 55 册，贵州民族出版社 2020 年版，第 55 页。

⑤ 贵州省档案馆、黔东南州档案馆、黎平县档案馆合编：《贵州清水江文书·黎平卷》（第一辑），第 5 册，贵州人民出版社 2017 年版，第 330 页。

艮（银）九分整，亲手收回应用，其艮（银）言定加三行息，不得短少。如有短少，自愿收己用寿木一付（副）作底（抵）。恐后无凭，立此借字为据。……①

村民用会钱作为抵押物，亦可以借到钱物，如同治七年（1868）四月一日杨秀来用杨政宁首约会钱12000文作为抵押，借到蒋再学铜币4000文。② 另用木材、河木等作为抵押物，如光绪十八年（1892）十二月初六日陈洪顺用木1单，计数有五百余株作抵，借到周隆昌宝纹银120两。③ 民国九年（1920）八月十四日□有昌用木暗号上木材100根作抵，借到石开发足银26两。④

村民用文契作为抵押借钱，如《光绪二十四年三月二日周洪顺立借字》：

立借字人周洪顺，今因上门问到姑爷杨启寿名下，承借青红钱拾阡（仟）文整，其钱议定十月相还无利。若过十月无钱相还，每月加二五行息，周姓自将文契二章（张）作抵。今恐无凭，立借字为据。

凭中　　周新发　姚复珍

代笔　　沈朝阳

光绪二十四年三月初二日　周洪顺（押）　请立⑤

周洪顺用文契2张作为抵押物，借到杨启寿青红钱10000文。此处文契，当是周洪顺家藏契据，属于财产。

---

① 李斌主编，凯里学院、黎平县档案馆编：《贵州清水江文书·黎平文书》（第二辑），第43册，贵阳：贵州民族出版社，2019年，第273页。

② 张新民主编：《天柱文书》（第一辑），第7册，南京：江苏人民出版社2014，年第262页。

③ 李斌主编，凯里学院、黎平县档案馆编：《贵州清水江文书·黎平文书》（第一辑），第10册，贵阳：贵州民族出版社，2017年，第124页。

④ 李斌主编，凯里学院、黎平县档案馆编：《贵州清水江文书·黎平文书》（第一辑），第11册，贵阳：贵州民族出版社，2017年，第276页。

⑤ 贵州省档案馆、黔东南州档案馆、岑巩县档案馆合编：《贵州清水江文书·岑巩卷》（第一辑），第2册，贵阳：贵州人民出版社，2019年，第119页。

特例，将人身作为抵押物。借入人将本身作为抵押物，这亦是清水江流域民间借贷的特色，也是村民在没有其他值钱的物品可选择的情况下所做的无奈选择。如《吴洪发借字（光绪二十六年七月二十一日）》：

> 立借字人良长寨吴洪 发，为因缺火银用无出，自原（愿）将本生（身）作抵与宰官寨石光烈名下，实借过纹银四两整，亲手收回应用。每□照月加叁行利，限至九日之内归清，不得有误。如者，主照字为平（凭）。立借立字为据。
>
> 清（亲）笔
>
> 吴洪发（五个手指印）
>
> 光绪二十六年七月二十一日　　［立］①

本契约中，吴长发为了用银，不得不将自己作为抵押物，借到石光烈银 4 两，并按手摸印，每月付息。再如《吴唐珍借字（民国三十五年六月二十六日）》：

> 立借字人本寨吴唐珍，为因缺少口粮无出，自己上门借到吴显英名下，实借过小洋壹佰毫整，亲手收用。其小洋言定每年利谷五十斛，不得短少。如有短少，自愿将本名腊崽作抵，日后不得异言。今欲有凭，立此借字为据。
>
> 民国卅伍年六月廿六日　　亲笔立②

本契约中，吴唐珍将本名腊崽作为抵押物，借到吴显英小洋 100 毫，每年交纳利谷 50 斛。借入人将自己人身作为抵押物，从侧面透视了清水江流域民间借贷中，借入人家境贫困的情形，以及出贷人为了经济利益，不惜牺牲借入人的身体。这反映了该流域民间借贷已经具有超经济剥削的性质。

---

① 李斌主编，凯里学院、黎平县档案馆编：《贵州清水江文书·黎平文书》（第一辑），第 13 册，贵州民族出版社 2017 年版，第 376 页。

② 李斌主编，凯里学院、黎平县档案馆编：《贵州清水江文书·黎平文书》（第二辑），第 42 册，贵州民族出版社 2017 年版，第 434 页。

有时借入人（借主）遇到危急之事，仅抵押某物还不足以支撑借贷的款项，此时又会增加砝码，再押或当某物，才能博得出贷人放款。比如咸丰六年（1856）十二月十七日石应祖由于逃难到岑湖寨，一时酒醉胡言乱语，得罪了朗管张老爷，将被处罚，情急之下，他只能哀求，向石声松、石祥兴、石正玉、石方贤等人借到纹银 10 两以救性命，先用收禾 18 把的田作为抵押，但还不能确保还款，于是再将共收禾 70 把的 2 丘田作当，共计收禾达 88 把的田作为抵押物，最终才借到纹银 10 两。① 此例足见抵押借贷成立的条件并非容易。

以上例证说明，清水江流域民间借贷抵押物范围广，从动产到不动产再到人身，举凡具有价值或能够带来价值的（包括人），都可以作为抵押物，从而构成抵押借贷。换言之，没有抵押物，大量的村民就无法借贷钱物。这些例证充分说明，抵押物是抵押借贷成立的充分必要条件。

2. 第二个条件是中人

中人是一个必要条件，但不是所有的抵押借贷契约都列出了中人。清水江流域称中间人为中人、凭中。该流域的抵押借贷在多数情况下需要中间人撮合和协商，中人的作用不可低估。在信用借贷中，中人起着重要作用，在抵押借贷中，中人起着三个方面的作用。

（1）中人提供了较可靠的信息

想借钱物的人，在急忙中常常会陷入困境，找不到可借钱物的人选，具有盲目性。中人则具有一定的信息，对于乡村中某处某人有活现金或粮食等比较了解，常常能够提供这方面的准确信息。

（2）中人撮合借贷

中人起到撮合借、贷双方达成协议、订立契约字据的作用。此时中人往

---

① 李斌主编，凯里学院、黎平县档案馆编：《贵州清水江文书·黎平文书》（第一辑），第 6 册，贵州民族出版社 2017 年版，第 352 页。

往参与书写，还担当文书写手的角色。这样的中人，一身二职，这样的文书常称凭中为"凭笔"，否则书写文书的人则称为代笔、请笔或笔。中人兼任书写人，文书作"凭笔"，或者仍用"凭中""代笔"。如《咸丰二年十二月初五日王计保等抵土字》：

> 立抵土人王计保、子松乔父子，今因要钱使用，无从得处，自愿将到中处土乙块，上抵二包保山，下抵田，左右山为界，四至分明，要钱出抵。自巳（己）请中上门问到谢包楼父子名下承借大钱乙千，限至明照月加三行利相还，不得有误。今欲有［凭］，立有抵字为据。

> 凭笔　谢乔明

> 咸丰二年十二月初五日　立①

王计保、王松乔父子借铜币1000文，谢乔明既是中人，又担任书写。再如民国八年（1919）三月十六日李天云耕牛1头作抵，借到张克洪父子钱5000文，"凭中代笔　李德胜"②。《民国十五年十一月初九日田庆富借钱字》写作"凭中代笔　黄金培"③。由此可知，中人的作用不可低估。

（3）中人是借贷抵押物的证明人

作为证明人的中人，在抵押借贷事宜完成后，有时会收取一定的费用，清水江流域称为吃中或谢中。通常情况下，中人只需要1名，但亦有多个中人的情形。中人有两个以上的，有3人，多者4人。如《民国十年三月二十一日　吴老今抵借字》记载"凭中：姜吉顺、唐先科、周家相"④，《光绪二十

---

① 贵州省档案馆、黔东南州档案馆、剑河县档案馆合编：《贵州清水江文书·剑河卷》（第一辑），第1册，贵州人民出版社2018年版，第213页。

② 贵州省档案馆、黔东南州档案馆、三穗县档案馆合编：《贵州清水江文书·三穗卷》（第一辑），第3册，贵州人民出版社2018年版，第105页。

③ 贵州省档案馆、黔东南州档案馆、三穗县档案馆合编：《贵州清水江文书·三穗卷》（第一辑），第1册，贵州人民出版社2018年版，第134页。

④ 贵州省档案馆、黔东南州档案馆、剑河县档案馆合编：《贵州清水江文书·剑河卷》（第一辑），第5册，贵州人民出版社2018年版，第85页。

四年六月三日彭相喜立借会钱字约》记载中人有"吴德芳、杨世凤、杨纯连、姚绍龙"① 4 人，《民国十七年一月二十八日杨通贵借钱字》记载："凭忠（中）：陆景明、陆景科、杨宗培、张承忠"②。多个中人表明抵押借贷的达成很有难度，因为贫穷的人或信誉不良的人很难借贷钱物，必须有多个中人做证明或担保，才能取得出贷人信任。从另一方面说，多个中人的契约文书说明清水江流域在清至民国时期尚有大量贫困人群存在。

也有借钱物人自愿不需要中人的情形。如《石占标借字约（民国二十六年十二月十五日）》中，石占标借石凤华大洋 2 元，"自愿无中"③。

在清水江流域民间抵押借贷中，中人虽然是一个重要条件，但许多契约并未标明中人。本书中涉及抵押借贷文书共 915 份，仅 521 份有中人，占比例为 56.94%。大概六成的抵押借贷记载了中人，四成未提及中人，可能这些抵押借贷产生时，就无须中人参与。

关于在场人。从理论上说，在场人亦是一个条件，其作用是证明借贷关系的发生。一般而言，在场人可以发表一些意见，当事人有时因涉及数额、利息、抵押物等，必须征求在场人的意见。从这个层面上说，在场人可以左右借贷谈判事宜的结果。俞如先指出："闽西抵押借贷邀集在场人参与的现象较为普遍。……由此可见，在无托中抵押借贷的情形下，在场人往往是不可或缺的，在场人与中人一样都属于相对必要条件。"④ 但在清水江流域清至民国民间抵押借贷中，几乎没有记载在场人，也就是说，这类借贷无须在场人参与。在清水江流域，在场人不构成抵押借贷的条件。

---

① 贵州省档案馆、黔东南州档案馆、岑巩县档案馆合编：《贵州清水江文书·岑巩卷》（第一辑），第 3 册，贵州人民出版社 2019 年版，第 154 页。

② 贵州省档案馆、黔东南州档案馆、三穗县档案馆合编：《贵州清水江文书·三穗卷》（第一辑），第 1 册，贵州人民出版社 2018 年版，第 30 页。

③ 李斌主编，凯里学院、黎平县档案馆编：《贵州清水江文书·黎平文书》（第二辑），第 32 册，贵州民族出版社 2019 年版，第 182 页。

④ 俞如先：《清至民国闽西乡村民间借贷研究》，天津古籍出版社 2010 年版，第 135 页。

3. 书写人是第三个条件

抵押借贷谈妥后，要订立书面契约，此时的任务当由书写人完成。清代至民国，书写人称为文书写手，在契约中常用"代笔"字样，极少数情况下作"笔""请笔"。"请笔"是立契人落款时提及的。有时将"亲笔"置于落款处，如"民国三十七年五月初八日周群亲笔立"①。

若是邻里之间很相识的人，或亲房、亲戚之间发生抵押借贷关系，有时不用中人，借入人直接书写文书，常作"亲笔"字样，如《吴文科借字约（道光二十五年七月初二日）》：

> 立借字约人己转寨吴文科，为因家下缺少费用无出，自己问到鲁之渊名下，实借过铜钱柒千文整，亲手收回应用。其钱言定每千每年加二五行利，不得短少。如有短少，本利无归，自愿将半钱田一丘，约禾十五把作抵，任从银主下田耕种管业，不得异言。今欲有凭，立此借字为据。
>
> 凭中　吴士贵
> 亲笔　立

道光二十五年七月初二日　立借②

在本契约中，借钱人吴文科用田1丘作为抵押，借到鲁之渊铜圆7000文，请了中人吴士贵，自己担任书写人。前述民间抵押借贷契约文书915份，标明书写人有733份，占80.11%，其中"亲笔"即借入人书写共109份，占915份的11.91%。也就是说，大约超过八成的抵押借贷契约标明了书写人，其中有一成多是借入人亲自书写的。

---

① 贵州省档案馆、黔东南州档案馆、岑巩县档案馆合编：《贵州清水江文书·岑巩卷》（第一辑），第4册，贵州人民出版社2019年版，第273页。

② 李斌主编，凯里学院、黎平县档案馆编：《贵州清水江文书·黎平文书》（第三辑），第54册，贵州民族出版社2020年版，第69页。

清至民国时期，清水江流域书写人几乎未收取报酬，收取请笔费的抵押借贷契约文书非常罕见，这表明该流域文书写手从很久以前收取费用向不收费用发展，标志着清水江流域社会层面民间借贷契约文书在中笔费方面的变迁。书写人不收费用，是该流域社会进步的标志之一，其作用在于有利于借贷的构成，减少借入人的经济压力，使所借贷到的有限钱物能够发挥更大的作用。因为绝大多数民间借贷是有利息的，这与闽西乡村的借贷书写人收取费用完全不相同。"笔礼费与中人、在场人礼费一样一般先由出贷人垫付，取赎之日连同债款归还借入人。"① 闽西借贷交易收取礼费具有普遍性，而清水江流域抵押借贷中收取礼费的现象却罕见。地域不同，礼费迥异。

（二）借贷关系成立的标志

借贷关系成立的标志是订立契约字据、画押、按手印和签名。清水江流域民间借贷契约订立前，有借入人向出贷人约定、协商，中人协调等事项，这些程序进行完毕，则进入关键环节——订立契约和字据，并签名生效。凡是书面的抵押借贷契约，形成过程大致相同，这对村民来说是严肃的，亦是审慎的。借钱借物时讨价还价可能存在，争论也有，一旦写到纸上，形成字据，则是借与贷双方均须履行的条款，所以借贷双方都重视。其场面庄重、严肃，当然契约完成后，略办酒席时则有欢乐气氛。

1. 订立契约

订立借贷契约的程式中，应当有草契情形，但文书尚未显示。《吴华顶借约（嘉庆十六年二月二十九日）》② 和《吴华顶借约（嘉庆十五年二月二十

① 俞如先：《清至民国闽西乡村民间借贷研究》，天津古籍出版社 2010 年版，第 138 页。
② 李斌主编，凯里学院、黎平县档案馆编：《贵州清水江文书·黎平文书》（第二辑），第 38 册，贵州民族出版社 2019 年版，第 129 页。

五日）》内附《吴华顶断卖田约（嘉庆十六年二月二十九日）》[①]，在内容上，借约部分相同，断卖约的标的物不同，但都是为偿还同一宗借贷而订立断卖契约。根据内容推断，其中一份疑为草契。契约写好，核对无误，文书写手还要将契约宣读给在场人听，以辨别是否有误。极少有依口代笔而书写的抵押借贷契约。如《民国二十七年六月三十日张绪文借铜圆字》：

> 立借铜圆字人张绪文，今因手中空乏，要钱用度，无处出借，请中上门借到杨胜松名下，承借铜圆五十封正（整）。其铜圆照月加三行息，自愿将到本面之田一丘，有花八箩作抵。其田上抵借主田，下抵杨姓田，左抵路，右抵路，四抵分明。倘有息钱不清，任由钱主下田耕种收□作息，借主不得异言。今恐无凭，立借字一纸为据。

凭　　中　　　杨秀武

依口代笔　　　杨秀文

民国戊寅年六月卅日　　张绪文请笔立[②]

张绪文所借贷的铜币 50000 文，由杨秀文依口代笔而书立契约，尊重借贷双方的意愿。清水江流域的抵押借贷交易均有订立契约的环节，由此才进入后面的手续。

钱契两交，契约生效。多数契约不提及这个环节，只是极少在契约中书明，如光绪三十四年（1908）一月初五日石占魁自愿将园圃 1 坪出抵与陈完顺，抵价纹银 2 两，契约中书写"银契即日两受，并无别项准拆"，[③] 表明契约即日生效。清到民国时期，抵押借贷契约中，借入人手交契约与借出人，后者把钱交与借入人，是立契当时即完成的事项。

---

① 李斌主编，凯里学院、黎平县档案馆编：《贵州清水江文书·黎平文书》（第二辑），第 38 册，贵州民族出版社 2019 年版，第 121 页。

② 贵州省档案馆、黔东南州档案馆、三穗县档案馆合编：《贵州清水江文书·三穗卷》（第一辑），第 5 册，贵州人民出版社 2018 年版，第 78 页。

③ 李斌主编，凯里学院、黎平县档案馆编：《贵州清水江文书·黎平文书》（第一辑），第 10 册，贵州民族出版社 2017 年版，第 136 页。

2. 画押

画押极少，且画押手续有转向钤私人印章的趋势。一般订立抵押借贷契约，完成钱（银）两交即可。在借贷关系成立过程中，清代极少情形出现参与者签名或画押，民国亦然。如《光绪二十四年六月三日彭相喜立借会钱字约》记载中人有"吴德芳、杨世凤、杨纯连、姚绍龙"均画押。[①] 民国十六年（1927）三月二十日姚再升以屋作抵借钱时，姚再升画押。[②] 民国十九年（1930）六月二十日杨奶华户借洋银 1 两，"亲手发（花）押"[③]，才使借贷得以成立。再如《吴文有抵借字民国三十一年十月初三日》：

> 立抵字人嫁南寨吴文有，为因要谷用度无从得出，自愿将牛二脚要谷出抵，自己抵到本寨吴文贤明（名）下承抵为业，当日凭中议定价谷一石。至三十一年十月初三日借到文贤兄谷一石，照月加五行息，不得有误。若有误者，自愿将牛二脚作抵。恐后无凭，立有抵字为实。
>
> 凭中　吴文明　　（押）
>
> 代笔　龙正文　　（押）
>
> 中华民国三十一年十月初三日　立[④]

本契约中，凭中吴文明和书写人龙正文皆画押，借入人吴文有未画押。画押手续从清至民国逐渐稀少，民国时期出现盖私人印章的方式。虽然清至民国时代在演进，但传统的按手印方式仍然存在，如《欧君贤借字（民国三十七年十二月初十日）》：

---

① 贵州省档案馆、黔东南州档案馆、岑巩县档案馆合编：《贵州清水江文书·岑巩卷》（第一辑），第 3 册，贵州人民出版社 2019 年版，第 154 页。

② 张新民主编：《天柱文书》（第一辑），第 19 册，江苏人民出版社 2014 年版，第 131 页。

③ 李斌主编，凯里学院、黎平县档案馆编：《贵州清水江文书·黎平文书》（第二辑），第 48 册，贵州民族出版社 2019 年版，第 69 页。

④ 贵州省档案馆、黔东南州档案馆、剑河县档案馆合编：《贵州清水江文书·剑河卷》（第一辑），第 5 册，贵州人民出版社 2018 年版，第 113 页。

立借字人黎平县大稼乡五保平途寨欧君贤，为因缺少急用无出，自己请中上门问到锦屏县平略乡彰化寨范锡昌名下，实借大洋肆拾元整。……

　　　　　借银　欧君贤　（手印）左大每（拇）子（指）

　　　　中笔　杨秀文

民国三十七年古十二月初十日　　立①

本契约中，借入人欧君贤用收谷 18 担的 2 丘田作为抵押，借到范锡昌大洋 40 元，约定第二年古历四分内本利归还，用左手大拇指按手印作为凭证。

清水江流域民间抵押借贷契约共计 915 份，仅 14 份有画押，画押仅占 1.53%。将画押、盖章和按手印一起纳入画押手续计算，画押的抵押借贷契约不足 2%。这表明，一方面画押在清水江流域民间抵押借贷中不重要，是一个可有可无的手续，另一方面也说明村民大多能够做诚信，画押就逐渐稀少了。

三、借贷关系的维系

（一）抵押物权

抵押借贷中，抵押物权是否让渡是一个关键因素。清水江流域民间抵押借贷中，抵押物权有两种方式。

1. 抵押物使用权让渡与出贷人

抵押物权自从订立契约后即让渡与出贷人，这是常态。标的物由出贷人管业，或者转佃与借入人管业，收取租额。如嘉庆二十四年（1819）四月初七日谢包楼三以黄扒田 1 丘，计禾花 120 稿作抵，借到徐圣珍本银 10 两，其抵押物权让渡给钱主徐圣珍，钱主转交抵押田与谢谢包楼三佃种，每两银支

---

① 李斌主编，凯里学院、黎平县档案馆编：《贵州清水江文书·黎平文书》（第一辑），第 19 册，贵州民族出版社 2017 年版，第 164 页。

付禾利 25 斤，每年交租谷 250 斤，未限定回赎时间。[1]《石维□抵字约（民国六年十二月初二日）》：

> 立抵字约人本寨石维□，为因缺少银用无出，自愿将主业土名亚杂田乙丘，约禾八把，出抵与本寨石廷花名下承抵为业。当面自己议定价钱陆仟整，亲手收用。其田抵之后，恁凭抵主管业，日后不得异言。恐口无凭，立此抵字为据。
>
> 外批：一年续（赎）传（转）。
>
> 中笔　石显才

民国六年十二月初二日　立[2]

石维□用收禾 8 把的田抵与钱主石廷花，收到铜币 6000 文，此田交与钱主石廷花管业，一年后赎转。清水江流域抵押借贷中，标的物是否由出贷人管业，契约中一般都会予以说明。

2. 抵押物使用权未让渡

抵押物权仍在借钱人手中，未发生让渡。在契约中约定，如果借钱人过期限未能偿清债务，即借钱人违约，出贷人有权处置抵押物，或管业、或变卖、或折价抵扣、或照典当价管业等，特别是家畜类抵押物，仍然在借钱人手中。这种情形下，抵押物权未让渡给出贷人。换言之，出贷人获得的是虚拟的特权。只有借钱人违约，出贷人才有真正具有抵押物的处分权。这表明清水江流域民间抵押借贷，抵押物权的让渡是一种灵活的方式，完全根据借贷双方的约定，并不存在出贷人一定要把抵押物据为己有的情形。文书显示，这种虚拟让渡的例子占较大比例，如《吴起龙借字约（嘉庆二十五年十二月

---

[1] 贵州省档案馆、黔东南州档案馆、剑河县档案馆合编：《贵州清水江文书·剑河卷》（第一辑），第 1 册，贵州人民出版社 2018 年版，第 188 页。

[2] 李斌主编，凯里学院、黎平县档案馆编：《贵州清水江文书·黎平文书》（第二辑），第 32 册，贵州民族出版社 2019 年版，第 129 页。

二十二日）》：

> 立借字约人传峒吴起龙，为因家下缺少费用无出，自己请中问
> 到，口团吴应雄名下，实借过色艮（银）叁两整，亲手收回应用。
> 其艮（银）言定每两限至九月内，利谷一秤，不得斤两短少，如有
> 短少，自愿将登难田一丘，约禾六把作抵，日后不得，任从艮（银）
> 主耕种管业，不得异言。恐后无凭，立此借约为据。
>
> 　　　　　　　　　　　　　　　　凭中　吴安与
>
> 　　　　　　　　　　　　　　　　代笔　吴士宏
>
> 嘉庆二十五年十二月二十二日　立借约①

吴起龙用载禾 6 把之田 1 丘，借到吴应雄色银 3 两，倘若当年九月每两利
谷 60 斤不能交清，抵押物才由钱主吴应雄管业。抵押物未让渡给钱主。道光
十五年（1835）闰六月初八日王昌包借银 4 两，禾利每两 20 斤，"若有误者，
任从银主下田耕种为业"②，本利不偿还的情况下，钱主才下田耕种管业。再
如《石昌植抵借字（民国十一年十二月二十日）》：

> 立抵借字人岑湖寨石昌植，为因缺钱用无出，自己请中登门问
> 到，自愿将土名便比桥头田乙丘，在（载）禾拾把，今出抵典孟彦
> 间罗继昌名下，实借铜钱贰拾肆仟文整，亲手收回应用。其钱言定每
> 千照月加三行息，限至开年五月之内本利归清。如有不归，任凭钱主
> 请人取讨管业，二比不得异言。口说无凭，立此抵借字是实为据。
>
> 　　　　　　　　　　　　　　　　请中代笔　石学能
>
> 民国拾壹年腊月贰拾日　立借③

---

① 李斌主编，凯里学院、黎平县档案馆编：《贵州清水江文书·黎平文书》（第二辑），第 43
册，贵州民族出版社 2019 年版，第 282 页。

② 贵州省档案馆、黔东南州档案馆、剑河县档案馆合编：《贵州清水江文书·剑河卷》（第一
辑），第 1 册，贵州人民出版社 2018 年版，第 197 页。

③ 李斌主编，凯里学院、黎平县档案馆编：《贵州清水江文书·黎平文书》（第一辑），第 3 册，
贵州民族出版社 2017 年版，第 55 页。

作为抵押物的田仍在石昌植手中，只有到期不能偿清所借钱的本利，钱主才请人取讨抵押物来管业。

当然，抵押物标注在借贷契约中，其产权让渡与否，并不影响抵押借贷契约的效力，因为契约本身具有约束力，借入人一旦违约，出贷人有权按照双方订立的借贷契约处置抵押物，从而偿还债务。

3. 限期偿还钱粮的抵押借贷

限期偿还钱粮本利，赎回抵押物。这种抵押是借入人自愿书立的字约，如果到期归还清欠账，则抵押物并未发生产权转移。这种方式与借钱时将土地财产作为抵押有相同之处，在于抵押物较多地选择田产或山林或房产，不同之处是限期归还的钱常未提及利息。如下例：

> 立限字人张国栋，限到国珍钱叁拾伍千文整，限至八月初十，不得有误。如有误者，自愿将到宰郎之田谷乙半作抵。恐口无凭，立此限字为据。
>
> 　　　　　　　　　　凭中　　杨必荣
>
> 民国拾伍年七月初四日　　　清（亲）笔　立①

1926 年 8 月 11 日张国栋所立的限期还钱字，所欠张国珍铜币 35000 文，限期只有 36 天，若到期未还清，所抵押之田谷 1 半将归张国珍所有。

4. 借工债

一种特殊的抵押物权——借工债。借工债是一种特殊的借贷方式。作为特例，借到钱谷后，无力偿还，借入人亲自到出贷人家劳动（帮工），用劳动来支付本利，或抵扣本利。对于借入人而言，这种借贷称为放工债，如光绪十九年（1893）五月初八日张老岩向张开盛叔侄借铜币 10000 文，约定到期不

---

① 本文书来自贵州省锦屏县张继渊家族所藏文书，特此说明。

能归还，用借入人自己做工抵还所借之钱。原文如下：

> 立借字人苗埂寨张老岩，为因家下缺少钱用无出，自愿上门借
> 到堂兄张开盛、张开理、侄张天喜、张天思叔侄四人名下，实借过
> 铜钱拾千文整。此钱自借之后，言定三年还清，不得违误。如有误
> 者，自愿将本身农工归还。恐后无凭，立此借字是实为据。
>
> 　　　　　　　　　　　　凭中　吴天云
>
> 光绪拾九年五月初八日　　　亲笔　　立①

没有抵押物，抵押物权如何让渡？清水江流域民间抵押借贷中，借钱人自己做工，支付利息，可以把借入人做工应得的工资看作物权让渡于出贷人。"穷得连利都无法偿付的人家，只有去借工债，农忙时以自己的劳动去抵债。"② 这种方式表明该流域部分村民十分贫穷。光绪十九年（1893）五月初八日张老益向张开盛叔侄借铜币 40000 文，再次书立借据，如果到期未能偿还此钱，他将做工抵债，"如有误者，自愿将本身农工归还"。③

此外，抵押物权让渡中的措辞值得注意。抵押借贷一般写作"立借字某某"，在文中标明抵押物，所借钱数额、利率及归还等，但有的情况下，写作"立抵字""立抵借字""立抵典字"，其性质仍然是抵押借贷，只是措辞上倾向钱主，对于借钱人而言语气显得强硬些，如"不得短少""不得有误""不得异言"等，如《道光十八年四月十六日谢二乔等抵当田契》所示：

> 立抵当田契人谢二乔、岩昌保兄弟二人，今因家下要银使用，
> 无从得处，自愿将到土名坐落鬼亭田一丘，禾花十六边……自己请
> 中上门问到谢包楼名下，承借色银壹两五钱整，其银任干收禾利，
> 每两二十五斤，一共干收五十二斤半，不得短少。若有短少，任从

---

① 本文书来自贵州省锦屏县张继渊家族所藏文书，特此说明。

② 《民族问题五种丛书》贵州省编辑组，《中国少数民族社会历史调查资料丛刊》修订编辑委员会编：《苗族社会历史调查》（一）（修订本），民族出版社 2009 年版，第 61 页。

③ 本文书来自贵州省锦屏县张继渊家族所藏文书，特此说明。

银主下田耕种，借主不得异言。今欲有凭，立抵当字为据是实。

又外借壹两。

凭中 谢保二

代笔 谢正荣

道光十捌年四月十六日 立抵[①]

道光二十五年（1845）四月初八日谢包劳将田1丘，收花200作抵，"借本纹银拾肆两整，□银照月加叁，限至二月之内本利相还，不得有误"[②]，民国二年（1913）十月二十五日姜春茂借铜币4000文，"限至明年四月之内木（本）利归清，不得拖延达误。如有误，任从钱主进椿（圈）牵猪管业"，任从借主钱主请人坐守。[③] 民国三十七年（1948）十一月二十五日石俰宏用地基议定抵价禾250斤，"限到己丑年（1949），本利当其归清，不得有误"[④]，若误，钱主将所抵地基管业。

从以上抵押契约可知：抵当契、抵借字、借抵字等契约，与一般抵押借贷契约一样，出贷人总处于有利而主动的地位，当借入人无力偿还时，出贷人有权按照契约中的约定，将抵押物据为己有。这类契约已经具备了相当的法律效力。这类纠纷，即令告到官府，借入人也很难胜诉。

抵押借贷特殊契约的出现，可能还有出贷人的主观原因，比如占有他人财物，使用强迫手段，钻乡规民约和法律的空子等。客观原因可能有法律不健全，民间习惯法有许多漏洞，司法薄弱，司法程序和环节存在不足等。这类契约民国时期比清代更多，围绕抵押物，契约中有更多的违约处置办法。

---

① 贵州省档案馆、黔东南州档案馆、剑河县档案馆合编：《贵州清水江文书·剑河卷》（第一辑），第1册，贵州人民出版社2018年版，第209页。

② 贵州省档案馆、黔东南州档案馆、剑河县档案馆合编：《贵州清水江文书·剑河卷》（第一辑），第1册，贵州人民出版社2018年版，第208页。

③ 李斌主编，凯里学院、黎平县档案馆编：《贵州清水江文书·黎平文书》（第一辑），第4册，贵州民族出版社2017年版，第137页。

④ 李斌主编，凯里学院、黎平县档案馆编：《贵州清水江文书·黎平文书》（第二辑），第32册，贵州民族出版社2019年版，第218页。

（二）抵押借贷限期

借贷契约缔结之后，要按照契约在期限内支付利息。一般在民间借贷契约文书上约定了所借贷物的归还期限，并且从契约文书的收单字上可以看到计算利息的时间周期。

1. 抵押借贷期限类型

借贷时间期限是一个比较清楚的问题，如果按照借贷契约的双方约定，那么这个期限应该是准确的，但契约上约定的借贷期限是否与实际生活中的情形完全吻合，清水江流域抵押借贷的偿还期限却呈现出比较复杂的情况，许多文书无载期限，这为研究带来了困难。同时借贷契约文书对于期限的表述又多种多样，不可能整齐划一，因此本书做了大体归纳，尽可能地找到各县民间对于期限表述的相似之处，再按份数计量分析。

抵押借贷契约文书显示，锦屏未载期限 36 份，天柱 16 份，黎平 303 份，剑河 2 份，三穗 25 份，岑巩 14 份，累计 396 份未记载期限。有 519 份记载偿还期限，占抵押借贷契约文书总数 915 份的 56.72%，近六成，以此为基础的分析结果应该有效。

据此分析，清水江流域抵押借贷契约中偿还期限有以下几个特点（见表 3-14）。

表 3-14　清至民国清水江流域民间借贷偿还期限表

单位：份

期限表述	锦屏	天柱	黎平	剑河	三穗	岑巩	合计
限一天			1				1
限五天之内					1		1
限六天			1				1
限九天			2				2

续表

期限表述	锦屏	天柱	黎平	剑河	三穗	岑巩	合计
限至借贷当月底	1						1
限一个月内	2		1				3
限三个月内	1		4				5
限正月内			1				1
限二月内		1	10	1			12
限三月底		1	6				7
按季度缴清		1					1
限清明			3				3
限四月内		1	10	1			12
限五月内		3		1			4
限后五月内			1				1
五/冬月十六各交一半					1		1
限半年					1	2	3
限到六月十八					1		1
限七月内		1	5				6
限八月内		1	9	2			12
限秋收	13	4	40	2	2	10	71
限九月初十	1	1					2
限九月之内	4	6	1	1		2	14
限十月十五之内	1			1			2
限十月之内	4	10	31	1	1		47
限秋冬月	1	2	14			6	23
限冬月	1				5	2	8
限至十二月初十内	2						2
限腊月		1		2	1		4
限年底		3	19				22
限本年出售物品后还清	1	2	16				19

续表

期限表述	锦屏	天柱	黎平	剑河	三穗	岑巩	合计
限明年正月						1	1
限明年二月	2	8	15				25
限明年三月		6	12			1	19
限明年四月还清		1	4	1			6
限明年五月之内			2				2
限明年六月							
限明年七月			3				3
限明年八月			3				3
限明年秋收	2		1				3
限明年九月			1				1
限明年（开年）之内		1	10				11
十月交禾利，明年归本			1				1
限一年（每年）		1	4		12	2	19
限二年			4				4
限三年			1		3		4
三年无利，之外月加三			3				3
限到某年某月某日		2	27				29
不拘远近		11	67	7	2	6	93
未载期限	36	16	303	2	25	14	396
合计（份）	72	84	636	22	55	46	915

说明：本表包括实物抵押借贷和货币抵押借贷，共915份。

各县具有的共性。不限制偿还期限，是清水江流域民间借贷的最大共性。可以推论，凡是未标明期限的抵押借贷，可能都属于不限制期限，只是语言上未提及而已，借入人与出贷人都明白有钱物备足即还清，何必写在纸上。或者说，双方口头说明本利备足即还，不需要在契约中书写。

通过表3-14，总体上看，三年及以上偿还债务的，有7份；一至三年

(不含三年) 的 23 份；一年以内的占大多数，有 276 份，点 30.6%。具体期限类型如下：

不限制期限偿还。这类共 93 份，占 915 分的 10.16%，比例较高。在标注偿还期限的民间借贷契约中，有超过十分之一不限制期限。

按时间段偿还。这里的时间段指契约中规定偿还借贷的时间天数、月数或年数，从一天到三个月，再到一年都有，最长三年。

按时间到达某朝某年某月某日偿还（含某月某日）。比如限五月十五日、八月初八、开春二月十旬、道光十八年二月归清等，共计 29 份，占总数的 3.17%。

按时间到达本年某月偿还，包括本年某月内、年底等。这类最多，比如限到本年（指借贷当年）三月、四月、五、六、七、八、秋收、九冬十月、冬月、十二月（腊月）、本年年底、二季上会等。即从限制在本年正月内，到明年（开年）之内，共计 353 份，占总数的 38.58%。

按时间到达明年某个时间偿还。一般在明年上半年偏多，少有第二年秋收或年内的。这类文书共计 75 份，占总数的 8.2%。

按本年出卖某物获得款项之后即偿还，其中未注明限期的极少，有点类似不拘远近。在借贷发生的当年内出卖某物写得很清楚，出贷人收回本利有依据，有保障，相当于在抵押物的基础上又多了一个条件。这是以出售期货作为偿还借贷钱物的一种方式。这类借贷数量虽少，但反映了当地经济状况。一般选择木材（14 份）、田（1 份）、实物（1 份）、家畜（3 份），动产与不动产，只要能够变现就行，共 19 份。

本利分开期限偿还。主要有这几种情形：谷利限至八月秋收送入登仓，本限至对年相还。限至九月中称过秤，其洋限至冬月本洋相还。限三年内还无利，三年外每照月加三行利。限五日之内，过限加息。限至明年归本，今年十月称禾利。一是先收到利息，后偿还本，二是在几天、几月或几年内无利息，超过约定期限归还，则按既定利率收取本息。不过，本利分开期限偿还在清水江流域并不常见。

2. 抵押借贷期限差异与总体趋势

清水江流域各县的抵押借贷期限具有差异。

锦屏县按月以上的期限偿还，最长周期为两年，基本上限制下半年偿还。天柱县按月以上的期限偿还，最长周期为一年，借贷当年的下半年偿还远多于上半年偿还。黎平县按天以上的期限偿还，最短为一天，最长周期为三年；在借贷发生的当年各月偿还的情形皆有，第二年春天偿还较多，并以出售某物之后将钱偿还债务和约定（某年）某月某天偿还为特色。剑河县按月以上的期限偿还，最长周期为一年；偿还期限主要是下半年，上半年和第二年极少。三穗县按天以上的期限偿还，最短期限为五天，最长周期为三年；以每年结清本利为特色，另有规定时间，季度和半季度缴清，如五月十六、冬月十六，一季一半上会。岑巩县按月以上的期限偿还，最长周期为一年，以借贷当年的下半年偿还为主（见表3-14）。

总体趋势表现在以下几个方面：

其一，近一半的抵押借贷有明确的偿还期限。在915份抵押借贷契约中，除去"不拘远近"的含糊表达外，标明偿还具体期限的民间抵押借贷契约共426份，占总数的46.56%，说明在清水江流域，将近一半的民间借贷约定了具体的偿还时间。还款期限是一个重要的环节，直接关系到所借贷的钱与物的本息。该流域民间借贷的总趋势是偿还期限具体明确，这对于出贷人与借入人双方来说，都是非常重要的，有利于保护出贷人的钱财本息能够如期收回，一定程度上减少了受损的风险。

其二，无论是否取收利息，借贷限期最短为1天，最长为三年，特别是不计利息的，三年以外出贷人必须支付利息。这表明在该流域民间借贷中，出贷人不会约定太长时间，完全出于稳当收益的考虑，这与典当最长达60年是有质的区别的。该流域民间借贷总体是限期较短，常态为当年偿还所借贷的本息。目前所见这类借贷契约 292 份，占总数的 31.91%，超过三成。跨越年度偿还的契约文书 134 份，占总数的 14.64%，不足当年偿还的一半。

其三，该流域民间借贷偿还期限以借贷发生的当年偿还为主要特点，双方约定在借贷发生的当年下半年偿还是大趋势，上半年偿还相对小得多；第二年偿还时，上半年归还则多于下半年归还，而且约定秋收之偿还比上半年偿还亦多得多。从借贷契约来看，借贷发生的当年上半偿还本息的，共 44 份，而当年下半年偿还者为 232 份，占总数的 25.36%；借贷当年秋收偿还的，共 71 份，占总数的 7.76%。这说明借贷发生的当年下半年偿还债务本息，特别是在秋收时偿清债务，是清水江流域民间借贷的大趋势。这与李金铮所说，春当秋赎是典当业的一个特征，与农业生产的春播秋收相适应①，有相似之处。

根据表 3-14 制成民间借贷偿还期限图（见图 3-4）。

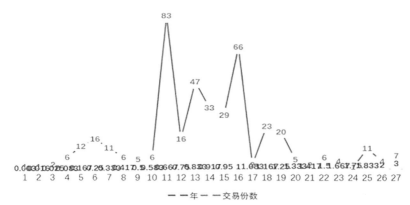

图 3-4　清至民国清水江流域民间借贷期限图

由图 3-4 可以发现清至民国清水江流域民间借贷限期有两个规律：

其一，该流域民间借贷限期集中在 0.667 年（8 个月）至 1 年之间，占

---

① 李金铮：《旧中国高利贷与农家关系新解——以长江中下游乡村为中心》，《浙江学刊》2002 年第 6 期，第 36 页。

64.5%。最长为 3 年，最短为 0.003 年（1 天）。

其二，该流域民间借贷限期整体上较短，平均借贷期限为 0.06 年，约合 22 天。

四、借贷关系的终止

（一）回赎

1. 直接在原契约中注明本利偿清

借入人遵循契约，解除借贷关系，这通常涉及回赎。由于有的借贷契约没有约定回赎时间，有的规定一年、两年或三年不等，不限归还时间的，借入人可以自己选择时间回赎标的物。

方式一，在原先订立的抵押借贷契约中，用"外批"注明借入人所借之钱物已本利还清，以及契约解约（赎约）是否退出。若未退，以后寻出即为故纸而无效力。这是最简明的方式，亦是常用的方式。回赎时须将所借之钱（银）交割清楚，常在原借约中注明"还清了"字样，如《石文忠借字约（道光二十四年四月十五日）》：

> 立借字约人香硐寨石文忠，为因缺少银用无从得出，自愿将祖父遗下土名囗常田乙丘，约禾十把作抵，自己请中问到扫洞寨黄宗怀名下，实借过铜钱八千四百文整，亲手收回应用。其钱之后言定每千钱言定每周年加二行利，不得有误分厘短少。如有本利无归，艮（银）主将抵自耕管业，借主不得异言。恐口人信难凭，立此借字为据。
>
> 外批：此账还清并去，下欠具有解约一纸未退，日后寻出，系是故纸。
>
> 凭中　石千弄
>
> 黄之发亲笔立　亲笔　石文忠

道光贰十四年四月十五日　立①

所借钱物已还清，但字未退，在原契约中注明。本借约中，即运用"外批"注明石文忠所借之铜币 8400 文及利息已经还清，只是契约未赎回，即"账还清并去，下欠具有解约一纸未退，日后寻出，系是故纸"，以杜绝不必要的争端。又如道光二十六年（1846）八月二十八日吴士成等用黄牛 1 只作抵，借到谢德兴宝号铜钱 5400 文，每千文作利谷 1 秤，"外批：光绪八年廿一日到□□□弟兄一股，本利一并□清。分文出欠。亲笔"。②

民国时期仍然使用"外批"注明所借之钱物还清，表明该宗抵押借贷终止。在写法上比清代更灵活，有时用"一批"，直接写几行字说明所借债务抵扣过程，债务结清，该宗抵押借贷终止。清与民国的相同点在于都是在原契约中标注，说明该宗抵押借贷已终止，如《嬴文灿借字（民国六年十月十九日）》：

立借字人嬴文灿，自己借到□□□泰名下，实借过银拾□整，亲手收回应用。其银言定每月加谷拾八斤行利，不得短少。如有短少，自愿将本名井怕茶山壹块，上登田，下登沟为界作抵。恐口无凭，立此借字为据。

外批：借到皮林吴佩显之银，拾□本利为□，嬴文灿还清字约退还。……③

民国十年（1921）六月初二日杨起栋借到石某某等二人大洋 56 元，每月照月加三行利，"还清废契存阅"，"于次年又五月廿日还清，系抵字二纸共借本大洋玖拾四元，十个半月算利。今本利共还去光洋壹伯（佰）贰拾陆六

---

①　李斌主编，凯里学院、黎平县档案馆编：《贵州清水江文书·黎平文书》（第三辑），第 51 册，贵州民族出版社 2020 年版，第 285 页。

②　李斌主编，凯里学院、黎平县档案馆编：《贵州清水江文书·黎平文书》（第二辑），第 43 册，贵州民族出版社 2019 年版，第 64 页。

③　李斌主编，凯里学院、黎平县档案馆编：《贵州清水江文书·黎平文书》（第三辑），第 54 册，贵州民族出版社 2020 年版，第 97 页。

元四角，有抵字未揭"。①

批注的方式较常见。又如民国十一年（1922）五月初三日石梯荣田1丘，约禾30把作抵，借杨胜学、石世□纹银6.52两，照月加三分，三年之内归还，"一批：甲戌时年七月初十日　将光洋十元正赎回，价光洋每元申钱七千七百文，扣得禾花一半收。还清了。"②

方式二，在原契约中注明"赎回"字样，表明该宗抵押借贷终止。如《杨起栋借字（民国十二年三月初九日）》：

> 立借字人本寨杨起栋，为因账费缺少银用无出，自愿将岭气之田乙丘，在（载）禾四石作抵……实借过足银陆两整，凭中领回应用。其银自借之后，每两照月加三行利，不拘远近本利归还。如有不归，三年足满，银主照字管业，借主不得异言。恐口无凭，立此借字是实为据。
>
> 批：此代孟秀□□当于借仍代（贷），今赎转□□存览（印）。
> 内添一字，墨一字。
>
> 　　　　　　　　　　　　凭中　　杨胜辉
> 民国十二年癸亥三月初九日　　　立借　亲笔③

本契约中，注明了"今赎转□□存览"。这类契约透视了村民对于抵押借贷债务处理十分重视，交易结束后，仍然珍藏文契。又如民国二十一年（1932）六月二十五日石炳晶用木杉山作抵，借到□熙弟兄铜币22500文，每千照月加三行息，"不居（拘）远近本利归清，限明年五月之内本利归清"，原契约中注明"□月十九日又收元钱九封兴梯嵩价赎回，收清了。丙子年八

---

①　李斌主编，凯里学院、黎平县档案馆编：《贵州清水江文书·黎平文书》（第一辑），第1册，贵州民族出版社2017年版，第180页。

②　李斌主编，凯里学院、黎平县档案馆编：《贵州清水江文书·黎平文书》（第一辑），第15册，贵州民族出版社2017年版，第2页。

③　李斌主编，凯里学院、黎平县档案馆编：《贵州清水江文书·黎平文书》（第一辑），第1册，贵州民族出版社2017年版，第186页。

月十九日又收元钱九封典梯嵩续（赎）回清了。"①　"赎回"简明扼要，表明抵押借贷结束。

2. 书立还账字

账务还清后，书立还账字。这种方式最稳当，表明该宗抵押借贷终止，最完善。如《邰绍原还账字（民国十三年八月初二日）》：

> 立还账字人邰绍原，为因癸亥年十月十三日所借四大家会上共
>
> 钱，借去本钱捌千文正（整），至甲子年八月初二日来还，共合本息
>
> 钱拾千四百文正（整），即日还来光洋四圆，每圆贰千陆百文，此所
>
> 收是实。
>
> 外批：此抵字计（寄）在朝远家未揭。日后朝远回家，任现揭
>
> 抵字交与郭邰绍原兄弟。
>
> 民国甲子年八月初二日　　　还账②

本契约中，邰绍原所借钱本利共 104000 文，在一年内用大洋 4 元还清，并注明抵字未揭（赎回），待远回家后交与郭绍原。书立还账字约，在清水江流域并不多见，可能因为比较麻烦，不如直接在原契约上标注方便。

由上例证可知，清水江流域民间抵押借贷的回赎一般情况下按期执行，这些方式亦是该流域的常见办法。

（二）抵押物被出贷人自由处理

抵押物被出贷人自由处理是遵循契约中的约定从而解除借贷关系的一种情况。按照借贷契约中订立的时间期限，期满而借钱人无力回赎时，出贷人

---

①　李斌主编，凯里学院、黎平县档案馆编：《贵州清水江文书·黎平文书》（第一辑），第 15 册，贵州民族出版社 2017 年版，第 16 页。

②　李斌主编，凯里学院、黎平县档案馆编：《贵州清水江文书·黎平文书》（第一辑），第 18 册，贵州民族出版社 2017 年版，第 301 页。

就有权将所抵押的物品自由处理，或者直接变为自有的财产。这种情形标志着借贷关系的结束。

民国时期的抵押借贷契约，借入人与出贷人约定，到期不能偿清所借之钱及利息，出贷人有权将所抵押之物（田产或房屋等）作断价议价以偿还所欠债务。

1. 出贷人绝卖抵押物抵债

清水江流域称绝卖为断卖。断卖抵押物，抵扣所借钱物本利，在原契约注明，这是抵押借贷终止的又一方式。借贷双方经过中证，将抵押物议作断卖价，抵扣债务之后付清价款和利息，亦在原契中用"批"的方式标明，字数很少，一般插在契约的空白处，笔迹不同原契文，同样注明中人、书写人。如《石敬锦借字（民国十年七月初一日）》：

> 立借字人石敬锦，为因缺少目费无处所出，自愿将便谏棉花地壹块作抵，亲自请中登门问到本寨杨起桢名下实借过老宝银钱贰两乙钱三分，入手领用。其银自借之后，每两照月加三行息，不拘远近本到归还。如有及至三载不归，任从银主照字管业，借主毫无半言。……
>
> 批：此字于癸亥年三月初八日将此绵（棉）花地复断价同（铜）钱贰十四千贰百八十，内扣。此约本利足艮（银）三两四钱六分，扣钱七千六百。外补同（铜）钱乙十六千六百八十。当付光洋四元八角，□扣，同（铜）钱九千四百八十。
>
> 经中昌玉手兑清
>
> 民国辛酉年巧月朔一日　立字①

本契约中的借贷，到民国十二年（1923）三月八日偿清，原定三年期限，

---

① 李斌主编，凯里学院、黎平县档案馆编：《贵州清水江文书·黎平文书》（第一辑），第1册，贵州民族出版社2017年版，第181页。

尚差约四个月，属于正常回赎。石敬锦经过中人石昌玉手，将本利足银 3.46 两用断卖抵押物所获的钱扣清，扣除铜币 7600 文，结清民国十年（1921）所借的本银 2.13 两债务。

清水江流域借贷双方在抵押契约中约定，若借钱物人违约，出贷人将抵押物断卖，抵扣所借之钱粮的本利等所有债务。变卖抵押物是在借入人违约的前提才成立。

民国六年（1917）六月十九日石德兴用田 1 丘作抵，借到石通智银 18.8 两，每月还息 0.324 两，若到期不能归还本利，银主将其所抵押之田"断价议价归还"①，即将抵押作断卖处置以偿还债务。民国七年（1918）十二月十五日石文用借过石世地足宝银 18 两②，月息 0.54 两，约定第二年七月还清，若到期不支付，银主有权将抵押之田作断价卖掉，扣清债务。再如《陈再盛兄弟将山抵塘借字（民国九年十二月二十六日）》：

> 立将山抵塘借字人陈再盛兄弟，为卖便拷之塘，买主恐皇（防）日后不清，将借不兑，今卖主将土名岑注山杨杉木乙块，今将乙半作抵买主石德政名下足银捌两正（整）。其塘日后清白转退，抵字与原主。若不清白，任从买主将山管业，不得异言。立此抵字为据。
>
> 凭中　石文理
>
> 再盛　亲笔

民国九年十二月廿六日　立③

本契约中，陈再盛卖塘后，将卖价的一半抵与买主石德政的借债足银 8 两，借抵字交与原主，原借债务抵扣清楚。这里的抵扣采用不动产抵欠债

---

① 李斌主编，凯里学院、黎平县档案馆编：《贵州清水江文书·黎平文书》（第一辑），第 9 册，贵州人民出版社 2017 年版，第 390 页。

② 李斌主编，凯里学院、黎平县档案馆编：《贵州清水江文书·黎平文书》（第一辑），第 7 册，贵州人民出版社 2017 年版，第 274 页。

③ 李斌主编，凯里学院、黎平县档案馆编：《贵州清水江文书·黎平文书》（第一辑），第 7 册，贵州民族出版社 2017 年版，第 245 页。

（买卖主银8两）的方式，稳当可靠，债务与产权务必清楚干净，表明抵押借贷交易的终止十分复杂。

需要指出的是，出贷人通过借贷契约中获得的权利，仅限于将标的物出卖，取得其价款以抵偿债务，但他并未取得标的物的所有权，而是其交换价值。

2. 借入人绝卖抵押物抵扣债务

借入人绝卖抵押物抵消债务，这是不得已的方式。如《陈宏顺将田抵债字据（时间不详）》：

> 陈宏顺昔该五家田顷，计肆百肆十两血本，兹将便逐大田壹丘，约禾伍拾把作断与本店，议价壹百伍十两，其余之银概作义让，此消前数，故给此纸为据。□辰五□十一日。
>
> 　　　　　　　　　□延手条　清白①

绝卖抵押物，并在原契约中注明。如《石梯荣借字（民国十二年四月二十二日）》：

> 立借字人石梯荣，为因家下缺少用度无出所处，自愿将边埜田一丘……屋地基四间一并作抵。……实借过光洋柒拾伍元，亲手领回应用。自借之后，其洋元照□□三行息，限在本年理楚，仰两项□卖归还……
>
> 凭中　议大洋七十五元还清。
>
> □□老　　仰生屋田出卖字，还清。……②

本契约中，石梯荣所借大洋75元，将田与地基作抵，当年不归还，则断

---

① 李斌主编，凯里学院、黎平县档案馆编：《贵州清水江文书·黎平文书》（第一辑），第10册，贵州民族出版社2017年版，第185页。
② 李斌主编，凯里学院、黎平县档案馆编：《贵州清水江文书·黎平文书》（第一辑），第15册，贵州民族出版社2017年版，第3页。

卖 2 件抵押物偿还。契约所示，中人在原契约中书写"凭中，议大洋七十五元还清"，"仰生屋田出卖字，还清"，表明该宗抵押借贷终止。借入人自己出卖标的物以抵扣债务，但标的物的所有权仍然属于借入人。

3. 订立付约

订立付约可以看作偿还抵押借贷钱物的借贷契约。例如《民国九年三月二十七日龙彦德房屋货物地土等遗产交付龙彦禄付约字》：

> 立付约字人，今因龙彦德以前下欠旧账龙彦禄肆拾仟文，以后亡故归阴，无钱用度，堂兄彦禄除（出）钱超安埋，总共又去钱捌仟壹百文。彦德剩下房屋壹间半，货物或件，小盘山地土壹股，付与彦禄耕管，不得异言。立有付约为凭。

凭堂兄　　龙彦川

凭亲戚　　杨绍勋

讨　笔　　伍永隆

庚申年三月二十七日　　　　立字①

本契中，龙彦德欠账铜币 41000 文，去世后，由其堂兄龙彦禄安葬，又花费铜币 8100 文，只得由堂兄龙彦川、亲戚杨绍勋等为其做证的条件下，将其产业房屋 1 间半、几件货物和小盘山地土 1 股付与龙彦禄管业，抵销这两笔账，共计铜币 49100 文。龙彦德的遗产物权被出贷人处理。"黎平县一个陈姓贫苦农民老母病重，无米下锅，以可收 300 斤稻谷的青苗当给地主张某，得谷 50 余斤，当年减产，付不起青苗稻谷，张以'大加二'计息作为借欠，春节过后本息加成 3900 斤，无力偿还，只好将仅有的 7 石田签约抵债。"② 陈姓因为缺少粮食，将青苗田的产量 300 斤作为抵押，借到 50 斤，

---

① 张新民主编：《天柱文书》（第一辑），第 10 册，江苏人民出版社 2014 年版，第 261 页。

② 黔东南苗族侗族自治州地方志编纂委员会编：《黔东南州志·农业志》，贵州人民出版社 1993 年版，第 18 页。

但田地减产，无力偿还 300 斤，只能承受 200% 的利息，算到 3900 斤，最后只有将田抵债。

在台湾省还流行"胎借契约"。所谓胎借就是以产业（土地）作为抵押而形成的借贷关系。抵押田地由"银主（债权人）收租抵利"，一旦拖欠利粟，抵押之田便听凭银主"起耕掌管"，但如偿清债务，不拘年月，即可赎回抵押物，银主不得刁难。① 这种方式与清水江流域相似。如果典主不能在约定的期限内还清款项，其所抵押之业，田、地、房屋或山林、猪、牛及物品等均由钱主处置，即在这种情形下，钱主获得对抵押物的处分权，以偿还债务。

4. 绝卖其他物偿还债务

绝卖其他物（信用物）偿清债务也是抵押借贷结束的方式之一。清水江流域民间抵押借贷中，虽然约定，如果借钱物人违约，出贷人可以处置抵押物，包括变卖抵扣债务，但并非都卖抵押物。有的情况是卖其他物质，借入人获得钱后，再偿还所欠钱主债务，如《杨再富断山木以偿账目约（民国十五年五月二十三日）》：

> 立断杉木山场以偿账目约人塘旧寨杨再富，惜因先年所欠姻兄之项，自今无银归还，自愿将高白老寨地名拾股山杉山壹块，土栽分为三股，央冲（中）出断二股与坪途寨欧毓祥名下，以培（赔）旧项承受为业，凭中议定断价足银叁拾肆两八钱整，亲手领足，分厘不少。自卖之后，任从买主业禁砍伐受业，不得异言。倘有不清，俱在本名理落，不关买主之事。恐口无凭，立此断字为据。
>
> 　　　　　　　　　　凭中　母舅杨钟和
>
> 　　　　　　　笔叔　　　杨秀云

① 《台湾文献丛刊·私法编》，转引自张晋藩《清代民法综论》，中国政法大学出版社 1998 年版，第 161—162 页。

民国丙寅年五月廿三日　立契①

本契约中，杨再富因为先年欠姻兄债务，一直无银归还，于是通过中人说和，卖掉杉木股份的 2 股，获足银 38 两，在中人见证下，偿清所欠债务。

再如《陈宏顺将田抵债字据（时间不详）》：

陈宏顺昔该五家田顷，计肆百肆十两血本，兹将便逐大田壹丘，约禾伍拾把作断与本店，议价壹百伍十两，其余之银概作义让，此消前数，故给此纸为据。

口辰五口十一日。

口延手条　清白②

陈宏顺向仍债务银 440 两，断卖大田 1 丘获银 150 两，仍未偿清。钱主将余欠之数全部义让，由此结清借贷，并在契约中书写"清白"二字。义让银 290 两，说明清水江流域民间借贷中，出贷人并非都利益至上。虽然借贷存在剥削，但也存在不收取利息和让本利的情形。

以上是清水江流域民间抵押借贷终止的主要方式，即债权人绝卖抵押物抵扣债务、借入人自己绝卖抵押物抵扣债务、借贷双方订立付约和借入人卖掉物品抵偿债务。

民间借贷若遇到借入人不能偿还债务，但借贷双方又必须终止借贷关系，最后的方式就是告状，即通过诉讼，请求地方官府解决。例如《锦屏兼理司法口口府民事判决书（民国二十五年十一月初二日）》记载，民国八年（1919）十月姜灿春、姜必镛与姜为煌合伙经营木植，因姜必镛向桥梁会首人借银 5 两补清山价，该银月利率 2 分，但欠账到民国十五年

---

① 李斌主编，凯里学院、黎平县档案馆编：《贵州清水江文书·黎平文书》（第二辑），第 26 册，贵州民族出版社 2019 年版，第 152 页。

② 李斌主编，凯里学院、黎平县档案馆编：《贵州清水江文书·黎平文书》（第一辑），第 10 册，贵州民族出版社 2017 年版，第 185 页。

（1926）仍未还，桥梁会首人催利收本逼得很急，借主姜必镛被迫将 1 丘抵于出贷人，并垫付利息银 9 两余，三人每年交利息谷 100 斤。到民国二十五年（1936）姜灿春认为原木植生意折本无利，状告到锦屏县政府，锦屏兼理司法政府民事判决：姜必镛"向平鳌场桥梁会首人借以补清，每两按月行息二分"，补清欠账；姜灿春支付洋 21 元于姜必镛；姜必镛自备利息谷 66 斤交桥梁会收清，赎回所抵之田。① 这笔长达 17 年的账务终于通过司法途径解决了。由此可见，民间借贷的终止方式离不开官府的判决。当然，这不是民间借贷终止的常见方式。这方面的讨论更多地属于法律范畴，限于篇幅，本书不深入讨论。

五、与商业资本相结合的借贷

（一）大额借贷

大额度借贷所得的资金主要用于林木买卖与林农对林地的经营。

家族在经营林地等事务中积累了资金，用于民间放贷，形成借贷资本。比如《佐兴、之毫、之谨、开让祖公买山场总簿　姜元贞抄录》② 中，即有 16 页内容，详细记载了道光三年至十二年（1823—1832）间 124 笔账务，今整理其中的借贷账务如表 3-15：

---

① 张应强、王宗勋主编：《清水江文书》（第二辑），第 2 册，广西师范大学出版社 2009 年版，第 38 页。

② 张应强、王宗勋主编：《清水江文书》（第三辑），第 5 册，广西师范大学出版社 2011 年版，第 32—48 页。

表 3-15　姜佐兴、姜之毫、姜之谨、姜开让等山场簿借贷统计表

年份	月日/借入人	借/去	银/谷	银（两）	注	寨名	出处
道光三年	三月二十日吴光彩	借	银	2.94		堂东	33 页
	四月初七日姜献兰	借	银	1.7	有借约	本寨	
	三月二十五日姜开礼	借	银	2.2	猪作当，有约	本寨	
	三月十六日龙长生	借	银	0.9	当养五股占一股作当，有约	本寨	
	三月十五日姜宗周等	借	银	10	有借约，收		
	二月十九日姜登智	借	银	2.88	有借约		
	二月十五日龙献彩	借	银	3.08	收		
□年	二月初二日姜登文	借	银	2.5			34 页
二年	十一月二十六日□□林	借	银	15	暴库田作当		
嘉庆二十五年	六月二十七日开贤	借	银	4	有借约		
嘉庆二十五年	十二月初八日姜龙绞	借	银	2	有借约		
嘉庆二十年	十二月姜世培	借	银	2.14	有借约		
嘉庆二十四年	七月初二日之豪	借	银	2.7			
道光三年	四月十一日福香	借	银	0.43	猪作当，收		
	十二日士能	借	银	6.2	洪平		35 页
	五月初二日乔凤	借	银	0.45			
二年	十二月　三绞	借	谷 1 秤	0.4	按每秤谷 0.4 两计算		
三年	五月初九日三绞	借	银	0.9			
	五月十九日三绞	借	银	0.45	有借约		
三年	五月初六日姜宗周	借	银	7.9	看不清		
	五月十八日姜乔凤	借	银	12	有借约		
	五月二十六日姜福宗	借	银	1.3			

续表

年份	月日/借入人	借/去	银/谷	银（两）	注	寨名	出处
三年	五月二十七日世林、开明	借	银	50	有借约		
	六月初五日范绍学	借	银	100		岩湾	36页
	士俊	借	银	1.5			
	士俊	借	银	1.28			
	士俊	借	银	1.23			
	六月初六日老养	借	银	10		绕号	
	六月二十日姜登智	借	银	10			
	七月初二日姜成烈	借	银	2.5			
	七月初二日吴焕有奎	借	银	3.5		堂东	
	初三日姜世宽	借	银	50			
	十七日黄明道	借	银	10	有借当约		
	八月初七日世珽、开明	借	银	20	红（洪）平，有借约		37页
	八月初四日士道	拿去	银	25.15	又去15两，好银		
	八月十一日姜登智	借	银	10	好银		
	九月二十四日吴光彩	借	银	18.9			
	十月二十四日吴光彩	借	银	15.1			
	十月二十六日姜成烈、福宗	借	银	14	有约		
	十月二十六日姜世元	借	银	20	有约		
	十月十六日姜开明	借	银	14.7			
	十一月初三日彭相吉	拿去	银	112			
	十一月初九日宋万臣	借	银	20.4			38页
	十二月二十一日臣凤	借	银	9.14			

年份	月日/借入人	借/去	银/谷	银（两）	注	寨名	出处
道光四年	二月初四日姜奉乔、奉生	借	银	10.5		本寨	
	二月初四日姜颜福	借	银	10.5		本寨	
	三月初十日光秀算清	借	银	52.5	田1丘4石和田1丘9石作当		
	三月初十日世昌	借	银	52.5	党央共1□		
	四月初二日三约	去	谷1秤	0.5	每秤价0.5两		39页
	七月二十三日李荣春	借	银	10			
	润七月初二日姜士文	借	银	3.07			
	十一月十九日姜敦智	借	银	7			
	十一月初八日姜国彩	借	银	20		堂东	
	十二月初二日宋万财	借	银	5.6	无约	党央	
	十二月初三日杨盛坤	借	银	1	无约，收清	党胸	
	十二月十四日姜老富	借	银	30	有约	平鳌	
	十二月十五日姜宗周	借	银	2.92	有约		
	十二月十八日姜凤乔	借	银	25.5	冉在丹田1丘4石，从绞田1丘7石作当		40页
	十二月二十日姜廷烈	借	银	9.8			
	十二月二十日龙现彩	借	银	18.54	塘粟田作当		
	□月初一日姜国彩	借	银	5.45	无约	堂东	

续表

年份	月日/借入人	借/去	银/谷	银（两）	注	寨名	出处
道光六年	三月初三日杨大周	借	银	2.2	嫩牛1只作当，每年称脚谷		
					60斤，无约		
	又三月初三日杨大周	借	银	2	田1丘载禾2把典当，每年称租60斤，无约		
	又三月初三日杨大周	借	银	1	猪1只作当，照月加三行利，不拘远近，无约		41页
七年	又五月初八日吴黄科	借	银	3	出贷人姜开让	党央	
	五月初四日收李荣春	收			马一匹，价14两		
	十二月初九日范绍潦	借	银	50		岩湾	
	又五月初八日宋万兴	借	银	20	有约		
	十二月十四日开文	借	银	18			
	十二月二十日吴黄科	借	银	6			
八年	七月二十八日世敫	借	银	10		唐东	42页
九年	二月二十七日开文	借	银	15			
	三月十五日德宗	借	银	2.35			
	五月二十三日宗周	借	银	1.28			
	六月初二日开秀	借	银	4.4			
	六月十五日三绞	去	谷1秤	0.45			
	七月初六日吴黄科	借	谷5秤	3	每秤0.6两，当收钱520文。1两银合866.7文		
	八月初五日福宗	借	银	1			
	六月二十五日世埼	去	银	2.2		岩湾	43页
	十月初一日保衣	借	银	2.42		唐东	

续表

年份	月日/借入人	借/去	银/谷	银（两）	注	寨名	出处
九年	十一月二十日光秀、世宽	借	银	6.1			
	十一月二十二日世洪	借	银	9.25			
	十月初七日世英	借	银	3.3			
十一年	□十七日开明	借	银	3.4			
□年	三月十四日宗周	借	银	4.54	收		
□年	□十七日黄明寿	借	银	11			
八年	七月二十八日应生	借	银	5.1			44页
九年	二月二十□日福宗	借	银	0.8			
	三月二十二日周彩、焕奎	借	银	101			
十年	又四月二十三日宗周	借	谷4秤	3.6	每秤作价0.9两		
	又四月二十七日元方	借	银	0.9			
	五月十八日开渭	借	谷1秤	0.4			
	七月十八日光伟	借	银	1.34			
	六月十五日国政	借	银	6.4			
	七月初四日光秀	借	银	1.45			45页
	七月十七日世泽、世照	借	银	9			
十一年	二月初七日开运	借	谷1秤	0.8			
	二月二十三日贵乔	借	纹银	10.2		唐东	
	二月二十五日应生	借	纹银	2.75			
	三月初八日吴黄科	借	银	8			
	三月初十日开明	借	纹银	6.2			
□年	□月初七日国政	借	纹银	1.7		唐东	
八年	四月二十五日保贵	借	谷2秤	1.6	每秤0.8两		46页
九年	五月初二日范老五	借	银	2		岩湾	

续表

年份	月日/借入人	借/去	银/谷	银（两）	注	寨名	出处
十一年	五月初三日姜士俊	借	纹银	2.04		苗光	
	六月初八日吴黄科	借	银	3.1	让纹银 0.42 两		
	七月初十日开仁	借	谷半秤	0.6			
	九月二十五日开渭	借	银	0.4			
十二年	三月十五日焕儒	借	银	8		唐东	
	四月二十八日世儒	去	谷 1 秤	0.8			
	五月初十日朝英	借	银	18			47 页
	十月初十日彭应祖	借	纹银	14	每年秋收称脚谷 550 斤	格翁	
	十一月初八日世培	借	纹银	1.35			
	十一月初九日光伟	借	纹银	4			
	十一月初九日光朝	借	纹银	6.5			
	十一月初九日开元	借	纹银	2.85			
	十一月初九日开书	借	纹银	1			
八年	□月初四日宋万兴	去	纹银	30	每年秋收称脚谷 1200 斤		
□年	□二日光伟	去	谷 1 秤	0.4	折纹银；利 0.072 两		
	五月二十日开太	去	谷 1 秤	0.4	折纹银		
	五月二十七日卧寐	去	谷 1 秤	0.4	折纹银		
	六月初九日龙文高	去	谷 1 秤	0.4	折纹银		
	六月初十七日士文	去	谷 1 秤	0.4	折纹银	塘东	
	六月十九日吴其生	去	谷 1 石	0.8	每秤纹银 0.4 两	塘东	
	六月十七日　开文	来	纹银	9	平兑		
合计				1316.42			

说明：原文书中的"称""秤"，表中统一用"秤"。道光十七年（1837）三月初七日

姚尚兆收典价纹银 0.5 两、道光七年（1827）五月初四日收李荣春收马 1 匹价银 14 两，未纳入此表统计。

资料来源：根据《佐兴、之毫、之谨、开让祖公买山场总簿　姜元贞抄录》整理汇制。载张应强、王宗勋主编《清水江文书》（第三辑），第 5 册，广西师范大学出版社 2011 年版，第 32—48 页。

表 3-15 显示出以下几个特点：

一是姜佐兴家族所放的借贷款项，涉及本寨、岩湾、塘东、党央、苗光、格翁、绕号、党胸、平鳌 9 个寨。实际可能不止这几个寨子。从道光三年至道光十二年（1823—1832），姜佐兴家族放贷共计 126 笔交易，涉及借贷共 124 笔，借贷银谷共折银 1316.42 两，平均每笔 10.62 两，银 10 两以上有 38 笔，最高为 112 两，100 两以上 3 笔，平均每年 131.642 两。这表明他们拥有的资金比较雄厚，放贷的范围较大。

二是借贷的方式，主要是一般借贷，另有典当借贷，其中仅有 9 笔当约。借当时，采用猪、田产、山场股份作为当物。3 笔提及用洪平秤计量。

三是借银、借谷并行，借银为主，未涉及借铜钱。可能这一时期该地域以银作为主要流通货币。借银 106 笔，占借贷总数的 85.5%，借谷 16 笔。

四是借贷的条件并不统一。

如表 3-15 所示，借银 2.2 两，用嫩牛 1 头作当，并且每年称脚谷 60 斤。这里的 60 斤，就是利谷。借银 1 两，用猪 1 头作当，并且照月加三行利，即每月支付利息 3 分，年利息为 0.36 两。这两宗借贷表明，姜佐兴等 4 人的山场资金借贷条件是比较严的，把当和计算利息同时用上，而且这两宗所借的资金数额小。可能还有另外的原因，比如借入人比较贫困，偿还能力有限。表 3-15 所涉借贷中，18 笔提到"有约"，6 笔注明"无约"，其中 1 笔注明"收"。未订立借约，即口头约定，按约定还钱。出贷范围虽然涉及 9 个寨，但都能够收清，表明该出贷人在当地很有威望。其余 100 笔借贷未说明是否订契约，本书皆视为"有约"。

针对不同的借入人，借贷的条件是不同的，利息的收取认真严格，与借贷的数额无多大关系。比如，表3-15中借银52.5两，作当的田产面积为收谷11石。另一笔借银30两，每年的利息是谷1200斤，按50斤折银0.4两计算，每年的利息达9.6两，合月利率2.67%，接近3%的月利率。月利率3%是清水江流域的通常利率。不论借银多少，少到0.4两，都要计算利息。有1笔借谷折银0.4两，利息为0.072两，即7分2毫，到期计算总账。同时，亦有让利0.42两的情况。这些表明该出贷人家族对于借贷利息的核算与回收是有一套标准的。

五是将所借之谷折算成银，便于计算利息。道光二年（1822）每秤谷折银4钱，四年（1824）每秤谷折银5钱，九年（1829）每秤谷折银9钱，十一年（1831）折银8钱。从道光三年（1823）至十二年（1832），每秤谷折银4至9钱不等。

姜佐兴家族相当于一个乡村富户银行，经营放贷到本寨、周边村寨诸如格翁、平敖、党央、堂东、岩湾、绕号等地。其资金主要是长期林木经营利益积累而来。

（二）宝号借贷

1. 崔义顺宝号

崔义顺宝号向三穗县村民放贷资金，收取利息，采用订立会票的形式，如《道光十二年一月初六日姚恒会票字》：

> 立会票人姚恒，今会到崔义顺宝号名下□纹银十六两二钱正（整），其银约定二月廿一日交足，不得有误，□若过期，照月二分半行息。今欲有凭，立会票为据。
>
> 凭中　洪四旧（舅）爷
>
> 道光十二年正月初六日　亲笔　票①

---

① 贵州省档案馆、黔东南州档案馆、三穗县档案馆合编：《贵州清水江文书·三穗卷》（第一辑），第4册，贵州人民出版社2018年版，第159页。

另有《道光十六年六月二十四日熊高世欠字》：

立欠字人熊高世，今欠到崔义顺宝号名下纹银八十二两正（整），其银当凭三面□□，并无准折，□□新欠是实□，恐人心不古，凭中亲立欠约，异日不得吱哈唐（搪）塞，如熊高世异生技（枝）搪，任凭义顺号执字鸣公。恐口无凭，特立亲笔字样存为确据。

凭中　　姚顺兄　　□静忠　　□静光

道光十六年六月廿四日　　　亲笔　立①

又如《道光十九年二月初八日祝瑞堂欠字》：

立欠字人祝瑞堂，今欠到崔义顺钱五千文正（整），其钱限至秋收相还，不得短少分文。今欲有凭，立欠字为据。

凭中　　顾殿元

道光十九年二月初八日　　　亲笔立②

以及《道光十九年二月二十七日许大春会票字》：

立会票字人许大春，今会到崔义顺宝号足银十七两整，当日□□□□，每月一分五厘行息，其银限至本年十二月老利还□，不得短少。恐口无凭，立此会票为据。

道光十九年二月二十七　　　立票字人　许大春（宝）③

再如《道光二十三年四月二十八日姚碧川欠字》：

立欠字人姚碧川，今欠到崔义顺宝号名下足纹银四十四两四钱九分，其银当凭三面清算，并无准折，等毙，所欠是实，第恐人心

---

① 贵州省档案馆、黔东南州档案馆、三穗县档案馆合编：《贵州清水江文书·三穗卷》（第一辑），第4册，贵州人民出版社2018年版，第165页。

② 贵州省档案馆、黔东南州档案馆、三穗县档案馆合编：《贵州清水江文书·三穗卷》（第一辑），第4册，贵州人民出版社2018年版，第168页。

③ 贵州省档案馆、黔东南州档案馆、三穗县档案馆合编：《贵州清水江文书·三穗卷》（第一辑），第4册，贵州人民出版社2018年版，第167页。

不古，凭中亲立欠约，异日不得支吾搪塞，如姚姓异生枝搪，崔姓

执字鸣公。恐口无凭，特立亲笔字样存为确据。

　　　　　　凭中　　曹瑞彩□爷　顾芳桂二爷　米同丰宝号

道光二十三年四月二十八日　碧川亲　笔立①

　　从以上有关崔义顺宝号所借贷的银两可以看出：有两份运用会票方式，涉及资金为银 33.2 两。利率分别为月利率 2.5%和 1.5%。另 3 份为欠款，涉及银两共计 129.49 两（铜币 5000 文折合银 3 两）。

　　另外，道光十一年（1831）崔义顺借出 38 两，周年 1 分，即年利率 10%。② 道光十二年（1832）崔义顺借出青红钱 12000 文（折合银 10 两），每千文月利率 2%，秋收还，共 9 个月。③ 道光十五年（1835）张正泰会到崔义顺宝号纹银 100 两，月利率 2%。④ 从道光十五年（1835）会票失落后书立的收字，可知崔义顺换银铜币 71210 文（折银 59.34 两）。⑤ 道光二十七年（1847）洪承耀借到崔义顺银 10 两，周年利率 2 分，即 20%。⑥ 道光二十九年（1849）转典，崔义顺借出青红钱 20000 文（折合银 10 两）。⑦

　　从道光十一年（1831）至道光二十九年（1849）共 12 笔借贷业务（1 笔转典业务未载银两数目），合计银 356.83 两，平均每笔达银 32 两以上。由此可以推测，该宝号的资本量是比较大的，其放贷利率有月利率 1.5%、2.5%，

---

　　① 贵州省档案馆、黔东南州档案馆、三穗县档案馆合编：《贵州清水江文书·三穗卷》（第一辑），第 4 册，贵州人民出版社 2018 年版，第 170 页。

　　② 贵州省档案馆、黔东南州档案馆、三穗县档案馆合编：《贵州清水江文书·三穗卷》（第一辑），第 4 册，贵州人民出版社 2018 年版，第 158 页。

　　③ 贵州省档案馆、黔东南州档案馆、三穗县档案馆合编：《贵州清水江文书·三穗卷》（第一辑），第 4 册，贵州人民出版社 2018 年版，第 160 页。

　　④ 贵州省档案馆、黔东南州档案馆、三穗县档案馆合编：《贵州清水江文书·三穗卷》（第一辑），第 4 册，贵州人民出版社 2018 年版，第 163 页。

　　⑤ 贵州省档案馆、黔东南州档案馆、三穗县档案馆合编：《贵州清水江文书·三穗卷》（第一辑），第 4 册，贵州人民出版社 2018 年版，第 164 页。

　　⑥ 贵州省档案馆、黔东南州档案馆、三穗县档案馆合编：《贵州清水江文书·三穗卷》（第一辑），第 4 册，贵州人民出版社 2018 年版，第 172 页。

　　⑦ 贵州省档案馆、黔东南州档案馆、三穗县档案馆合编：《贵州清水江文书·三穗卷》（第一辑），第 4 册，贵州人民出版社 2018 年版，第 175 页。

年利率10%、20%几种。若按月利率3%为高利贷的话，文书所示该宝号的利率均属于清代法律允许的范围。

2. 黎平孟彦卫老爷印隆昌宝号

从契约文书中可知有该宝号及其借贷情况。如《陈再盛、陈再兴、陈再玲等弟兄四人欠限字（时间不详）》：

> 立欠限字人岑湖寨陈再盛、陈再兴、陈再玲、陈再豪弟兄四人，情因父亲应日于光绪年间，贸木缺资，将便遂之在田壹丘，约谷贰拾石，又将路边田壹丘，约谷六石作抵，曾经向孟彦卫老爷印隆昌宝号名下，实借过银壹百捌拾余两，嗣因木植拆本，迄今未归，特请中石学能、石通经再四口蒙周老爷体恤，念我弟兄贫乏，义让作还本还，本呈银柒拾两正（整），限至本年四月之内如数还清，退还价券。倘逾期不得，仍前拖延，任凭周姓借主下田耕种管业。……恐口无凭，特立此欠限字为据。

学能

凭中　石

通经

　　□□年阴历三月十二日　　　　　　再盛亲笔　　立①

另外，文书中提到周隆昌宝号。如《陈宏顺重抵借字（时间不详）》：

> 立重抵借字岑胡寨陈宏顺。为因逐年贸易均向周隆昌宝号借取资本，除还外仍欠本银贰百赊金，俱有借券簿记可据，今于前去两年。又登门借过资本贰百金，搬运苗食苗农青山木植，殊冤遭杨老白霸害妄阻，亏欠水价，追逼甚迫。复又求借开销，实又借纹银贰拾贰两。……恐口无凭，立此抵字为据。

---

① 李斌主编，凯里学院、黎平县档案馆编：《贵州清水江文书·黎平文书》（第一辑），第10册，贵州人民出版社2017年版，第171页。

　　　　　　　　　　　　　　　　　　　广

　　　　　　　　凭中　石文

　　　　　　　　　　　　　　　秀

　　　　　　　　代笔　石声杨

□□十二年十二月十八日　　立①

这两例可知，该宝号放贷银 202 两，可推断其有一定的资金用于民间借贷。

3. 黎平县顺和宝号

黎平顺和宝号按每两银 30 斤禾谷作为利息。有文书可据，如《石辉玉借字（光绪三十二年十二月十五日）》：

　　　　立借字人本寨中团石辉玉，为因生理用费不足，因问到黎平城
　　赵义顺和大宝号纹银肆拾贰两整。其银言定每两利禾叁拾斤行息，
　　将祖遗田，地名自己庆田壹丘，约把，又将登木田壹丘，约禾陆把，
　　又将彭坡田大小拾丘，有伍拾贰把作抵，日后本利归还，不得有误。
　　如有误者，任从银主耕种管业，二比心平，不得异言。恐后无凭，
　　立此借字为据。

　　　　　　　　　　　　　　凭中　　　石宗文

　　　　　　　　　　　　亲笔

光绪叁拾贰年十二月十五日　　立②

按此计算，石辉玉所借的纹银 42 两，每年利息为禾谷 1260 斤。

上述宝号更多地经营木材。清水江流域因木材贸易而催生类似钱庄的金

---

① 李斌主编，凯里学院、黎平县档案馆编：《贵州清水江文书·黎平文书》（第一辑），第 10
册，贵州民族出版社 2017 年版，第 179 页。
② 李斌主编，凯里学院、黎平县档案馆编：《贵州清水江文书·黎平文书》（第二辑），第 33
册，贵州民族出版社 2019 年版，第 405 页。

融组织，其地域主要在茅坪、王寨（今锦屏县城）、卦治，其业务主要从事木行结算、兑换收单，服务于木材经营。这种组织大体上是准钱庄性质，其资本主要用于木材交易，间有经营借贷。木行经营借贷业务仅是一种副业，并未参与广泛的民间借贷活动。

（三）无名氏放贷

通过《放银清单（道光七年十二月二十六日）》大致可窥见民间放贷的规模。

> 道光七年丁亥十二月廿六日
>
> 高构寨
>
> 吴金龙、金弟共该本利银四两
>
> 吴艮幹共该本利银五两五钱
>
> 吴户涌该银六钱，该利银四钱　正店
>
> 吴户田该□银八钱　正店
>
> 吴金达该典价银四拾六两四钱　三人之财
>
> 吴别虎该银一两六钱　三人之财
>
> 平天大寨
>
> 杨华贡、万举众等共该本利银壹拾两○□钱　中石文龙面算
>
> 吴倒□共该本利银六两　当收银三两
>
> 杨登转共该本利银六两六钱　收银六两整。[1]

此清单所示，银主放贷的本利银76.6两，涉及两个寨，11人。道光七年（1827）能够有此数目，不可小觑，但由于相关资料太过缺乏，未能推断他拥有的资金总量和利率，以及是否具有钱庄性质。[2] 湖南洪江钱庄在清代有21

---

① 李斌主编，凯里学院、黎平县档案馆编：《贵州清水江文书·黎平文书》（第二辑），第38册，贵州人民出版社2019年版，第453页。

② 单洪根：《木材时代：清水江林业史话》，中国林业出版社2008年版，第62—65页。

家，民国有 30 家，资本较大，其兑换业务影响到清水江流域。单洪根指出：
"根据木业、洪油、鸦片和其他商业的需要，钱庄业在洪江应运而生。洪江的
钱庄是银行业的前身。洪江的钱庄业始于清代后期。光绪三年（1877）有合
茂、中孚两家钱庄开业，光绪三十一年（1905）有钱庄二十一家，资本四万
一千元（银圆，下同）。民国五年（1916）有钱庄二十三家，资本二万七千八
百元，另有铜圆三万七千串。其中裕通祥、裕通恒、义孚康、久大庄四大银
号，因信用较佳，汇兑遍及西南、中南、华东各城市。民国二十三年
（1934），鸿民、开源和、裕庆昌、同义和、德盛昌、长春荣、荣丰七家钱庄
总资本四十六万元，经营存、放、汇兑业务，以汇兑为主。"他还解释江西帮
为临帮。"最早采运西湖'苗木'来鹦鹉洲交易的是江西帮的木商。早年黄州
府盛产土布，多运往贵州'苗江'沿岸销售，江西帮商人追随黄帮经营此业
者甚多，并注意和苗人搞好关系，进而采运'苗江'木材出境，到洪江、常
德扎成大排再运抵鹦鹉洲销售。他们尝到甜头后，进一步立契买青山采伐，
运到鹦鹉洲的'苗木'越来越多，生意越做越大。他们在洲上建'临江会
馆'，故江西帮又叫'临帮'。"但未提及清水江流域自生的钱庄。

六、民间借贷原因

民间借贷发生原因的探讨是研究民间借贷问题的关键，本书认为主要有
封建土地所有制、家庭发展与变故、自然灾害及其他等三方面原因。

（一）封建土地所有制

在中国自宋以来日益发展的地主经济作用下，非身份性的一般地主是中
国封建土地所有制的主体，和商品生产有着某种联系，持续发展到明清时期。
到近代以后，中国变成半殖民地半封建社会，非身份性地主仍然是封建土地
所有制的主体，持续发展到民国末年。同样，清水江流域在宋代开始出现地

主经济，在清至民国时期，非身份性地主是封建土地所有制的主体，该流域的土地被他们大量控制着。① 由此，商品社会的经济活动，都由非身份性地主在主导，其间存在着地主与乡族势力之结合。商品经济向前发展，地主不断地积累土地，农民土地逐渐被兼并。换言之，在该流域，非身份性地主与乡族势力相结合的力量占有大量土地，掌控地域经济乃至政治大权，在中国封建社会发展不平衡的条件下，他们与商业资本相结合，长期霸占社会经济。虽然小农经济在清至民国时期有所发展，然而清水江流域以及当时中国亦未发展成资本主义，于是小农生产者亦转向非身份性地主，跻身于富庶地主之列，同样维系着封建土地所有制。在封建土地所有制下，农民贫穷，遭受地主剥削，形成一对矛盾，是一切经济社会问题存在的根本原因。

民国时期学者认为借贷发生的原因是贫困，如 19 世纪 20 年代中华全国基督教协进会编撰的《广东农民运动》和广东大学农科学院编写的《广东农业概况调查报告书》皆将贫困作为借贷发生的诱因。② 李金铮认为，农民借贷是"经济贫困制约的结果"③。他指出，华北和长江中下游地区农民借贷是经济贫困导致的直接结果，贫困是解释农民借贷原因的关键，并进一步分析贫困的原因，土地的缺乏、农业生产力水平低下、盛业资本的剥削。

亦有学者认为，封建土地关系是产生借贷的基本原因。薛暮桥指出："半

---

① 黔东南地区，春秋战国前为氏族公社，逐步由血缘关系的父系氏族公社向地缘关系为纽带的农村公社演变。私有制、族有制和公有制并存。唐朝贞观四年（630）设立思州后，该地域处于封建领主制和封建地主制统治下。元代至元十四年（1277）设立思州安抚司，二十年（1283）设立设永从、福禄、潭溪、洪州、湖耳、亮寨、欧阳、新化、龙里、八舟、曹滴、古州长官司，建立了土司制度。明至清雍正开辟苗疆，新设立土司一百余处。"到了元朝、明朝和清朝初期，特别是雍正七年（1729）在黔东南开辟苗疆后，置卫、堡屯田。随着卫所屯田制度的建立，设官增多，有大批汉民迁入，带进了汉族经济的生产方式，开始形成地主经济。湖广、江西、陕西等地客商流寓黔东南，置产安业，通过放高利贷掠夺农民田地和出租土地收取地租，逐渐形成为'巨族'，农民则逐渐破产。"见黔东南苗族侗族自治州地方志编纂委员会编《黔东南州志·农业志》，贵州人民出版社 1993 年版，第 14—15 页。

② 李文治、章有义主编：《中国近代农业史资料》（第二辑），生活·读书·新知三联书店 1957 年版，第 477、529 页。

③ 李金铮：《民国乡村借贷关系研究》，人民出版社 2003 年版，第 58 页。

封建的土地关系，是繁育高利贷的最有利的社会基础（因为那些半封建的小自排农和饥饿佃农，最容易受高利贷的束缚）；同是商业资本的控制农业生产，更加容易引起高利贷的猖獗。"① 小生产方式和土地私有制是高利贷产生的原因。徐迎冰指出："借贷产生的前提是私有财产的出现。"② 方行认为，高利贷资本"是适应封建生产方式的条件和需要而形成的。……特别是在农村小农经济广泛存在。农民避免不了天灾人祸的袭击，往往要借债以维持生产"。③ 徐畅指出："农民的小生产性是高利贷赖以存在的前提条件。"④ 刘秋根的观点与此相似。⑤

在清水江流域，封建土地所有制是造成民间借贷的制度原因。封建地主制经济在该流域一直延续到中华人民共和国成立，长达 2100 多年，造成广大农村贫穷落后。1952 年黔东南土地改革时，地主、半地主式的富农和富农剥削阶层占有田土 1006368.17 亩，人均占有 5.98 亩，其中占人口总数 6.01%的地主，却占有田土总面积的 27.93%，人均占有 7.45 亩。小土地出租者、富裕中农和中农阶层，人均占有 2.04 亩。佃中农、贫农、佃农和雇农等被剥削阶层人均占有土地 0.61 亩。⑥ 以黎平县土地占有量为例，根据 1952 年土地改革时的统计，土改前全县地主、富农、半地主式富农和小土地出租阶层人均占有土地 6.23 亩，即人口占 9.53%的剥削阶层占有 39.78%的土地；佃中农、贫农、佃贫农、雇农等阶层人均 0.54 亩，即人口占 59.3%的受剥削阶层只占有 20.74%的土地。地主占总人口 4.36%，人均 8.62 亩，占有 25.15%的土地。

---

① 薛暮桥：《旧中国的农村经济》，农业出版社 1980 年版，第 72 页。
② 徐迎冰：《中国早期的信用和信用业》，《南方金融》1982 年第 7 期，第 32 页。
③ 方行：《清代前期农村高利贷资本问题》，《经济研究》1984 年第 4 期，第 62 页。
④ 徐畅：《二十世纪二三十年代华中地区农村金融研究》，齐鲁书社 2005 年版，第 124 页。
⑤ 刘秋根：《明清高利贷资本》，社会科学出版社 2000 年版，第 272 页。
⑥ 黔东南苗族侗族自治州地方志编纂委员会编：《黔东南州志·农业志》，贵州人民出版社 1993 年版，第 16 页。小地主一般有土地 150—200 亩，中地主一般有土地 500—1000 亩，大地主一般有土地 1200—2000 亩，甚至有 15000 亩以上的。

雇农占总人口的 8.88%. 占有土地还不到 1%，人均仅 0.16 亩。[①] 剥削阶级通过放贷等方式进行剥削。

在封建土地所有制下，地主大量占有土地，造成农民的土地不断地减少。贵州省 1912 年佃农占比为 33%，到 1935 年增加到 43%，半自耕农从 24% 增加到 26%，自耕农则从 43% 减少到 31%，无地、少地农民从 57% 增加到 69%。[②] 贵州军阀统治时期，44% 的人口（自耕农为主）只耕种 6% 的土地，但 5% 的地主却占有 43% 的土地。以 1934 年为例，全国佃农、半自耕农平均指数为 54%，贵州为 68%，而清水江流域却很高，三穗县为 70%，天柱县 72%，炉山（今凯里）达 80%。[③] 无土地、少土地农民占比例逐渐增加，这是造成农民贫困的重要原因，亦是农民不得不举借贷款的重要原因。封建土地所有制形成的剥削阶级长期对佃中农、贫农、佃农和雇农等进行剥削，从制度层面构成民间借贷产生的总根源。

在封建土地所有制下，佃中农、贫农、佃农和雇农等拥有的土地不足以养活自己，入不敷出，经济贫困，不得不通过借贷等方式来维持生计，所以封建土地所有制是清至民国清水江流域民间借贷产生的根本原因。当然，民间借贷契约文书并不书写封建土地所有制这个根源，而书写发生借贷的具体原因，据此，我们将通过文献计量的方式进一步探讨民间借贷的其他原因。

（二）家庭发展与变故

从所见清水江流域清到民国时期借贷契约文书来看，信用借贷和抵押借贷一共有 1380 份，其中记载借贷原因者达 1156 份，占 83.77%，超过半数，因此据之所做的分析及结果绝对有效。在这 1380 份借贷契约文书中，锦屏有文书 212 份，171 宗记载原因。天柱 96 份，84 份记载原因。黎平 906 份，771

---

① 《黎平县志》编纂委员会编：《黎平县志》，巴蜀书社 1989 年版，第 195 页。
② 张肖梅：《贵州经济》，中国国民经济研究所 1939 年版，第 7 页。
③ 何仁仲主编：《贵州通史》（第 4 卷），当代知识出版社 2003 年版，第 265 页。

份记载原因。剑河 38 份，27 份记载原因。三穗 68 份，58 份记载原因。岑巩 60 份，45 份记载原因。这些契约中所载借贷原因可归为两大类，即家庭发展变化和自然灾害及其他（见表 3-16）。

表 3-16　清至民国清水江流域借贷原因统计表

类型\县		锦屏	天柱	黎平	剑河	三穗	岑巩	合计（份）	百分比（%）
家庭发展变故	生产资料缺乏	1		3				4	0.35
	生意急需资本	41		49		2	2	94	8.13
	缺少粮食	10	8	60	8		2	88	7.61
	缺少生活费用	106	76	576	18	55	40	871	75.35
	成员去世缺钱	3		9		1		13	1.12
	社会事务缺钱	4		18				22	1.9
自然人为灾害	天灾人祸			5	1		1	7	0.61
	赋税繁重	6		12				18	1.56
	信贷机构缺失			39				39	3.37
记载原因份数合计		171	84	771	27	58	45	1156	100
文书总份数		212	96	906	38	68	60	1380	83.77

由表 3-16 可见，清水江流域民间借贷第二个原因是家庭发展与变故，这是非常具体的原因，主要涉及以下几方面，分析时本书将借用借贷契约文书中的原因描述原句，以凸显原貌。

1. 生产资料缺乏（耕牛农具等、房屋修造）

生产资料缺乏，指缺乏建造房屋无柱木、缺少买耕牛的费用、无银支付工匠工钱等，村民因为生产资料缺乏而借贷的契约共 4 份，在记有借贷原因的文书中占 0.35%，比例很少。当然，有的时候借贷原因并不直接写出生产资料缺乏，而是笼统地写成缺少费用。

2. 生意急需资本（木材生意、买土地房屋等）

清水江流域以木材生意为主，另有土地买卖、房屋买卖以及日常百货经营。借贷契约文书有时用缺乏生意资本来描述，具体地说，生意资本包括的范围较广，诸如搬运木材的费用、合伙贩木的资本及本金及欠账、借他人银钱用于生意而累欠的款项、木竹生意无钱支付、典当产业之后无钱回赎、转赎产业需资金、购买田地、山场等不动产后缺乏资金支付等。关于木材生意，缺乏资金时不借贷契约中写得直接，比如缺少购买木材尾款、砍伐树木工钱、搬运费等，比如黎平县木材生意缺乏资金就有 27 份①。另有欠私人资金，"因逐年贸易均向周隆昌宝号借取资本，除还外仍欠本银贰百赊金，俱有借券簿记可据"，以及祖、父辈先年典当产业需资金周转等。此种情形黎平最多，锦屏次之。

生意急需资本是清水江流域民间借贷的重要原因，这些原因反映该流域生意资金主要用于经营木材和土地。资本缺乏，但借贷的比例不大，计 94 份，占总数的 8.13%。

3. 缺少粮食

缺少粮食度日，或写成家中缺少粮食无处借到，以及缺少米、禾，缺少口粮、缺少食用等，说法不同，但意思相同，即缺少粮食。几乎各县契约文书都有缺少粮食的记载，说明缺少粮食是一个普遍问题，这类借贷可称为生活类借贷。缺少口粮（或禾谷、米）作为民间借贷的原因，共有 88 份，占借贷原因总份数的 7.61%，说明该流域村民家庭粮食不足是借贷的重要原因之一。

---

① 生意木植缺少银用（搬价）无出 6 份，因木植生意缺少银用无出（尾数木价 1 份）8 份，木植生意缺少山价钱用无出（砍木盘价、力价钱）6 份，并挽所买李姓之木砍发古路拖往归孟 1 份，因砍河木 1 份，缺少资本无出 2 份，因生意缺少砍伐价，无处所出 3 份，条木缺少银用无出 1 份。

粮食不足，主要是因为人口增加。虽然耕地面积自清代改土归流以后有所增多，但耕地的增加远不及人口增殖的步伐，由此形成人多地少的矛盾。清代人口各县偶有记载，不便比较。各县民国人口有载。锦屏县民国二十一年（1932）有 41765 人，三十七年（1946）有 82214 人[①]，14 年将近增长 1 倍。天柱县二十一年（1932）有 73594 人，三十七年（1948）有 129543 人[②]，8 年将近增加 1 倍。黎平县民国二年（1913）行政区划基本稳定，二十七年（1938）人口 149816 人，1950 年 199642 人[③]，12 年增加 5 万人。剑河县二十一年（1932）有 31824 人，三十八年（1949）有 66064 人[④]，17 年增长 1 倍多。三穗县民国二年（1913）有 26240 人，三十八年（1949）75802 人[⑤]，36 年增长近 2 倍。岑巩县十九年（1930）有 44650 人，三十七年（1948）有 74088 人[⑥]，18 年增长近 3 万人。各县人口呈现递增态势，且在民国以后增加更快。这些数据充分说明，清水江流域进入民国后人口膨胀，但耕地面积有限，以上各县 1948 年耕地面积分别为锦屏 107620 亩，天柱 199122 亩，黎平 333551 亩，剑河 120556 亩，三穗 113522 亩，岑巩 242560 亩[⑦]，人均耕地大约 1.78 亩。人口激增，耕地有限，由此产生的人地矛盾日益突出，人口压力增大，这是导致村民缺少粮食、缺少生活费用的重要因素。

4. 缺少生活费用，无钱用度、养老、欠账等

民间借贷原因涉及生活费用比较复杂，类型多样。一是契约中记作家中缺少银用无处可得、家下缺欠银、家中缺少用费、缺少洋用无处得出、缺少钱用无处设办、本身用度不足、家中正用无从得出、手边无洋、急用无处筹

---

① 贵州省锦屏县志编纂委员会编：《锦屏县志》，贵州人民出版社 1995 年版，第 80 页。
② 贵州省天柱县志编纂委员会编：《天柱县志》，贵州人民出版社 1993 年版，第 96 页。
③ 《黎平县志》编纂委员会编：《黎平县志》，巴蜀书社 1989 年版，第 90 页。
④ 贵州省剑河县地方志编纂委员会编：《剑河县志》，贵州人民出版社 1994 年版，第 108 页。
⑤ 三穗县志编纂委员会编：《三穗县志》，民族出版社 1994 年版，第 58 页。
⑥ 贵州省岑巩县志编纂委员会编：《岑巩县志》，贵州人民出版社 1993 年版，第 77 页。
⑦ 贵州人民政府财政经济委员会编印：《贵州财经资料汇编》，1950 年版，第 296 页。

办等；二是各类欠账赊账；三是养老缺少费用，无处设办。归纳起来就是缺少日常生活及账务开销费用。该流域各县的借贷契约文书都有此类记载，说明生活类借贷是民间借贷的重要内容。家庭日常运转离不开经费支撑，因而缺少生活费用是家庭发展变故类的主要部分，这类文书有 871 份，占 75.35%。这充分表明该流域生活费用不足是借贷的主要原因。

5. 家庭成员去世缺少费用

任何一个家庭都会遇到成员离世，清水江流域亦然。对于赤贫的家庭而言，安葬去世家人无疑是非常困难的，所以在该流流域的民间借贷契约文书中，写明父、母、夫、妻、兄等亡故无钱安葬的亦有一定数量。还有为因母亲亡故和喜事同办费用无所出处的情形。家庭成员去世缺少费用，涉及棺木费、购买阴地费和生活杂支费用。家庭成员离世是家庭中的变故，直接影响家庭的发展。这类原因计有文书 13 份，占 1.12%。虽然数量少，但毕竟家人去世，往往事发突然，需要资金办理相关事宜，缺少操办费，只有借贷。

6. 处理社会事务缺少费用（官司、口角、赌博、娶亲、处罚、吸鸦片）

家庭是社会的细胞，家庭离不开社会，社会有机体亦离不开家庭。在清水江流域，家庭在发展变化中同样离不开社会。家庭是社会的组成部分，必然会遇到各类问题乃至矛盾。在解决这些问题或矛盾过程中，往往需要资金。当资金不足时，村民只能求助民间借贷。具体而言，该流域村民遇到的社会事务涉及当时的团首罚款、打官司无费用、偷盗被罚无钱交纳、与人争讼无钱处理、与人争讼阴地银用无出、被匪捉拿无钱赎取、帮堂弟娶妻缺少钱用无出、姻事急用无出、缺少财礼无处出等。社会事务涉及娶亲、打官司、与人争土地、赌博、被土匪捉、偷盗、强奸等方面，村民卷入这些事务，不得不应付并处理。当事人常常需要资金，在资金不足时，只能向民间借贷求助，况且这些社会事务较紧急，存在不可预计的因素。这类契约文书共有 22 份，占 1.9%。这些事件深刻影响着农村家庭，构成民间借贷的原因之一，占比例虽小，但不可忽视。

综上而论，家庭发展与变故是清水江流域民间借贷的主要原因，共有此类文书 1092 份，占 94.46%。

（三）自然人为灾害及其他

根据表 3-16，讨论清水江流域清至民国时期因自然人为灾害及其他原因形成的民间借贷，从民间借贷契约文书对借贷原因的描述，大致可知该类原因对构成民间借贷的比重情况。

1. 天灾人祸

天灾人祸是民间借贷的具体原因之一。比如余椿寿认为，"农民在这样的繁重赋税之下如何能不贫穷，如何能不仰赖借贷以维持生活，这是给予高利贷发扬滋长的一个良好机会"，"灾荒过后，农民必藉借贷以过活，于是高利贷便积极活跃起来"。[1] 清水江流域民间借贷原因亦与天灾人祸有关。

一是自然灾害。洪水泛滥，造成村民蒙受损失。文书显示，光绪三十二年（1906）五月初六日"因木植坐理，所借贷本，奈命运不佳，遭被水流，无处归还"[2]。木材被洪水冲走，造成村民财损失，所借贷本无法归还，这是由于自然灾害带来的恶果。村民从事木材生意，遭到洪水吞噬木材，资本损失。民国三年（1914）三月初四日某某典田时因"□理被洪□□□□银归还"，将田出典与石文清，典到银 17.5 两[3]，以渡难关。民国三年（1914）闰

---

① 余椿寿：《高利贷产生的原因及其影响》，《农林新报》第 14 期，1936 年，第 354—355 页。
② 李斌主编，凯里学院、黎平县档案馆编：《贵州清水江文书·黎平文书》（第一辑），第 7 册，贵州民族出版社 2017 年版，第 335 页。
③ 李斌主编，凯里学院、黎平县档案馆编：《贵州清水江文书·黎平文书》（第一辑），第 7 册，贵贵州民族出版社 2017 年版，第 341 页。

五月十四日石光辉因借来资本做木材生意，亦被洪水冲走木材而蒙受巨大损失，不得不典田与石文清，"奈命运不辰，其木尽被洪水漂流，无银归还，请中哀求银主"①，借到银100.8两，以渡难关。

干旱同样让村民蒙受损失。1925年，清水江流域大旱40余天，田土开裂，粮食减产，后来暴发洪水，每斗米涨到铜币1200文（合银0.6两），最高时达到1600文（合银0.8两）。②"是年，插秧后，数月不雨，田土龟裂，多数稻田无收"③。黔东南"各县蝗虫、稻苞虫严重，稻谷损失两成，加之天旱，造成特大荒年，人口死亡近三分之一"④。1926年该流域先水涝，后大旱，粮食价格上涨，1银圆只换到3斗大米（约40斤），1200文买米9斤。⑤这些充分说明干旱、水涝等灾害是清水江流域民间借贷的重要原因。

二是年岁闹饥荒。如《民国十年十一月二十四日游芳祥父子立借钱字》：

> 立借谷子字人游芳祥父子寒微年岁饥荒，亲自上门借到伍发昌
>
> 名下净谷乙石，其利加五行息，限至明岁十月内本利还清不误，自
>
> 借之后，两无议论。今口无凭，立借字乙纸为据。
>
> 代笔　龙绍元

民国辛酉年冬月廿四日　立借字人　游芳祥（押）　男德臣（押）　立⑥

游芳祥父子因为年岁收成差，寒微年岁饥荒，向伍发昌借干净谷1石，按月5%支付利息。民国十年（1921）夏天大旱，岑巩县"斗米售制钱10串，虽发廪平粜及施粥赈之"⑦。1921年大旱，清水江流域村民衣食困难，有的不

---

① 李斌主编，凯里学院、黎平县档案馆编：《贵州清水江文书·黎平文书》（第一辑），第8册，贵州民族出版社2017年版，第288页。

② 天柱县志编纂委员会编：《天柱县志》，贵州人民出版社1993年版，第15页。

③ 剑河县志编纂委员会编：《剑河县志》，贵州人民出版社1994年版，第17页。

④ 黔东南苗族侗族自治州地方志编纂委员会编：《黔东南州志·农业志》，贵州人民出版社1993年版，第641页。

⑤ 天柱县志编纂委员会编：《天柱县志》，贵州人民出版社1993年版，第678页。

⑥ 贵州省档案馆、黔东南州档案馆、岑巩县档案馆合编：《贵州清水江文书·岑巩卷》（第一辑），第4册，贵州人民出版社2019年版，第68页。

⑦ 岑巩县志编纂委员会编：《岑巩县志》，贵州人民出版社1993年版，第14页。

得不借贷度日。

黎平县有 5 份民间借贷契约文书提到"被灾缺用"，1 份提到"家下缺少
□□上谢土无出□及用费"，意在禳灾。如《杨作先借字（民国十四年四月初
七日）》：

> 立借字人控硐杨作先，为因被灾缺用，自己请中登门借到频硐
> 下寨吴咸清名下，实借过小洋银壹百四拾整，每角折大钱贰百文，
> 亲手收回应用。其银每两□□秋收行息谷叁拾觔（斤），不得短少觔
> （斤）两，倘有本利无归，自愿将祖父之业，土名占抵敏田乙丘，禾
> 拾贰把作抵，□卖赔还。恐□无凭，□立借字是实。
>
> 　　　　　　　　　　凭中　杨作坤　杨作礼
>
> 　　　　　　　　凭笔　林赴隆
>
> 民国十肆年四月初七日　立借①

关于灾害，另如民国十四年（1925）四月十三日蒋元安借"为因披（被）
灾缺用"，借到顿硐寨吴旳山小洋银乙百角，每角折大钱贰百文，② 以及同年
四月十四日吴佩文亦"因被灾缺用"，借到吴寿山"小洋毫壹佰贰拾角，每角
折大钱贰百文"，"其银每两逐年秋收行息谷叁拾斤"，用田 1 丘，"约禾叁拾
伍把作抵"，变卖归还。③

三是蝗虫灾害。锦屏的借贷文书分别写作"因种汪翁你田租""因本年蝗
虫为害"。民国三十三年（1944）三月十四日姜于简情因种汪翁你田、租霓培
田 2 处，共 3 处，田租共计 600 斤，"本年蝗虫害"，除折外，该存谷 280

---

① 李斌主编，凯里学院、黎平县档案馆编：《贵州清水江文书·黎平文书》（第二辑），第 46
册，贵州民族出版社 2019 年版，第 163 页。
② 李斌主编，凯里学院、黎平县档案馆编：《贵州清水江文书·黎平文书》（第二辑），第 47
册，贵州民族出版社 2019 年版，第 82 页。
③ 李斌主编，凯里学院、黎平县档案馆编：《贵州清水江文书·黎平文书》（第二辑），第 48
册，贵州民族出版社 2019 年版，第 203 页。

斤。① 的确，由于民国三十二年（1943）蝗虫灾害遍及锦屏县全境，"仅据启蒙、新化、固本、瑶光、隆里、钟灵、敦寨、三江、大同9个乡调查统计，即有22197亩稻田遭受蝗虫危害，粮食收成锐减少。"② 同年，该流域三穗、岑巩、台江、天柱、施秉等县遭蝗虫水旱灾害③，这些进一步证明，这年姜于简因蝗虫危害，导致所耕种之田产量减少，所交之租谷被打折由400斤变为280斤，并约定自愿按月利率4%付息，须在民国三十三年（1944）九月秋收后本利归还。

四是村民意外失火烧毁村寨。剑河县有人为失火，不慎烧毁村寨造成贫困，文书1份，借贷原因描述为"失错被炉失烧本寨家产十数，缺少无纹银用度"，见《龙仁寿借银字（光绪二十五年六月初四日）》：

> 立借银字人培牛寨龙仁寿，为因失错被炉失烧本寨家产十数，缺少无纹银用度，自愿将田作抵。地名坐落里威田一丘，上抵宗发之屋，下抵夏姓之田，左抵宗发之田，右抵龙乔林之田为界。四抵分明，要行作抵，自己亲身上门借到井荣寨潘远和名下，承借本纹银十二两整。行利照月加三行息，限至十月半间相还，不得有误。若有误者，立此借抵字为据。
>
> 凭中　　范庚宗
>
> 　　　　夏永昌
>
> 代笔　　龙仁远
>
> 光绪二十五年六月初四日　立借抵　仁寿④

龙仁寿因为家产被火烧，无银使用，只得将田作为抵押，借到潘无和纹

---

① 张应强、王宗勋主编：《清水江文书》（第二辑），第2册，广西师范大学出版社2009年版，第50页。

② 贵州省锦屏县志编纂委员会编：《锦屏县志》，贵州人民出版社1995年版，第16页。

③ 黔东南苗族侗族自治州地方志编纂委员会编：《黔东南州志·粮食志》，方志出版社1995年版，第52页。

④ 贵州省档案馆、黔东南州档案馆、剑河县档案馆合编：《贵州清水江文书·剑河卷》（第一辑），第5册，贵州人民出版社2018年版，第298页。

银 12 两，按月 3% 付息，并须在当年十月间偿还。

据表 3-16，契约文书记载天灾人祸共 7 份，占 0.61%。虽然数量不多，但表明天灾人祸是清水江流域民间借贷的原因之一。

2. 赋税繁重

赋税与私债、私租等需交纳。博筑夫则认为，交纳赋税与青黄不接时生活无来源是举借贷款的原因："一是即在青黄不接或有意外不幸，致生活无着时，不得不举债以救燃眉之急；二是为了特殊支付，即为了交纳公赋私租，在公私两方面交逼互迫之下，不得不高利举债。"[①] 王廷元说："贫困的农民在官税私租交迫下，往往举债应急。"[②] 再加上商品价格的波动及战争等因素，果鸿孝指出："商品价格的变动，赋税地租的增加以及天灾和战争诸多偶然或意外的原因。"[③] 还有完粮和纳差役等因素，彭文字认为，农民借贷既有生活境遇每况愈下、天灾人祸的原因，又有为了完粮纳差的原因。[④] 官府临时横征暴敛、家庭成员疾病亡故等因素也不容忽视。刘秋根指出，官府临时的急征暴敛、水旱蝗灾、战争动乱以及家庭人员的疾病死亡等因素是小农借高利贷的重要原因。[⑤]

赋税的内容比较复杂且宽泛，包括粮赋、杂税、捐税、军粮等。清水江流域赋税在沿袭的基础上逐渐增多。明万历年间（1573—1620），在已纳入明版籍之地征粮赋，秋粮 1 石征银 1 两 1 钱 8 分。清承明制，赋粮与劳役合为一，称为"地丁银"。康熙五十年（1711）成年男子、女子纳入粮册，男子交纳劳役费 1.1 两，女子交 1 两。五十五年（1716）实行"摊丁入亩"，按劳役

---

① 博筑夫：《中国经济史论丛》，生活·读书·新知三联书店 1980 年版，第 542 页。
② 王廷元：《徽州典商述论》，《安徽史学》1986 年第 1 期，第 18 页。
③ 果鸿孝：《清代典当业的发展及作用》，《贵州社会科学》1989 年第 2 期，第 48 页。
④ 彭文字：《清代福建田产典当研究》，《中国经济史研究》1992 年第 3 期，第 88 页。
⑤ 刘秋根：《关于中国古典高利贷资本的历史华用——读〈资本论〉第三卷第五编》，《史学月刊》2000 年第 3 期，第 17 页。

和田赋按亩计征，丁银每口征银 5 厘 4 毫 3 丝。雍正十年（1732）改土归流之后，粮赋征米，劳役征银。康熙、雍正年间，该流域平均每亩征粮 3.6 升。乾隆八年（1743）开始对新设的苗疆都江（三都，今属黔南州）、丹江（雷山）、八寨（丹寨）、古州（榕江）、台拱（台江）、清江（剑河）六厅征粮赋，每亩征秋米 4 升 8 合 4 抄 4 撮。① 这个标准比此前提高了。道光之后，粮赋征收时采取加耗、踩斗、大斗尖升等方式盘剥。咸丰五年（1855）因田赋过重，先后爆发了张秀眉领导的苗民起义、姜应芳领导的侗族人民起义。同治年粮赋仍重，秋粮每石市价银 1 两，粮赋折银 2 两。光绪年间，各地附征的银两占地丁银的 87.2%，耗羡超过一成。②

　　民国三年（1914）地丁银每两折银圆 1.5 元，每户另征税银 4 分，闰年加 3.4 分。地丁粮 1 两折粮 1 石，另征规费 1.5 元或粮 1.3 石。民国初年田赋比清末下降 12%。③ 1916 年贵州当局公布的《无粮田地升科章程》将原未纳粮赋的田地、新垦土和变卖的官田都征收田赋，把清末各地方的平余和规费划入正供，从而使全省赋额增加 1 倍以上。④ 民国二十五年（1936）《贵州省征收田赋章程》，将地丁、秋粮、官租、杂课等纳入田赋，银 1 两折银圆 1.5 元。应当征银圆的，一律改征法币，并征滞纳金。1939—1941 年，完成土地陈报。1941 年，税率是每 1 银圆征收粮 2 市斗。交通便利的地方征谷、玉米；不方便的地域征法币。法币 6 元折谷 1 市斗。⑤ 民国三十四年（1945）贵州省政府将每张纸手续费提为 5 元；逾期 1 个月，按欠额加征 5%；2 个月，加征

---

① 黔东南苗苗族侗族自治州地方志编纂委员会编：《黔东南州志·粮食志》，方志出版社 1995 年版，第 36、39 页。

② 黔东南苗苗族侗族自治州地方志编纂委员会编：《黔东南州志·粮食志》，方志出版社 1995 年版，第 39—40 页。

③ 黔东南苗苗族侗族自治州地方志编纂委员会编：《黔东南州志·粮食志》，方志出版社 1995 年版，第 41 页。

④ 贵州六百年经济史编辑委员会编：《贵州六百年经济史》，贵州人民出版社 1998 年版，第 314 页。

⑤ 黔东南苗苗族侗族自治州地方志编纂委员会编：《黔东南州志·粮食志》，方志出版社 1995 年版，第 42 页。

20%；并强令完纳，直至拍卖田产。① 民国三十五年（1946）军粮征购标准为赋额1元折征稻谷4市斗，减半为2市斗，附征县级公粮1市斗，共3市斗。② 民国时期杂税多，诸如卖牲畜的牙捐4%，卖粮食交5%斗息，木捐、竹木捐、炭捐、桐油捐、走路须交保费、瘟猪捐、祭祖交祭祖捐等，五花八门，农民不能承受。各地方政府另有捐税。③ 1949年，粮赋"猛增，除桐山一律征收银圆外，田赋每元征收稻谷3市斗，借征1斗5升，附加省县公粮1斗5升，附征'自卫特捐'2-3斗，总计8—9斗。"④ 如此繁多的赋税，对于清水江流域村民和全省人民而言，皆是难以承担的。民间借贷契约文书提到赋税无钱完纳，不得不通过借贷来完成。

例如，民国三十年（1941）三月二十五日石茂标将祖父之业典与吴某某，借到小洋银140毫⑤，以交纳所欠的军费。同年（1941）六月二十八日杨秀隆等12人"情因祠内被县所派军食一谷"⑥，无法出缴，众人商议把杨氏祠宗之田，收花20箩（约1.7亩）出典与族内杨秀武，借到钞洋100元。贫困的村民无粮食交纳军粮，不得不借钱或典卖田产完纳。

民国三十四年（1945）正月十二李和松"典为因征兵急用无出"，将其祖父遗下之田出典与贾荣昌，借到小洋160毫。⑦ 同年五月十三日石明基同样因为缺少兵款无处筹借，将其父亲得买之业田1丘，约禾36把，出典于石安华，

① 黔东南苗族侗族自治州地方志编纂委员会编：《黔东南州志·粮食志》，方志出版社1995年版，第46页。

② 黔东南苗族侗族自治州地方志编纂委员会编：《黔东南州志·粮食志》，方志出版社1995年版，第53页。

③ 何仁仲主编：《贵州通史》，第4册，当代中国出版社2003年版，第268页。

④ 黔东南苗族侗族自治州地方志编纂委员会编：《黔东南州志·粮食志》，方志出版社1995年版，第46页。

⑤ 李斌主编，凯里学院、黎平县档案馆编：《贵州清水江文书·黎平文书》（第三辑），第53册，贵州民族出版社2020年版，第33页。

⑥ 贵州省档案馆、黔东南州档案馆、三穗县档案馆合编：《贵州清水江文书·三穗卷》（第一辑），第5册，贵州人民出版社2018年版，第80页。

⑦ 李斌主编，凯里学院、黎平县档案馆编：《贵州清水江文书·黎平文书》（第三辑），第51册，贵州民族出版社2020年版，第42页。

借到大洋 16.8 元角①，以支付兵费。民国三十七年（1948）九月十九日黄昌明 "因为兵需洋用度无处筹办"，只得将田 1 丘出典李名金，借到大洋 25 元，田人帮净谷 1 斛。② 村民缺少经费缴清官府的兵费是清水江流域民间典当的一个原因。

在借贷契约文书中，具体地写作缺少公项、兵丁粮食、缴银、上粮款子、粮食交军粮、兵款、官销账务等，归结为缺少资金完纳赋税，这是清水江流域民间借贷的一个重要原因，所占比例虽小，但它表明该流域村民迫于繁重的赋税，不得不举借贷款，由此村民负债累累。涉及赋役等作为借贷原因的文书共 18 份，占 1.56%。缺少资金缴纳各种赋税是清水江流域民间借贷的一个重要原因。

3. 信贷机构缺乏

农村信用组织不健全。萧铮认为："盖以农民资金匮乏为吾国一般农村之普遍现象，因无健全之农村信用组织，农民为生活或生产上之迫切需要，不得不为饮鸩止渴之计，以辗转呻吟于高利贷之下，以致农民一经负债，即如投入万丈深渊而没由自拔……以酿成今日哀鸿遍野，匪盗如毛之危状。"③ 谢国兴把贫困与借贷对等起来，"在传统中国农村，负债与贫穷之间则差不多可

---

① 李斌主编，凯里学院、黎平县档案馆编：《贵州清水江文书·黎平文书》（第二辑），第 32 册，贵州民族出版社 2019 年版，第 388 页。

② 贵州省档案馆、黔东南州档案馆、三穗县档案馆合编：《贵州清水江文书·三穗卷》（第一辑），第 1 册，贵州人民出版社 2018 年版，第 209 页。

③ 中国第二历史档案馆编：《中华民国史档案资料汇编》，江苏古籍出版社 1994 年版，第 101 页。

以画上等号。"① 同样，在清水江流域，清至民国时期信贷机构亦缺乏。②

黎平县境偶尔有利于民间借贷的机构。该县钱庄 1 家，距离卦治、王寨、茅坪在 130 里以上，清代加池寨距离黎平府城 120 里上。③ 卦治距离黎平府亦有 130 里之远。"光绪二十二年（1896），黎平府官银铺主持人张锡元，办理银、钱兑换业务，辛亥革命后在黎平县城二郎坡开设'张和顺'商号，兼营存款、放款和汇兑等金融业务，与贵阳、镇远、古州（今榕江）等地钱庄常有业务往来，实质就是一家钱庄。"④ 张和顺商号具有钱庄性质。

民国时期，"中国银行""中国农民银行""贵州省银行"分别在锦屏、镇远、榕江等地设立基层机构。黔东南境内亦有合作金融机构，但内战爆发，仅存几家基层银行。民国二十七年（1938）贵州和农村合作委员会在省内各县建立合作指导室，组织合作社，接受民国政府贷款，从民国二十七年至三十四年（1938—1945）共建立 840 个合作社，几乎每保一社，到三十五年（1946）各县信用合作社逐渐停办。⑤

"民间信贷清末民初，各种金融活动逐步在县内发展。光绪初年，由县政府经费局投资，由商人张克明、张作千等主持，在城关东门双井街（现城关三小）开办当铺，收当金银首饰、绸维衣物、皮毛，被褥、家具、铜锡器皿以及房屋、田地契约，利息略低于市场，以招徕生意。民国初年由县政府财

　　① 谢国兴：《中国现代化的区域研究：安徽省（1860—1937）》，台北："中央研究院"近代史研究所 1991 年版，第 383 页。
　　② 光绪初年黎平还有一家"官银铺"。官银铺的主要业务是收兑白银和为官府验收民众缴纳的"丁粮"（白银或制钱），同时经营存贷款，并在贵阳、镇远、古州（今榕江）等地设立分号或代理店互通汇兑，延续至民国初年撤销。宣统元年（1909）六七月间，贵州官钱局在镇远、古州、黎平、设立分局。辛亥革命后，贵州官钱局改为贵州银行，其所管辖的分局改为分银行，到民国七年五月裁撤。详见贵州省黔东南苗族侗族自治州地方志编纂委员会编《黔东南苗族侗族自治州志·金融志》，贵州人民出版社 1990 年版，第 5 页。
　　③ 张应强、王宗勋主编：《清水江文书》（第一辑），第 1 册，广西师范大学出版社 2007 年版，第 465 页。
　　④ 贵州省地方志编纂委员会编：《贵州省志·金融志》，方志出版社 1998 年版，第 84 页。
　　⑤ 贵州省黔东南苗族侗族自治州地方志编纂委员会编：《黔东南苗族侗族自治州志·金融志》，贵州人民出版社 1990 年版，第 6—7 页。

委会接管。民国十三年（1924）土匪廖树培打进黎平时遭到洗劫而停业。"① 据此可知，民国初年黎平民间有刘茂龙、刘福龙在县城荷花塘设立钱店，兑换货币、元宝、散银等，按3%收取利息。②

"民国二十七年（1938）省交通银行派农贷员一人常驻黎平合作指导室办理贷款业务，曾向胡家庄陶瓷厂等私人手工业提供少量贷款。民国三十三年（1944）农贷员调回。"③ 同年该银行黎平合作指导室工作人员曾发放部分农业无息贷款给农户，限制额度4元，用于购买农具和耕牛。④ 这属于工商借贷。

另外，民国四至十八年（1915—1929），中国银行在贵阳设立分行，并在民国五至十六年（1916—1927）在三江（从这以后锦屏县城）设立三江支行，代理国库收纳税款，发行盖有"贵州"和"三江"字样的"中国银行兑换券"，对当地政府提供借款，人称"三江银行"。⑤ 民国四年（1915）中国银行在贵阳成立，次年该行在三江（即王寨，清代就有"木头城"之称）设立支行，营业11年，到民国十六年（1927）结束。当时贵州地方军队进驻洪江，并在湖南洪江设立收税处。⑥ 三江支行与省外联行建立汇总关系，如与"湖南洪江收税处"建立起汇兑关系。该行收税处后改为支行。⑦ 民国九年（1920）三江支行年终汇出汇款余额为银圆237万元。⑧ 然而在清水江流域民间借贷契约中，几乎未提到三江银行，因为私人之间的借贷，与国家银行无多大关系，更无业务往来，更何况近代银行贷款的原则是以不动产抵押，前提是必须登记贷方不动产。

---

① 《黎平县志》编纂委员会编：《黎平县志》，巴蜀书社1989年版，第444—446页。
② 《黎平县志》编纂委员会编：《黎平县志》，巴蜀书社1989年版，第446页。
③ 《黎平县志》编纂委员会编：《黎平县志》，巴蜀书社1989年版，第446页。
④ 《黎平县志》编纂委员会编：《黎平县志》，巴蜀书社1989年版，第444—445页。
⑤ 贵州省黔东南苗族侗族自治州地方志编纂委员会编：《黔东南苗族侗族自治州志·金融志》，贵州人民出版社1990年版，第8—9页。
⑥ 贵州省地方志编纂委员会编：《贵州省志·金融志》，方志出版社1998年版，第221页。
⑦ 贵州省地方志编纂委员会编：《贵州省志·金融志》，方志出版社1998年版，第189页。
⑧ 民国九年《中国银行营业报告》，转引自贵州金融学会、贵州钱币学会、贵州中国人民银行金融研究所编《贵州金融货币史论丛》，1989年内部出版，第72页。

　　清至民国微不足道的借贷机构根本不能满足广大村民对资金的需求。契约文书中虽未提及信贷机构，但是用"缺少费用无处贷借"，亦可以说明信贷机构不足这一客观事实。黎平县有 39 份借贷契约文书提到借贷原因是"缺少费用无处贷借"，占 3.37%。信贷机构不足，村民只能请中人在民间借所需钱粮，以解决急需资金和粮食问题。

　　从这些讨论可知，天灾人祸和信贷机构缺乏等是民间借贷的重要原因，占 5.54%，不可忽略，它深刻地影响着清水江流域村民的生活质量和经济社会发展进程。

　　综上所述，本书认为，清至民国清水江流域民间借贷的原因由三个方面组成：一是封建土地所有制，是制度原因，是该流域村民乃至全中国人都无法逃脱的枷锁，是总根源；二是家庭发展变故，是民间借贷产生的主要原因；三是自然人为灾害及社会动荡不安等，虽占比例很少，但亦构成该流域民间借贷的重要原因。

第四章　清水江流域的民间典当

典当是民间借贷的重要组成部分，是村民获得资金的重要途径。本书将紧紧围绕民间借贷中的典当契约文书，从文书情况、典当期限、典当与月份关系、典当过程、典当终止、典当的形态、标的物、典当方式、典当原因等进行讨论。

一、典当概况

一般认为，中国的典当起源于汉代。典当是一种活卖形式，又是一种抵押借贷形式。作为抵押借贷，它与本书前论述的抵押借贷有明确区别。典当的基本含义就是以物质钱，即通过质押不动产获得资金。典当借贷是清水江流域最灵活、使用最多的一种借贷方式。从典当的标的物（亦称抵押物，本书用标的物以示区别）来看到，一般可分为典当田、典当园地（包括土、棉花地、鱼塘）、典当山林（包括茶油、茶山、杉木、油树、桐油树、杂木）、典当房屋地基（仓库及仓地基）、典当劳工（包括排夫、做活工）等。从典当的性质来分，可分为一次典当（通常所说的典当）、转典当、复典当、退典当、加价典当、典当断卖等。典主又称典手、借主，钱主又称银主。"典是指房屋、土地等大宗不动产的典押，典无专门机构。"① 人们一般把典当看作传统放贷机构。"典当专业经营小额抵押放款，原为平民阶级贷款之主要来源，虽取息甚多（普遍在地分以上），需用现金者仍不能不就之。"②

当与典皆抵押之意。典押可看作民间典当。虽然清水江流域有小部分当约，但本书将其与典约一起讨论，不另成章节。民间典当与抵押借贷在操作环节、借贷习惯等方面大致相同，其差别亦存在。清水江流域的典当是民间借贷的重要组成部分，是私人之间的典当，而不是私人典当业。③ 典当在该流域民间十分活跃，是人与人之间的经济交往方式，具有自发性、不确定性，更不是官府的典当业和寺院典当业。④

（一）典当交易分布

1. 清代

从目前所见契约文书可知，清代清水江流域民间典当分布在锦屏、天柱、黎平、剑河、三穗、岑巩等县，其中锦屏 162 份，天柱 72 份，黎平 1141 份，剑河 19 份，三穗 46 份，岑巩 158 份，共 1598 份（见表 4-1）。

表 4-1　清代清水江流域典当总表

单位：份

时段/县	锦屏	天柱	黎平	剑河	三穗	岑巩	合计
乾隆	9	3	10				22
嘉庆	38	1	49			6	94

---

① 俞如先：《清至民国闽西乡村民间借贷研究》，天津古籍出版社 2010 年版，第 211 页。

② 萧铮主编：《民国二十年代中国大陆土地问题资料》，成文出版社 1977 年版，第 32011 页。

③ 刘秋根认为，按资本性质把中国典当业分为官府典当业、私人典当和寺院典当业三种。按资本数量，典当业分为大、中、小三种类型；在资本较小的典当铺之外，还有非法的私押和代当。见刘秋根《中国典当制度史》，上海古籍出版社 1995 年版，第 18、47 页。

④ 本书所说的典主与典当契约文书中的典主、当主，都是借入人，是标的物主人，即业主，特别说明。因为本研究第六章涉及明清和民国法律中言及的典主和当主，则指钱主，这是必须区分的。

时段/县	锦屏	天柱	黎平	剑河	三穗	岑巩	合计
道光	46	12	326	5	2	28	419
咸丰	5	19	97		2	18	141
同治	18	15	112	1	1	22	169
光绪	41	20	502	11	38	71	683
宣统	5	2	45	2	3	13	70
合计	162	72	1141	19	46	158	1598

由表4-1可知清代清水江流域典当交易，数量最多在光绪年间，683份，占总数的42.74%。其次是道光年间，419份，占26.22%。其余依次为同治年间169份，咸丰年间141份，嘉庆年间94份，乾隆年间22份。从各县看，黎平1141份，占71.4%，超过七成。锦屏162份，占10.14%。岑巩158份，占9.89%。这说明，清代清水江流域典当契约主要集中在光绪和道光年间；从地域来看，主要集中在黎平县，其次是锦屏和岑巩县。

2. 民国

从现有典当契约文书来看，民国时期清水江流域民间典当分布在锦屏、天柱、黎平、剑河、三穗、岑巩等县，其中锦屏93份，天柱134份，黎平832份，剑河9份，三穗85份，岑巩115份，共1268份。这个数据比清代略少，其中黎平占65.62%。民国元年至十七年有672份，十八至三十四年有397份，三十五至三十八年有149份，时间不详50份（见表4-2）。

表4-2　民国清水江流域典当汇总表

单位：份

时段/县	锦屏	天柱	黎平	剑河	三穗	岑巩	合计
1—17年	56	48	456	4	29	79	672

时段/县	锦屏	天柱	黎平	剑河	三穗	岑巩	合计
18—34 年	32	72	240	2	34	17	397
35—38 年	5	12	104	2	15	11	149
时间不详		2	32	1	7	8	50
合计	93	134	832	9	85	115	1268

从整体上看，清至民国清水江流域民间典当契约文书共 2866 份。若按契约文书总量为 20 万份估计，占 1.43%。另，新中国时期，黎平 1 份，岑巩 3 份，锦屏 2 份，天柱 10 份，共 18 份，未计入（见表4-3）。

表4-3　清至民国清水江流域典当汇总表

单位：份

时段/县	锦屏	天柱	黎平	剑河	三穗	岑巩	合计
清代	162	72	1141	19	46	158	1598
民国	93	134	832	9	85	115	1268
合计	255	206	1973	28	131	273	2866

近 3000 份典当契约文书，是清水江流域民间典当交易的重要组成部分，无论它占多大比例，都能为本书提供强有力的支撑。其类型的丰富性、内容的完整性、真实性，反映了该流域苗、侗族人民为了生计，不惜以任何值钱的产业或物件作为典当的标的物，以获得急需的资金和粮食，从而渡过难关或发展生意等历史场面。

（二）典当时间与数额

1. 典当发生的时间

典当交易的时间虽然存在一定的偶然性，但从大量的偶然性仍然可以寻找其规律性。清水江流域民间典当交易发生的时间即存在一定的规律。

一是该流域民间典当交易发生在农历上半年比下半年多。上半年典当交易1699份，占59.28%，接近六成，下半年典当交易1114份，占38.87%，接近四成。这充分表明，该流域民间典当交易发生在农历上半年比下半年多，多达二成。无载53份，占1.85%（见表4-4）。

二是以农历月份论，该流域民间典当交易多发生在农历三、十二、二、四、五、六等月。全年发生典当交易份数月份排序如下：三、十二、二、四、五、六、十一、七、十、一、九、八，其中三、十二、二等3个月共计1102份，占38.03%，接近四成。农历二月和三月是农业生产开展的关键时期，村民需要资金从事农业生产，所以典当交易发生率高。十二月典当交易发生多的原因在于，村民结清旧账之后，典当资金置办年货，或者家庭建设需要资金等。四、五、六月同样是典当交易发生率高的月份，因为青黄不接，粮食缺乏、资金短少，村民不得不通过典当来获得资金或粮食度日（见表4-4）。

农历八、九、一月共有典当契约文书341份，占11.9%，典当发生率最低，其中八月仅77份，占2.69%，最少。八、九月是秋收时节，此时村民资金和粮食相对有余，通过典当获取资金的需求较小。当然，贫困的人此时仍然需要典当获得钱粮。其余十、七、十一月中，十月仅169份，占5.89%。这3个月共计541份，占18.88%，不足二成（见表4-4）。

清至民国清水江流域典当交易的发生上半年比下半年多，农历三、十二、二、四、五、六等月发生的典当交易比其他月份多，表明该流域民间典当交易发生与月份有关，大致反映了该流域民间典当交易发生的月份规律。

表 4-4 清至民国清水江流域典当次数月份表

农历月份	锦屏	天柱	黎平	剑河	三穗	岑巩	合计（份）	百分比（%）
一	15	13	67	1	17	39	152	5.3
二	23	21	230	3	11	29	317	11.06
三	20	50	289	4	11	15	389	13.57
四	20	25	240	1		6	292	10.19
五	36	11	209	2	2	5	265	9.25
六	22	13	210	4	5	3	257	8.97
七	15	6	151	3		1	176	6.14
八	10	3	55	1	6	2	77	2.69
九	12	7	71	2	12	7	111	3.87
十	14	12	98	2	19	23	168	5.86
十一	19	14	111	1	17	30	192	6.7
十二	46	22	181	3	27	105	384	13.39
闰二		2	2				4	0.14
闰三			7				7	0.24
闰四			1				1	0.04
闰五			8				8	0.28
闰六		2	5				7	0.24
闰七			4				4	0.14
闰八					1		1	0.04
闰十			1				1	0.04
无载	3	5	33	1	3	8	53	1.85
合计（份）	255	206	1973	28	131	273	2866	100

说明：本表包括实物典当和货币典当。

根据表 4-4 制成清水江流域典当交易次数月份图（见图 4-1），可以直观地反映农历每月典当交易发生的次数。

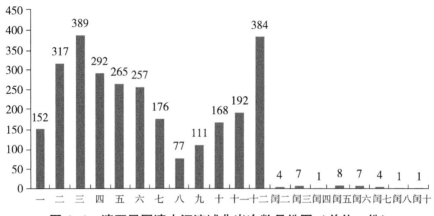

图 4-1　清至民国清水江流域典当次数月份图（单位：份）

由图 4-1 可以看出两个规律：

其一，以时段论，民间典当多发生在上半年，集中在二至六月。

其二，以月份论，多发生在三、十二、二、四、五、六等月。

这两点非常符合清至民国该流域民间资金和粮食需求的实际情况。

2.　货币典当数额与货币

典当交易中典主所获得的资金值得讨论。先看清代清水江流域典当货币数额。

（1）清代民间货币典当折银

一是按县域比较，黎平最多，有典当契约 1114 份，折银 17665.61 两。三穗最少，有 46 份，折银 440.33 两。其余各县中，锦屏 162 份典当交易，折银 2446.36 两。天柱县 72 份，折银 392.63 两。剑河县 19 份，折银 118.09 两，岑巩县 157 份，折银 3058.32 两，总计 1570 份，共折银 24121.34 两（见表 4-5）。

二是时段上，光绪年间最多，该流域共有典当契约 670 份，折银 7312.98 两。道光年间典当交易 418 份，排列第二，但折银最多，达到 10155.7 两。其余时段为：同治年间 166 份，折银 1342.54 两；咸丰年间 132 份，折银 1342.54 两；嘉庆年间 94 份，折银 2790.92 两，排列第三；宣统年间 68 份，折银 776.95 两；乾隆年间 22 份，折银 245.03 两（见表 4-5）。

三是平均每宗典当交易折银各时段分别为乾隆 11.14 两，嘉庆 29.69 两，道光 24.3 两，咸丰 10.17 两，同治 8.99 两，光绪 10.91 两，宣统 11.43 两，其中嘉庆年间平均每份交易额最高，而同治年间最低。自乾隆至清末平均每宗典当交易额为 15.36 两（见表 4-5）。

表 4-5　清代清水江流域货币典当折银表

时段/县	锦屏		天柱		黎平		剑河		三穗		岑巩	
	份数	折银（两）	份数	折银（两）	份数	折银（两）	份数	折银（两）	份数	折银（两）	份数	折银（两）
乾隆	9	151.91	3	19.5	10	73.62						
嘉庆	38	1031.19	1	20	49	1440.06					6	299.67
道光	46	411.63	12	71.22	325	9272.5	5	24.99	2	64.98	28	310.38
咸丰	5	54.3	19	150.42	88	650.01			2	17.68	18	470.13
同治	18	245.91	15	69.63	109	1064.19	1	2.4	1	0.8	22	110.69
光绪	41	530.65	20	57.03	490	4715.15	11	74.57	38	310.2	70	1625.38
宣统	5	20.77	2	4.23	43	450.08	2	16.13	3	46.67	13	239.07
合计	162	2446.36	72	392.63	1114	17665.61	19	118.09	46	440.33	158	3058.32

说明：天柱咸丰、光绪年间各 1 份无载。黎平县几件份信息不全，未计入。三穗县光绪 1 份无载。

（2）清代民间货币典当

清代清水江流域典当交易货币呈现两个特点。

其一，典当交易的货币主要是银两和铜币。在 1570 份典当交易中，银两和银毫 886 份，占总额的 56.43%，将近六成。铜币（铜圆、制钱、青红钱等）681 份，占 43.38%，另有 1 份票银和 2 份数据无载。这说明清代该流域典当交易中，银两是主要货币，其次是铜币。铜币一直是清乾隆至宣统年间重要的货币之一（见表 4-6）。

其二，以时段论，乾嘉时期典当交易货币全部为银两。嘉庆年间仅 1 宗交易为铜币，其余93份为银两，铜币仅占1.06%，但它表明典当交易货币开始发生变化，向银两、铜币并行的方向发展。道光年间铜币交易量开始上升，达到61份，银两为357份，比例上升到14.59%。咸丰年间典当交易中，银两60份，钱币71份，1份无载，钱币所占比例上升到53.79%。同治年间典当交易中，银两65份，铜币100份，1份无载，铜币所占比例达到61.73%。光绪年间典当交易中，银两268份，铜币402份，占60%。宣统年间典当交易中，银两、毫银和票银共22份，铜币46份，2份无载，铜币占67.64%，达到最高值。咸丰至清末，铜币在典当交易中所占的比例保持在六成左右。铜币由少到多，逐渐大量进入民间借贷交易领域，与当时国内银贵钱贱、白银外流的大环境有关。清水江流域民间典当交易中的货币流通一定程度受到社会环境等因素的影响，并与当时的通货膨胀有关（见表4-6）。

其三，典当交易中多种货币在流通。毫银流入该流域，与宝纹银、纹银、新宝银等传统银两并行，强化了银作为硬通货在民间的广大市场，但是铜币的流通量仍然较大，铜币包括制钱、铜圆、青红钱、二八大钱等，一直具有生命力，特别是青红钱在岑巩较多流通，形成了银两、铜币并存、此消彼长的发展态势。

总之，该流域铜币在典当交易中比例大幅度上升，但并未能占据主导地位，银两交易虽逐渐下降，但始终有较稳定的市场，这两种货币是清水江流域民间典当中的主要货币，由此形成的铜币多银两少的货币状态，一定程度上凸显了清帝国经济运行中货币变化的规律。

表4-6 清代清水江流域货币典当表

单位：份

类型 \ 县		锦屏	天柱	黎平	剑河	三穗	岑巩	合计
乾隆	银两	9	3	10				22

续表

类型		锦屏	天柱	黎平	剑河	三穗	岑巩	合计
嘉庆	银两	38	1	49			5	93
	铜币						1	1
道光	银两	45	1	301	4	1	5	357
	铜币	1	11	24	1	1	23	61
咸丰	银两	4		53		1	2	60
	铜币	1	18	35			16	71
同治	银两	14		50	1			65
	铜币	3	15	59		1	22	100
光绪	银两	35		221	6	1	5	268
	铜币	6	20	269	5	37	65	402
宣统	银两	3		15	1			19
	铜币	2	2	26	1	2	13	46
	毫银			2				2
	票银						1	1
小计	银两	148	5	699	12	3	17	884
	铜币	13	66	413	7	42	140	681
	毫银			2				2
	票银						1	1
	无载	1	1					2
合计		162	72	1114	19	46	157	1570

　　说明：锦屏同治年间 1 份无载，天柱咸丰年间 1 份无载。三穗足色票银①1 份，铜币中有青红钱 31 份，二八大钱 1 份。岑巩铜币中有 139 份为青红钱。

---

　　① 清光绪三十四年（1908），贵州巡抚庞鸿书通过贵州官钱局发行官银票流通入境，每张官银票可兑换十足票银 1 两。民国元年（1912）贵州银行发行兑换券，简称"黔币"，俗称"花票"，与银圆等价行使，流入境内各地使用，人称"双凤钞票"。参见贵州省黔东南苗族侗族自治州地方志编纂委员会编《黔东南苗族侗族自治州志·金融志》，贵州人民出版社 1990 年版，第 32 页。

(3) 民国民间货币典当折银

民国时期清水江流域典当交易货币数额如表4-7。

表4-7 民国清水江流域货币典当折银表

时段/县	锦屏		天柱		黎平		剑河		三穗		岑巩	
	份数	折银（两）	份数	折银（两）	份数	折银（两）	份数	折银（两）	份数	折银（两）	份数	折银（两）
1—17年	54	783.28	44	1401.35	449	4489.92	4	36.93	28	516.29	78	2176.46
18—34年	30	1214.40	62	2999.49	239	4412.99	2	454.02	33	1850.08	16	836.16
35—38年	4	124.81	5	417.16	99	2931.46	2	33.27	12	349.92	8	176.56
时间未详			2	19.4	32	275.47	1	20	6	70.05	8	57.35
合计	88	2122.49	113	4837.4	819	12109.84	9	541.22	79	2786.34	110	3246.53

说明：天柱县民国1—17年2份粮食，2份无载，货币44份；18—34年1份无载，粮食9份；35—38年粮食8份。

根据表4-7，通过折银后可以得到如下几点：

其一，各县折银数额相差较大。这取决于典当交易宗数。按交易宗数与其折银排列为：黎平县819份，折银12109.84两；天柱县113份，折银4837.4两；岑巩县110份，折银3246.53两；锦屏县88份，折银2122.49两；三穗县79份，折银2786.34两；剑河县9份，折银541.22两。共计1218份，折银25646.82两。

其二，从时段上看，民国元年至十七年典当契约份数最多，共657份，折银9404.23两，但十八至三十四年共见契约382份，折银却最多，达到11767.14两；三十五至三十八年计130份，折银4033.18两；时间未详49份，折银442.27两。

其三，从平均每份典当交易数额来看，民国三十四至三十八年为31.02两，最高。民国十八至三十四年次之，为30.8两。民国元年至十七年为14.31两，最低。民国年间平均每宗典当交易折银21.06两。

（4）民国民间典当货币

民国年间清水江流域典当交易货币与清代相较出现新变化，币种、数量都有体现（见表4-8）。

表4-8　民国清水江流域货币典当表

类型 \ 县		锦屏	天柱	黎平	剑河	三穗	岑巩	合计（份）
1—17年	银两	18	1	116	3	1		139
	铜币	35	43	236	1	27	78	420
	银圆	1		17				18
	毫银			80				80
18—34年	银两			10				10
	铜币	16	24	47	1	19	8	115
	银圆	11	7	66	1	3	2	90
	毫银			106				106
	法币	3	31	10		11	6	61
35—38年	银两			2				2
	铜币					1		1
	银圆	2		23		7		32
	毫银			74				74
	法币	2	5		2	4	8	21
时间不详	银两			1216		1		13
	铜币		1		1	5	8	31
	银圆			1				1
	毫银			3				3
	法币		1					1

类型＼县		锦屏	天柱	黎平	剑河	三穗	岑巩	合计（份）
小计	银两	18	1	140	3	2		164
	铜币	51	68	299	3	52	94	567
	银圆	14	7	107	1	10	2	141
	毫银			263				263
	法币	5	37	10	2	15	14	83
合计（份）		88	113	819	9	79	110	1218

说明：1950年的3份抵押借贷的货币都是铜圆。黎平县民国1—17年，有纹银27份，时间不详有纹银3份，银圆1份。岑巩铜币94份，都是青红钱。三穗县民国1—17年铜币27份中，有青红钱8份，九一钱1份。

根据表4-8可以看出如下规律：其一，银币虽然仍为交易的主要货币，但民国元年至十七年间银圆进入流通，计有典当契约18份，占2.74%。毫银开始进入典当交易，计见契约80份，占12.18%。铜币计420份，略有下降，占63.93%，超过六成。传统使用的银（包括纹银）计139份，占21.16%。新币种银圆和外来的毫银进入典当交易，挤压传统银两在交易中的地位，使其占比进一步下降，仅为两成。清水江流域民间典当货币出现多元化态势。

其二，民国十八至三十四年，铜币数量大幅度下降，传统的银两亦下降，法币进入典当交易。这与民国政府推行法币政策，废两改元政策有关。具体地说，此期间民间典当货币有银两、银圆、毫银、铜币和法币，其中银10份，占2.62%。传统银两的使用比例进一步下降。银圆90份，占23.56%；毫银106份，占27.75%；铜币115份，占30.1%；法币61份，占15.97%。铜币仍有生命力，占三成。金属货币仍然是该流域的主要币种，占84.03%。

其三，民国三十四至三十八年，该流域民间典当交易货币以毫银和银圆为主，其中毫银74份，占56.92%，将近六成。银圆32份，占24.62%。另有法币21份，占16.15%。银两2份，仅占1.54%，铜币1份，占0.77%。铜币在典当交易中几乎消失了，而银两亦差不多被毫银和银圆所取代。时间未详中，银两 10 宗，银圆 1 份，毫银 6 份，铜币 31 份，法币 1 份，共 49 份。

民国时期，各种货币在典当交易中的宗数累计为：银两 161 份，占 13.22%；银圆 141 份，占 11.58%；毫银 266 份，占 21.84%；铜币 567 份，占 46.55%；法币 81 份，占 6.81%。这些表明民间典当货币以金属类为主，超过九成是银和铜钱。

总之，民国清水江流域民间典当交易的货币种类较多，铜币由六成余逐渐减少到不足 1%，银两亦被省外毫银强力挤压，银圆基本保持二成余。这些变化反映了村民更多地选择保值的毫银和银圆，而不愿使用日益贬值的法币。

清至民国清水江流域民间典当交易额有一个发展的过程，此过程展现了该流域典当交易十分活跃的状态（见表 4-9）。

表 4-9 清至民国清水江流域货币典当折银汇总表

类型	县	锦屏	天柱	黎平	剑河	三穗	岑巩	合计
清代	份数	162	72	1114	19	46	157	1570
	折银（两）	2446.36	392.63	17665.61	118.09	440.33	3058.32	24121.34
	平均（两/份）	15.10	5.45	15.86	6.22	9.57	19.48	15.36
民国	份数	88	113	819	9	79	110	1218
	折银	2122.49	4837.4	12109.84	544.22	2786.34	3246.53	25646.82
	平均（两/份）	24.12	42.81	14.86	60.47	35.27	29.51	21.06
合计	份数	250	185	1933	28	125	267	2788
	折银（两）	4568.85	5230.03	29743.11	622.31	3226.67	6304.85	49695.82
	平均（两/份）	18.28	28.27	15.40	23.65	25.81	23.61	17.82

据表 4-9，通过长时段地审视清水江流域从乾隆至民国末年（1736—

1949）的民间典当交易，本书认为该流域典当交易有几个明显特点。

其一，典当交易在数量上日益增多，这表明该区域乡村经济逐渐发展。乾隆至清末计有典当交易文书 1570 份，平均每年 8.9 份，民国时期有 1218 份，平均每年 32 份。大致可以推断，民国时期典当交易的数量比较大。

其二，平均每份交易数额折银呈现增高的趋势，即民国比清代高，这表明村民自身的经济处于发展中。清代平均每份典当交易折银 15.36 两，民国则为 21.06 两，除去民国时期货币多样性因素，民国典当平均每份折银应当高于清代。从各县平均每份折银来看，亦呈现上升趋势。锦屏清代为 15.1 两，民国 24.12 两。天柱分别为 5.45 两、42.81 两。黎平分别为 15.86 两、14.86 两，大体持平。剑河分别为 6.22 两、60.47 两，三穗为 9.57 两、35.27 两，岑巩为 19.48 两、29.51 两。

其三，典当交易平均每份折银量略高于该流域同期信用借贷和抵押借贷平均每份折银量，这表明以土地为主要质押物的典当所借到的折银数额高于信用借贷和抵押借贷。该流域信用借贷和抵押借贷文书共计 1258 份，平均每份折银为 14.45 两，典当交易平均每份折银为 17.82 两，高于信用借贷和抵押借贷。

据此可以估算，假设目前所见 2788 宗货币典当相当于实际交易的 1%，那么该流域实际典当交易折银总量约 500 万两，年均大约 2.3 万两。如此数量对于该流域经济发展的作用当是巨大的。

最后，典当交易的货币值得一提。根据表 4-6 和表 4-9，制定清至民国清水江流域典当代货币图（如图 4-2）。

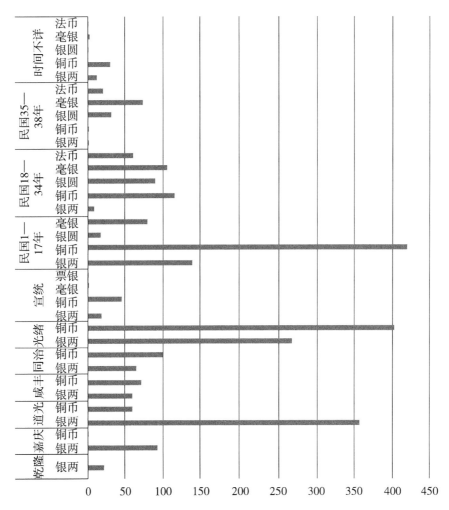

图 4-2　清至民国清水江流域典当货币图（单位：份）

根据图 4-2，可见清至民国清水江流域民间典当货币变化有几个特点：

一是清嘉庆以前典当货币是银两，铜币从嘉庆年间开始出现，道光时期增多，咸同时超过银两，成为该流域的主要货币，光绪年间继续增多，民国元年至十七年远超其他货币，达到峰值。

二是民国元年至十七年（1912—1928），银两有增加，之后逐渐下降，几乎被毫银和银圆所取代。

三是清至民国典当货币由单一的银两向多种货币转变，到民国末年达到 5
种，但金属货币仍是主流，银币（银两、银圆、毫银）与铜币此消彼长，始
终是主要货币。

需要指出的是，通过讨论清至民国清水江流域典当交易平均折银，可知
该流域的典当交易折银总量。至于田地每亩的典当价是一个可变量，无约定
俗成的标准，如《石学正典田字约（道光十三年七月初八日）》：

> 立典田字约人罗内寨石学正（整），为因家下缺少银用无出，自
> 愿将土多高勾田二丘、平残田二丘、归务四丘、已对田一丘、已达
> 五处田，共有叁拾八丘，约禾五百贰拾捌把，出典地们寨吴文华、
> 廷广、总卦、单应五人名下承典为业，当面凭中议定典价色银一千
> 四百五拾两整。……①

本典契中，石学正达到 528 把，约合 55 亩，典价为色银 1450 两，这是巨
额资本，5 个人共借这笔资本。相隔九年之后的道光年二十二年（1842），田
面积较大，但典价却较低，条件苛刻，月利率 3%，限在八月内归还，典期为
8 个月。再者，《吴文华典田字（道光二十二年二月二十一日）》：

> 立典字人地们寨吴文华，为因先年得买石学正之田已达共五拾
> 七丘，约禾三百把，琢（作）当与忙脸寨应道、应显、应义三人名
> 下承典为业，当日凭中借到本纹银伍拾两整，亲手收回应用。其银
> 言定每两照月加叁行利，今限八月内本利归清，不得有误。如有者
> 过限，照约收禾管业，日后不得义（异）言。恐后无凭，立此典当
> 字据。……②

前者亩价约为银 13.18 两（按 1 两纹银合 2 两色银计算），后者 31.25 亩，

---

① 李斌主编，凯里学院、黎平县档案馆编：《贵州清水江文书·黎平文书》（第一辑），第 14
册，贵州民族出版社 2017 年版，第 173 页。
② 李斌主编，凯里学院、黎平县档案馆编：《贵州清水江文书·黎平文书》（第一辑），第 14
册，贵州民族出版社 2017 年版，第 228 页。

每亩为银 1.6 两。二者单价悬殊，前者是后者的 8.24 倍。同一地域，时间不同，典价亦大不相同。清水江流域田地单位面积的典当价起伏很大，似无某种标准可言。

3. 粮食典当数额

清至民国清水江流域粮食典当指通过典当方式借贷到粮油，用于村民日常生活。与通过典当获得钱币相比较，粮食典当交易数量小得多（见表 4-10）。

表 4-10　清至民国清水江流域粮食典当汇总表

类型	县	锦屏		天柱		黎平		三穗		岑巩		合计	
		份	斤	份	斤	份	斤	份	斤	份	斤	份	斤
清代	禾					23	14325					23	14325
	谷					4	1067			1	204.2	5	1271.2
民国	油			1	62							1	62
	米			1	210			1		2	543	4	753
	禾					3	1000					3	1000
	谷	5	1069	16	10698	10	2980	5	3950	3	846	39	19543
合计	油			1	62							1	62
	米			1	210			1		2	543	4	753
	禾					26	15325					26	15325
	谷	5	1069	16	10698	14	4047	5	3950	4	1050.2	44	20814.2

说明：三穗县 1 份典钱 10 万元，谷 12 箩，计入总数，在货币中已计算份数，此表只累计谷数量，不计入份数。剑河无载。

据表 4-10，清水江流域粮食典当有几个特点。

一是清代通过典当方式借到的粮食种类有禾谷，发生在黎平 23 份，禾 14325 斤，谷 4 份，1067 斤。岑巩典当借贷谷 1 份，204.2 斤。清代粮食典当总计有禾 23 份，14325 斤，谷 5 份，1271.2 斤，累计 15596.2 斤，平均每份禾谷 557 斤。清代清水江流域的粮食典当仅在村民之间进行，典当的单宗资金未超过银一百两，属于消费类典当，而非囤积粮食的盘当。所谓盘当就是当量资本，如几百两、几千两购买巨额粮食以囤积的典当，曾在江浙流行。乾隆九年（1744）曾禁止这类典当与囤积。①

二是民国时期典当借贷粮食种类有所增多，出现米和油。油指茶油。锦屏有谷 5 份，1069 斤。天柱油 1 份，62 斤，米 1 份，210 斤，谷 16 份，10698 斤。黎平有禾 3 份，1000 斤。三穗有谷 5 份，3950 斤。岑巩有米 2 份，543 斤，谷 3 份，846 斤。民国时期禾谷累计 42 份，20453 斤，平均每份约 487 斤。该流域清至民国累计禾谷 70 份，36319.2 斤，平均每份禾谷 518.8 斤。

该流域在清至民国时期，典当获得粮食的每份数量较大，平均超过 500 斤。村民通过典当方式获得的粮食种类较少，主要是禾、谷，米和油的数量极少。究其原因，在于禾谷利于储存，一般三年，而米的储存期短，一般为三个月，不便于流通。

二、典当过程

（一）典当契约成立

1. 民间典当关系构成

清水江流域民间典当交易由几个方面构成，即标的物、中人、代笔人，其中标的物是非常重要的条件，是典当交易的关键，没有标的物，典当交易不成立。

第一，标的物是充要条件，且以土地为主。

在清至民国清水江流域民间典当中，出典人选择标的物是民间典当交易

---

① ［日］岸本美绪著：《清代中国的物价与经济波动》，刘迪瑞译，中国社会科学出版社 2010 年版，第 274 页。

形式的第一条件。典当交易发生的充要条件是确立标的物。典主和当主选择
何物为标的物，关系到他能够借贷到钱粮的数额。该流域典当标的物主要有
田地、山林、房屋、牲畜以及人身等，具体如表4-11：

表4-11　清至民国清水江流域典当标的物表

系列 类别	县 表述	锦屏	天柱	黎平	剑河	三穗	岑巩	合计（份）	百分比（%）
田地	田	217	169	1753	26	127	178	2470	86.18
	菜园			4					
	园	9	5	4			1		
	地基		1	12			7		
	地基、园	2					5		
	屋场						1	186	6.5
	（大）墦		11						
	土（块）	4	2	8		2	66		
	棉花地			6					
	阴地	3		32					
	塘			1					
山林	杉木山场	5	3	2			5		
	林木（竹）						1		
	板栗树						2		
	油树块		7					54	1.88
	茶山		2	14					
	山	1		3			2		
	油茶山地（油山）	2	1	1	1		1		
	竹山					1			

续表

系列 / 类别	表述	锦屏	天柱	黎平	剑河	三穗	岑巩	合计（份）	百分比（%）
房屋	普通房屋	7	2	28				52	1.81
	伯难礼廪（粮仓）	1		6					
	油榨房		1						
	米碾（碾房）			1			1		
	小商店			1			1		
	茅厕四柱/牛圈	1		2					
股份	塘股份			3				4	0.14
	土（地）股			1					
产业	祖业							5	0.17
	面分之业（己业）				1		2		
	田产收益			1					
	排夫				1				
家畜	猪	3		2				6	0.21
	牛			1					
人身	本身（自身）			1				1	0.04
无载			2	86				88	3.07
	合计（份）	255	206	1973	28	131	273	2866	100

由表 4-11 可知，清水江流域典当交易标的物详情，其中田地类中，田 2470 份，占 86.18%。田是最主要的标的物，包括干田、水田、秧田、荒田等，比该流域民间抵押使用田作为抵押物比例（71.58%）高出 14.6 个百分点。可以推断在典当交易中，钱主更多地把田作为标的物，因为田的收益比较稳定。地作为标的物，包括菜园、园、地基、屋场、墦地、土块、棉花地、塘、天井等，共 186 份，占 6.5%。田地共 2656 份，占 92.68%。

山林类标的物包括杉木山场、林木、油树块、茶山、山、油茶山地、竹山等，共 54 份，占 1.88%。

房屋作为标的物占比例列第四位，共 52 份，占 1.81%。房屋类包括普通房屋、粮仓库、油榨房、碾房、小商店、茅厕四柱、牛圈等，只要能够达成典当条件，低廉的茅厕、牛圈都捎上用场。可见，该流域村民在急需资金的情况下，不惜以任何能值钱的动产或不动产作为标的物，举借钱粮。

股份类主要涉及塘股份、土股、地股，共 4 份，占 0.14%。产业类作为标的物包括祖业、面分之业、田产收益、排夫顺序，共 5 份，占 0.17%。家畜类包括猪、牛，共 6 份，占 0.21%。把本身（自身）作为标的物，1 份，占 0.04%。

纵观清水江流域典当交易的标的物，有三个明显特点：

其一，以土地为主，超过九成。土地类包括田地和山林，共计 2710 份，占 94.56%。村民首选田，超过八成。这充分表明，清水江流域典当时，居民首选不动产作为标的物，因为在封建地主土地所有制下，家庭的收益主要来自经营土地，特别是田。土地作为不动产，一般不存在风险。可见，民间典当标的物的常态是土地。

其二，在不动产不足时，如果有动产，如房屋，村民则以房屋为标的物，虽然房屋不及土地值钱，但比其他动产的价值高，在钱主看来，能够变现，所以少量村民选择房屋。

其三，村民偶尔选择股份、产业、家畜作为标的物，个别选择物品和人身作为标的物。这些表明，除了土地、房屋外，股份、产业、家畜毕竟具有一定的价值，作为标的物，或多或少能够让钱主有所保障。毫无标的物时，村民只有选择排夫顺序，甚至质押人身将钱典当到手。这些足见该流域典当时，没有标的物时，不可能形成交易的。换言之，只有将值钱的财产或者能够创造财产的人作为标的物后，民间典当形成才迈出关键的一步。

总之，清至民国清水江流域民间典当标的物总特征是以土地为主，将人身作为标的物是其特例，这些表明该流域地主经济发展非常成熟，且地主土地所有制已经有超经济剥削存在。

标的物中，排夫值得一提。排夫是清水江流域村民在河中放筏的顺序，典当排夫实质上是典当排夫经营权。如《宣统三年六月十八日　龙顺成出典小溪排夫字》：

> 立典小溪排夫字人本寨龙顺成名下，为因缺少艮（银）用，无有出处，自己将到本名分落排夫贰，名分为有大股贰位，胞兄占贰股，顺成名下占一股，弟兄三人商请分为月数，本名分落正、四、十、七月，无艮（银）以用。先问胞兄贰位，无艮（银）用典。自己请中上门问到本寨龙玉开弟兄四人名下承典为业，当日凭中三面言定足价艮（银）拾壹两零捌钱正（整），亲手领回应用，并不缺少分厘。此排夫宣统三年六月贰十八日出典，限至宣统五年十月内衣（依）就（旧）足艮（银）即赎。若无艮（银）赎，在于典主撬扒，自己不得意（异）言。恐口无凭，立此典字为据。
>
> 内涂一字，外添陆字。
>
> 胞兄龙顺福
>
> 凭中　吴道隆　杨先祥
>
> 代笔　作荣

宣统三年六月十八日　出典①

本典约中，龙顺成将自己分到的排夫 1 股，时间为正、四、十、七月，作为标的物，典与龙玉开，得银 11.8 两，典期两年零 4 个月。此处标的物是一种经营权，即在河中放排木材的经营权。经营权暂时转移到钱主手中，典期结束后，典主龙顺成按原价赎回。再如《民国八年六月初九日龙起茂出典小溪排夫字》：

---

① 贵州省档案馆、黔东南州档案馆、剑河县档案馆合编：《贵州清水江文书·剑河卷》（第一辑），第 4 册，贵州人民出版社 2018 年版，第 232 页。

　　立典小溪排夫字人本寨龙起茂，为因缺少用度，无从得出，自愿将到本己排夫贰名，此排夫叁股钧（均）分，本己阄落贰月、五月、八月、十二月，要行出典。先问房族人等，无纹银承典，自己请中上门问到本寨龙之盛名下承典为业。当日凭中三面议定典价足纹银捌两零八分正（整），亲手领足，不欠分力（厘）。自典之后，恁从典主撬扒管业，言定四年之后银到字回。恐口无凭，立有典字为据。

　　内添一字。

　　外批：若有闰月，三人共。恐轮到月界之日，三十、初一，二人所共。

凭中　龙起发　伍长有

代笔　龙志秀

民国八年六月初九日　立①

　　龙起茂将分到名下的二月、五月、八月、十二月排夫出典与龙之盛，得银 8.08 两，钱主经营 4 年，到期后原价赎回。这两例说明，将排夫经营权作为标的物典当，数量虽极少，但它反映了清水江流域典当标的物之独特性。另有典当股份，如宣统三年（1911）六月二十六日吴绍成将土地会 2 股加老典与吴大贵，加典铜币 1080 文作为会股，吴大贵持股管业。② 民国二十九年（1940）十一月初六日吴永超将约谷 7 石之田的三股典与岑桃寨姜散归、姜□珍，典价大洋 21 元③，此田共 4 股。典当土地股份亦是该流域特征之一。

　　第二，中人是重要条件。

---

　　① 贵州省档案馆、黔东南州档案馆、剑河县档案馆合编：《贵州清水江文书·剑河卷》（第一辑），第 4 册，贵州人民出版社 2018 年版，第 249 页。

　　② 李斌主编，凯里学院、黎平县档案馆编：《贵州清水江文书·黎平文书》（第二辑），第 36 册，贵州人民出版社 2019 年版，第 212 页。

　　③ 李斌主编，凯里学院、黎平县档案馆编：《贵州清水江文书·黎平文书》，第 18 册，贵州人民出版社 2017 年版，第 155 页。

民间典当发生效力的前提，除了出典人、承典人双方外，还必须有中人。在清水江流域民间典当契约文书中，对于中人有几种称法，如凭中、中、凭、凭笔（中人及书写人合称）、硬承中等。中人虽然是典当契约形成的必要条件之一，但并非所有典当交易都离不开中人。从契约文书来看，在一定数量的交易中未记载中人。

清水江流域典当交易中，中人是一个重要条件，而且有一部分契约有 2 人，乃至 3—4 人，总趋势是民国十年（1921）以后，典当契约中的中人多数情况下是 1 人，较少情况是 2 人，3 人极少。换言之，典当交易有中人参与即可，不必多人，实际上，随着典当交易的发展，村民之间很容易达成协议，需要中人做证和参与议价而已，中人的作用仍然存在，但多名中人出场的必要性被削弱，典当交易的达成程序有简化的迹象。

同一宗典当交易中有两名中人的情形占一定数量，如《乾隆四十一年十一月初五日吴腾、胜钧出典土契》记载"黄良于名下承典，三面议定价钱四两九钱八分……凭中族叔：吴昌完。凭中族兄：吴胜宽"。[①] 本典契中，凭中有 2 人，吴昌完和吴胜宽，因为辈分不同，分别列出。同一宗典当交易中有 3 名中人则少见，如《杨士盛典田约（乾隆三十四年三月初六日）》：

> 立典田约人高场寨杨士盛，为因缺少会银无出，自愿将祖遗田一丘，唑（坐）落地名便大，载禾拾把，凭中出典与杨茂先、龙海士名下承典为业。当日三面议定典价纹银拾两零柒分整，亲手领回应用。其田自典之后，恁典主耕种管业，典主不得异言，日后价到归赎，典主不得故意赵约以生端衅。今恐人心难凭，立此典约存照。
>
> 　　　　　　　　　凭中　杨子贵　杨隆黄　杨显黄
>
> 　　　　　　　　　代笔　刘正国

---

① 贵州省档案馆、黔东南州档案馆、三穗县档案馆合编：《贵州清水江文书·三穗卷》（第二辑），第 7 册，贵州人民出版社 2018 年版，第 7 页。

乾隆三十四年三月初六日　立①

杨子贵、杨隆黄、杨显黄作为中人，是本契约形成的重要条件。

多名中人并不常见。3 名中人，如嘉庆十八年（1813）十二月十四日范锡畴典田借到银 35 两，中人是范绍尧、范宗尧和范绍梓。② 4 名中人，如"凭中：杨开薰（押）、吴世华（押）、罗再相、吴毓□"③。有时 4 名中人皆画押，如"凭中：张明相、张明芳、朱正江、张大勋"④。5 名中人极少，如道光十五年（1835）二月二十二日林松艮典田时写作"凭中：吴绍武、吴天寿、杨文杰、杨明金、王光远"，⑤ 意在证明所典之银 45.5 两已归还，将标的物收禾 11 把的田赎回。6 名中人，如道光二十九年（1849）四月十七日杨文成兄弟转典田借到青红钱 120 吊（合银 60 两），"凭中：徐宗魁、杨全胜、杨凤辉、习明□、徐魏连、杨乾夫"⑥，等等。

多名中人与产权变更复杂有关。道光□九年十月二十六日龙国成典田与石、黄姓等三人得银 20 两，于咸丰九年（1859）内石、黄两姓移典该田与王汝盛得丝毫银 8.25 两，十二年（1862）春月原业主龙世昌用银 8.25 两向王汝盛将田赎回，同治八年（1869）十月十八日龙世昌将此田典当于某人，获铜币 7000 文。此处标的物经过 4 次转移，即流转方式为：典—移典—回赎—典当，产权明晰，但过程十分复杂，为避免争端，最后典当时，中人有 6 名，"凭中：王主佑、李子森、吴珍周、吴邦熊、吴主保、龙礼云"，在场人 1 人，

　　① 李斌主编，凯里学院、黎平县档案馆编：《贵州清水江文书·黎平文书》（第二辑）第 35 册，贵州民族出版社 2019 年版，第 27 页。

　　② 陈金全、杜万华主编：《贵州文斗寨苗族契约法律文书汇编——姜元泽家藏契约文书》，人民出版社 2008 年版，第 132 页。

　　③ 贵州省档案馆、黔东南州档案馆、岑巩县档案馆合编：《贵州清水江文书·岑巩卷》（第一辑），第 2 册，贵州人民出版社 2019 年版，第 55 页。

　　④ 贵州省档案馆、黔东南州档案馆、岑巩县档案馆合编：《贵州清水江文书·岑巩卷》（第一辑），第 4 册，贵州人民出版社 2019 年版，第 41 页。

　　⑤ 李斌主编，凯里学院、黎平县档案馆编：《贵州清水江文书·黎平文书》（第二辑），第 47 册，贵州民族出版社 2019 年版，第 190 页。

　　⑥ 贵州省档案馆、黔东南州档案馆、三穗县档案馆合编：《贵州清水江文书·三穗卷》（第一辑），第 4 册，贵州人民出版社 2018 年版，第 175 页。

"凭：黄荣□"。① 如此复杂的产权变更，当然需要中人和在场人作为媒介和凭证，才能确保标的物准确可靠。

清水江流域民间典当契约中出现 2 名以上多人担任中人的现象，表明典当交易的成立不容易，涉及标的物种类、数量、四至和典价、回赎期、利息等因素，出典人、出当人与钱主都必须认真考虑，有时需要反复商讨才能确立典价，所以一宗典当交易中有多名中人存在，证明典当契约成立的条件重要，又确保典当发生效力，标的物能够按期回赎。中人是出典人、出当人与钱主之间的纽带，脱离了他们，典当交易很难达成。

中人的重要性还体现在他们有时担任书写任务。中人兼任书写人相当于一人构成典当交易的两个条件，其效力与两人或多人兼任这二职相等。在清水江流域典当契约中，凭中与书写人为同一人，写作"凭中代笔""凭笔""代笔中""笔中"，如道光七年（1827）一月初二日吴起凤典田时写作"笔中：吴先"②，道光十四年（1834）二月初十日蒋老福典田约写作"代笔中：蒋正位"③。光绪二十二年（1894）二月九日杨继成加价当田于姚福珍，"凭中代笔：杨文英"。④

与中人角色相近的称法叫硬承中。硬承中是清水江流域民间典当交易的特色，是担保人兼中人角色。硬承中、硬承人的用法，主要流行于黎平县境内，清水江流域其他县域极少见。硬承人即是担保人，有时简称"硬承"，二者有区别。如《道光七年三月三十日杨华应加典价字》：

> 立加典价字人空洞寨杨华应，为因家下缺少银用无出，情愿将

---

① 李斌主编，凯里学院、黎平县档案馆编：《贵州清水江文书·黎平文书》（第三辑），第 60 册，贵州民族出版社 2020 年版，第 382 页。

② 李斌主编，凯里学院、黎平县档案馆编：《贵州清水江文书·黎平文书》（第二辑），第 43 册，贵州民族出版社 2019 年版，第 26 页。

③ 李斌主编，凯里学院、黎平县档案馆编：《贵州清水江文书·黎平文书》（第一辑），第 6 册，贵州民族出版社 2017 年版，第 94 页。

④ 贵州省档案馆、黔东南州档案馆、岑巩县档案馆合编：《贵州清水江文书·岑巩卷》（第一辑），第 2 册，贵州人民出版社 2019 年版，第 108 页。

名下先年所典与王姓之田，外又添地龙，田三丘，禾贰拾陆把……

请硬承人吴甫成复向王正如公名下求加典价银四拾两，凭中亲手收用。其田自加典之后，言定每年秋收之日，请主王姓临田跟同收割，禾谷二比均分。倘有背主私收，任凭主姓另行招佃。其有钱粮夫马，杨姓另有夫田承抵，不与王姓相干。日后备足价艮（银），对期赎取，不得减价分文。恐后无凭，立此加典字为据。

凭　中　彭一柱　邓宏仁

硬承人　吴甫成

代　笔　吴文凤

道光七年三月卅日　立①

本契约的硬承人是吴甫成，起着担保人的作用。

道光二十年（1840）四月二十九日林廷德典田借到铜币 4000 文，"硬承堂叔：林松银"②，其堂叔是硬承人，即担保人。一宗典当契约中，硬承中最多达到 10 人，如民国十一年（1922）七月二十六日林起高、张连高典田与石永德等，价银 300 整，硬承中人有杨作标、区补平秀、林平保、杨作安、监艮称、杨补□□、吴保称、杨清高、杨艮千、林巳香③，共 10 名。硬承中如此多的原因是标的物为收禾 7 把的田和屋地基 2 间，典价数额较大，涉及回赎，旨在确保林起高等人能还银赎字。

硬承中有时兼任代笔人，称为"硬承代笔中"④ 或 "代笔硬承中"⑤。

---

① 李斌主编，凯里学院、黎平县档案馆编：《贵州清水江文书·黎平文书》（第二辑），第 48 册，贵州民族出版社 2019 年版，第 133 页。

② 李斌主编，凯里学院、黎平县档案馆编：《贵州清水江文书·黎平文书》（第二辑），第 47 册，贵州民族出版社 2019 年版，第 201 页。

③ 李斌主编，凯里学院、黎平县档案馆编：《贵州清水江文书·黎平文书》（第二辑），第 48 册，贵州民族出版社 2019 年版，第 359 页。

④ 李斌主编，凯里学院、黎平县档案馆编：《贵州清水江文书·黎平文书》（第二辑），第 47 册，贵州民族出版社 2019 年版，第 182 页。

⑤ 李斌主编，凯里学院、黎平县档案馆编：《贵州清水江文书·黎平文书》（第二辑），第 49 册，贵州民族出版社 2019 年版，第 34 页。

民国时期典当契约中，多名中人仍然存在，如民国二年（1913）十二月初一日杨昌麟、杨昌清等典田借时，凭中有戚万林、王在科、王在钦、王在田和王槐庆。[①] 民国二年（1913）十一月九日李智魁典田与王明光[②]，中人有4名。民国十年（1921）一月六日张大选典田时，中人有"张大典（押）、张明开（押）、朱光国、张大珍（押）、张明□（押）"。[③]

此期间民间典当契约的中人以1人为常态，2名及以上中人占比很少。清至民国清水江流域民间典当交易中，中人是一个重要环节。在2866宗交易中，有2329宗标记了中人，占83.36%，八成以上的典当契约文书有中人参与。所有这些表明，中人是典当交易成立的必要条件之一。

第三，书写人是重要条件，不可或缺。

在清水江流域典当契约中，书写人习惯上被称为写手，文书中有各种称法，如代笔、讨笔、请笔、笔、凭笔、代书等。

典当交易形成过程中，书写人是重要条件，缺失这个环节，则典当交易属于口头形式。应当承认，该流域存在一定数量的口头达成的典当交易，这在纸质书写的文书中无法体现，因而就形成文字记载的典当交易，书写人是必要条件之一，不可或缺。当然，并非所有典当契约都标明了书写人。在2866份典当交易中，共2692份记载了书写人，占93.93%，其中典主和当主亲笔书写文书的情况，共计251份，占总数2866份的8.76%，即大约一成的典当契约由典主、当主亲笔书写。这说明书写人这个必要条件在弱化，弱化表现为借入人亲自书写典当契约，反映了典当交易构成方式有简略的趋势，

---

① 贵州省档案馆、黔东南州档案馆、三穗县档案馆合编：《贵州清水江文书·三穗卷》（第一辑），第4册，贵州人民出版社2018年版，第67页。

② 贵州省档案馆、黔东南州档案馆、三穗县档案馆合编：《贵州清水江文书·三穗卷》（第一辑），第1册，贵州人民出版社2018年版，第114页。

③ 贵州省档案馆、黔东南州档案馆、岑巩县档案馆合编：《贵州清水江文书·岑巩卷》（第一辑），第4册，贵州人民出版社2019年版，第63页。

如道光三年（1823）三月初八日吴士亮典田借到银 10 两，"亲笔"①。民国三十三年（1944）五月二十日吴传桂典田借到大洋 18.8 元，典主"亲笔"②。典主、当主自己书写，减少了这类契约参与的总人数，既节省礼费（本来极少支付礼费），又节约了人力，使典当交易频率加快，经济运行更便捷。

书写人简称"笔"，如道光十六年（1836）四月初一日杨老强典田借到银 2.5 两，书写人称为"笔：杨宗智"③。有时作"某某笔"，书写人也作"请笔"。光绪十七年（1891）一月十五日吴老贵、吴家发二人典田借到铜币 600文，"请笔：林秀清"④。无论典当契约中书写人有多少种不同写法，在清水江流域民间典当契约中，书写人称为"代笔"则是常见的形态。

书写人兼任凭中，在典当契约中称为"笔中""代笔中""笔凭中""请笔中"等，如《吴老或典田约（道光十六年七月初八日）》作"笔中：吴今谟"。⑤ 此处的"笔中"即为凭中和书写人的合称。当然，"笔凭中"有时是书写人和中人的合称，如"笔凭中：石声清、石明魁、石元吉"⑥。又如《石正玉典田字约（道光二十二年三月初八日）》：

> 立典田字约人名石正玉为因账务缺少银用无出，自己愿将磴长田大小三丘在禾十七把，又将高辨田乙丘在禾三把出典与石正邦名下承典为业，当日凭中言定价银五十一两整，亲手馈回应用，其田自典之后，恁凭典主耕种管业，日后典主发达，照归赎业归元主。

① 李斌主编，凯里学院、黎平县档案馆编：《贵州清水江文书·黎平文书》（第二辑），第 46册，贵州民族出版社 2019 年版，第 195 页。
② 贵州省档案馆、黔东南州档案馆、黎平县档案馆合编：《贵州清水江文书·黎平卷》（第一辑），第 3 册，贵州人民出版社 2017 年版，第 321 页。
③ 李斌主编，凯里学院、黎平县档案馆编：《贵州清水江文书·黎平文书》（第二辑），第 23册，贵州民族出版社 2019 年版，第 133 页。
④ 李斌主编，凯里学院、黎平县档案馆编：《贵州清水江文书·黎平文书》（第二辑），第 47册，贵州民族出版社 2019 年版，第 135 页。
⑤ 李斌主编，凯里学院、黎平县档案馆编：《贵州清水江文书·黎平文书》（第二辑），第 40册，贵州民族出版社 2019 年版，第 229 页。
⑥ 李斌主编，凯里学院、黎平县档案馆编：《贵州清水江文书·黎平文书》（第二辑），第 31册，贵州民族出版社 2019 年版，第 350 页。

今欲有凭，立此典字为据。

代笔中　石茂动

道光二十二年三月初八日　立①

本典契约中，石正玉典田借到银51两，石茂动任代笔中，即担任书写人和中人角色，而且有凭中、笔中同时存在的情形，如咸丰十一年（1861）三月初八日吴士龙典田与吴士贵，借到铜币2400文，"凭中：包（胞）弟吴士道。笔中：吴绍禹"。②光绪二十二年（1894）十二月初八日杨再银父子典田借到禾560斤，"请笔中：石生瑜"③。

民国时期典当契约中的书写人与清代的书写人称法上无区别，如"代笔""请笔""笔"等。此期间的典当契约，同一宗交易中，中人和典主或当主都画押，但书写人不画押，如《民国五年十二月十八日伍发昌立典田文契》载："凭中：张秀顺（押）、张明芳（押）。向复初笔。立典田契人伍发昌（押）。"④《民国六年三月二日张明芳立典田文契》记载："凭中：张秀顺（押）、张明甫（押）。代笔：龙光学。张明芳（押）。"⑤这两例中，书写人向复初和龙光学皆未画押。

从以上的讨论可知，书写人是清水江流域民间典当交易成立的必要条件之一，书面形式的典当契约必须有书写人，只有极少部分这类契约未记载书写人，如民国三十二年（1943）十二月初八胡有初典田借到钞洋360元，只

---

① 李斌主编，凯里学院、黎平县档案馆编：《贵州清水江文书·黎平文书》（第一辑），第6册，贵州民族出版社2019年版，第180页。
② 李斌主编，凯里学院、黎平县档案馆编：《贵州清水江文书·黎平文书》（第二辑），第47册，贵州民族出版社2019年版，第226页。
③ 李斌主编，凯里学院、黎平县档案馆编：《贵州清水江文书·黎平文书》（第二辑），第34册，贵州民族出版社2019年版，第172页。
④ 贵州省档案馆、黔东南州档案馆、岑巩县档案馆合编：《贵州清水江文书·岑巩卷》（第一辑），第4册，贵州人民出版社2019年版，第47页。
⑤ 贵州省档案馆、黔东南州档案馆、岑巩县档案馆合编：《贵州清水江文书·岑巩卷》（第一辑），第4册，贵州人民出版社2019年版，第51页。

有中人①，无书写人，但这并不影响书写人的作用。

第四，在场人逐渐稀少，不构成条件。

至于在场人，在清水江流域民间典当契约中，极少出现在场人。究其原因，可能是清至民国时期土地买卖已经发展得比较成熟，无须在场人做进一步的证明。仅有 15 份典当契约文书记载了在场人，占 2866 份交易的 0.52%。可见，在场人基本上是可有可无，不能成为典当契约构成的条件之一。

清代清水江流域的在场人通常称为凭房、凭族、凭亲族等。他们是典当交易的人证。比如《朱光科、朱光元典田约（嘉庆二十年正月十四日）》：

> 立老典田字约人朱光科、朱光元，为因缺少费用无出，自愿将先年原典之业，土名罗溪果子园大田壹丘……共计拾丘，约谷捌拾伍石，在（载）所原粮壹石贰斗，今凭中复老典与吴德玉、吴德魁、吴德安弟兄三大股名下，承典为业，当日实受过典价银肆百捌拾两整。……立此老典田约存照为据。
>
> 　　　　　　　　　　凭族　　叔昇彰
> 　　　　　　　　　　笔　　　堂兄秀廷
>
> 加（嘉）庆贰拾年正月拾四日　立②

本契约中的"凭族　叔昇彰"是在场人，起着见证作用。再如某某父子将田产出当与吴胜章，得到青红钱 9600 文，在场人为凭亲戚"吴秀毓□、才□、奉贵□、胜略□、杨通荣（押）、□粉（押）、秀"③，共 8 人。同治元年（1862）四月初五日石芝和典房屋地基时在场人"凭亲族：石声朗、石声洪、石永贵、石含连、石灿祯、石成芳。凭房族：石芝泰、石芝德、石芝玉、石

---

①　贵州省档案馆、黔东南州档案馆、三穗县档案馆合编：《贵州清水江文书·三穗卷》（第二辑），第 6 册，贵州人民出版社 2018 年版，第 17 页。

②　李斌主编，凯里学院、黎平县档案馆编：《贵州清水江文书·黎平文书》（第二辑），第 30 册，贵州民族出版社 2019 年版，第 2 页。

③　贵州省档案馆、黔东南州档案馆、岑巩县档案馆合编：《贵州清水江文书·岑巩卷》（第一辑），第 2 册，贵州人民出版社 2019 年版，第 17 页。

芝章"①，达 10 人。可能因为标的物是 2 间房屋，钱主是胞弟，典价银 12 两，所以亲房、房族出动如此多人。

单个在场人仍可做证，如道光二十九年（1849）十二月二十四日黄启才典土时，因涉及加价，"凭叔：祖刘铢"②。有时在场人与典主、当主是亲戚关系，文书中直接书写"外甥""叔""伯"等字。

在场人除了亲族、胞兄弟外，还有舅父、外甥、婶娘等，如"外甥：蒋仕芳"③ 作为在场人，见证了咸丰八年（1858）十一月三十日龙云寿、杨光吉转典田，借到钱 4350 文的交易。另有"堂舅父：胜迎"④，见证了咸丰十一年（1861）三月三十日石金祥典田借到银 36.08 两。光绪二十九年（1903）八月十二日石德盛、石德福典屋得银 10.48 两，典期 30 年，其婶娘做证，"凭婶娘：奶德万"⑤。可见，在场人是亲族或族房成员，虽然参与的交易次数不多，但与典主与钱主双方关系比较密切，能够相互支持，一般遇到重要标的物或典当价较高时，常有在场人出面做证，具有重要的法律效力。

总体来看，清代的典当契约中，在场人逐渐减少。民国时期在场人进一步减少，典当契约中很少提及，如民国元年（1912）九月二十八日石延贤典田借到银 9.28 两，有在场人"孟彦主家彭景湘、彭景昌老爷"⑥。民国十年（1921）一月三十日张明普转典田借到铜钱 4000 文，3 名在场人都画押，"凭

---

① 李斌主编，凯里学院、黎平县档案馆编：《贵州清水江文书·黎平文书》（第一辑），第 3 册，贵州民族出版社 2017 年版，第 316 页。

② 贵州省档案馆、黔东南州档案馆、岑巩县档案馆合编：《贵州清水江文书·岑巩卷》（第一辑），第 4 册，贵州人民出版社 2019 年版，第 115 页。

③ 贵州省档案馆、黔东南州档案馆、三穗县档案馆合编：《贵州清水江文书·三穗卷》（第一辑），第 5 册，贵州人民出版社 2018 年版，第 245 页。

④ 李斌主编，凯里学院、黎平县档案馆编：《贵州清水江文书·黎平文书》（第一辑），第 5 册，贵州民族出版社 2017 年版，第 204 页。

⑤ 李斌主编，凯里学院、黎平县档案馆编：《贵州清水江文书·黎平文书》（第一辑），第 4 册，贵州民族出版社 2017 年版，第 65 页。

⑥ 李斌主编，凯里学院、黎平县档案馆编：《贵州清水江文书·黎平文书》（第一辑），第 4 册，贵州民族出版社 2017 年版，第 119 页。

族：张大选（押）、张大典（押）、张明开（押）"①。民国二十二年（1933）五月三十日石吴氏奶永林典田借铜币 40800 文，在场人有"族：和平。女婿：荣琦"②。民国三十五年（1946）二月初四日陆尚珠典田借到毫银 150 两，在场人有 9 人，"兄弟房族：陆□林、陆□海、陆又银。亲戚：陆华 量 、陆□□、陆佩连、陆永 秀 、陆正基、陆廷贵"③，这样的情形实属罕见。事实是，到了民国时期，凭房族等在场人的习惯仍然被延续下来，且对于所订立的典当契约还起着维系债务、督促偿还，有时甚至代为偿还的作用，但民国时期有在场人参与的典当交易极少，因此这样的作用，比清代更弱。严格地说，在场人只起到证明的作用。清至民国清水江流域民间典当中的在场人在数量上越来越少，其作用渐弱，程序趋向简化，在场人的职责基本上被中人取代了。

2. 典当交易礼费

礼费是订立契约时由事主支付给中人、在场人、书写人等的费用，还涉及酒席画费。在清水江流域，民间典当交易中的礼费主要由中人费、书写人费和酒席画字费等构成。

典当契约中的礼费一般由典主、当主承担。若在中人费用由出贷人（钱主）垫付，以后典主、当主回赎契约时则须补扣，与典当价一起作为回赎时的总价，如道光二十四年（1844）十月二十七日姜先宗典田时批语："东道中人钱共银一钱，日后赎回要补。"④ 钱主姜兆龙支付了中人礼费 0.1 两，约定

① 贵州省档案馆、黔东南州档案馆、岑巩县档案馆合编：《贵州清水江文书·岑巩卷》（第一辑），第 4 册，贵州人民出版社 2019 年版，第 61 页。

② 李斌主编，凯里学院、黎平县档案馆编：《贵州清水江文书·黎平文书》（第一辑），第 5 册，贵州民族出版社 2019 年版，第 357 页。

③ 李斌主编，凯里学院、黎平县档案馆编：《贵州清水江文书·黎平文书》（第一辑），第 45 册，贵州民族出版社 2019 年版，第 179 页。

④ 陈金全、杜万华主编：《贵州文斗寨苗族契约法律文书汇编——姜元泽家藏契约文书》，人民出版社 2008 年版，第 400 页。

姜先宗回赎田产时，需补交此费。

有的典当契约在书写人后面注明中人礼费，如咸丰四年（1854）七月□日石孟五典田得银 4 两，"中钱在价扣"①，即礼费含在典价内。民国二十八年（1939）四月初七日石吉昌典田，价铜币 16000 文，"中人钱在内"②。

在契约中标明礼费是常态，如民国三十一年（1942）四月二十一日石廷彩典田与石文举，价钞洋 50 元，"中人钱在外，钞洋乙圆整"。③ 即以后典主回赎标的物，应支付原价钞洋 51 元，但清水江流域民间典当交易中礼费并不常见。在目前所见清水江流域全部典当契约中，有 61 宗典当交易记载礼费，占全部典当契约的 2.13%，即大约 2%—3% 的典当交易支付礼费。

单笔典当交易需要支付的礼费与典当价之间的关系，据表 4-12 所示，礼费占典当价的 0.1%—10.18%。

表 4-12　清至民国清水江流域典当交易礼费表

时间	典主	典价	中人费	书写费	百分比	出处
嘉庆二十三年二月十八日	吴文贤 吴龙台	银 73 两	银 2 钱		0.27	《黎平文书》23/81
道光十三年十一月二十八日	李天培	银 24 两	□水钱 5 钱		2.08	《黎平文书》10/9
道光二十四年十月二十七日	姜先宗	银 5.4 两	银 1 钱		1.85	《贵州文斗寨苗族契约法律文书汇编》400
咸丰四年七月□日	石孟五	银 4 两		银 0.16 两	4	《黎平文书》32/44

---

① 李斌主编，凯里学院、黎平县档案馆编：《贵州清水江文书·黎平文书》（第二辑），第 32 册，贵州民族出版社 2019 年版，第 44 页。

② 李斌主编，凯里学院、黎平县档案馆编：《贵州清水江文书·黎平文书》（第二辑），第 32 册，贵州民族出版社 2019 年版，第 191 页。

③ 李斌主编，凯里学院、黎平县档案馆编：《贵州清水江文书·黎平文书》（第二辑），第 32 册，贵州民族出版社 2019 年版，第 198 页。

续表

时间	典主	典价	中人费	书写费	百分比	出处
同治八年七月初五日	石声元	银 4.2 两	银 0.06 两		1.43	《黎平文书》32/71
同治八年八月初四日	石音高	银 12.5 两	钱 400 文		2.13	《黎平文书》33/181
光绪元年三月二十五日	石音高	银 8.5 两	钱 300 文		2.36	《黎平文书》34/130
光绪二年正月二十六日	石音高	钱 3600 文	钱 56 文		1.56	《黎平文书》33/194
光绪十一年六月二十八日	姜秉仁	银 82.5 两	钱 400 文		0.32	黎平文书/28/106
光绪十四年二月初八日	石身良	银 15 两	谷 45 斤		10	《黎平文书》33/218
光绪十四年四月初九日	石显德	钱 3200 文	钱 120 文		3.75	《黎平文书》32/92
光绪十四年七月初六日	石永辉	钱 530 文	钱 16 文		3.02	《黎平文书》34/152
光绪十八年十一月初五日	石秀庭	银 5 两	钱 53 文		0.71	《黎平文书》33/237
光绪二十年三月二十八日	石安宅 石人午	银 4.4 两	钱 140 文		2.12	《黎平文书》34/161
光绪二十一年十二月十六日	石显茂	银 9.2 两	钱 80 文		0.58	《黎平文书》33/271
光绪二十二年正月二十七日	石显金	铜币 7700 文	钱 115 文		1.49	《黎平文书》33/274
光绪二十五年八月十二日	杨发春	银 6 两	银 0.24 两		4	《黎平文书》17/308
光绪三十二年十一月二十九日	石承先 石承业	银 15.4 两	银 0.45 两		0.29	《黎平文书》33/310
光绪三十四年三月十一日	石廷龙	银 8.48 两	钱 0.34 两		4	《黎平文书》34/232
民国三年四月初八日	石金华	钱 22800	钱 310 文		1.36	《黎平文书》/31/115
民国四年十二月十八日	石承业	钱 30800 文	钱 600 文		1.95	《黎平文书》33/342
民国五年四月十三日	石永辉	钱 7180 文	钱 120 文		1.67	《黎平文书》/31/130

续表

时间	典主	典价	中人费	书写费	百分比	出处
民国八年五月三十日	石永辉	钱 10180 文	钱 300 文		2.95	《黎平文书》31/151
民国十年二月二十日	石凤璋	钱 8840	钱 200 文		2.26	《黎平文书》31/164
民国十年四月二十四日	石佳培	钱 10880 文	钱 220 文		2.02	《黎平文书》31/262
民国十年五月二十日	石音明	钱 14000 文	钱 500 文		3.57	《黎平文书》32/152
民国十年八月十八日	石文华	钱 3200	钱 120		3.75	《黎平文书》31/379
民国十年八月二十三日	杨胜清	银 26.08 两	银每两一分五厘		1.50	《黎平文书》/24/195
民国十一年闰五月二十二日	石音明 石音彩	钱 12000 文		钱 120 文	1.00	《黎平文书》/32/132
民国十一年闰五月二十二日	石礼华	钱 3440 文	钱 140 文		4.07	《黎平文书》31/175
民国十一年六月十七日	石英彩	钱 6000 文	钱 60 文		1	《黎平文书》32/133
民国十一年十二月初四日	石凤璋	钱 116000 文	钱 720 文		6.21	《黎平文书》31/182
民国十三年三月初十日	吴绍明	钱 58000 文		中笔钱 1200 文	2.07	《黎平文书》17/191
民国十五年四月初八日	石廷吉	钱 16000 文	钱 640 文		4	《黎平文书》32/158
民国十五年五月十六日	石礼华	钱 4120 文	钱 120 文		2.91	《黎平文书》32/159
民国十六年□月初八日	吴志愿	钱 61100 文	钱 600		0.10	《黎平文书》26/82
民国十六年三月初九日	石友生	钱 15800 文	钱 520 文		3.29	《黎平文书》32/163
民国十六年三月初九日	石友生	钱 8000 文	钱 320 文		4	《黎平文书》32/164
民国十六年三月二十一日	石凤华	钱 18000 文	钱 360 文		2	《黎平文书》32/165
民国十七年十月初二日	石文华	钱 12060 文	钱 480 文		3.98	《黎平文书》31/383

续表

时间	典主	典价	中人费	书写费	百分比	出处
民国十八年三月十二日	石临保	钱162毛	银8毛		4.94	《黎平文书》47/160
民国二十年七月二十六日	杨安廷	钱12880文	钱480文		3.73	《黎平文书》31/306
民国二十年七月二十六日	杨安廷	钱28800文	钱480文		1.37	《黎平文书》31/306
民国二十二年二月二十八日	石文彬	钱16080文	钱480文		2.99	《黎平文书》34/305
民国二十三年八月初一日	吴志愿	大洋6.58元，合9872文	钱500文		5.06	《黎平文书》26/90 折银4.936两
民国二十四年三月三十日	石安太	钱50680文	钱1500文		2.96	《黎平文书》32/349
民国二十五年四月十二日	石如山	大洋3.68元，合5522文	钱560文		10.18	《黎平文书》33/427 合2.761两
民国二十五年十二月二十二日	石吉昌	钱23400文	钱460文		1.87	《黎平文书》32/180 大洋1元6400文
民国二十六年四月初三日	陈毓林	钱30800文	钱600文		1.95	《黎平文书》34/403
民国三十一年四月二十一日	石廷彩	钞洋50元	钞洋1元		2	《黎平文书》32/198
民国三十一年六月初九日	石庭彩	钞洋18元	钞洋5分		0.28	《黎平文书》32/199
民国三十二年十二月二十日	石廷彩	钞洋720元	钞洋21圆		0.14	《黎平文书》32/202
民国三十四年正月初八日	杨永吉	大洋38元	洋0.7元		1.84	《黎平文书》17/389
民国三十四年正月十六日	杨永兴	大洋76元	大洋1.5元		1.97	《黎平文书》17/396
民国三十六年六月二十六日	石珍文 石珍如	大洋12元	大洋四角		3.33	《黎平文书》32/211
民国三十六年六月二十六日	石珍文 石珍如	大洋10元	大洋4角		4	《黎平文书》32/212

续表

时间	典主	典价	中人费	书写费	百分比	出处
民国三十六年十二月二十二日	石耀琨	大洋 10 元	大洋 4 角		4	《黎平文书》32/213
民国三十八年四月二十八日	陈齐辉	谷子 460 斤	谷 20 斤		4.76	《黎平文书》32/402
民国癸□年二月十一日	石文显	钱 4400 文	钱 160 文		3.64	《黎平文书》31/200
□□十五年正月十六日	石英彩	铜圆 10 封	钱 400 文		4	《黎平文书》32/143
□□十九年二月初二日	石国显	银 4 两		银 0.16 两	4	《黎平文书》31/201
平均每份占典当价					2.76	

如表 4-12 所示，清水江流域民间典当交易的礼费具有延续性，从清到民国有 61 份典当契约文书记载礼费，2 份无年代，未计入平均数，其余 59 宗，礼费平均占典当价的 2.76%。

清代 19 份，平均每份占典当价的 2.42%，高于福建闽西同期的 2%。"清代，闽西给付中人酬金占典价的比值（简称中礼费比率）一般为 2%。"[①] 超过 3% 有 6 份，占 31.58%；不足 2% 的有 9 份，占 47.37%；最高为 10%。民国时期 40 份，平均每份占典当价的 2.92%，比清代高 0.5 个百分点，其中超过 3% 有 17 份，占 42.5%；不足 2% 的有 14 份，占 35%；最高为 10.16%。

清与民国的礼费占典当价的比例有相似之处。4% 各有 4 份，最高值分别为 10% 和 10.18%，平均值分别为 2.42% 和 2.92%，超过 3% 的交易分别占三成和四成，介于 7% 和 10% 之间的却无。礼费占典当价的比最高在 10% 左右，常规值在 2%—3% 之间。二者区别在于：民国的礼费起伏较大，从 0.1% 到 10.18% 不等，1% 以下极少；整体有所上升，高于清代 0.5% 个百分点。民

---

① 俞如先：《清至民国闽西乡村民间借贷研究》，天津古籍出版社 2010 年版，第 258 页。

国典当注明礼费的典当契约份数占同期交易总数（1218）的 3.28%，清代
典当交易收取礼费的份数占同期总数（1570）的 1.21%。民国礼费所占典
当价的比例高于清代。

清至民国清水江流域典当的礼费由典主、当主承担，支付方式有两种，
一是订立契约时，由钱主统一支付，在契约中注明中人费、书写费和酒席画
字费，典主、当主回赎标的物时将礼费和典当价一起付清赎字。二是所典当
借到的价款包含了中人费、书写人费等，在契约中注明"酒席画字在内"，回
赎时，在不加典当价的前提下，典主、当主偿清原价即可①，但这类记载极
少。该流域典当交易的礼费规律是：礼费由典主、当主承担，礼费以小于典
当价 3% 为常态。

3. 标的物佃种与粮赋处理

一般情况下，典当契约生效后，标的物转移到钱主手中，由钱主耕种管
业，典期到了，由典当主备足典价赎回，典主才有权耕种管业，但是清水江
流域典当契约中，有时钱主自己不耕种，而是租佃与典主耕种，在典当契约
订立时约定二者分配标的物产量的比例，对中人和书写人亦有约束，即钱主
把标的物转交典主耕种，并与典主分收禾谷。

标的物佃种主要有两种情形。一是在典当契约中说明标的物佃种分成比
例，如《石仕能典田约（嘉庆二十年四月十九日）》：

> 立典田约人岑湖寨石仕能，为木植生理亏控钱无甚偿还，情因
> 自己请中，愿将祖遗下土名佃便彼田一丘，载禾壹拾贰把，满门累
> 累，无人承典。是以商议登门出与寨龙起涵兄承典为业。当日三面
> 言定实受过典价纹银叁拾捌两整。其田自典之后，任从典主逐年秋

---

① 《民国十九年九月十日刘甘氏母子立永卖田文契》记载"其有化（画）字酒席并在内"，见
贵州省档案馆、黔东南州档案馆、岑巩县档案馆合编《贵州清水江文书·岑巩卷》（第一辑），第 3
册，贵州人民出版社 2019 年版，第 219 页。

收之日龙姓登田所分禾花，二股平分，二比心平二愿，代笔中不得押住。此田典主发达，备银典田。今欲有凭，故立此典一纸 付 与龙姓为照。

凭中　　龙永魁

　　　　□相元

代笔　　石殿元

嘉庆二十年四月十九日　　　立

外批：此田付交相元佃种，秋收登田分禾，所种是实。①

本契约还强调，代笔人和中人不得参与押注，即不允许代笔人和中人参与分配所佃种之田的收益。每年典主石仕能与钱主龙起涵采用二股平分的方式分配标的物禾花，这里的租谷属于分成租。在清水江流域，无论何种借贷，田租多采用交禾谷的方式为主，这是清水江流域的常态，正如张肖梅所说："田租之缴纳，普通分钱租及谷租之两种形式，黔省通行之纳租为谷租形式。"②

其二，在典当契约中约定应交租额，标的物由谁管业无关，如《道光元年二月初四日　龙包长等出典田契》：

立典田契人龙包长、龙包宁、包林坛三人家下要银使用，无从得处，三人商议，将到土名戊谟到田壹丘收禾陆拾边，罢豪田壹丘收禾柒拾边，大龙田壹丘收禾肆拾边，共叁处禾花壹百柒拾边，将来出典。典主包歌名下承典，凭中三面议作典价银拾贰两正（整），言定每年每两干提禾花贰拾伍斤，每年不得短少，田其业主请转佃种。今欲有凭，立此典契为据。

当日内添六字。

---

① 李斌主编，凯里学院、黎平县档案馆编：《贵州清水江文书·黎平文书》（第一辑），第10册，贵州民族出版社2017年版，第341页。

② 张肖梅：《贵州经济》，中国国民经济研究所1939年版，第8页。

凭中　龙邦桥

代笔　蒲达才

道光元年二月初四日　立典①

典主龙包长等将约 4.72 亩的田出典与钱主包歌名，借到银 12 两。业主（典主）耕种标的物，每两银交租禾谷 25 斤，即每年交租禾谷 300 斤。这里的租谷属于定额租。不管哪种收租方式，典主佃种标的物所交纳的地租额差异大。道光十三年（1833）十一日二十八日李天培将约禾 25 把（合 2.6 亩）之田典与陈万福，价银 24 两，李姓佃种，每年秋收交租禾 2 秤②，每两银收租禾 5 斤。与前一宗相比，是其五分之一。比如，有每两利禾 14 斤③、40 斤④、70 斤⑤不等，有每千钱利禾 40 斤⑥，田地载禾 1 石，租谷 112.5 斤。⑦定额租起伏较大。该流域的租谷，大约每两银在 4 斤至 80 斤范围。

一般情况下，粮随田走，即标的物所载粮赋跟随其所有权转移而由新的所有权人负担。断卖土地后，出让人和受让人还需完成粮赋推收过割手续，将标的物所载粮赋等项通过官拨到新业主名下，重新注册交纳，形成新的赋役记载，但典当交易中，对标的物所载的粮赋处理与断卖不同，该流域有两种方式。

第一，粮赋差役等仍由典主、当主承担。典当交易生效后，标的物所有

---

①　贵州省档案馆、黔东南州档案馆、剑河县档案馆合编：《贵州清水江文书·剑河卷》（第一辑），第 3 册，贵州人民出版社 2018 年版，第 284 页。

②　李斌主编，凯里学院、黎平档案馆编：《贵州清水江文书·黎平文书》（第一辑），第 10 册，贵州民族出版社 2017 年版，第 9 页。

③　李斌主编，凯里学院、黎平县档案馆编：《贵州清水江文书·黎平文书》（第一辑），第 11 册，贵州民族出版社 2017 年版，第 235 页。

④　李斌主编，凯里学院、黎平县档案馆编：《贵州清水江文书·黎平文书》（第一辑），第 11 册，贵州民族出版社 2017 年版，第 250 页。

⑤　李斌主编，凯里学院、黎平县档案馆编：《贵州清水江文书·黎平文书》（第一辑），第 12 册，贵州民族出版社 2017 年版，第 119 页。

⑥　李斌主编，凯里学院、黎平县档案馆编：《贵州清水江文书·黎平文书》（第一辑），第 11 册，贵州民族出版社 2017 年版，第 252 页。

⑦　李斌主编，凯里学院、黎平县档案馆编：《贵州清水江文书·黎平文书》（第一辑），第 12 册，贵州民族出版社 2017 年版，第 118 页。

权仍然在典主手中，只是将管业权暂时转移到钱主名下，钱主对标的物只具有使用权而无所有权。于是，标的物原载粮赋、差役费用，仍由典主交纳，这是必须明确的，是通常做法。在契约中，典当主称业主。钱主不承担标的物方面的任何赋税，如《乾隆十四年十二月二十日王国秀典田契》：

> 立典田契人王国秀，今将自己本名唐家龙庙门首田壹丘，凭中出当与杨永才，议定足色价银贰拾柒两整，亲手领明并无货物准推，每年帮差贰钱五分整，军需夫马杂派一并在内，二家情愿，两无压逼。其田任从杨处耕种，不得异言。恐后人心不古，立典契为据。
>
> 计（借）永才戥。
>
> 　　　　　　　凭中　刘奇章　黄子华
>
> 　　　　　　　代笔　姚超庸
>
> 乾隆十肆年十二月二十日　立
>
> 五谷丰收……①

本契约中，王国秀将标的物田 1 丘出当与杨永才，获得色银 27 两，每年承担差钱及军需夫马杂派等费共计 0.27 两。下一例有所不同。嘉庆十七年（1812）十一月四日黄君祥等当田与瞿自勤，田价色银 16.2 两，园系九伍色银 2.82 两，共银 19 两，"每年瞿姓帮差钱叁分"，"凡有采买差粮夫马，业主一并充当"②，"采买差粮夫马"仍由当主黄君祥等承担，差钱则由银主承担，即银主瞿自勤每年帮差钱 3 分。一般情况下，差钱由典主、当主承担。

典当交易的关键是标的物权仍在典主手中，典主、当主仍然是业主，钱主只有使用权。田地作为标的物，典当主掌握着田骨（田底权），钱主将钱粮借出获得暂时的田皮（田面权），所以在清水江流域田地所承载的赋役由典当

---

① 贵州省档案馆、黔东南州档案馆、岑巩县档案馆合编：《贵州清水江文书·岑巩卷》（第一辑），第 3 册，贵州人民出版社 2019 年版，第 106 页。
② 贵州省档案馆、黔东南州档案馆、岑巩县档案馆合编：《贵州清水江文书·岑巩卷》（第一辑），第 4 册，贵州人民出版社 2019 年版，第 109 页。

主承担。在典当契约中，特别注明此条，典主、当主自愿承担，重典、转典等都有此条约定。可见，标的物所承载的赋役是一个重要环节，倘若典当主不愿意支付此项，则典当交易很难成立，除非标的物未承载粮赋。况且差役、马夫等项费用，属于典当主自愿承担之项，与田地是否承载粮赋无关。这些表明，典当交易成立时，钱主总是处于优先的地位。

值得一提的是，典当所得的钱越多，所帮的差钱会越多。比如《嘉庆十七年十二月五日刘金和弟兄立典田契》：

> 立典田契刘金和仝胞弟显德，今将□楼坡大垅头上田……出典与会云兄名下，当日得受九五银叁拾两，九四银拾五两，九贰银五拾五两，共银壹百肆拾两正（整），其价亲手领明，并无折扣，议定每年帮差银壹钱五分，收差不用帖，大小夫役采买，业主自愿充当。……
>
> 嘉庆拾柒年十二月初五日　金和亲笔仝弟显德　立
>
> 此契价业分落我面□，道光九年三月二十六日丽川弟加到会荣兄名下青红钱壹拾六千文正（整），亲笔批。契内帮差银每年折作钱乙百六十文。[①]

本契约中，刘金和弟兄将田典与刘会云，得钱 15 两，自愿每年帮差银 0.15 两，并支付大小夫役采买费用。这不属于田所载之粮赋。道光九年（1829）将此田加价于刘会荣，得铜币 16000 文，自愿每年帮差银 160 文。两笔差钱的比例都是典当价的 1%。另如典价铜币 33000 文[②]，每年帮补差钱 160 文，比例为 0.48%。当土 6000 文，帮差钱 24 文[③]，比例为 0.4%。当价铜币

---

① 贵州省档案馆、黔东南州档案馆、岑巩县档案馆合编：《贵州清水江文书·岑巩卷》（第一辑），第 4 册，贵州人民出版社 2019 年版，第 192 页。

② 贵州省档案馆、黔东南州档案馆、岑巩县档案馆合编：《贵州清水江文书·岑巩卷》（第一辑），第 3 册，贵州人民出版社 2019 年版，第 188 页。

③ 贵州省档案馆、黔东南州档案馆、岑巩县档案馆合编：《贵州清水江文书·岑巩卷》（第一辑），第 3 册，贵州人民出版社 2019 年版，第 191 页。

50100 文，帮差钱 120 文①，比例为 0.24%。当价铜币 40000 文，帮差钱 40 文②，比例为 0.1%。大致典主每年所帮差钱在所典当价款的 0.1%—1%范围，帮补差钱的数额取决于典主与钱主之间的约定。

第二，粮赋差役等项在典当期内由钱主暂时承担。在清水江流域，典当交易成立后，标的物所载粮赋等有时由钱主承担。这是较少的情形。在典当期内，标的物田地所涉及的粮赋，由承典人（钱主）完纳，当标的物由典主赎回后，粮赋则归典主（业主）交纳。该流域在典当契约之外，另书立出佃字加以说明，以免争议，如《道光二十年十二月二十四日王大槐等立重当田契》记载标的物"共载壹亩壹分，任刘姓耕食，随田上纳"③，即由钱主刘金稀完纳粮赋。《咸丰十一年四月二十八日杨通明母子立永重当田土文契》记载标的物"议定载粮壹斗柒升，钱主充当，不与当主相干"④，所重当之田的粮赋由钱主杨再兴等人完纳。又如《光绪十年二月十八日杨启燕立永当文契》：

> 立出佃粮字杨启燕，今因光绪十年出永当竹恵坡己面分受之业，基园田土一股当与姚复珍名下，佃去粮壹亩伍分。其粮任从姚姓在杨士成柱内拨出上纳，日后业主年限以满续（赎）回，其粮仍归业主柱内完纳，不与姚姓相甘（干）。今恐无凭，立出佃粮字为据。……⑤

本佃字中，杨启燕将田 1 股出当于姚复珍，该田所载粮赋由姚复珍在杨士成柱内拨出交纳，即承典人（钱主）姚复珍在典期内负担标的物粮赋。标

① 贵州省档案馆、黔东南州档案馆、岑巩县档案馆合编：《贵州清水江文书·岑巩卷》（第一辑），第 3 册，贵州人民出版社 2019 年版，第 189 页。

② 贵州省档案馆、黔东南州档案馆、岑巩县档案馆合编：《贵州清水江文书·岑巩卷》（第一辑），第 3 册，贵州人民出版社 2019 年版第 207 页。

③ 贵州省档案馆、黔东南州档案馆、岑巩县档案馆合编：《贵州清水江文书·岑巩卷》（第一辑），第 3 册，贵州人民出版社 2019 年版，第 100 页。

④ 贵州省档案馆、黔东南州档案馆、岑巩县档案馆合编：《贵州清水江文书·岑巩卷》（第一辑），第 5 册，贵州人民出版社 2019 年版，第 127 页。

⑤ 贵州省档案馆、黔东南州档案馆、岑巩县档案馆合编：《贵州清水江文书·岑巩卷》（第一辑），第 5 册，贵州人民出版社 2019 年版，第 277 页。

的物被杨启燕赎回后，则其粮赋由业主杨启燕完纳。

（二）典当交易终止

一般而言，清水江流域锦屏、天柱、黎平、剑河、三穗、岑巩等县民间典当交易终止方式有回赎、找补后绝卖两种方式。在讨论典当交易终止前，有必要讨论典当交易回赎期限。因为回赎期限直接影响标的物回赎节奏，影响典当交易资金周转的频率以及典当交易中止的成功率。

1. 回赎期

清水江流域民间典当交易的回赎期限十分复杂。契约文书显示，从最短的 9 天到最长的 60 年。同时，还有一部分典当契约文书并不记载期限，因而根据仅有的期限统计，分为清代和民国两个部分，以便观察和比较。

清代锦屏载回赎期限的典当契约 36 份，天柱 46 份，黎平 203 份，剑河 9 份，三穗 9 份，岑巩 27 份，累计 330 份，占 1598 份的 20.78%。未书明回赎期限，可理解为不规定期限，有钱即可回赎标的物（见表4-13）。

表4-13　清代清水江流域典当回赎期限表

期限表述	锦屏	天柱	黎平	剑河	三穗	岑巩	合计（份）
本月（望日）			2				2
九日内					1		1
三个月内			2				2
二月初二还		1					1
二月之内				1			1
四月之内			1				1
五月十五日	1						1
六月之内			1				1
八月内	1		2				3

续表

期限表述	锦屏	天柱	黎平	剑河	三穗	岑巩	合计（份）
秋收			22		1		23
九月之内			1				1
十月之内	1	1	7				9
冬月	2		2				4
腊月	1						1
明年正月			2				2
明年二月			1				1
明年三月	1		2				3
明年四月还清			2				2
明年九月			1				1
一年	2	2					4
二年		1	2	2			5
三年	20	3	65	5	3		96
四年之内			1	1			2
五年	1	1	2		1		5
七年			1				1
八年			1				1
十年		1				1	2
十一年之外			1				1
十六年			1				1
二十年			1				1
二十五年			2				2
三十年		1	2				3
六十年						1	1
不拘远近	6	35	76		3	25	145
合计	36	46	203	9	9	27	330

据表 4-13，可见清代清水江流域典当交易回赎期有如下特点：

其一，共性。典当三年是比较通行的期限，锦屏 20 份，占 55.56%，天柱 3 份，黎平 65 份，占 32.01%，剑河 5 份，占 55.56%，三穗 3 份，占 33.33%，共计 96 份，占 29.09%，占标有回赎期限的 185 份契约的 51.89%，即半数以上的回赎期限为三年。不拘远近 145 份，占 43.94%。超过三年以上的仅 21 份，占 6.36%。一年及以下共 64 份，占 19.39%。两年 5 份，占 1.52%。一年及以下的短期不足二成。三年及以下共 164 份，占 49.7%。

其二，差异性。较长年限份数少，但长短差极大。最短限期为 9 天，然后是 3 个月内，最长为 60 年，然后是 30 年。

其三，总趋势。清代清水江流域民间典当期限以三年为常态，占标注期限的一半以上，以三年及以下的较短期限为主。

民国时期，清水江流域民间典当期限有大的变化，主要表现为更多地趋向三年，长期限减少。从数量上看，锦屏记载回赎期限的契约文书有 25 份，天柱 88 份，黎平 186 份，剑河 6 份，三穗 44 份，岑巩 24 份，累计 373 份，占 1268 份的 29.42%（见表 4-14）。

表 4-14　民国清水江流域典当回赎期限表

期限表述	锦屏	天柱	黎平	剑河	三穗	岑巩	合计（份）
十日内			1				1
二月之内		1					1
清明归还			1				1
三月内			3				3
四月之内	1						1
五月内			1				1
六月之内	1						1
秋收	2	1	4			1	8
九月之内	1	2					3

续表

期限表述	锦屏	天柱	黎平	剑河	三穗	岑巩	合计（份）
十月初十			1				1
十月之内	2		1			1	4
冬月						3	3
明年正月			4				4
明年二月		12	2				14
明年三月	1	3	2				6
明年九月	1						1
一年		1	5		1		7
一年半	1				4		5
二年	1	7	4				29
三年	14	40	106	4	17	2	183
四年之内				1			1
五年			3				3
六年			1				1
十年			1				1
十五年		2	2			1	5
三十年			1				1
不拘远近		19	43	1	22	16	101
合计（份）	25	88	186	6	44	24	373

由表 4-14 可知民国时期清水江流域民间典当回赎期限有如下特点：

其一，共性是典当三年是通行的期限，接近一半，超过三年以上的长期限极少，一年及以下的较短期亦少。

具体地说，以三年为期的民间典当契约，锦屏 14 份，占 56%。天柱 40 份，占 45.45%。黎平 106 份，占 56.99%。剑河 4 份，占 66.67%，三穗 17 份，占 38.64%。岑巩 2 份，占 8.33%。除岑巩以外，其余各县典当三年所占比例均较大，共计 183 份，占 49.06%，即将近五成的典当契约回赎期限为三年，比该流域清代高出二成。除去不拘远近计息，占 67.28%，将近七成。超过三年以上的仅 13 份，占 3.49%。一年及以下共 60 份，占 16.09%。两年 16份，占 4.29%。一年半 1 份，占 0.27%。不拘远近 101 份，占 27.08%，比清代少 16.86 个百分点。

其二，差异性。长年限份数少，但高低差异极大。锦屏最高期限为三年，天柱为十五年，黎平为三十年，剑河为四年，岑巩为十五年。黎平最短期限为十日内，其余各县最短亦在一两个月内。

其三，总趋势。民国民间典当期限以三年为常态。三年及以下计 277份，占 74.26%，即较短期限是主要形式，它表明这时期民间典当随着交易量的增多，交易的期限比清代有所缩短，并且更趋向于典期三年。这表明该流域民国民间典当交易节奏加快了，频率提高了，区域经济更活跃了。

根据表 4-13 和表 4-14 制成清水江流域典当回赎期限图，如图 4-3：

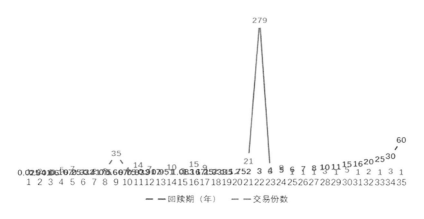

图 4-3 清至民国清水江流域典当回赎期限图

由图 4-3，纵观清至民国清水江流域民间典当回赎期限，可见其三个规律：

一是以典当期 3 年为主。限定 3 年为回赎期的民间典当契约有 279 份，占标注回赎期契约总数 456 份（不包括不限远近的 247 份）的 61.18%，即超过六成的民间典当采用 3 年作为回赎期限。

二是时间跨度大。典当期限从 0.025 年（9 天）到 60 年，后者是前者的 2400 倍，足见典当期限的弹性大。

三是平均典当期为 0.52 年，折合 190 天，超过半年，远大于抵押借贷平均期限 22 天。这表明抵押借贷中的出贷方较多地考虑短期效益，借入方亦想尽快赎回抵押物，而典当交易中的入当人则倾向于长期获得标的物的收益，典主、当主典当来的资金或粮食需要较长期周转，手中拮据，短期内无力回赎。回赎期限宽裕，这正是清水江流域村民更多地选择典当的原因之一，由此形成十分活跃的民间典当交易市场。

2. 回赎

回赎的含义是指典当契约中双方约定的期限结束后，典主、当主备得原价或约定的总价将标的物收回：归自己所有的行为，即将管业权收回，使产业的所有权和使用权统一。此行为的完成，标志着典当借贷关系的终止。大致而言，清水江流域典当契约标的物多数被按期赎回。标的物关系到村民的生产和生活，是他们重要的生产资料和生活资料，他们一般都设法将其赎回，包括正常回赎和非正常回赎。

(1) 正常回赎

正常回赎一般指出典人在契约规定的时间内归还债务并将抵押物收回的行为。若到期出典人无力回赎，其亲房、亲族会设法将抵押物收回避免财产流失。

第一，在原典当契约中注明。正常回赎典当物，常在契约文书中注明，如《乾隆四十一年十一月初五日吴腾、胜钧出典土契》：

立典土块与胜钧，今因家下缺少银用度无从得处，弟兄商议自

愿将到自身己面分之土厦溪土壹块、小鬼早土叁块、大鬼早壹块，

壹共五处，自己上门问到，鬼姜黄良于名下承典，三面议定价钱四两九钱八分，其银亲手领明。……

内添三字，改三字。

计（借）红平戥称。

此契杨炳蔚议原价收赎其厦溪山土二副，承归蔚管业，下银兴富管业。吴兴富亲笔批。

凭中族叔　吴昌完

凭中族兄　吴胜宽

乾隆四十一年十一月初五日　　亲笔　立①

一般以原契约中用"批"的方式，或者如上例，书写"赎转"字样，表明该宗交易已经结束。道光十七年（1837）五月初八日石怀璋等人典田获得色银 52.2 两，"光绪十二年四月十三日赎转。凭宽发一同去赎"②，到 1886 年赎回，共计 49 年。用在原契约末端注明的方式说明标的物已赎转，如咸丰四年（1854）闰七月五日杨再荣典田于王尚宽弟兄，价银九十多两，本契约中，通过中人，王尚厚同治六年（1867）十月二十八日收到杨再荣典价银，全部收清，杨再荣将田赎回，该宗典田交易终止。③ 全部回赎涉及货币种类。这取决于典主与钱主的约定，比如借银还银、借钱还钱，亦有借银还钱的情况，即按时价兑换。

对于转典当的交易，回赎时同样采用批注，在转典当契中说明老契是否与转典当契一并赎回，以杜绝争议，如光绪十八年（1892）十二月十六日罗再义叔侄"将先年用价得当姚承榜之田，坐落地名老师冲屋门首大田上一股

---

① 贵州省档案馆、黔东南州档案馆、黎平县档案馆合编：《贵州清水江文书·黎平卷》（第二辑），第 7 册，贵州人民出版社 2017 年版，第 7 页。

② 李斌主编，凯里学院、黎平县档案馆编：《贵州清水江文书·黎平文书》（第一辑），第 3 册，贵州民族出版社 2017 年版，第 178 页。

③ 李斌主编，凯里学院、黎平县档案馆编：《贵州清水江文书·黎平文书》（第二辑），第 37 册，贵州民族出版社 2019 年版，第 114 页。

半，凭中出转与姚复堂弟兄名下，承价青红铜钱二十千零六百文整。……其老契与子契收赎，一齐同回。原笔批。"[1] 批语清楚，交足典价，原业主已收回两份典契，典当交易终止。

光绪二十九年（1903）十二月二十六日杨应钊叔侄换当田土，直到民国二十九年（1940）底才赎回，当期38年，换当价铜币40000文。"外批：契内之田地名大湾白菓冲蛇形田一丘，在谷三挑，杨万成民国二十九年十二月备价赎取，姚姓领清无欠。杨世喜笔批。"[2]

最简明的方式是在典当契约中标注"赎转"[3] 二字。

第二，典主与钱主订立赎字、退典字。书立赎典字和退典字，旨在表明典当终止，以后并无任何纠葛。可以在原典当契约中补充字约，必须有中人、书写人和赎清字样的内容，如《林松艮老典田约（道光十五年二月二十二日）》

> 立老典约人空峒寨林松艮，为因缺费无出，自愿将祖父遗下坐落地名己耸，田二丘，约禾十把……共计约禾捌拾捌把，凭中出典与鲁元檑名下承典为业。当日实受过典价银壹百两。……
>
> 道光拾五年二月二十二日　立
>
> 光绪二年九月初九日，林光书今赎到鲁大德将约内之田，土名己捻，田贰丘，禾乙十把；又平兰，田六丘，禾叁拾把，共占价银四拾五两五钱，所赎是寔（实）。……[4]

另外，直接订立赎典字约，如《吴贞壁赎典田字约（民国三十八年七月

---

① 贵州省档案馆、黔东南州档案馆、岑巩县档案馆合编：《贵州清水江文书·岑巩卷》（第一辑），第2册，贵州人民出版社2019年版，第92页。

② 贵州省档案馆、黔东南州档案馆、岑巩县档案馆合编：《贵州清水江文书·岑巩卷》（第一辑），第2册，贵州人民出版社2019年版，第124页。

③ 李斌主编，凯里学院、黎平县档案馆编：《贵州清水江文书·黎平文书》（第一辑），第1册，贵州民族出版社2017年版，第86页。

④ 李斌主编，凯里学院、黎平县档案馆编：《贵州清水江文书·黎平文书》（第二辑），第47册，贵州民族出版社2017年版，第190页。

初四日）》：

> 立赎典田字约人孖架寨吴续璧，为因缺少银用无出，自愿将到岑努寨地名归记大小叁丘，四股均分，本名退赎典价壹股，退与岑努寨石兴烈名下赎典田之业，当日凭中三面议定退典价大洋壹圆壹角捌仙整。……立此赎典退价是实为据。

凭中　姜德彬

代书　周培镜

中华民国三十八年己丑七月初四日　立①

还可以找人代赎标的物，如《石光彩典田字（光绪十三年六月二十一日）》中的标的物"在光绪二拾陆年四月十七日石朝远照价代赎"②。

在正常回赎中，出典人到期将原典价交还承典人，与承典人订立退典字，表明典当交易终止，如民国七年（1918）六月二十日那现吉、那现华在中人见证下，收到姜相保原典价钱1200文，"立此退典字为据"，"退"③，将先年父亲承典约谷50斤的田退还姜氏。到此，姜氏的典约终止。若涉及转典则说明，如民国十六年（1927）六月二十一日吴国基、潘宏彩承典潘士海之田，曾转典于张姓，潘姓将原典价钱11800文回赎原业，但原典字被火烧毁，不能执出④，于是原承典人吴国基、潘宏彩与原出典人订立这份退典字，杜绝以后的争端。可见，书立退典字约是比较完整的终止方式，比在原典当契约中注明更规范、准确。

清水江流域民间典当契约回赎后，并非都在原契约中标注。文书显示，

---

① 李斌主编，凯里学院、黎平县档案馆编：《贵州清水江文书·黎平文书》（第一辑），第20册，贵州民族出版社2017年版，第76页。

② 李斌主编，凯里学院、黎平县档案馆编：《贵州清水江文书·黎平文书》（第一辑），第4册，贵州民族出版社2017年版，第9页。

③ 李斌主编，凯里学院、黎平县档案馆编：《贵州清水江文书·黎平文书》（第一辑），第18册，贵州民族出版社2017年版，第121页。

④ 李斌主编，凯里学院、黎平县档案馆编：《贵州清水江文书·黎平文书》（第一辑），第19册，贵州民族出版社2017年版，第350页。

以上标注典当结束的"赎清"字样的契约极少，未知原因。推测可能是赎清了，口头约定好了，不必在原契约中注明；或者另外书立了赎字，但并未能够妥善保存下来，不能与原契形成一一对应关系，以确证典当标的物已经赎回。

即便如此，通过了解标志典当交易结束的回赎信息，依然大致能够判断清水江流域民间典当交易绝大部分已经终止，否则由此引起的土地产纠纷不知有几何。

第三，部分回赎。在正常回赎中，存在典主、当主部分回赎标的物的情形。部分回赎，即典主、当主备得部分价款，将标的物中的某些部分赎回，剩下部分仍然存留在钱主手中，继续典当，由钱主管业。一般原契约中运用"外批"的方式在原典当契约中加以说明，如《石补孟俭典田约（道光元年三月初十）》：

> 立典田约人石补孟俭，为因缺少账务无出，自己愿将所典土名高放田二丘禾十贰把，今当凭中出典与石登朝名下得典为业，当日三面议定俭钱贰拾四两贰钱整，亲手收回应用。……立此典字付交买主为照。
>
> 二十七年分洛（落）正国。
>
> 凭中　石香伍
> 代笔　石永盛
>
> 道光元年三月初十日　　立典
>
> 外批：二十年三月三十日石乃正保来元银六两整，赎高放田小丘在（载）禾三把，凭中石成戌过银。定元字批。

从"外批"中可知，典主石补孟俭所典的 2 丘田共收禾 12 把，这次支付银主石登朝元银 6 两，赎回载禾 3 把的高放田小丘，余下收禾 9 把的田仍然在典。

部分回赎说明典主、当主经济不宽裕，无法一次性回赎标的物。当然，亦有可能典主、当主欲保留资金另作他用，而不想回赎所有标的物。① 如石正太在咸丰四年（1864）九月十八日出典田于吴老望，得银 5.5 两，到同治七年（1868）石灿连回赎石正太所典之田，支付银 2 两，未能全部赎回，"同治七年石灿连赎石正太所典之田元银贰两整，石正太失欠字约请中理落，正太转退此田于石灿连管业，日后并无异言因为石正太丢失欠字约"②，通过中人理论，石正太只得将此田转退于石灿连管业。这里的部分回赎演变成退转第三方管业。民国元年（1912）五月二十九日杨宗和典田于杨文光，借到铜币16080 文，"民国四年二月二十八日，上房杨显村赎于烂田，一丘的禾七把价铜钱五千七百十四文，退回无主佩赫田，三丘约禾七把□，铜钱五千五百四十文未赎"。③ 杨宗和欠铜币 5540 文，余 3 丘田未赎回。

以上诸例说明部分回赎相当于部分地终止典当。未赎部分仍处于典当状态，根据双方约定，在以后时间里赎回。部分回赎使典当标物处于不确定状态，拉长了典当主和钱主之间的时间联结，延缓了民间借贷交易的频率。

（2）非正常回赎

当出典人不能按照典当契约偿还所借款项，赎回自己的抵押物，或因物价上涨、社会不安定，以及不可抗力等客观因素造成钱主（承典人）有理由拒绝按约定期限归还标的物，在这种情况下，凭借社会力量或通过司法手段实现标的物权收回到典主、当主手中的行为，称为非正常回赎。

造成非正常回赎有三种情形。

一是出典人不能按照典当契约履行偿还所借钱物的义务，从而使承典人找到了拒绝归还标的物的理由。如果典主不按时将原典价归还钱主，赎回田

---

① 李斌主编，凯里学院、黎平县档案馆编：《贵州清水江文书·黎平文书》（第一辑），第 9 册，贵州民族出版社 2017 年版，第 38 页。

② 李斌主编，凯里学院、黎平县档案馆编：《贵州清水江文书·黎平文书》（第一辑），第 8 册，贵州民族出版社 2017 年版，第 81 页。

③ 李斌主编，凯里学院、黎平县档案馆编：《贵州清水江文书·黎平文书》（第一辑），第 20 册，贵州民族出版社 2017 年版，第 141 页。

地等物，钱主则将标的物收回，不再承认可以回赎，如《咸丰十年二月六日舒胜仕立青单字》：

> 立青单字人舒胜仕，今因先年得当舒正坤、胜元坐落地名大田坝田土乙股，架涧沟山土，契载价钱壹百九拾九两正（整），其价限至十一月兑足。无钱收赎，任从钱主耕种。其田任从买主收赎，不与卖主相干。今恐无凭，立青单字为据。

得明

凭中　舒

胜敏

咸丰十年二月初六日　　胜士亲笔　　立①

本契中，舒胜仕要求舒正坤、舒胜元在当年 11 月还钱回赎田地，否则将收回赎约权，自己处置标的物。

二是承典人家中遇到特殊情况，急需用钱，一时没有其他办法，不得不将原入典之业退还原出典人，换回原典价。如道光二十年（1840）五月初四日杨汤用、杨文耀叔侄二人缺费甚急，不得不将先年得典之田退还原主杨华弄，退回原典价铜币 8000 文。② 光绪六年（1890）四月十七日鲁大德费用甚急，将先年祖人得典吴祖挽之田退典于其子吴廷祥③，原典价退足无欠。

三是承典人将典入之业私自出当于第三方，引起与原典主的纠纷，不得已而退还原主，如道光二十年（1840）十二月十八日吴挽横用原价色银 28 两典入吴士贵之田，但又欠龙姓之账，被压逼难支，遂私自将此田当于龙正益，吴士贵请中理讲，吴挽横情知理屈，在中人劝告下将此田转退还原主。当时

---

① 贵州省档案馆、黔东南州档案馆、岑巩县档案馆合编：《贵州清水江文书·岑巩卷》（第一辑），第 5 册，贵州人民出版社 2019 年版，第 251 页。

② 李斌主编，凯里学院、黎平县档案馆编：《贵州清水江文书·黎平文书》（第二辑），第 49 册，贵州民族出版社 2019 年版，第 43 页。

③ 李斌主编，凯里学院、黎平县档案馆编：《贵州清水江文书·黎平文书》（第二辑），第 46 册，贵州民族出版社 2019 年版，第 391 页。

吴士贵退还色银 12.8 两①，余额 15.2 两缓后交清吴挽横，再赎回典约。

非正常回赎采取的方式值得一提。清水江流域民间典当交易中，非正常回赎有书立收字（或领字、收条）、订立吐退字约、民间自行调解、司法调解与判决等方式。

其一，书立收字或典收字。当典当契约未能找到，原典当价已经付清时，钱主书立收字或收清字交给典主，说明标的物赎清（赎归），所借钱粮本利收清，以后不会滋事，且典当契约执出，不发生任何效力。比如《赢士清、赢万本收清白字（同治元年三月十三日）》：

> 立收清白字人赢士清、赢万本，为先年得买堂侄赢总干之田，
> 土名岑佃田乙丘，约禾八把，凭中议定十六千文整，今钱到赎归。
> 本钱一并收清，日后不滋事。因先约未退，另出收字为凭。恐口说
> 无凭，立此收清白字为据。
>
> 代笔　赢安仁
>
> 同治元年三月十三日②

赢士清、赢万本收到原价 16000 文，书立此收字，原约退还。又如同治六年（1867）十二月二十日石起风、石起昌收清石发龙典价本利"立赎"③。

收字一般说明典当价是否赎清，以及说明剩余债务由谁偿还。光绪六年（1880）九月初十日胡生□□收清到胡生赎田价收，"石字奇、开祥二人共欠纹银二两五钱，石字寄乙半还□，石奇抵当老约来结"④，即另有他债务，须注明。宣统三年（1911）二月十四日石体全收到典价钱银 2.4 两，"揭典字不

---

①　李斌主编，凯里学院、黎平县档案馆编：《贵州清水江文书·黎平文书》（第二辑），第 49 册，贵州民族出版社 2019 年版，第 298 页。

②　李斌主编，凯里学院、黎平县档案馆编：《贵州清水江文书·黎平文书》（第三辑），第 53 册，贵州民族出版社 2020 年版，第 176 页。

③　李斌主编，凯里学院、黎平县档案馆编：《贵州清水江文书·黎平文书》（第一辑），第 13 册，贵州民族出版社 2017 年版，第 16 页。

④　李斌主编，凯里学院、黎平县档案馆编：《贵州清水江文书·黎平文书》（第一辑），第 12 册，贵州民族出版社 2017 年版，第 69 页。

出，日后子孙揭典字出来系是废约"①，即所典之业已赎回。

收清字又称领清字，包括加典、加当契亦然，说清所有典当价都收清，原典约无效力，典价清白，如《民国十九年三月十八日张老银等领清典字》：

> 立领清典字人张方弟又□清，情因先年龙某典与王之田，王姓又典林姓，林姓又转典与杨姓，杨姓抵与张某名下。因年月久，避（备）价与张姓赎取，日后恐有王、林、杨纳（拿）出老字续（赎）取，只向张姓弟兄理楚典价，凭中张姓一快（块）收清。恐有另生枝节，张老银弟兄一面承当，不与龙姓相干。恐后无凭，张姓特立杨领典价清白一纸为据。

凭中　　陈少星（押）

代笔　　杨胜彬（押）

民国十九年三月十八日　张老银弟兄仝（同）立收□②

本领清典字中，张老银弟兄典于张姓的标的物已经赎清，无论该标的物转典于任何人和转典数次，都不再与钱主张姓有相关。再如民国二十七年（1938）一月二十八日杨清枝用收条说明典字未退的原因是"因世道变更，屡遭兵匪猖獗，以将此典字遗失，故不得揭退还原主"③，此收条交与赎主收执，以后典字揭出无效。

总之，收字、收清字、领清字、收条，旨在说明典当价已经由钱主收回，典契与当契未能找到，以后找到即为故纸无效，但标的物已经赎回，以后典主、当主与钱主之间不会发生任何争议。

---

① 李斌主编，凯里学院、黎平县档案馆编：《贵州清水江文书·黎平文书》（第一辑），第4册，贵州民族出版社2017年版，第107页。

② 贵州省档案馆、黔东南州档案馆、三穗县档案馆合编：《贵州清水江文书·三穗卷》（第二辑），第10册，贵州人民出版社2018年版，第71页。此份怀疑为草契，理由是凭中陈少星、代笔杨胜彬在契约前已整齐排列，并且落款年月亦排列在"立领字"的前一行。另外，本契约正文处有涂改，在代笔、凭中等处有ΔΔ符号。

③ 李斌主编，凯里学院、黎平县档案馆编：《贵州清水江文书·黎平文书》（第一辑），第12册，贵州民族出版社2017年版，第209页。

其二，订立吐退字。当承典人遇到经济困难或者其他情况，急需将所典入的产业退还原主，换回原典价时，承典人与出典人在中人协调下，通过订立吐退字约，退还标的物。

清水江流域的吐退字与退契是两个不同的概念。前者指土地受让找不出原订立的契约，或退还原典买的产业时，典卖方与买方重新订立的契约或字（有时称字约）。退契则是永佃制下退还田皮（永佃权）与受让人时，双方订立的契约。中国传统社会有永佃制，属于土地制度。享有永佃权的佃户被称为永佃户，从永佃制下分离出来的所有权叫田骨，从永佃制度中分离出来的耕种权叫田皮。关于田皮的买卖契约称为"退契"，普通田地买卖契约叫断/永/杜卖契（字/字约）。永佃权从普通佃权演变而来，佃权从田主手中获得，"佃户退佃时将佃权交还田主"，故称退契，意为放弃永佃权，但放弃永佃权时，永佃户要获得金钱，形式上是退佃，实则是出售永佃产权，所以这时的售价被称作退价，与普通田地买卖的卖价完全不同。出售田皮者叫出退人，买进田皮者叫受退人。①

这种非正常回赎方式，主动权是承典人，实际上属于退典，原来的出典人处于被动地位，如《□福生吐退字（道光八年四月二十二日）》：

> 立吐退字样□□福生，因先年吴有讲卖与吴董应为业，今缺费甚急，自愿将土名占厦田四丘，禾十六把，凭中业归原主吴有讲长子吴士贵名下为业，当日实受原价艮（银）三十二两，亲手收回应用。其田自退之后，恁从赎主管业，退主不得异言。今欲有凭，立此退字存照。
>
> 外批：原粮四各（合）。
>
> 　　　　　　凭中　杨汤总　吴三九　吴文凤
> 　　　　　　代笔　杨步云

① 赵冈：《永佃制下的田皮价格》，《中国农史》2005年第3期，第43、44页。

道光八年四月二十二日　立退①

□福生由于急需经费使用，不得不把先年典入吴有讲之业退还于其子吴士贵，并退还原典价银32两，原粮4合亦注明。再如道光二十五年（1845）四月初八日钟田富亦因缺少费用，甚急，退还先年得典吴士贵之叔吴甫平之祖业田1丘，约禾7把，通过中人将此田转退于原主吴士贵，收回前典价银7两，并约定"其田退之后恁从原主下田耕种管业，退主不异言，生端兹事"。②退典不可减少原典价。光绪二十二年（1896）六月十三日石昌明将先年祖父得典空硐寨杨作辉、杨作元弟兄二人之田退还原主，收回退价钱3880文，约定"恁从续（赎）转耕种开坎管业，土（吐）退不得异言"。③可见，订立吐退契约主要由承典人发起，出典人属于被迫回赎状态，所以这种回赎方式被称为非正常回赎。

其三，民间自行调解。在典当契约中，出典人与承典人之间由于标的物、典价须按期限回赎而不能实现，一般是出典人经济困难无力交回原典当价，由此引发双方的争执。如《石作祥赎塘具限字（民国二十一年四月十八日）》所载：

> 立赎塘具限字人石作祥，因早年父亲缺少用将便务屋边塘，承典族叔石学攸管业，典价光洋捌元四角八仙，今已年久未有赎回，因此叔侄另有别往一切之字据未有理清。叔侄进城闹局理讲，今蒙王家蒋席珍亲谊杨秀芳从中劝息，叔侄和好，要学攸当时揭出作祥家一切字据三壮（张），退与祥手处有塘之字。据限至六月初一，银契两交清白，二比不得异言。如有到期不赎惟中人试问。恐后无凭，

---

① 李斌主编，凯里学院、黎平县档案馆编：《贵州清水江文书·黎平文书》（第二辑），第49册，贵州民族出版社2019年版，第296页。

② 李斌主编，凯里学院、黎平县档案馆编：《贵州清水江文书·黎平文书》（第二辑），第49册，贵州民族出版社2019年版，第300页。

③ 李斌主编，凯里学院、黎平县档案馆编：《贵州清水江文书·黎平文书》（第二辑），第49册，贵州民族出版社2019年版，第160页。

立此限字为据

　　内落二字三□。

　　　　　　　　　　　　代笔　　蒋席珍

　　　　　　　　　　　凭亲谊　杨秀芳　赖承

民国二十一年四月十八日　　立①

　　本具限字中，叔侄进城闹局理讲，杨秀芳从中劝息，叔侄和好，要求叔石学攸当时揭出给石作祥家所有字据，典主石作祥限到六月初一日交清典价，钱主石学攸即归还字据，完结赎典手续。围绕典主与钱主二者之间的典当价与契约归还的争论，通过中人劝解的方式和解了纠纷，避免了一场不必要的官司。

　　民国二十八年（1939）十一月十六日石荣芳揭出先年祖父典买的山场契约，与石德职争执，双方控告，经过中人劝说，石德职从把上跤岭之木10根拨于石荣芳，作为赎回典卖契约的费用②，由此平息争议。可见，民间自行调解是非正常回赎的有效方式之一。

　　其四，司法诉讼与调解。通过状告地方官府，由官府根据纠纷双方的诉讼和案情进行断案裁决，是处理典当纠纷的一种方式，也是清水江流域乡民不得已而采取的方式。如《叶绍虞重典田业案批条（时间不详）》：

　　崔吴氏批

　　据呈该氏夫，得典叶姓之田，既有契据可凭，叶绍虞何敢再将

此业重典□谢姓况查此案，控经数任，屡结屡翻，其中显有主使扛

帮，着（作）遵氏另呈□夺。谢天□□批。准差唤集□夺。③

———————

　　①　李斌主编，凯里学院、黎平县档案馆编：《贵州清水江文书·黎平文书》（第一辑），第10册，贵州民族出版社2017年版，第322页。

　　②　李斌主编，凯里学院、黎平县档案馆编：《贵州清水江文书·黎平文书》（第一辑），第8册，贵州民族出版社2017年版，第345页。

　　③　贵州省档案馆、黔东南州档案馆、三穗县档案馆合编：《贵州清水江文书·三穗卷》（第一辑），第4册，贵州人民出版社2018年版，第242页。

从此批条中可知，叶绍虞重典而导致典买田产纠纷，但显然叶姓有人暗中支持。崔吴氏只能另外呈送控词。不过此条史料不能得出某种结论。又如《咸丰十一年八月一日吴元恺等清白虑后字》：

> 立清白虑后人吴元恺、杨翠华、刘文运、杨政慈等。情因游希贤、蒋再学为典赎争论，捏控捕主案下，二彼自知愧悔，央内戚入中劝改（解），二彼自愿心平意服，中间并无压逼等情。日后若有滋事，惟我等是问。执出清白，自干罪咎。恐口无凭，立清白字约存照。
>
> 杨政慈　笔
>
> 咸丰十一年八月初一日　立①

吴元恺等与游希贤、蒋再学因为典赎问题产生纠纷，控告到地方官府，经内戚人从中劝解，争议平息，双方订立清白字以杜后患。

可见，状告官府，通过司法途径解决典当纠纷是村民最后的选择。

3. 找补后绝卖

绝卖标的物亦是典当交易终止的方式。清水江流域称绝卖为永卖、断卖、杜卖，这类文契中存在较少量的属于在典当之后，通过一次或多次找补，最后终结该宗典当交易的契约。契约中提及原典当之业、典当价、找补货种及数额等。

先典后断，即先典卖，获得必要的资金或粮食，但到约定的时间借主不能还清所借之钱或粮，此时借主不得不通过断卖所典之标的物，将欠账还清。换言之，钱主通过断卖，获得所典买土地的所有权。这是地主剥削的一种方式，例如《石廷英先抵后断卖田字（光绪三十一年十一王初四日）》：

> 立先抵后断字约人去寨石廷英，为因先年口粮不足，借到丘洞

---

① 张新民主编：《天柱文书》（第一辑），第 7 册，江苏人民出版社 2014 年版，第 227 页。

杨龙玉之禾，又纹银乙两三钱，纹银禾共算归九百五十斤，无纹银归还，自愿将主（祖）业地名美阳尾沟田乙丘，约禾十把……代（载）粮乙合，柴草杉木在内。今自愿出断与丘洞杨龙玉名下承买为业。当面凭中照元算九百五十斤禾，亲手收清，恁凭买主招人耕种管业，卖主日后不得异言。买主不清，卖主理落。恐后无凭，立此断字为据。

中　　石亮极

笔　　石生瑜

光绪卅一年十一月初四日　　立①

本契中，石廷英先年因为口粮不足，借了杨龙玉的禾与纹银 1.3 两，共计价禾 950 斤，将田产禾 10 把的田及田边柴草杉木在内作抵。为了还清此账，石廷英不得不断卖此田产于杨龙玉，找价禾 950 斤。本契由原来的典卖变成了绝卖。再如《民国十九年九月十日刘甘氏母子立永卖田文契》：

立永卖田文契人刘甘氏仝（同）男应开，母子弟兄今将祖手之业，坐落地名刘家湾白岩下田大小乙连贰丘……请凭中证出卖与刘胜才名下为业，三面议定先年当价银拾叁元，今补找价银玖元，合共价银贰拾贰元正（整），其银即日领足并无下欠。……②

本契约中，刘甘氏母子将先年典当与刘胜才的田产大小 2 丘，立契永卖与刘胜才，此前当价银 13 元，现找补价银 9 元，共计 22 元付于母子收清，并把粮赋交割，即该田所承载的粮赋 2 合，从刘启化柱内拨，拨入刘永清柱内交纳。另有酒席画字亦在所支付的永卖价内开销。这宗当约通过绝卖的方式结束，虽未知年限，但标的物从出当到绝卖过程中，产权明晰，粮赋过割清楚，

---

① 李斌主编，凯里学院、黎平县档案馆编：《贵州清水江文书·黎平文书》（第二辑），第 33 册，贵州民族出版社 2019 年版，第 403 页。

② 贵州省档案馆、黔东南州档案馆、岑巩县档案馆合编：《贵州清水江文书·岑巩卷》（第一辑），第 3 册，贵州人民出版社 2019 年版，第 219 页。

先尽亲房，后尽地邻的习惯亦遵从，中人、立契人皆画押，手续完整，表明民间借贷中，典当交易的终止是一件重要的事项。

清水江流域的典当交易以典当土地和房屋为主，兼及其他物品。倘若出典后，典主无力偿还所借之款项，比如典主、当主加价一次、两次，不断地找价，那么钱主只好要求典主、当主将典当之标的物绝卖，以终止典当交易，从而杜绝回赎的麻烦和以后可能产生的争议。"典当主要是土地及房屋等。民国三十二年（1943），注溪杨年云典当 9 挑田给陈千锡，当价 90 吊铜圆，第二年加当价 10 吊，第三年加 20 吊，年年利滚利达 180 吊，最后杨氏还不起立卖据将田卖给了陈氏。解放后，这种典当形式已绝灭。"[①] 这里的典主杨年云无力归还本利铜币 180000 文，只能变卖田产。契约文书中的加典价、加当价，是由典主急需用钱所致，但抬高了债务额度，有利于钱主的剥削。

三、典当类型

（一）重典当与转典当

民间典当契约生效后的常见现象有重典、转典、退典等，这是双方自愿发生的。

1. 重典当

重典当又称复典当。清代典当契约中，在典期内标的物所有权并未发生让渡，仍属于出典人（典主），但有时出典人因为经济非常困难，急需资金周转，或者因分家析产，抵押物的产权发生变更，此时需要重新订立契约，这就出现了重典当的情况。这类契约一般有"先年得买""先年得典"等语，如《道光二十年十二月二十四日王大槐等立重当田契》：

---

① 贵州省岑巩县志编纂委员会编：《岑巩县志》，贵州人民出版社 1993 年版，第 707 页。

　　　立重当契人王大槐同男弟兄等，今将得买叔父王政良、政弼塘家坑二契之田，又仙槐弟一契，共三契，凭中出当与刘金稀名下，三面议定价艮（银）九拾两正（整）。其价即日领清无欠，共载壹亩壹分，任刘姓耕食，随田上纳，王姓不得异言。……①

　　本契约中，王大槐买进之业等一共3份契据，当于刘金稀，价银90两。此重当中的标的物来源于典主王大槐向其叔父王政良、王政弼买进，但契约中未说明是典买或断买，这种情况属于业主将买进之业典当出去，采用重当契约。

　　另一种情况是，典主将同一标的物再次出典或出当于相同的钱主而获得更多资金，仍然使用重典当契约，但实质上是找价。这可以看作借用重典当契约方式达到找价之目的，如《咸丰十一年四月二十八日杨通明母子立永重当田土文契》：

　　　立永重当田土文契人杨通明母姚氏，今因无处设凑，母子商议自愿将屋场园圃木枝等项荒熟乙股……二去典与杨姓，价钱玖拾九千四百文，屋场典与杨再兴、正刚二人，典价钱拾贰千八百文正（整），至今急用无紫概，重当与杨正明、杨正榜、吴文才三人找价钱十五千文，正刚名下五千文，合共二十千文，找价典价合共一百三拾二千二百文整，议定载粮乙斗七升，钱主充当不与当主相干，此係业失系价重业轻，日后不德（得）加补转与外人，只得被（批）价收赎，二比情愿并无压逼。恐后无凭，立永重当契为据。……②

　　本契约中，杨通明母子将原当的标的再次当于杨再兴、杨正刚、杨正明、

<hr>

① 贵州省档案馆、黔东南州档案馆、岑巩县档案馆合编：《贵州清水江文书·岑巩卷》（第一辑），第3册，贵州人民出版社2019年版，第100页。
② 贵州省档案馆、黔东南州档案馆、岑巩县档案馆合编：《贵州清水江文书·岑巩卷》（第一辑），第5册，贵州人民出版社2019年版，第130页。

杨正榜、吴文才等，共找价铜币 20000 文，与原当价共计铜币 132200 文，约定不可以再加价或找价或转当于他人，只能按总价回赎。

这类重典当契约的实质与加价典当契约相同，是在将同一标的物通过与钱主协商增加典当价的方式，契约中写明找价典当价数额，或共计铜币和银两的数额等。重典当时，契约中还说明典当价钱重，标的物轻（不能与所典当价匹配），不可以再次找价或转典当于第三方，只能按期付价回赎。

2. 转典当

转典指承典人将典来的抵押物出典给第三方。转典当亦称移典当。转典当契约方式有几种情况。

第一，在原典契约内批字。在原典当契约正文之后用批字说明该产业转典于某人，有"按原契价"字样，这是转典当的简明方式。转典当亦要通过中人说和，书写人在原契约中书写某年将某业转典当于某人，书明典当价，如乾隆十四年（1749）十二月二十日王国秀所典之田，到道光年间发生转典：

……此契照价转典与亲家刘金稀名下

王顺槐　笔批

道光二十年十二月二十日　王锦槐（押）　立①

原典田为唐家龙庙门首田 1 丘，王锦槐将该田产于道光二十年（1840）十二月二十日转典于刘金稀管业，典价仍为原价足色银 27 两，其内容类似批契。

道光十四年（1834）三月初八日石宗汉田出典于石登庸，借过银 20 两，亲笔书写，在原契中批"十七年六月十一日转典与义学价纹银二十两整"②。

---

① 贵州省档案馆、黔东南州档案馆、岑巩县档案馆合编：《贵州清水江文书·岑巩卷》（第一辑），第 3 册，贵州人民出版社 2019 年版，第 103 页。

② 李斌主编，凯里学院、黎平县档案馆编：《贵州清水江文书·黎平文书》（第一辑），第 6 册，贵州民族出版社 2017 年版，第 96 页。

这属于在原契中记载转典情况，仍有中人和书写人。又如《石定举典田约（道光二十一年二月十一日）》：

> 立典田约人石定举，为因缺少账务无甚借还，今自愿祖土名登套搞殃田一丘在禾六把，凭中出典与本寨姬孙石辛巳、壬辰弟兄二人名下承典为业。当日议定典价银十三两六钱整。……
>
> 外批，道光二十一年二月十六日辛巳、壬辰二人又将原业典与石正邦耕种，三面议定价银十五两整。
>
> ……
>
> 道光二十一年二月十一日　　　立①

本契约中，石定举典价银 13.6 两，时隔 5 天，又将该田转典于石正邦耕种，另议典价银 15 两。

转典当契约中，批契方式（外批）在原契约中，简明扼要，只载明时间、转当价，但中人和书写人并不固定。转典当时在契约中书明转典价、加价，契约张数、价钱详细说明，并通过画押进一步确认。

转典当是比较重要的典当方式，钱主、典主之间必须明白典价、契约及标的物管业权、所有权的来龙去脉，以便今后典当的终止。至于差钱，转典当时契约中常书明典主、当主"每年干帮差钱"多少，交此钱于钱主后，无须立帖或订立字据。换言之，典主与当主负担了差钱，可以理解为针对所借之钱支付了一定数量的利息，如光绪三十一年（1905）三月二十六日杨光廷当土于刘应坤名下，得钱 2800 文，"每年干邦（帮）差十六文，收差无字"。②杨光廷交与刘应坤差钱 16 文，不书立字据，是自愿尽的义务。转典当时自愿承担差钱的事例，主要集中在岑巩县境内。不仅如此，还有干帮茶钱的情形，

---

① 李斌主编，凯里学院、黎平县档案馆编：《贵州清水江文书·黎平文书》（第一辑），第 6 册，贵州民族出版社 2017 年版，第 161 页。

② 贵州省档案馆、黔东南州档案馆、岑巩县档案馆合编：《贵州清水江文书·岑巩卷》（第一辑），第 3 册，贵州人民出版社 2019 年版，第 165 页。

如民国六年（1917）二月十八日张明榜叔侄将田得典之田，转典于朱国光耕种，转典价钱1200文，约定每年秋收交茶钱10文①，且张明榜叔侄回赎此田时，不可以短少原价。干帮差钱、茶钱的情形，在清水江流域其他县域里极少见。

第二，直接订立转典当契约。典主、当主将标的物转典当由甲方转与乙方。此时的转典当契约有一项重要约定，那就是转典主、转当主无权回收标的物。这是标的物产业权的关键问题，所以这类契约常在契约中书明，有时将老契张数、何人收执皆书明，中人亦涉及几名，以杜绝不必要的争端，如《光绪三十一年十二月二十日黎心好父子立转当田土基园等文契》：

> 立转当田土基园屋场竹木山场永右文契人黎心好父子，先年得转当罗姓之业……请凭中整（证）上门，出转当与刘应坤父子名下承手，叁面议定转当价银乙百伍十两文正（整），其价银黎心好父子亲手乙并领清无欠，自转当之后，□□刘姓下田土耕种管理，黎姓不得□言，其有每年照老契称差不误，日后黎姓不得，转主不得收赎，日后伍姓收赎，刘姓照领价。今恐无凭，立转当文契乙纸为据。
>
> 外批：黎姓得转当罗姓的老契，黎姓的老契、子契刘姓二章执掌。
>
> ……
>
> 光绪叁拾贰年四月②

有时转典当亦写作换典当，实质相同，即典主将先年典于甲的标的物，换当于乙，重新议定换典当价，同时注明原典当契约（老契）无效，如《民国四年十一月六日刘盛鸿立换当土文契》：

---

① 贵州省档案馆、黔东南州档案馆、岑巩县档案馆合编：《贵州清水江文书·岑巩卷》（第一辑），第4册，贵州人民出版社2019年版，第127页。
② 贵州省档案馆、黔东南州档案馆、岑巩县档案馆合编：《贵州清水江文书·岑巩卷》（第一辑），第3册，贵州人民出版社2019年版，第169页。

立换当土文契人刘盛鸿，今因先年当与杨姓之土，坐落地名凯空柳树湾上头土乙股……四界分明，凭中换当与萧顺发名下承手，三面议定换价青红钱拾壹阡（仟）零叁百文。其钱换日亲手领明无欠，每年差钱乙百文，秋收称交。其有桐树漆树乙并在内。……

外批：杨姓老契日后执出以为故纸，亲笔批。……①

本契约中，刘盛鸿将原当与杨姓之土，换当于萧顺发，换当价铜币 11300 文，并说明原当于杨姓老契无效。民国元年（1912）十一月二十四日张大鸿将得买之业（土）换典于朱姓，价钱 680 文。每年干差钱 4 文，足年秋收交称。②

将标的物从承典人甲手中吐退于承典人乙，重新议定典当价，亦属于换典当的范畴，如民国二十一年（1932）五月二十一日潘通知将田 1 丘，在（载）禾 6 把，出于徐阳林，典铜币 15000 文，典契 3 年。未说明此标的物是否赎回。"外批：民国二十九年二月初十日通知仰将此田土（吐）退与石昌镇名下，价钱贰十壹千文正。石昌后所批是实。"③ 采用"外批"说明标的物转由石昌镇承典，价铜币 21000 文。

清与民国的转典当契约相同之处有四：一是均书明标的物由某人手中转典当于某人，即说明标的物使用权的变更情况、四至。二是新的典当价、老契典当价是否有关系。三是约定回赎期、回赎价、老契及粮赋交纳等。四是说明典主甘愿帮差钱的数额，收差无帖。典主和中人有时画押，无一定之规。

（二）典当加契

清水江流域民间典当交易成立后，由于典主经济困难，或者其他原因，

① 贵州省档案馆、黔东南州档案馆、岑巩县档案馆合编：《贵州清水江文书·岑巩卷》（第一辑），第 1 册，贵州人民出版社 2019 年版，第 273 页。
② 贵州省档案馆、黔东南州档案馆、岑巩县档案馆合编：《贵州清水江文书·岑巩卷》（第一辑），第 4 册，贵州人民出版社 2019 年版，第 20 页。
③ 李斌主编，凯里学院、黎平县档案馆编：《贵州清水江文书·黎平文书》（第一辑），第 9 册，贵州民族出版社 2017 年版，第 421 页。

要求钱主增加典当价，并书立加价契约。这种加价的实质是针对同一标的物，不断索取钱粮，钱主往往亦不堪重负，因此契约中有不准转典当之类的约定。这类契约，有几种称法，如复加典价字、复加典价约字、加契字、加契、加田价契、加价。

第一，典当主和钱主不变，通过增加标的物数量，从而增加典当价。在原钱主的基础上，再增加标的物数量，从而增加典当价，约定回赎标的物时，加契与原典当契约同时回赎，典主耕种标的物，所得禾谷与钱主平分，如《吴甫哭加典价字（道光六年五月初二日）》：

> 立加典价字人空洞寨吴甫哭，为因家下缺少银用无，情愿将名下先年所典与王姓之田，外又添己美田三丘，禾十把；井当岜田一丘，又美留田一，共禾三把，请硬承包兄复向王莲名下，求加典价银四拾两，凭中亲手收用。其田自加典之后，言定每年秋收之日，请主王姓临田跟同收割，禾谷二比均分。倘有背主秋收，任凭王姓另行招佃。其有钱粮夫马，吴姓另有夫田承抵，不与王姓相干。日后备足原价，对期赎取，不得减价分文。恐后无凭，立此加典字为据。
>
> 凭中　杨甫良　吴甫清
>
> 硬承包兄吴文凤　笔
>
> 每年外又添禾贰把。
>
> 吴甫哭（押）
>
> 道光六年五月初二日　立①

本契约中，吴甫哭在原有标的物基础上增加收禾 13 把的田 5 丘，加到王莲，加典价银 40 两，标的物由吴甫哭耕种，王姓与其平分田产收益。再如《林廷德加典价字（道光六年五月初三日）》：

---

① 李斌主编，凯里学院、黎平县档案馆编：《贵州清水江文书·黎平文书》（第二辑），第48册，贵州民族出版社2019年版，第128页。

　　　立加典价字人空洞寨林廷德，为因家下缺少银用无出，情愿将
名下先年所典与王姓之田外，又添地名井近田三丘，约禾九把；平
栏田贰丘，约禾七把；归耸田贰丘，约禾七把，挑请硬承中复向王
莲名下，求加典价银四拾四两四钱整，凭中亲手收用。其田自加典
之后……收割禾谷二比均分。……立此加典字为据。……①

　　本契约中，林廷德增加新标的物，田 7 丘，共 23 把（约 2.4 亩），向王
莲加典价银 44.4 两，约定双立平分所加典田的禾谷，钱主不承担"钱粮夫
马，林姓另有夫田承抵"等项。

　　第二，典当主、钱主和标的物均不变，只增加典当价。这一类型易形成
多次加价。在原钱主的基础上，对原典当的标的物增加典当价，约定回赎标
的物时，加契与原典当契约同时回赎。如果标的物是转典当的或其他情况，
须作说明。粮赋差役等项、标的物由典当主耕种、收益分成等亦有约定。一
般约定回赎时，原典当契约和加价契约同时赎回，如《吴文凤加典价字（道
光六年五月初三日）》：

　　　　立加典价字人空洞寨吴文凤，为因家下缺少银用无出，情愿将
先年所典与王姓之田，坐落地归㭿，田六丘，共禾贰十把……坐屋
三间，请中一并复向下温屯王莲弟兄求加典价银一佰肆拾二两一钱
□□，凭中亲手收用。其田自加典之后，言定每年秋收之日，请主
王姓临田跟同收割，禾谷二比均分。其有塘二口，坐屋三间，每年
补王姓租银四两。倘有背主私收，任凭王姓另行招佃。其有钱粮夫
马，吴姓另有夫田承抵，不与王姓相干。日后备足原价，对期赎取，
不得减价分文。……②

---

　　① 李斌主编，凯里学院、黎平县档案馆编：《贵州清水江文书·黎平文书》（第二辑），第 47
册，贵州民族出版社 2019 年版，第 181 页。
　　② 李斌主编，凯里学院、黎平县档案馆编：《贵州清水江文书·黎平文书》（第二辑），第 48
册，贵州民族出版社 2019 年版，第 129 页。

本加契中，标的物所载的"钱粮夫马，吴姓另有夫田承抵"均由吴文凤承担，与钱主王姓无关。典主吴文凤耕种标的物，按五五分成，与钱主分配标的物的禾谷。道光三十年（1850）十二月初七日李绍唐因先年父手将田1丘典于崔姓与陈新发，请凭中证向陈新发加青红钱2000文。"但此田业轻价重，日后任从李姓转主，不得再行加价。"① 李绍唐可以转此田，而不能再加价。

由这些文书可知，加契与典当契约同时赎回，是加契中的一项重要约定。光绪十四年（1888）一月□□日杨通元将田1丘加到吴文才，加价钱1600文②，回赎时，钱主要求当契与加契同时赎回。光绪二十六年（1900）十二月二十六日罗其章母子将当与刘应坤之业，增加铜币10000文，约定回赎时须把加契和当契一起回赎。③ 宣统二年（1910）二月十日杨启燕在原出当之业的基础上，要求钱主姚复珍加价铜币72000文，约定到期加契与当契同时赎回。④

民国时期的加契相对简略，列出典主与当主、标的物、所借之钱粮、钱主等，如《民国七年四月五日谢正贵立加当田字》所示：⑤

> 立加字人堂兄正贵，今因无钱支用，字（自）愿加到堂弟正海先得当之田，坐落地名马头山大小田贰丘，凭中加到价钱贰仟文正（整）。其钱加日清（亲）手领名（明）无欠。字（自）加之后，立加字为据。

---

① 贵州省档案馆、黔东南州档案馆、三穗县档案馆合编：《贵州清水江文书·三穗卷》（第一辑），第4册，贵州人民出版社2018年版，第177页。

② 贵州省档案馆、黔东南州档案馆、岑巩县档案馆合编：《贵州清水江文书·岑巩卷》（第一辑），第5册，贵州人民出版社2019年版，第151页。

③ 贵州省档案馆、黔东南州档案馆、岑巩县档案馆合编：《贵州清水江文书·岑巩卷》（第一辑），第3册，贵州人民出版社2019年版，第155页。

④ 贵州省档案馆、黔东南州档案馆、岑巩县档案馆合编：《贵州清水江文书·岑巩卷》（第一辑），第5册，贵州人民出版社2019年版，第278页。

⑤ 贵州省档案馆、黔东南州档案馆、岑巩县档案馆合编：《贵州清水江文书·岑巩卷》（第一辑），第5册，贵州人民出版社2019年版，第59页。

民国戊午年四月初五日 立加字人 正贵亲手 立①

民国三十八年（1949）六月十五日谢文校将先年所当之田，坐落地名台盆田大田壹丘，凭中加到谢文辉，议定加白米 1.03 石。② 清至民国的加契基本相同。

多次加价。由于钱主不变，标的物不变，典主、当主有时可以多次向钱主加价，从而获得较多资金。这在原典当契中，采用批语的方式书明，如《杨再荣复加典约字（同治十年六月二十八日）》：

> 立复加典约字人杨再荣，为因正用无出，自愿将平南已典田乙分土名上门楼田、半扦田、井边、江边田等处同治七年加过一次，已有加约一纸价铜钱四十六千文，亲手收用，分文无欠。今又凭中吴绍清、吴光廷、杨正鳌、杨绍礼、秀芳五人名下又复加价铜钱叁拾伍千文整，亲手收回应用，分文无欠。其田复加之后，照于典约管业。不俱（拘）远近赎取。先将加价、复加赎取。不得留落在前在后。今恐有凭，言定杨姓自领赎回，不许复行再加。立此复加字约为据。
>
> 外批：堂兄借项断价作抵，自领赎回，其有借字。凭中吴朝丙。
>
> 未退日后系是故纸。
>
> 凭中　同日收清

同治十年六月廿八日　　亲笔立③

本契约中，杨再荣于同治七年加价一次，铜币 46000 文，本契再加价铜币 35000 文，双方约定回赎顺序：先赎加价契，再赎复加契，再赎原典契，

---

① 贵州省档案馆、黔东南州档案馆、岑巩县档案馆合编：《贵州清水江文书·岑巩卷》（第一辑），第 5 册，贵州人民出版社 2019 年版，第 58 页。

② 贵州省档案馆、黔东南州档案馆、岑巩县档案馆合编：《贵州清水江文书·岑巩卷》（第一辑），第 5 册，贵州人民出版社 2019 年版，第 177 页。

③ 李斌主编，凯里学院、黎平县档案馆编：《贵州清水江文书·黎平文书》（第二辑），第 37 册，贵州民族出版社 2019 年版，第 172 页。

同时约定不可以再次加价。本契约属于二次加价，故题名为复加典约。另有三次加价的情形，如《民国十九年十一月十日姚祖松立当田土基园等项文契》：

> 立当田土基园荒熟竹木桐茶漆树杉料诸色木植房廊屋宇文契人姚祖松，今将己面分受之业，坐落地名尾厂坡羊角田左边一股……老屋基一股……请凭中正上门出当与堂兄姚祖坤叔侄名下承当，三面议定当价青红钱四百二十五千文正（整），其价当日一并领清，分文无欠。……每年干帮差钱八百文，收差无帖，日后收赎，价到契回。恐口无凭，立当契一张为据。
>
> 民国二十一年六月初一日姚祖松亲自上门加到姚祖坤名下，承加青红价钱六十千文正（整），其钱加日领清。祖松亲笔批。
>
> 民国二十二年正月十八日姚祖松加价钱六十千文。祖松亲笔立。
>
> 民国二十三年正月二十四日姚祖松□加价钱五十五千文正。祖松亲笔立。
>
> 凭中　　姚源芳　郑伯年
>
> 民国十九年冬月初十日　姚祖松　亲笔　立①

民国十九年（1930）十一月十日姚祖松将田土等当与姚祖坤叔侄，借到钱425000文，后来三年之中连续3次加价，计175000文，累计达到600000文，合银300两。"千年田换八百主"②，表明物权主人变换频繁。典与当是暂时将物权转移到出贷人手中，一定期限后，经过一次或两三次变更后，标的物使用权又将回到典主、当主手中。

第三，将典当入手之业转典当于第三方，再与第三方订立加契。典主、当主此前的身份是钱主，从他人手中承典或承当标的物。由于某种原因，典

---

① 贵州省档案馆、黔东南州档案馆、岑巩县档案馆合编：《贵州清水江文书·岑巩卷》（第一辑），第 2 册，贵州人民出版社 2019 年版，第 254 页。

② （宋）袁采：《世范》卷下《治家》，岳麓书社 2002 年版，第 60 页。

主、当主将标的物转典当于第三方，又与第三方议定加价，从而形成加契。此类标的物使用权变更次数与典当价变更次数不对等，如《光绪□□年□□月十六日黎心好父子立转当田土基园等文契》：

> 立转当田土基园屋场山荒竹木水石文契人黎心好父子，名下得当罗姓之业，坐落地名邓家庄大井门口田土乙股，又代□路边三角田乙丘……转与□□□名下为业，三面议定什（时）直（值）当价青红钱六拾□□□□，□价当日亲手领明无欠……每年干邦（帮）差钱六百文，收差无贴，日后收赎价到契回。……

> 立加契□黎心好，今因加到刘应坤名下，将先年得转当邓家庄之田土山场乙契，承加青红钱贰拾捌阡（仟）四佰文正（整）。其钱加日亲手领明无欠，自加之后，任从刘姓耕种，黎姓不得异言，日后收赎，价到贰契回。今口无凭，立□加契为据。

凭中　刘元明

代笔　吴秀金

光绪三十年十二月廿六日　黎心好　立①

本契约中，罗姓的田—黎心好父子当入罗姓的田—转当与刘应坤—加契与刘应坤，典当价有三次变化，但标的物使用权只有两次变化，即由罗姓转黎心好父子、黎心好父子转到刘应坤。加契中，标的物未发生变动。由此可见，清水江流域民间典当交易中，标的物权变化是一个复杂的问题，典当价发生变化次数与标的物使用权变化次数并不同步。因为在加典当（复典当）中，如果在原标的物的基础上加价，那么标的物使用权未变更。如果把标的物使用权看作 A，变更一次看作 B，二次看作 C，以此类推；把典当价看作 A′，加价看作 B′，二次加价看作 C′，以此类推，本契约中二者的变化可以描述为：

---

① 贵州省档案馆、黔东南州档案馆、岑巩县档案馆合编：《贵州清水江文书·岑巩卷》（第一辑），第 3 册，贵州人民出版社 2019 年版，第 160 页。

A—B—C

A′—B′—C′—D′

二者的变化并不同步。

清水江流域民间典当交易中的加价与原典当价无关联。加价数额取决于典当主和钱主之间的达成度，并无规律。不过从地域上看，加价多见于岑巩、三穗和黎平县，其余县域极少。加契的实质是典主、当主因经济困难或急需资金，一次或数次向钱主追加借款、找价，不断获得资金的方式。加契的一个明显特征是必须说明标的物使用权变更情况、加契与原典当契约的回赎方式。

值得一提的是，苗、侗族村民选择典当而不采用断卖，应当有其自身原因。

其一，典卖方式获得资金周转，解决了暂时困难，到期备得原价可以将产业赎回，从未使产业丧失。

其二，从宗族的角度看，苗、侗族村民不愿意使产业轻易丢失。

其三，从出贷人的角度看，他们出一定数量的资本即可获得土地产业的使用权，还有可能获得此产业的所有权，条件是出典人在典当到期限时，无能力备得原价款回赎，被迫由典当变为断卖，从而终止典当。正如张晋藩所说："典在清代之所以广泛流行，为广大群众所接受，并被法律所确认，都不是偶然的，是和中国的传统国情分不开的。在宗法制度与观念的统治下，子孙以变卖祖宗遗产为有悖于孝道之举，这种心态反映了中华民族传统伦理道德的渗透力与约束力。因此，他们宁肯典产而不卖产，以减轻来自族内的压力和精神上的负担。此外，尤为重要的是自耕农民或城市平民，一旦面临天灾人祸，为解燃眉之急，只能变产自救。在这种情况下，他们选择典产作为出路，希望来日可以赎回，而不愿将田产绝卖。然而事实上，清代劳动者的处境是每况愈下的，以低于产值的典价，将田产典卖与人，至期不能回赎，便丧失了所有权。使典权人以较少的代价，合法地占有田产。其间虽有'找贴作绝'，但也与田产的实有价值相差其远。"① 清水江流域民国时期典当交易比清代更多，典当比借贷多，也更活跃，其根本原因就在于出贷人在利益驱动下，极有可能通过典当方式攫取土地的所有权，增加土地积累，持续刺激典当交易，从而形成广阔的土地典卖市场。

---

① 张晋藩：《清代民法综论》，中国政法大学出版社 1998 年版，第 125—126 页。

第五章　清水江流域民间借贷利率

利率是民间有息借贷的重要环节，它伴随着民间有息借贷的产生而产生，且自始至终贯穿在民间有息借贷的整个过程中。清至民国清水江流域社会经济发展缓慢，社会在发生转型。该流域社会之变迁，亦通过利率这一经济现象凸显出来。探讨利率的时空变化和类型差异，对于透视社会变迁具有极其重要的意义。

一、民间借贷利率

"利率"又称"利息率"，它表示一定时期内利息量与本金的比率，就其表现形式来论，主要是指一定时期内利息额同借贷资本总额的比率。利率是民间借贷的核心，不仅折射了乡村社会的发展水平、乡村社会的各种利益关系，同时也反映了社会变动的轨迹。不同于官方借贷利率的是，民间借贷利率是在市场机制作用下自发形成的，是反映资金供求状况的风向标和经济发展水平的晴雨表。

（一）货币借贷利率

1. 清代货币借贷利率

清水江流域民间货币借贷偿还利息有四种方式：借钱还钱无利息；借钱还钱，以钱作利；借钱还钱，以禾谷还利；借钱还谷，禾谷作利。在这四种方式中，涉及利率问题的主要是借钱还钱，以钱作利。借钱还钱无利息，不予讨论。借钱还谷，禾谷作利。这种方式如果文书未列出禾谷价格，无法计算钱谷利率，亦不讨论。

（1）清代民间货币借贷整体利率

清代清水江流域民间借贷利率如何？是否符合清律之规定？在货币借贷中，针对银两、银圆、毫银、铜币等，该流域的民间借贷契约文书对利率的描述有加二、加二五、加三等，或者每两每月三分、照月每千文加二五、三五等。若按年计息，则有铜币每年每千文三百文、四百文（年利率30%、40%）和毫银每年每百毫五十毫（年利率50%）等。本书在讨论时，为了保留文书原始信息，仍然运用按月加多少、按年加多少的息率表示法；对于不属于这类称法的利率，通过文书记载的本钱和利息等相关信息计算出来的利率，则用百分比表示，下同。

清代清水江流域民间借贷利息收取有按月和按年计息两种方式。为便于比较，运用加权平均数的算法，将文书记载各种利率折算成月利率（详见表5-1）。

表5-1　清代清水江流域民间货币借贷利率表

利率/县	锦屏	天柱	黎平	剑河	三穗	岑巩	合计（份）
月加一	1		2				3
月加二	3		24	1	1		29
月加二五	4	5	22	1	3	5	40

利率/县	锦屏	天柱	黎平	剑河	三穗	岑巩	合计（份）
月加三	96	2	131	5	6		240
月加四	7		3				10
月加五		1	1	1		1	4
月加六			1				1
月加八				1			1
月加十			1				1
年加一					2		2
年一分二					1		1
年加二			8		1		9
年加二三			2				2
年加二五		1	13			1	15
年加三五			2				2
年加四			1				1
年加五	1		4				5
合计（份）	112	9	215	9	14	7	366
月利率（%）	3.01	2.83	2.79	3.61	2.27	2.8	2.86

据表5-1，契约文书显示利率为月加三，计240份，占65.57%。月加二五，计40份，占10.93%。月加二，计29份，占7.92%。月利率超过3%的共19份，仅占5.19%。在年利率中，以年利加二五（25%）为主，15份，占4.1%。

从县域看，各县的平均月利率为：锦屏3.01%，天柱2.83%，黎平2.79%，剑河3.61%，三穗2.27%，岑巩2.8%，其中剑河3.61%最高，三穗2.27%最低，平均月利率为2.86%（年利率34.32%）。

清政府规定民间借贷月利率3%是收取利息的上限。顺治五年（1648）四月晓谕户部云："今后一切债负，每银一两，止许月息三分，不得多索，及息上增息。"① 同年十一月下令："势豪举放私债，重利剥民，实属违禁，以后止许照律每两三分行利，即至十年，不过照本算利，有例外多索者，依律治罪。"② 关于民间私人放贷钱债与典当产业清律亦有规定："凡私放钱债及典当财物，每月取利并不得过三分。年月虽多，不过一本一利。"③ 按月收取利息的最高值为三分（3%）；计算利息时间上限是33个月，超过此限，无论时间长短，都只能"照本算利"，即利息的最大值与本钱相同，"此债当取利之禁限也"。④ 民间借贷利率并非一成不变，清律也承认，一般为年利率3%左右，偶有100%、200%的年利率。"民间借贷，一般年息3分左右，也有'大加一''大加二'等。"⑤ 总之，清代民间借贷法定利率上限是月息三分（3%）。

清代清水江流域利率规律是利率以月加三（3%）为主，接近七成。超过月利率3%的民间借贷不足6%。民间借贷利率基本符合清律规定，平均月利率略偏低。

（2）借钱还钱，以钱作利的民间借贷利率

这是清水江流域民间借贷中最多的一种方式，亦是能够计算利率的方式。

第一，按约定的月利率计算利息。比如乾隆五十八年（1793）十二月十二日姜万镒借到姜映辉纹银20两，"照月加三"⑥，按月利率3%计算利息。如《杨通文借字约（嘉庆四年三月初二日）》：

> 立借约人岑弩寨杨通文，为因家下缺少银用无出，亲自问到塘
>
> 朗寨杨老歌名下，实借过纹银三两整，亲手收回应用。其银自借之

---

① 《清实录》卷三八，中华书局1985年影印本，第308页。
② 《清实录》卷四一，中华书局1985年影印本，第330页。
③ 马建石、杨育棠主编：《大清律例通考校注》，中国政法大学出版社1992年版，第522页。
④ 《大清律例新修统纂集成》卷一四《户部·钱债》。
⑤ 《黎平县志》编纂委员会编：《黎平县志》，巴蜀书社1989年版，第445页。
⑥ 陈金全、杜万华主编：《贵州文斗寨苗族契约法律文书汇编——姜元泽家藏契约文书》，人民出版社2008年版，第49页。

后，召（照）月加三行息，不俱（拘）远近本利足数归还，不得
有误。

亲笔

嘉庆四年三月初二　　立①

杨通文按约定的月利率3%付息。村民把月加三（3%）的利率作为乡村
通常行息，在借贷契约中提及。道光九年（1829）十二月九日谢某某二人所
借之银4两，"照乡行息加三相还"②，表明月利率3%成为该流域通行的月利
率。以上数例说明，月利率3%是清代清水江流域民间借贷利率的通行标准。

除主流的月利率3%外，清水江流域还有其他月利率。比如月利率2%，
道光八年（1828）六月初四日吴文凤欠银35.57两，"言定每两加贰分行
利"③，即按每两2%收取利息。月利率2.5%，即文书中的照月加二五，有时
写作"每两照月加二分五厘"，如道光十一年（1831）三月初四日石明魁借到
石明显色银20两，"言定每两照月加二分五厘行利"④。还有月利率5%，如光
绪元年（1875）四月二十日吴国元借到黄如银铜币2000文，"言定每年照月
五分行利"⑤。

对于借贷银两而言，契约中月利率的通常写法是"照月加X"，较少地写
成"每两每月加X分X厘X毫"。对于借贷铜币而言，契约中月利率的表示
法略有区别，常写作"每千每月X行息""每千每月加X文"等，如《道光
十二年一月二十八日姚恒借钱字》：

① 李斌主编，凯里学院、黎平县档案馆编：《贵州清水江文书·黎平文书》（第一辑），第19
册，贵州民族出版社2017年版，第4页。

② 贵州省档案馆、黔东南州档案馆、剑河县档案馆合编：《贵州清水江文书·剑河卷》（第一
辑），第1册，贵州人民出版社2018年版，第191页。

③ 李斌主编，凯里学院、黎平县档案馆编：《贵州清水江文书·黎平文书》（第二辑），第48
册，贵州民族出版社2019年版，第136页。

④ 李斌主编，凯里学院、黎平县档案馆编：《贵州清水江文书·黎平文书》（第二辑），第32
册，贵州民族出版社2019年版，第8页。

⑤ 李斌主编，凯里学院、黎平县档案馆编：《贵州清水江文书·黎平文书》（第三辑），第57
册，贵州民族出版社2020年版，第177页。

立借字人姚恒，今借到催（崔）义顺号青红钱十二千文正（整），其钱每千每月加二行息，限至秋收八月内相还，不得有误。今恐无凭，立借字为据。

凭中　洪其□四旧（舅）爷

道光十二年正月廿八日　　亲笔立①

姚恒所借的通货是铜币，所以利率用"每千每月二行息"来说明利率，即月利率为2%。该流域习惯上用"仟"或"千"为数字单位表示铜币。"每千每月 X 文"直接说明每千每月支付铜币 X 文，仍可表示为月利率X%。

第二，按约定的年利率计算利息。按年利率计算时，契约文书中，借银两写作"每两周年加 X"。这些年利率可换成百分比，即年利率X%，如《杨汤千借字约（嘉庆二十四年五月十九日）》：

立借字约人空洞寨杨汤千，为因家下缺少费用无出，自己请中问到上皮林朱色赤弟兄名下，实借过本银贰拾伍两整，亲手收回应用。其银言定每两周年加二五行利，不得异言阻挡。今欲有凭，立此借字存照。

当批：约内实借本艮（银）十三两，余艮（银）十二两未要。所批是实。汤海笔。

代笔硬承中　杨文彬　杨海

嘉庆贰拾四年五月十九日　立②

本契约中，杨汤千实际借到银13两，按"每两周年加二五行利"，即年利率为25%。道光十七年（1837）六月十五日杨枝元借到徐德望银4.5两，

---

① 贵州省档案馆、黔东南州档案馆、三穗县档案馆合编：《贵州清水江文书·三穗卷》（第一辑），第 4 册，贵州人民出版社 2018 年版，第 160 页。

② 李斌主编，凯里学院、黎平县档案馆编：《贵州清水江文书·黎平文书》（第二辑），第 49 册，贵州民族出版社 2019 年版，第 22 页。

"每两周年加三行利"①，按年利率30%计算利息。

借铜币写作"每仟周年加X"，如道光八年（1828）五月囗日欧才保借到鲁之汉铜币24000文，"言定周年每千囗三分行息"②，即按年利率30%计算利息。道光二十五年（1845）二月十四日何恩兆借铜币4000文，"每千周年加二行利"③，执行年利率20%。

直接用每年利息X文或X毫表示。如同治三年（1864）四月初五日吴国囗借铜币2000文，"周年作利三百五十文"④，年利率为17.5%。光绪十三年（1887）十二月十五日叶惠亭、叶焕亭兄弟借铜币40000文，"其钱每千每年认利一分行息"⑤，即年利率10%。宣统二年（1910）十月十六日张宗芳借到谢玉卿单毫银560元，"其金银言定每百毫照月加叁行利"⑥，月利率为3%。

总之，无论每两照月加X分、每百毫照月加X毫、每千文照月加X文，其表述方法有异，是针对不同的币种而言，其实质均为利率，都可换成月利率X%。同理，年利率表述不同，如每千每年加X行息，或每两每年加X行息，亦可换成年利率X%。

（3）借钱还钱，以禾谷等还利

清水江流域民间借贷中，村民出于对粮食的重视，且用来支付的粮食一般为禾谷，另有苞谷。钱主常用禾谷作为支付利息的方式。不论所借贷之介质是钱、银，利息都用禾谷来支付。这既是一种习惯，关键是禾谷不受银钱

---

① 李斌主编，凯里学院、黎平县档案馆编：《贵州清水江文书·黎平文书》（第二辑），第35册，贵州民族出版社2019年版，第230页。

② 李斌主编，凯里学院、黎平县档案馆编：《贵州清水江文书·黎平文书》（第三辑），第54册，贵州民族出版社2020年版，第270页。

③ 李斌主编，凯里学院、黎平县档案馆编：《贵州清水江文书·黎平文书》（第三辑），第52册，贵州民族出版社2020年版，第250页。

④ 李斌主编，凯里学院、黎平县档案馆编：《贵州清水江文书·黎平文书》（第二辑），第43册，贵州民族出版社2019年版，第118页。

⑤ 贵州省档案馆、黔东南州档案馆、三穗县档案馆合编：《贵州清水江文书·三穗卷》（第一辑），第4册，贵州人民出版社2018年版，第188页。

⑥ 李斌主编，凯里学院、黎平县档案馆编：《贵州清水江文书·黎平文书》，第16册，贵州民族出版社2017年版，第121页。

比价的影响，禾谷亦因此被誉为硬通货。反过来说，禾谷是利息，借入人则需用所借之货币偿还本钱，用禾谷偿还利息。

用禾谷支付利息，是清水江流域民间借贷的特色，但是这妨碍了利率的换算，所以只能从本钱数量与禾谷利息的数量参数大致得出禾谷付息的利率标准。

第一，所借贷的钱，每年一共支付 X 利禾或利谷。比如嘉庆八年（1803）十一月二十九日李明斋、李德一等借色银 19 两和银 32 两，每年利息为谷 4.5 石①，合 450 斤，大约每两每年 14 斤谷，即 14 斤/银两。按所借钱总量约定支付利息禾谷的数量标准不一，差异很大。道光十九年（1839）七月十八日姜述宋借石正邦银 1 两，"言定共却禾九十斤天秤，每岁归清"，即每年交利谷 90 斤。本银与利谷的比值 90 斤/两，比前者大得多。再如《石老国、石士贤借银单（道光二十二年四月初七日）》：

> 道光二十二年四月初七日，平途寨石老国自己向到本寨欧老潘灏名下实借过纹银乙两五两整，每年当脚禾三十斤，道光二十二年四月初七日，本寨石士贤自己向到本寨欧老灏名下实借过纹银二两整，每年当脚禾四十斤。二人自愿出岭额田作典。②

本借银单中，本钱与利谷之比分别为 21 斤/两、20 斤/两，同一宗借约中的利率标准大致相同。

同治七年（1868）二月三日丁富借到杨通仁铜币 5000 文，"其钱言定每年干赁净谷壹石"③，每年支付干净谷 1 石的利息，如果折算成每年 X 斤，大约为每千文每年 20 斤。光绪十一年（1885）十二月初四日杨正□、杨正才、

---

① 贵州省档案馆、黔东南州档案馆、岑巩县档案馆合编：《贵州清水江文书·岑巩卷》（第一辑），第 4 册，贵州人民出版社 2019 年版，第 191 页。

② 李斌主编，凯里学院、黎平县档案馆编：《贵州清水江文书·黎平文书》（第二辑），第 26 册，贵州民族出版社 2019 年版，第 115 页。

③ 贵州省档案馆、黔东南州档案馆、岑巩县档案馆合编：《贵州清水江文书·岑巩卷》（第一辑），第 4 册，贵州人民出版社 2019 年版，第 131 页。

杨正玉借到杨正清银 5.5 两，"每年称脚谷五十斤"①，即每年支付利谷 50 斤。以上诸例表明，不论所借的钱数量多少，按年支付一定数量禾谷作为利息，是清水江流域民间借贷借钱还钱、以禾谷作息的一种较常见方式。

第二，介质为银两时，利息为每两（每年）称脚禾谷 X 斤。一般未说明，视为年利率，如《吴安傲借字约（道光六年三月初八日）》：

> 立借字约人传洞吴安傲，为因缺少用费无出，自己请中问到白团吴应书、家魁二人名下，实借过本银叁两四钱一分整，亲手收回应用，其银言定每两作利谷一秤，不得斤两短少，如有斤□□少，自愿将田乙丘汤作当六把禾田，言定每两利谷一秤。立此典字为据。
>
> 吴应书　本利
>
> 收足　　亲笔立
>
> 笔中　吴士宏

道光六年三月初八日立借约②

吴安傲借到银 3.41 两，按"每两作利谷一秤"付息，即每两每年利谷 60 斤。道光七年六月初六日杨老剪借到吴杨老等银 54 两，"言定每两十月称脚禾十斤"③，每两 10 斤。另如道光二十四年（1844）十二月初一日石发应借银 4.7 两，每两利禾 15 斤④。咸丰元年（1861）七月初九日杨□培借到吴学亮银 2 两，按年支付谷利 20 斤，"每两周年谷利贰拾斤"⑤。光绪十九年（1893）十二月二十三日龙仁寿借到熊永贵银 4.31 两，"美（每）两上六斗利谷，限

① 李斌主编，凯里学院、黎平县档案馆编：《贵州清水江文书·黎平文书》（第二辑），第 23 册，贵州民族出版社 2019 年版，第 134 页。

② 李斌主编，凯里学院、黎平县档案馆编：《贵州清水江文书·黎平文书》（第二辑），第 43 册，贵州民族出版社 2019 年版，第 25 页。

③ 李斌主编，凯里学院、黎平县档案馆编：《贵州清水江文书·黎平文书》（第二辑），第 25 册，贵州民族出版社 2019 年版，第 7 页。

④ 李斌主编，凯里学院、黎平县档案馆编：《贵州清水江文书·黎平文书》（第一辑），第 5 册，贵州民族出版社 2017 年版，第 103 页。

⑤ 李斌主编，凯里学院、黎平县档案馆编：《贵州清水江文书·黎平文书》（第二辑），第 35 册，贵州民族出版社 2019 年版，第 310 页。

在九冬十月归还"①，按每两每年利谷 60 斤算息。

货币借贷为银两时，出贷人较多地按每两 30 至 40 斤禾谷的标准收取利息。"个别融通直接借贷。这种相互借贷，形式多种，有借钱还钱、借物还物、借粮还粮；也有借物、借粮还钱，借钱还粮、还物，借杂粮还主粮，借毛谷还净谷小还有借钞票还银圆等形式。"② 总体上看，借贷银两时，无论信用借贷还是抵押借贷，月利率大致为每两禾谷 10 至 60 斤范围，以每两每月利息禾谷 30 斤为常态。年利率大致为每两 20 至 60 斤不等。用禾谷支付利息的额度起伏较大。

第三，介质为铜币时，按每千文每年称脚禾、谷、苞谷 X 斤付利息。有时未提及"每年"，又未提及"每月"，一般视为年利息，或者在双方约定的期限内利率，如《吴士成借字（道光二十年二月初八日）》：

> 立借字人传洞吴士成，为因缺少费用无出，自己请中问到，□
> 于房名下借膏火本铜钱乙千整，入手收回应用。其钱言定每千作利
> 三十六斤广秤，限至两年为本利，为期不得斤用短少。如有短少，
> 自愿将己母田贰丘约□□□□作信。今欲有凭，立此借字为据。
>
> > 凭中　吴雍银
> >
> > 亲笔立
>
> 道光二十年二月初八日　立□③

本契约中，吴无成借铜币 1000 文，利率为每千文利谷 36 斤。咸丰二年（1852）三月二十六日吴士诚所借之铜币 3300 文，期限半年，"每仟文作利谷壹秤"④，利率为每千文利谷 60 斤。这与前一例的利率相差较大。宣统三年

---

① 贵州省档案馆、黔东南州档案馆、剑河县档案馆合编：《贵州清水江文书·剑河卷》（第一辑），第 5 册，贵州人民出版社 2018 年版，第 294 页。

② 三穗县志编纂委员会编：《三穗县志》，民族出版社 1994 年版，第 487 页。

③ 李斌主编，凯里学院、黎平县档案馆编：《贵州清水江文书·黎平文书》（第二辑），第 43 册，贵州民族出版社 2019 年版，第 42 页。

④ 李斌主编，凯里学院、黎平县档案馆编：《贵州清水江文书·黎平文书》（第二辑），第 43 册，贵州民族出版社 2019 年版，第 92 页。

(1911) 四月十四日冉崇高弟兄借到姚绍基铜币 30 封（30000 文），"议定每封任苞谷利六升，共算一石八斗"，① 用苞谷作为利息，每千文苞谷 6 升。

借贷货币为铜币时，每仟每月支付禾谷大致介于 10—60 斤范围。按年计算利息时，每千文每年支付禾谷有 20 斤、25 斤、30 斤、60 斤不等，其中每千文每年支付禾谷 30 斤是较多的方式。这高于清代贵州省道真县同类借贷利率。道真县清代借铜币时，利率为每千文每年禾谷 10 斤至 50 斤，以每千文每年付谷子、苞谷各 10 斤居多。②

第四，借钱还钱，禾谷作利，但本钱是经济作物按市价核算。这是比较特殊的付钱方式，钱主要求借入人用双方约定的作物变卖后归还本钱，如《杨士彬借字（咸丰二年四月二十日）》：

> 立借字人空峒寨杨士彬，为因缺□，向许清名下实借过本铜钱
> 贰千七百八十文，入手收用。其钱言定每千至秋收之日称租谷叁拾
> 斤，本钱限至冬月，将茶子照市折钱归清，不得短少。如有短少，
> 自愿将本名事业变卖赔还。恐口无凭，立此借字为据。
>
> 凭中　杨文俊、杨春锦
>
> 咸丰贰年四月二十日　亲笔　立③

杨士彬所借的铜币 2780 文，到秋收时，契约中说"每千至秋收之日称租谷叁拾斤"，实为每千文每年付利谷 30 斤，本钱则用茶子按照市场价格折算归还，即本钱、利息都用物而非钱来偿还。咸丰二年（1852）四月二十日吴廷祥借到许清铜币 11700 文，按每千每年谷 30 斤付息，本钱同样将茶子折成

---

① 贵州省档案馆、黔东南州档案馆、岑巩县档案馆合编：《贵州清水江文书·岑巩卷》（第一辑），第 2 册，贵州人民出版社 2019 年版，第 166 页。

② 根据汪文学编校《道真契约文书汇编》，中央编译出版社 2015 年版，第 104、164、196、201、202、213、215、255、274、301、359 页资料整理而得。

③ 李斌主编，凯里学院、黎平县档案馆编：《贵州清水江文书·黎平文书》（第二辑），第 49 册，贵州民族出版社 2019 年版，第 54 页。

市场价支付。[1] 这两例说明，钱主要求借入人用经济作物作为通货，可能考虑货币不稳定而蒙受损失。

另有借入人与出贷人双方约定，当借入人未能按期偿还本钱时，才按照某种利率支付利息，如道光十五年（1835）六月初六日□□晚借到谢包楼银2.3两，约定当年八月之内归还，如果违约，则收取利息，每两收禾30稇。[2]如借入人未违约，则无利息可言。这种利率相当于钱主对信用借贷添加了限期偿还条件，以保证出贷之钱能够回收。

2. 民国货币借贷利率

民国清水江流域民间借贷利息收取有三种方式：按天计息、按月计息和按年计息。

（1）民国货币借贷总体利率

表 5-2　民国清水江流域民间货币借贷利率表

利率描述	锦屏	天柱	黎平	剑河	三穗	岑巩	合计（份）
日加三三			1				1
月加二			1			1	2
月加二五		1	11		13	6	31
月加三	18	26	133	4	8	2	190
月加四	2	9	4	1			16
月加五	2	7	3		1		13
月加八			1				1
月加九			1				1

---

① 李斌主编，凯里学院、黎平县档案馆编：《贵州清水江文书·黎平文书》（第二辑），第46册，贵州民族出版社2019年版，第353页。

② 贵州省档案馆、黔东南州档案馆、剑河县档案馆合编：《贵州清水江文书·剑河卷》（第一辑），第1册，贵州人民出版社2018年版，第194页。

利率描述	锦屏	天柱	黎平	剑河	三穗	岑巩	合计（份）
月加十			4				4
月加十六			2				2
年加二			1				1
年加二三			1				1
年加三五			1				1
年加四	1		1		1		3
年加五			1		2		3
合计（份）	23	43	166	5	25	9	271
月利率（%）	3.14	3.52	3.39	3.2	2.92	2.78	3.24

由表5-2可知，民国时期清水江流域民间货币借贷利率的总体情况。按日计息1份，每天利率为3.33%，换成月利率为100%，即大加一，实际只借贷3天。按月付息的标准从月加二五（2.5%）到月加十六（16%）。在这些利率中，月加三（3%）计息有190份，占70.11%，超过七成，是为利率常态。月加二五有31份，占11.44%。月加四有16份，占5.9%。按月计息共261份，占96.31%。这表明该流域民国时期民间借贷绝大部分采用按月计息。

按年付息的利率从年加二（20%）到年加十一（110%）。年利率从10%到110%不等，共9份，占3.69%。仅有7份年利率高于36%，占2.58%。年利率交易的文书很少。最低为年利率10%，换成月利率为0.083%，最高为110%，对应月利率为（9.17%）。

高利率占一定比例，接近二成。货币借贷中，月利率高于3%、年利率高于36%，共44份，占16.24%。月利率低于3%、年利率低于36%，共36份，占13.28%。

用求加权平均数的方法得到各县的平均月利率，锦屏为3.14%，天柱为3.52%，黎平为3.39%，剑河为3.2%，三穗为2.92%，岑巩为2.78%，其中天柱 3. 52%最高，岑巩 2. 78%最低，平均月利率为 3. 24%，高出清代 2. 86%即 0. 38 个百分点。民国清水江流域民间借贷利率总特征逐渐增高，借钱还钱，以钱付息仍然是清水江流域民间借贷的主要方式。

（2）借钱还钱，以钱作利的民间借贷利率

第一，民国时期清水江流域民间借贷利率仍以月利率 3%为主。文书例证如民国二年（1913）二月十二日杨起栋借银 3. 48 两，"每两照月加三行息"①，即月利率 3%。又如《吴永耽借字约（民国八年五月二十四日）》：

> 立借字人堂苟寨吴永耽，为因木植生理缺少银用无出，自己上门问到江边寨吴老欠名下实借兄银二十九两整，入手收回应用。其银言定每两照月加三行利，不俱（拘）远近本利归清。立此借字为据。

> 亲笔

中华民国己未年五月二十四日　立②

吴永耽借到吴老欠银 29 两，每两按月加三行息，即利率 3%。民国十年（1921）五月二十六日杨甫彦借周道福铜币 2600 文，"每仟照月加三行息"③，即月利率 3%。同年六月初一日石梯荣借到石培东银圆 13 元，折合元银 9. 37 两（72 折），"每两照月加三"④，即按银两月利率 3%付息，等等。

同一宗借贷交易中，借银和铜币皆有，只提及一种利率标准。民国十三年（1924）六月十三日杨再贵借到王炳智足宝银 2. 24 两和铜币 20000 文，"其

①　李斌主编，凯里学院、黎平县档案馆编：《贵州清水江文书·黎平文书》（第一辑），第 1 册，贵州民族出版社 2017 年版，第 166 页。

②　李斌主编，凯里学院、黎平县档案馆编：《贵州清水江文书·黎平文书》（第三辑），第 60 册，贵州民族出版社 2020 年版，第 147 页。

③　李斌主编，凯里学院、黎平县档案馆编：《贵州清水江文书·黎平文书》（第一辑），第 1 册，贵州民族出版社 2017 年版，第 178 页。

④　李斌主编，凯里学院、黎平县档案馆编：《贵州清水江文书·黎平文书》（第一辑），第 14 册，贵州民族出版社 2017 年版，第 354 页。

钱自借之后，任凭钱主每千文照月加三行利"[①]，铜币月利率为 3%，银两未说明利率。

第二，民国清水江流域民间借贷月利率存在高于和低于 3% 的情形。

清水江流域的借贷有无息和有息两种情形。"无息与有息借贷。无息借贷者，多为亲朋好友之间的短拨接济，互遵口头信用，无须立字面押。有息借贷者，一般须立字为据，并有中间人见证或担保。借贷期限，少则一至三月，长则半年、一年，超过一年以上者极少。其利率按借贷对象的不同而有所不同，一般为'钱加三、谷加五、银子加二五'，即月息 3% 至 5% 亦有高达 10% 至 20%。期长者按年利率收息，一般年息为 50%，高的达 100%。还有将利息变本金一起计息的俗称'马打滚'，即到期不能偿还本息者，利上加利。"[②] 这些利率在借贷契约文书中得到验证。

借贷月利率高于 3% 者，如《账单（民国四年十一月十六日）》所示：

民国乙卯年十一月十六日

石昌荣兄借去本银贰两六钱五分，又去玉石嘴一个价，银一两六钱八分，二共该本银四两叁钱三分，从借去之久，共合四拾贰个月零□日，共该利银伍两五钱九钱，九分息，共该本利银九两九钱二分。

外有借去禾壹百八十八斤，戊午年未有利禾。[③]

石昌荣所借到的本银 4.03 两，借了 42 个月，利息银 5.05 两，月利率 9%，习惯上称为月九分或月加九，属于高利贷。利率高低的关键在于借入人和出贷人（钱主）双方的约定，与借入人的急需资金程度以及钱主的条件亦有关联。

---

① 李斌主编，凯里学院、黎平县档案馆编：《贵州清水江文书·黎平文书》（第二辑），第 23 册，民族出版社 2019 年版，第 376 页。

② 三穗县志编纂委员会编：《三穗县志》，民族出版社 1994 年版，第 487 页。

③ 李斌主编，凯里学院、黎平县档案馆编：《贵州清水江文书·黎平文书》（第一辑），第 4 册，贵州民族出版社 2017 年版，第 157 页。

另有照月加四、加五等利率，如民国九年（1920）姜登廷借到姜永乡足银 1.2 两①，按每月 5% 的利率付息。民国三十五年（1946）四月二十八日龙远臣借到刘荣祥钞 1 万元，按年利率 5% 支付利息，同年又借钞 1 万元，"每年加伍行息"②，年利率同前。

月利率略高于 3% 的借贷，如两份单据所示。《账单（民国六年四月十二日至九月初九日）》所示：

> 丁巳四月十二日　　　　　　　　合廿九个月
>
> 石廷荣兄　借去足艮（银）八钱八分，该利艮（银）七钱六分
>
> 四厘
>
> 九月初九日
>
> 去足艮（银）乙两〇八分，廿四个月该利八钱。③

这个账单的月利率分别为 2.7% 和 3.3%，后一利率高于 3%。再如《郎绍原还账字（民国十三年八月初二日）》所示：

> 立还账字人郎绍原，为因癸亥年十月十三日所借四大家会上共
>
> 钱，借去本钱捌千文正（整），至甲子年八月初二日来还，共合本息
>
> 钱拾千四百文正（整），即日还来光洋四圆，每圆贰千陆百文，此所
>
> 收是实。……④

从本账单可知，民国甲子年（1924）光洋 1 元抵铜币 2600 文，则银 1 两值铜币 3467 文。计息 9.5 月，利息 2400 文，2400/9.5/8000＝3.16%，即月利率 3.16%，高于通行月利率 3%。

---

① 陈金全、杜万华主编：《贵州文斗寨苗族契约法律文书汇编——姜元泽家藏契约文书》，人民出版社 2008 年版，第 529 页。

② 贵州省档案馆、黔东南州档案馆、三穗县档案馆合编：《贵州清水江文书·三穗卷》（第三辑），第 3 册，贵州人民出版社 2019 年版，第 54 页。

③ 李斌主编，凯里学院、黎平县档案馆编：《贵州清水江文·书黎平文书》（第一辑），第 10 册，贵州民族出版社 2017 年版，第 144 页。

④ 李斌主编，凯里学院、黎平县档案馆编：《贵州清水江文书·黎平文书》（第一辑），第 18 册，贵州民族出版社 2017 年版，第 301 页。

民间借贷月利率低于3%者，如民国元年（1912）十一月二十二日刘子龙借到杨昌贵等钱4000文，"钱利月行二五"①，每月利率2.5%。民国三年（1914）三月二十五日张承书借钱姚复珍铜币23000文，"每千每年每月加二五行息"②，月利率亦为2.5%。民国十年（1921）十一月十四日杨长清父子借到杨晚娘母子铜币30000文，"每阡（仟）每年每月加贰行息"③，即按2%的月利率支付利息。民国三十六年（1947）二月二十二日周国华借到吴德海钞洋10万元，每年干任息钞洋10万元，限期1年④，约定年利率为100%，但实际上，法币贬值快，本钱10元折银9.033两，1年到期，利息法币10元只值银0.42两，由此，实际年利率为4.65%，换成月利率为0.39%，所以这种利率属于虚高利率。也正是因为法币贬值太快，民国后期清水江流域村民才更普遍地选择用粮食支付利息，以及本利皆用银两、银圆、毫银和铜币。

整体而言，月利率有高于和低于3%的情形，但这些利率的交易数量不足三成，因而不是清水江流域民间借贷利率的主流利率。

（3）借钱还钱，用禾谷、米还利

借钱还钱，用禾谷作利是清水江流域的特色，然无其相应利率标准可言。各时期、各地域差异较大，特别是民国时期这种变化更复杂。只能大致获得村民用禾谷支付利息的数量与所借本钱之间的一定关系，但不成为一种规定或习惯。支付禾谷利息多寡取决于钱主和借入人之间的关系和约定，因时因地皆处于变化之中。为此，所求得的禾谷利息量与本钱之间关系，基本规律就是本钱越大，则禾谷利息越大，二者成正比例关系。

---

① 贵州省档案馆、黔东南州档案馆、三穗县档案馆合编：《贵州清水江文书·三穗卷》（第一辑），第4册，贵州人民出版社2018年版，第65页。
② 贵州省档案馆、黔东南州档案馆、岑巩县档案馆合编：《贵州清水江文书·岑巩卷》（第一辑），第2册，贵州人民出版社2019年版，第186页。
③ 贵州省档案馆、黔东南州档案馆、岑巩县档案馆合编：《贵州清水江文书·岑巩卷》（第一辑），第4册，贵州人民出版社2019年版，第255页。
④ 贵州省档案馆、黔东南州档案馆、岑巩县档案馆合编：《贵州清水江文书·岑巩卷》（第一辑），第4册，贵州人民出版社2019年版，第270页。

第一，借贷的货币为银两、毫银、银圆时，用禾谷作利的数量不一，起伏较大。大致年利率为每两/每元利谷 30—70 斤。"1925 年前后，逐渐有货币（铜币、银两）借贷了，但利息大多数仍以稻谷计算，每元每年（实际不止一年）利谷 30—50 斤（24 两为 1 斤的大秤，下同）。"① 如民国元年（1912）七月初四日吴廷富借到吴邦臣足银 8.4 两，利息为每两每年利息谷 70 斤。"如有短少，廷富自愿将本名告裸田一丘，约禾二十把作抵。"② 民国四年（1915）五月初十日石昌岳借到吴正元银 2 两，每两作利谷 25 斤③，等等。

借毫银亦用禾谷作利息，如民国十二年六月初三日吴正辉借到吴时机洋银 40 毫，"每毛利谷三斤"④，毫与角相通，即每毫利谷 3 斤。按银 1 两等于 13.793 毫银计算，相当于每两银支付利谷 41 斤。民国二十六年（1937）二月二十五日杨忠灵借到杨老庆大洋 2 元⑤，按每元支付利谷 60 斤计息，属于高利率。

借贷银两、银圆和毫银，用禾谷支付利息时，大体上有规律可循，即月利率，每元/每两禾谷 30 斤占多数，范围为每元/每两 10 斤至 60 斤。年利率，每年每毫 1 斤至 3 斤，每 100 毫利禾谷 50 斤至 100 斤。

第二，借贷的货币为铜币时，使用禾谷支付利息，禾谷数量参差不齐。民国三年（1914）二月二十六日吴廷献、吴有德叔侄借到吴廷泮等铜币 2000文，每千文付利息谷 5 斗。⑥ 民国七年（1918）六月十日吴玉和借铜币 20060

① 《民族问题五种丛书》贵州省编辑组、《中国少数民族社会历史调查资料丛刊》修订编辑委员会编：《苗族社会历史调查》（一）（修订本），民族出版社 2009 年版，第 60 页。
② 李斌主编，凯里学院、黎平县档案馆编：《贵州清水江文书·黎平文书》（第二辑），第 41册，贵州民族出版社 2019 年版，第 335 页。
③ 李斌主编，凯里学院、黎平县档案馆编：《贵州清水江文书·黎平文书》（第二辑），第 42册，贵州民族出版社 2019 年版，第 125 页。
④ 李斌主编，凯里学院、黎平县档案馆编：《贵州清水江文书·黎平文书》（第二辑），第 41册，贵州民族出版社 2019 年版，第 188 页。
⑤ 李斌主编，凯里学院、黎平县档案馆编：《贵州清水江文书·黎平文书》（第二辑），第 27册，贵州民族出版社 2019 年版，第 326 页。
⑥ 李斌主编，凯里学院、黎平县档案馆编：《贵州清水江文书·黎平文书》（第二辑），第 30册，贵州民族出版社 2019 年版，第 65 页。

文，每千当利谷 16 斤。[①] 民国十年（1921）五月二十八日吴太明借到吴怀常铜币 16000 文，每千每年利谷 20 斤。[②] 具体契约文书，见《吴利生借字约（民国十六年八月二十六日）》：

> 立借字约人本寨吴利生，为因缺少正用无出，自愿将田作抵地
> 名领得田一丘禾□，三不请中问到出抵与本寨吴永仁名下，实借过
> 铜钱拾伍千文正（整），亲手收回应用。其钱言定每仟每年秤（称）
> 租拾斤，一共合一百五十斤，以后不得翻悔，照字作息。恐口无凭，
> 立此借字为据。
>
> > 中笔　吴永盛
>
> 民国拾陆年岁次丁卯八月二十六日　立[③]

本契约中，吴利生借到铜币 15000 文，每千每年支付利谷 10 斤，这是较低的利率。

偶有使用大米支付利息的。铜币每千文支付的大米数量不相同，如民国二年（1913）三月七日张文彬立借钱字张文彬借到伍发昌铜币 2000 文，采用年利率，每年每千铜币支付米 7 斤。"若有本利不青（清），自愿将自己本名之业干冲长田榜过压长田乙丘抵，任从伍姓上田耕种。"[④] 民国九年（1920）五月四日朱恩福借到吴桂秀铜币 4000 文，"其利息每年每仟干认白米六升"[⑤]，每千文年利息米 6 斤。用米支付利息，在清水江流域民间借贷交易中极少，原因是米不及禾谷储藏的时间长，不宜充当硬通货。

---

① 李斌主编，凯里学院、黎平县档案馆编：《贵州清水江文书·黎平文书》（第二辑），第 37 册，贵州民族出版社 2019 年版，第 391 页。

② 李斌主编，凯里学院、黎平县档案馆编：《贵州清水江文书·黎平文书》（第二辑），第 41 册，贵州民族出版社 2019 年版，第 184 页。

③ 李斌主编，凯里学院、黎平县档案馆编：《贵州清水江文书·黎平文书》（第三辑），第 60 册，贵州民族出版社 2020 年版，第 299 页。

④ 贵州省档案馆、黔东南州档案馆、岑巩县档案馆合编：《贵州清水江文书·岑巩卷》（第一辑），第 4 册，贵州人民出版社 2019 年版，第 23 页。

⑤ 贵州省档案馆、黔东南州档案馆、岑巩县档案馆合编：《贵州清水江文书·岑巩卷》（第一辑），第 4 册，贵州人民出版社 2019 年版，第 56 页。

借贷铜币，用禾谷支付利息时，大体规律是：月利率，每千文每月当利谷3斤至30斤。年利率，每千文每年利谷5斤到80斤。民国时期，贵州省道真县借铜币还铜币，用苞谷、谷子偿还利息时，每千文每年支付苞谷、谷子大约在1斤至16斤之间，这其中多数为抵押借贷①，其利率低于清水江流域。

第三，同一宗交易中，借贷的货币不同，禾谷作利的数额不相同，如《滚酒哩借字（民国三年九月三十日）》：

> 立借字人高永大寨滚酒哩，为因费用自己借到同关寨吴大生名下，铜钱六仟贰百文整，其家言定每仟禾利三十斤，又纹银一两七钱五分整，每两禾利四十斤，二此心平意愿。恐后无凭，立此借字为据
>
> 凭中滚松洒，代笔士华
>
> 中华民国三年九月卅日　立②

本契约中，滚酒哩借到吴大生铜币6200文，每千文付利禾30斤；又借到银1.75两，每两支付禾利40斤。若按每两银折合铜币2000文计算，该份契约中，铜币2000文应付利禾60斤，大于银两的利息。换言之，借贷的货币种类不同，用禾谷计息的标准则不同。按约定俗成同类币种利息支付即可，一般不作折算。所借币种不同，禾谷付利息的标准各异。

3. 清至民国货币借贷利率规律

民国时期与清代相比，结合表5-1和表5-2，清水江流域的民间借贷具有相同点：

一是计息方式，都以按月付利息为主，分别占89.89%和95.94%，都超

---

① 根据汪文学编校《道真契约文书汇编》，中央编译出版社2015年版，第390、393、394、395、399、418、420、430、451、485页资料整理而得。

② 李斌主编，凯里学院、黎平县档案馆编：《贵州清水江文书·黎平文书》（第三辑），第58册，贵州民族出版社2020年版，第103页。

过八成；按年计算利息为辅。二是都以月利率 3% 为主，分别为 65.57% 和 70.11%，都超过六成，这充分说明，清至民国清水江流民间借贷利率以 3% 为常态；借钱还钱，以钱付息是清水江流域民间借贷的主要方式。

月利率区别：

一是民国月利率低于 3% 的交易比例仅一成多，而清代接近三成；民国月利率高于 3% 超过一成半，比清代几乎多一成。高月利率偏多。清代月利率低于 3%，共 103 份，占 28.14%，月利率高于 3%，共 23 份，占 6.29%。民国月利率低于 3%，共 36 份，占 13.28%，月利率高于 3% 共 44 份，占 16.24%。换言之，民国月利率超过 3% 的比例大于清代。

二是该流域民国时期平均月利率高于清代，高 0.38 个百分点。清代平均月利率为 2.86%，民国时期平均月利率为 3.24%。利率呈增长态势的有 4 个县。锦屏由 3.01% 增到 3.14%。天柱由 2.83% 增到 3.52%，黎平由 2.79% 增到 3.39%，三穗由 2.27% 增到 2.92%。利率下降有 2 县，剑河由 3.61% 降到 3.2%，岑巩由 2.8% 降到 2.78%。

三是民国时期出现按日计息的民间借贷。

四是借钱还钱，以禾谷作利息时，无论银两、银圆、毫银、铜币，民国时期比清代的利率更复杂多变，利率（月利率与年利率）支付的禾谷在 1 斤到 100 斤范围内波动。以银 1 两、银圆 1 元、毫银 100 毫、铜币 1000 文四种单位论，月利息支付的禾谷大约在 10 斤至 100 斤范围内。

整体而言，清至民国清水江流域的民间货币借贷利率围绕月利率 3% 运行并逐渐上升，村民更多地趋向月利率，低利率借贷有所减少。

（二）粮食借贷利率

由于清水江流域社会经济比较落后，民间除了货币借贷外，还有粮食（主要是大米、稻谷）借贷。作为生活资料的粮食，村民在借贷时同样支付一定的利息。

1. 清代粮食借贷利率

清代清水江流域粮食借贷利率是一个复杂的问题，有零利息、月利率和年利率三种情况。清水江流域禾谷利率流行一句话，即"谷加五"。所谓"谷加五"，"多指农村借粮还粮，秋前借100斤稻谷，秋后还本息150斤，也有还200斤的。到期不归还应取得债主允诺后本息相加，利上加利，重立字据延至下年，借钱还粮者，均在借贷时议定，其粮价一般低于市价20%左右，折算成粮食数量立据，其利息名为加五，实则更高"。① 契约文书中写作加三，未说明是月利率的，一般情况指年利率30%。

（1）零利率

零利率有两种情况，一是借贷方所借粮食在契约中未约定利率，如《光绪十年一月二十四日王昌受借谷字》：

> 立借字人王昌受，今因家下缺少粮食，上门问到谢寨谢老林名下，承借本谷叁百斤整，其谷不限远，定归还，不得有误，恐后［无］凭，立有借字为据。
>
> 代笔　王秀福
>
> 光绪丁申年五月廿四日　立借②

本契约中王昌受借谢老林谷300斤，无利息，亦无期限，属于零利率借贷。

二是粮食借贷无利息时，较多地附加抵押物作为条件。咸丰元年（1851）一月二十日姜开良兄弟借到茶油袁有华父子80斤，无利息，但有担保人陈申一、范秉山，另有油榨房一座并屋基地的四分之一股份作抵押。③ 咸丰八年

---

① 三穗县志编纂委员会编：《三穗县志》，民族出版社1994年版，第487页。

② 贵州省档案馆、黔东南州档案馆、剑河县档案馆合编：《贵州清水江文书·剑河卷》（第一辑），第1册，贵州人民出版社2018年版，第216页。

③ 张应强、王宗勋主编：《清水江文书》（第一辑），第11册，广西师范大学出版社2007年版，第169页。

（1858）十二月二十三日石礼和以收禾 30 把（约 3.13 亩）的田作为抵押，借到石起彩、石学仁禾 2500 斤①，无期限，但须归还，否则抵押物将被禾主管业。光绪十九年（1893）四月十三日杨昌德以河木 60 株作为抵押，借到石华彩、杨盛世谷子 150 斤，每斤钱 12 文，限期三个月，约定河木出售后用银两偿还。② 若违约，则按钱每千照月加三支付利息，即谷价铜币 1800 文，月利率 3% 照算利息。宣统二年（1910）七月十一日姜金培借到义仓之谷 100 斤，无利息，但必须在当年秋收时偿还，否则其收谷 1 石之田将被众人耕种。③ 这些例证表明，无利息的粮食借贷常有抵押物作为附加条件。

（2）月利率

月利率的数量，有照月加三、加五行利等情形，即每月利率分别为 3%、5%，如《杨玉太借字约（道光二十年七月初九日）》：

> 今借字约人高场寨杨玉太，为因缺少口粮无出，自愿将祖地大名□、大路田二丘，约禾六把作当，问到下高场吴学亮名下，实借过谷子廿拾炎（石），价色银乙拾捌两乙钱二分整，亲手收回应用。
>
> 外奇（其）自借之后，任从借主每两照月加二行利，日后不得意（异）言。如有异言，恐后无凭，立此借字为据。
>
> 又谷半炎（石），价艮（银）四钱五分整。
>
> 亲笔　凭中　国治
>
> 道光廿年七月初九日　立借字④

杨玉太借到吴学亮谷 20 石，折合色银 18.1 两，此谷未行谷利，而是用银

① 李斌主编，凯里学院、黎平县档案馆编：《贵州清水江文书·黎平文书》（第二辑），第 34 册，贵州民族出版社 2019 年版，第 113 页。

② 李斌主编，凯里学院、黎平县档案馆编：《贵州清水江文书·黎平文书》（第一辑），第 1 册，贵州民族出版社 2017 年版，第 134 页。

③ 张应强、王宗勋主编：《清水江文书》（第三辑），第 6 册，广西师范大学出版社 2011 年版，第 485 页。

④ 李斌主编，凯里学院、黎平县档案馆编：《贵州清水江文书·黎平文书》（第二辑），第 35 册，贵州民族出版社 2019 年版，第 246 页。

两支付利息，每两月利率2%。光绪十九年（1893）四月十三日杨昌德借到石华彩、杨盛世谷150斤，折钱1800文，若三个月内不归还，则按月利率3%支付利息[①]，但清代清水江流域粮食借贷较少地使用月利率，通常采用年利率核算利息。

（3）年利率

年利率一般为每年加X行息、每年利禾谷X斤、逐年利禾谷X斤、对年一本一利等。借贷契约中未说明按月或按年计算的，一般指年利率。这与货币借贷利率有相同。

年利率的变通做法，一般上半年，无论二月或五六月借贷，到下半年秋收时本利归还，双方约定的利率通常为年利率，不宜折算成月利率，如道光十八年（1838）五月初三日姜光宗借到姜钟□娘"谷壹石重玖拾斤，限在秋收后之时本利共还壹百捌拾斤，不得有误"。[②] 这里采用年利率100%的计息方法，姜光宗到期还利息谷90斤，与本相同。再如《姜显智借契》：

> 立借字人姜显智，为因家下缺少粮食，自己借到姜绍齐兄谷九十斤，八九月秋收还一百八十斤，不得短少，立此借字是实。
>
> 亲笔
>
> 道光十九年三月十八日　立[③]

姜显智借到姜绍齐谷90斤，半年后归还180斤，利率为100%，同样采用年利率支付利息，而不用月利率，出贷人考虑的是利与本相同的高收益，而不是按月折算，既麻烦，又不便讨价还价。

有的粮食借贷直接执行一年一本一利的利率，如道光元年（1821）三月

①　李斌主编，凯里学院、黎平县档案馆编：《贵州清水江文书·黎平文书》（第一辑），第1册，贵州民族出版社2017年版，第134页。

②　陈金全、杜万华主编：《贵州文斗寨苗族契约法律文书汇编——姜元泽家藏契约文书》，人民出版社2008年版，第341页。

③　陈金全、杜万华主编：《贵州文斗寨苗族契约法律文书汇编——姜元泽家藏契约文书》，人民出版社2008年版，第350页。

初一日马宗荣借姜熊占借禾 300 斤，"每年一本一利"①，年利率为 100%。若未说明是年利率或月利率，常按年利率计息，如加五行利，则为年利率 50%，加六行利，则为年利率 60%。光绪十五年（1889）十二月初九日姜万全借到姜吉主谷 110 斤，"足年加五行利"②，即满一年按 50% 的利率支付谷息，利息谷 55 斤。宣统三年（1911）六月初四日吴凤贤借到吴佩智等谷 160 斤，约定每年利息为谷 40 斤③，年利率为 25%。

年利率的另一种情况，就是上半年借贷禾谷 X 斤，到下半年秋收归还本利禾谷共计 X 斤。这里用总量减去本禾谷之后，可以算出利率。此时的利率仍视为年利率，虽然时间半年或不足半年，但在实际生活中，这两种粮食借贷利率都用年利率，而不按月计息，如道光十八年（1838）三月十八日姜光宗借到姜钟□娘谷 90 斤，到当年秋收时共还 180 斤。④ 同年五月初九日姜显智借到姜绍齐借谷 90 斤，到秋收时还本利共计谷 180 斤。⑤

清代粮食借贷的特点是利率较高，按月或按年计息，不按日计息，超过三个月，一般按年利率支付利息。在目前所见清水江流域 28 份粮食借贷文书中，年利率超过 36% 的有 16 份，占 57.14%；年利率 36% 者计 5 份，占 17.86%；年利率在 36% 及以下者共 7 份。最低为 25%，最高为 100%，平均为 49.36%（见表 5-3）。

整体而论，清代清水江流域的粮食借贷利率主要集中年利率 36%—50% 之间。

---

① 张应强、王宗勋主编：《清水江文书》（第一辑），第 1 册，广西师范大学出版社 2007 年版，第 340 页。

② 张应强、王宗勋主编：《清水江文书》（第一辑），第 10 册，广西师范大学出版社 2007 年版，第 274 页。

③ 李斌主编，凯里学院、黎平县档案馆编：《贵州清水江文书·黎平文书》（第二辑），第 42 册，贵州民族出版社 2019 年版，第 370 页。

④ 陈金全、杜万华主编：《贵州文斗寨苗族契约法律文书汇编——姜元泽家藏契约文书》，人民出版社 2008 年版，第 341 页。

⑤ 陈金全、杜万华主编：《贵州文斗寨苗族契约法律文书汇编——姜元泽家藏契约文书》，人民出版社 2008 年版，第 350 页。

表 5-3　清代清水江流域民间粮食借贷利率表

借入人	出借人	时间	数量	利息表述	年利率	出处
马宗荣	姜占熊	道光元年三月初一日	禾 300 斤	每年一本一利	100%	《清水江文书》一/1/340
姜天生	姜宋保	道光三十年二月二十五日	谷 90 斤	加五	50%	《清水江文书》一/1/360
姜万全	姜吉主	光绪十五年二月初九日	谷 110 斤	足年加五行利	50%	《清水江文书》一/10/274
姜光宗	姜钟	道光十八年五月初三日	谷 90 斤	本利共还 180 斤	100%	《贵州文斗寨苗族契约法律文书汇编》341
姜显智	姜绍齐	道光十九年三月十八日	谷 90 斤	秋收还 180 斤	100%	《贵州文斗寨苗族契约法律文书汇编》350
杨才得	杨海	道光十年三月二十七日	禾 3 秤	每秤加五行息	50%	《黎平文书》49/32
杨玉太	吴学亮	道光二十年七月初九日	谷 20 箩	照月加二	24%	《黎平文书》35/246
赢总发	赢士彦	道光二十六年正月二十七日	禾 170 斤	周年加五行利	50%	《黎平文书》52/254
林廷德	蒋文盛	道光二十六年十二月十八日	禾 30 斤	利禾 30 斤	50%	《黎平文书》47/206
林廷渭	吴士道	咸丰元年正月二十八日	谷 60 斤	加八行利至秋收	80%	《黎平文书》47/213
石又祖	石正邦等	咸丰四年二月廿七日	禾 130 斤	月加三	36%	《黎平文书》6/341
罗兴隆	赢士彦	咸丰七年三月初一日	谷 360 斤	加三行利	30%	《黎平文书》52/272
石礼贵	石学忠	咸丰七年六月二十三日	禾 700 斤	逐年每百斤利禾 30 斤	30%	《黎平文书》34/111
石三名 石金祥	朱吉瑞	同治元年四月二十八日	禾 440 斤	加五行	50%	《黎平文书》10/50
石国忠	石光先	同治七年二月二十八日	禾 200 斤	每百斤利禾 50 斤	50%	《黎平文书》5/227
石洪寅	潘正昌	同治九年十二月二十五日	谷 90 斤	加三行息	30%	《黎平文书》60/43

续表

借入人	出借人	时间	数量	利息表述	年利率	出处
石应连	石国士	光绪九年七月	谷 100 斤	月三行	36%	《黎平文书》34/145
石□果	石国士	光绪九年十二月十二日	禾 250 斤	每两利禾 30 斤	36%	《黎平文书》34/146
唐光□	石国士	光绪十年□月□日	谷 300 斤	每两利禾 30 斤	36%	《黎平卷》34/149
杨法顺	杨光实等	光绪十一年三月初四日	禾 130 斤	逐年分脚禾 50 斤	38%	《黎平文书》1/328
杨成道	吴国久 吴国滨	光绪十二年四月二十一日	谷 400 斤	年 60 斤	15%	《黎平文书》55/82
吴国文	吴国滨	光绪十九年二月二十日	谷 200 斤	加六行利	60%	《黎平文书》5/96
杨昌德	石华彩	光绪十九年四月十三日	谷 150 斤	每千照月加三	36%	《黎平文书》1/134
石安泽	石安义 石国华	光绪二十一年十二月初十日	谷 160 斤	每百加三行利	30%	《黎平文书》34/172
吴凤贤	吴佩智等五人	宣统三年六月初四日	谷 160 斤	每年利息 40 斤	25%	《黎平文书》42/370
杨老增	龙绍发	光绪十八年十月初二日	谷 4.15 石	行利每年加四	40%	《剑河卷》一/5/291
谢三凤等	谢老林等	光绪三十二年二月初八日	谷 217 斤	其谷对本行利	100%	《剑河卷》一/1/219
罗克聪	刘应田	光绪二十二年十二月二十七日	谷 6 箩	每年加五行	50%	《三穗卷》二/6/112

2. 民国粮食借贷利率

民国清水江流域粮食借贷有几种情形。

第一，未计利息。一般而言，无息借贷多在至亲好友之间发生，属于短期接济，相互遵守口头信用，不必订立契约。文书中亦有无息的记载，如民国三十四年（1945）十二月十九日胡启林向本族冬至会借谷 152 斤[①]，无利息。民国三十五年（1946）六月二十七日王清禄借到乡积谷 6 市斗[②]，亦无利息。

无利息借贷多数是抵押借贷，如民国六年（1917）六月九日杨金科典田 5 石，借到杨再和谷 4.2 石[③]，无利息，备原本谷归还即可。民国十年（1921）三月二十一日吴老今以屋地基 1 间作为抵押，借到吴应升谷 8 斗，限当年五月归还。[④] 民国二十一年（1932）三月十五日吴超贵用猪作为抵押，借到吴文圣谷 9 斗[⑤]，若违约，抵押物将被变卖抵谷债。

借入人在某时间内未交纳利息，超过约定期限后，出贷人将按契约中的利率收取粮食利息，如民国五年（1916）三月二十日李永发借到刘应坤谷子 1 石，当年未支付利息，"其钱本年无利，来年每千干任谷利乙斗二升，限至秋收，本利相还不误"[⑥]，第二年支付利谷 0.624 石，年利率为 62.4%。同年三月二十日李什顺借到刘应坤谷子 1.5 石，当年亦未支付利息，第二年每千文交纳利息谷子 0.12 石，第二年应当支付利谷 0.936 石，年利率仍为 62.4%。[⑦]

第二，月利率不常见。清水江流域民国时期粮食借贷很少采用月利率，如《姜显贵借谷押田字（民国二年六月二十七日）》：

> 立借字人本房姜显贵，为因缺少粮食无处得出，自愿借到纯义
> 名下之谷肆佰伍拾肆斤，其谷并无利，只收每担价银壹两陆钱正

---

① 张新民主编：《天柱文书》（第一辑），第 21 册，江苏人民出版社 2014 年版，第 135 页。

② 张应强、王宗勋主编：《清水江文书》（第二辑），第 7 册，广西师范大学出版社 2009 年版，第 184 页。

③ 张新民主编：《天柱文书》（第一辑），第 3 册，江苏人民出版社 2014 年版，第 198 页。

④ 贵州省档案馆、黔东南州档案馆、剑河县档案馆合编：《贵州清水江文书·剑河卷》（第一辑），第 5 册，贵州人民出版社 2018 年版，第 85 页。

⑤ 贵州省档案馆、黔东南州档案馆、剑河县档案馆合编：《贵州清水江文书·剑河卷》（第一辑），第 5 册，贵州人民出版社 2018 年版，第 98 页。

⑥ 贵州省档案馆、黔东南州档案馆、岑巩县档案馆合编：《贵州清水江文书·岑巩卷》（第一辑），第 3 册，贵州人民出版社 2019 年版，第 202 页。

⑦ 贵州省档案馆、黔东南州档案馆、岑巩县档案馆合编：《贵州清水江文书·岑巩卷》（第一辑），第 3 册，贵州人民出版社 2019 年版，第 244 页。

（整），其谷价银每两照月加叁行息。其银本利限至玖月之内归还，不得有误。如有误者，自愿将到培故之田大小贰丘，来换字议价借断字，银主方好上田修理管业。……①

姜显贵借到姜纯义谷 454 斤，每担价银 1.6 两，折成银为 7.264 两，按每月 3% 支付利息。本例属于将谷折算成钱，用钱的月利率计算利息，最后用钱偿还本利。民国九年（1920）十二月十三日姜三志用菜园作为抵押物，借到姜老启谷 100 斤，"照月加六行息，限至辛酉年秋收本利归还"②，月利率 6%。同年姜发保用菜园作抵，借到姜老启谷 100 斤，"照月加六行利，限至明年秋收本利归还"。③ 民国三十一年（1942）十月初三日吴文有用牛的 1 半股份作抵押，借到吴文贤谷 1 石，"照月加五行息"④，每月利率 5%。

以上诸例说明，民国粮食借贷月利率不常见，但利率并不低。

第三，较多采用年利率。契约中一般说明其禾谷加多少行息。不论上半年借，到当年秋收归还，抑或按年计息，都执行年利率，如《石廷辉抵借字（民国十年四月初八日）》：

> 立抵借字人石廷辉，为因口粮缺少，禾用无出自己上门问到，愿将奏内条猪壹只作抵与奉房石朝礼、朝运二人众笃名下，实供过本禾捌拾觔（斤），亲手领收应用。其禾加五行息，限至本年秋收本利归清。如有不归，进榜（圈）牵猪备价归还，不得异言。恐后无凭立此借低□□为据。
>
> 　　　　　　　　　　　　　　代笔　石廷熙

---

① 张应强、王宗勋主编：《清水江文书》（第一辑），第 9 册，广西师范大学出版社 2007 年版，第 306 页。

② 张应强、王宗勋主编：《清水江文书》（第一辑），第 4 册，广西师范大学出版社 2007 年版，第 97 页。

③ 张应强、王宗勋主编：《清水江文书》（第一辑），第 5 册，广西师范大学出版社 2007 年版，第 98 页。

④ 贵州省档案馆、黔东南州档案馆、剑河县档案馆合编：《贵州清水江文书·剑河卷》（第一辑），第 5 册，贵州人民出版社 2018 年版，第 113 页。

民国拾年四月初八日　立借①

石廷辉借到石朝礼、石朝运谷 80 斤，"其禾加五行息"，即按年利率 50% 计谷息，虽然从借谷到当年秋收仅 5 个月。民国十一年（1922）三月十一日赢学标借婶母之禾 350 斤，"加五行息"②，到当年秋收时还，但按年利率 50% 付谷息。民国十三年（1924）二月十八日姜必达借到姜景恩谷 87 斤，"其谷每年加五行息，限至秋收之后归还"，将田 1 丘作为抵押，"内加花边贰元加息"③，即按照年利率 50% 支付谷息，实际借贷时间大约 8 个月。民国二十五年（1936）四月八伍咏卓借龚秀桃谷 3.5 挑，每年利谷加五④，年利率 50%，并用田 1 丘作为抵押物。民国三十年（1941）一月十六日尚恩祥弟兄借到杨昌泽谷 2 老石，按照每年 50% 的利率支付谷息，并将田 1 丘作为抵押。⑤ 违约后，出贷人将耕种抵押物。

粮食利率若未说明月利率，通常是按年利率计息。民国三十一年（1942）七月五日王有林借到本联保积谷 8 斗，约定在当年十月前按加二计息，即按年利率 20% 计息，从借条的批语可知，王有林还了 7.2 斗，下欠 2.2 斗。⑥ 由此可知，此笔借贷利息为 1.4 斗，实际年利率为 18.5%。民国时期清水江流域粮食借贷通常采用年利率。

第四，采用单位数量加息 X 斤，表示成每百斤加禾谷 X 斤，或每百斤加 X 行息。这种方式便于计息，如《杨顺庆借禾字（民国元年六月十三日）》：

----

① 李斌主编，凯里学院、黎平县档案馆编：《贵州清水江文书·黎平文书》（第一辑），第 4 册，贵州民族出版社 2017 年版，第 213 页。

② 李斌主编，凯里学院、黎平县档案馆编：《贵州清水江文书·黎平文书》（第三辑），第 52 册，贵州民族出版社 2020 年版，第 371 页。

③ 张应强、王宗勋主编：《清水江文书》（第二辑），第 1 册，广西师范大学出版社 2009 年版，第 403 页。

④ 张新民主编：《天柱文书》（第一辑），第 20 册，江苏人民出版社 2014 年版，第 336 页。

⑤ 贵州省档案馆、黔东南州档案馆、岑巩县档案馆合编：《贵州清水江文书·岑巩卷》（第一辑），第 4 册，贵州人民出版社 2019 年版，第 185 页。

⑥ 张应强、王宗勋主编：《清水江文书》（第二辑），第 7 册，广西师范大学出版社 2009 年版，第 222 页。

立借禾字人杨顺庆，为家下缺少粮食无出，自愿栏内猪一只作抵到本团杨起栋名下实借本禾壹百觔（斤），凭中称过入手领用。其谷每年每佰斤恁当利谷伍拾觔（斤），限至本年十月本利归还称足。如其短少斤两，认凭谷主牵猪管业，借主不得异言。口说无凭，立借一纸是实。

批：借主（押）

凭中　石华仁

依口代笔　杨福堂

大汉元年壬子岁六月十三日　　　杨顺庆　立①

杨顺庆借到杨起栋禾 100 斤，利率为每年每百斤支付利息谷 50 斤，即年利率 50%，到归还时本利共计 150 斤。民国六年（1917）三月初七日石廷熙借到石朝礼等谷子 200 斤，按每百斤加五行息②，即利率为 50%，从借贷时间上看，只有半年，但执行的是年利率。

另外，在契约中直接书明利禾、利谷 X 斤。民国七年（1918）二月十六日石玉书借到石叶英禾 100 斤，承当禾利 60 斤③，按照年利率为 60% 计算。民国十年（1921）六月二十一日吴显辉借到杨士和谷子 290 斤，每百斤每年行息 50 斤，即年利率为 50%。④ 民国三十八年（1949）一月二十八日张开宗借到吴老海米 1 老大斗，自愿交利息每年米 5 老斗。⑤ 如本息不能偿还，将其 2 丘田交由钱主耕种管理。民国三十八年（1949）三月十六日张开运借到吴老

---

① 李斌主编，凯里学院、黎平县档案馆编：《贵州清水江文书·黎平文书》（第一辑），第 1 册，贵州民族出版社 2017 年版，第 164 页。

② 李斌主编，凯里学院、黎平县档案馆编：《贵州清水江文书·黎平文书》（第一辑），第 4 册，贵州民族出版社 2017 年版，第 171 页。

③ 李斌主编，凯里学院、黎平县档案馆编：《贵州清水江文书·黎平文书》（第二辑），第 31 册，贵州民族出版社 2019 年版，第 258 页。

④ 李斌主编，凯里学院、黎平县档案馆编：《贵州清水江文书·黎平文书》（第二辑），第 48 册，贵州民族出版社 2019 年版，第 50 页。

⑤ 贵州省档案馆、黔东南州档案馆、岑巩县档案馆合编：《贵州清水江文书·岑巩卷》（第一辑），第 4 册，贵州人民出版社 2019 年版，第 280 页。

海谷 4 老石，按每石谷 0.55 石付谷息①，实际执行的是年利率 55%，4×0.55+4=6.2（石），本利共还 6.2 老石。

以上数例表明，计息方式的采用，取决于谷主和借入人双方协商，无一定的规定，但当地借谷行息是村民遵守的习惯法则。

第五，民国粮食借贷利率汇总。民国时期清水江流域的粮食借贷年利率平均为 51.56%，比清代 49.36% 高 2.2 个百分点，其中最高为 100%，仅 1 份，最低为 18%，50% 有 22 份，占 39 宗的 56.41%。整体上看，年利率趋向 50%，符合前述"谷加五"的年利率行息（见表 5-4）。

根据表 5-4，采用月利率计算利息仅 4 份，且其中 1 份折成银两之后执行月利息。民国时期粮食借贷除了零利率外，收取利息的借贷交易中，九成以上使用年利率，不论时间半年或一年皆用年利率计算禾谷利息。

表 5-4　民国清水江流域民间粮食借贷利率表

借入人	出贷人	时间	数量	利息表述	年利率	出处
姜显贵	纯义	民国二年六月二十七日	谷 454 斤	照月加三行息	36%	《清水江文书》一/9/306
姜绍学	姜学正等	民国四年正月十六日	谷 200 斤	其谷加五行息	50%	《清水江文书》二/1/378
姜三志弟兄	姜老启	民国九年十二月十三日	谷 100 斤	照月加六行息	72%	《清水江文书》一/5/97
姜发保	姜老启	民国九年十二月十三日	谷 100 斤	照月加六行利	72%	《清水江文书》一/5/98
姜坤泽母子	姜凤沼等	民国十年三月初九日	谷 100 斤	加五行至秋收	50%	《清水江文书》一/7/112
姜必达	姜景恩等	民国十三年二月十八日	谷 87 斤	每年加五行息	50%	《清水江文书》二/1/403

---

① 贵州省档案馆、黔东南州档案馆、岑巩县档案馆合编：《贵州清水江文书·岑巩卷》（第一辑），第 4 册，贵州人民出版社 2019 年版，第 281 页。

续表

借入人	出贷人	时间	数量	利息表述	年利率	出处
王有林	本联保	民国三十一年七月五日	谷 8 斗	本年十月前加二	20%	《清水江文书》二/7/222
姜于泽	祠长等会	民国三十二年	谷 340 斤	逐年认租谷 60 斤	18%	《清水江文书》二/2/49
姜于简	祠长等会	民国三十三年三月十四日	谷 280 斤	加四行至秋收	40%	《清水江文书》二/2/50
姜秉魁	陆志海	民国三十八年五月二十五日	谷 300 斤	其谷加五行利	50%	《清水江文书》一/8/161
姜锡珠	姜锡瑞	民国三十八年六月十四日	谷 250 斤	每年秋收称利谷 125 斤	50%	《清水江文书》一/9/460
龙贵礼	吴成章	（时间不详）（残）	谷 135 斤	本利 202.5 斤	50%	《清水江文书》三/1/282
刘泽欢	刘新鸾	民国十七年五月二十日	谷 3 挑	每挑加五行息	60%	《天柱文书》一/14/53
伍咏卓	龚秀桃	民国二十五年四月八日	谷 3.5 挑	每年利谷加五	50%	《天柱文书》一/20/336
姚俊贤	王老川	民国三十四年二月二十五日	谷 1 挑	谷息 1 挑，九月还	100%	《天柱文书》一/21/32
杨胜鱼	黄招汉	民国三十七年四月十二日	谷 5 斗	加六行息	60%	《天柱文书》/一/3/228
杨顺庆	杨起栋	民国元年六月十三日	禾 100 斤	年加五	50%	《黎平文书》1/164
吴芝秀	吴应坚等	民国三年五月二十二日	谷 280 斤	秋收称租谷 75 斤	37.5%	《黎平文书》56/270
吴显辉	杨士财	民国四年四月十七日	谷 50 斤	九月秋收加七行利	70%	《黎平文书》50/80
石廷熙	石朝礼等	民国六年三月初七日	谷 200 斤	每百斤加五行	50%	《黎平文书》4/171
石玉书	石叶英	民国七年二月十六日	禾 100 斤	当禾利 60 斤	60%	《黎平文书》31/258
石才元	石才荣	民国九年六月十七日	谷 100 斤	年加五	50%	《黎平文书》56/23
石廷辉	石朝礼等	民国十年四月初八日	禾 80 斤	禾加五行息	50%	《黎平文书》/4/213
吴显辉	杨士和	民国十年六月二十一日	谷 290 斤	每百斤息谷 50 斤	50%	《黎平文书》48/50

续表

借入人	出贷人	时间	数量	利息表述	年利率	出处
嬴学标	姊母	民国十一年三月十一日	禾 350 斤	加五行息	50%	《黎平文书》52/371
石德招	石口政等	民国十四年十二月二十七日	禾 60 斤	本利还 90 斤	50%	《黎平文书》7/276
石坤典	石生金等	民国十五年九月初七日	谷 300 斤	称息谷 150 斤	50%	《黎平文书》56/223
石坤典	石金华等	民国十五年九月初七日	谷 280 斤	秋收称息谷子 170 斤	60.7%	《黎平文书》56/222
石荣芳	石线勤	民国十九年三月二十日	谷 10 斤	禾加 50 斤	50%	《黎平文书》10/314
嬴凤标	嬴永科等	民国二十七年十月十六日	谷 150 斤	每年秤利谷子 57 斤	19.7%	《黎平文书》52/376
罗世彦	罗世昌	民国三十二年九月二十四日	450 斤	每百斤息谷子利 50 斤	50%	《黎平文书》16/315
吴文有	吴文贤	民国三十一年十月初三日	谷 1 石	照月加五行息	60%	《剑河卷》一/5/113
李永发	刘应坤	民国五年三月二十日	谷 1 石价钱 5200 文	每千干任谷利 1.2 斗	62.4%	《岑巩卷》一/3/198
李什顺	刘应坤	民国五年三月二十日	谷 1.5 石价钱 7800 文	每千钱干任谷利 1.2 斗	62.4%	《岑巩卷》一/3/240
游芳祥父子	伍发昌	民国十年十一月二十四日	谷 1 石	其利加五行息	50%	《岑巩卷》一/4/69
尚恩祥弟兄	杨昌泽	民国三十年一月十六日	谷 2 老石	每石每年加五行息	50%	《岑巩卷》一/4/182
张开宗	吴老海	民国三十八年一月二十八日	谷 1 大斗	年加五	50%	《岑巩卷》一/4/280
张开运	吴老海	民国三十八年三月十六日	谷老斗 1 石	年加五	50%	《岑巩卷》一/4/281
刘得刚	刘世榜	民国三十八年七月五日	茶籽 4 老斗	每斗息 5 升	50%	《岑巩卷》一/1/64

说明：有 3 份未纳入上表，计划一九四九年十一月初二日姜秉魁借到林和昌等谷 500 斤，谷加伍行息，年利率 50%（《清水江文书》（第一辑），第 7 册，第 127 页）。一九五〇年四月十八日龙安麒借到龙华炘谷 800 斤，每年每百斤息谷 20 斤，年利率 20%（《清水

江文书》（第三辑），第3册，第146页）。一九四九年九月二日杨德森借到杨金发谷32石，每石加5斗，年利率50%（《天柱文书》（第一辑），第3册，第84页）。

3. 清至民国粮食借贷利率规律

清至民国清水江流域粮食借贷利率变化特点如下：

其一，民国与清代平均年利率都在50%左右（年加五），基本上验证了"谷加五"的年利率规律。"农村借粮还粮，多为春借秋还，不订具体期限，习经借入人收获谷物时为限，一般为'大加五'利息（借谷一斗，归还本息一斗五升），一次清偿。如当年不能归还，借入人须备礼物求债主延至下年秋收，应允后即本息相加，重立字据，利上加利。"[1] 这里的大加五，就是年利率50%。

其二，年利率多，月利率少。"但是，在清水江流域，也有借贷谷物时，当年所借贷之钱与物当年还，直接以一年为单位计算利息。"台江县的城关镇伍家、杨家用稻谷放贷，"借贷期限很少以年、月为期，一般是青黄不接时放出，秋收时收回，每次利息50%。全债主们叫它做'一年'，实际上最长不过关年（五六月放出，十、十一月收回），甚至有的八月放出十月收回也算一年，按50%计息。"[2] 不论当年借当年还、上半年借下半年还和跨年度而实际上未达到一年，均按年利率计息。这是该流域粮食借贷最明显的特征。这表明粮食借贷利率受到乡俗的影响大，正如傅衣凌所说："甚至关于种谷的贷借，起息的多少，也都按乡俗加以规定。"[3] 苗、侗族人民聚族而居，结成相对发达的乡族关系，乡族关系影响着借贷利率。

其三，借禾谷还禾谷、以禾谷付利息是粮食借贷的主要方式，极少换算

---

[1] 贵州省黔东南苗族侗族自治州地方志编纂委员会编：《黔东南苗族侗族自治州志·金融志》，贵州人民出版社1990年版，第156页。

[2] 《民族问题五种丛书》贵州省编辑组、《中国少数民族社会历史调查资料丛刊》修订编辑委员会编：《苗族社会历史调查》（一）（修订本），民族出版社2009年版，第60页。

[3] 傅衣凌：《明清社会经济史论文集》，商务印书馆2010年版，第110页。

成银两或铜钱计算。

这两个时期粮食借贷有不同之处，一是清代年利率100%比民国时期多。二是清代年利率起伏较大，从15%至100%；民国从18%至100%，更多地集中在50%左右（见表5-3、表5-4）。整体而论，清至民国清水江流域的粮食借贷年利率多数处于在36%—60%之间。

二、民间借贷利率结构特点

（一）时空差异

1. 季节性差别

民间借贷利率具有季节差异。一般来说，夏秋利率相对较低，反之，冬春利率则相对较高。

习惯上将农历正月至六月称为青黄不接时节，供给与需求矛盾突出，借贷利率变化较大。七月至十一月供给与需求相对平稳，借贷利率变化较小。十二月则为年关，供需量大，利率变化亦大。

通过文书记载的利率，可见清水江流域的民间借贷利率在农历月份上呈现一定的规律（见表5-5）。

表5-5　清至民国清水江流域民间借贷利率农历月份表

类型/月份	一	二	三	四	五	六	七	八	九	十	十一	十二	合计（份）
日加三三								1					1
月加一	1	2										1	4
月加二	2	5	2	2	1	6	4			2	4	2	30
月加二五	6	2	16	11	6	14	3	2		3	10	11	84
月加三	20	36	38	36	51	46	53	23	21	23	22	48	417
月加四	1	4	7	3	3	5	8	2	2		1		36

续表

类型/月份	一	二	三	四	五	六	七	八	九	十	十一	十二	合计（份）
月加五	1	3	4	3	1	1	2		1	1	5	1	23
月加六		3		1		1	1				3		9
月加八	1		2										3
月加九											1		1
月加十	1				1	2						1	5
月加十六												2	2
年加一			1									1	2
年一分二厘											1		1
年加一五				1									1
年加二	2		1	2	1	1	1			1	1		11
年加二三			2										2
年加二五			1	5	1		3	1	2				13
年加三五			1	1									2
年加四	1	1		3	1	4				1	1	1	13
年加五	3	3	6	4	3	7	1	1	3	1	3	3	38
年加七			1										1
年一本一利		2	2		1								5
合计（份）	39	62	83	73	70	87	76	30	29	32	49	74	704
月利率（%）	3.23	3.35	3.39	2.98	3.21	3.22	3.08	3.04	3.18	3.14	3.13	3.51	3.21

说明：其中日利率10%，只借3天，属于特例，未纳入月利率折算。

由表5-5呈现出的清至民国清水江流域民间借贷利率规律如下：

其一，利率类型。清水江流域的民间借贷利率类型有日利率、月利率和年利率三种，具体是日加十、月加一到月加十、年加一至年加十一，共26种利率。日加十即日利率10%，月加一即月利率1%，月加十即月利率10%，年加一即利率10%、年加十一即年利率110%。为了便于对比，本书将年利率全部折算成月利率，得出该流域农历一至十二月每月的平均利率。共计 704 份文书记载利率，采用加权平均数，计算得出平均月利率为 3.21%。

其二，上半年是民间借贷发生的高频时段。从一月至六月，共计产生借贷契约文书 414 份，占 58.8%，是清水江流域民间借贷的多发时段，平均月利率 3.23%，特别是三月，利率高达 3.39%。这半年中，借贷交易发生最多的是三至六月，共见契约 313 份，占全年的 44.46%。受物价因素、供给需求上涨和青黄不接等影响，这期间民间借贷数量大，月利率高。由于村民经济贫乏，表现在季节性缺少钱粮，在一年的这些月份里，村民为了生计，不得不借钱借粮以求谋生。只要能借到钱粮以度过艰难日子，利率高与低，就不那么重要了。

其三，下半年的七至十一月是民间借贷发生的低频率时段，数量相对少，月利率低，其中八月最低，七月次之，十一月随后，特别是八、九、十月是全年中借贷发生最少的季节，共见契约 91 份，仅占 12.93%，这三个月平均月利率仅为 3.12%。七至十一月的平均利率亦较低，为 3.11%，比另外七个月的 3.28% 低 0.17 个百分点。粮食丰富的七、八、九、十、十一等月，同样需要借钱借粮，以还本付息。这表明贫困村民的数量不少，受地主剥削是全年皆有的事。

其四，十二月利率最高，达到 3.51%。这说明该月是农村借贷活跃月份。有的学者将十二月和次年一至五月纳入青黄不接月份，比如俞如先说："一般认为农历 12 月以后至递年 6 月之前，也就是文献中常见的所谓青黄不接之时。"[①] 其实，该月既是钱主收债务的时间节点，又是投放新贷的起点，对资金、粮食和物品的需求量较大，加上年底物价上升，借入人不惜利率高而举借贷款，由此形成高的月利率。

---

① 俞如先：《清至民国闽西乡村民间借贷研究》，天津古籍出版社 2010 年版，第 305 页。

月加三（3%）总计 417 宗，占 59.23%，即近六成的民间借贷利率为月利率 3%（见表 5-5）。整体而言，清至民国清水江流域的民间借贷的月份规律是：其一，从农历七至十一月，是民间借贷的低发时段，且利率相对较低；从十二月至次年六月，是民间借贷的高发时段，利率亦相对较高。其二，该流域的月利率总体处在 1% 至 16% 之间（年利率 10%—110%），月利率 3% 是主要形态。

2. 阶段性差别

按照清代乾隆、嘉庆、道光、咸丰、同治、光绪、宣统七个朝代和民国元年至十七年、民国十八至三十四年、民国三十五至三十八年，共计 10 个时段，讨论清水江流域民间借贷利率，如表 5-6 所示。

表 5-6　清至民国清水江流域民间借贷利率时段分布表

利率/时段	乾隆	嘉庆	道光	咸丰	同治	光绪	宣统	民国 1-17	民国 18-34	民国 35-38	合计（份）
日加三三								1			1
月加一			1		2	1					4
月加二		6	16	2	5		1				30
月加二五		4	8	8	13	23	4	14	8	2	84
月加三		54	57	11	11	93	14	121	55	1	417
月加四	5	2				2		5	22		36
月加五			1	1	2			9	7	3	23
月加六					3			3	2	1	9
月加八			1	1				1			3
月加九								1			1
月加十								1	2	2	5

续表

利率/时段	乾隆	嘉庆	道光	咸丰	同治	光绪	宣统	民国1-17	民国18-34	民国35-38	合计（份）
月加十六									2		2
年加一			1				1				2
年一分二				1							1
年加一五						1					1
年加二			8			1			2		11
年加二三				2							2
年加二五			3	1	5	3			1		13
年加三五						1	1				2
年加四						2		4	3	4	13
年加五	1	1	6		1	3		12	8	6	38
年加七									1		1
年一本一利			3			1			1		5
合计（份）	6	67	104	27	37	134	24	172	114	19	704
平均月利率（%）	4.02	2.93	2.91	2.85	2.65	2.96	2.78	3.36	3.74	4.59	3.21

由表5-6分析清至民国清水江流域民间借贷的时段分布，可得出以下结论：

其一，从清代乾隆时期到民国末年（1736—1949），清水江流域民间借贷总体特征是两头高、中间低，利率变化趋势是由高到低、再由低到高。利率变化是一个动态的过程。在这214年里，民间借贷平均月利率为3.21%，整体上围绕月利率3%上下波动，平均月利率高于3%（见图5-1）。

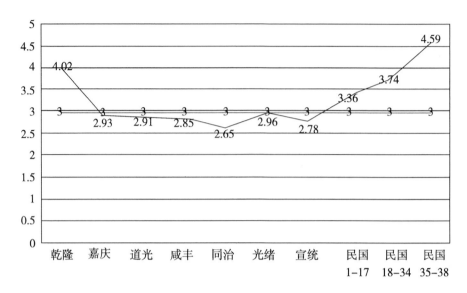

——各时段月利率 ——3%月利率

图5-1 清至民国清水江流域民间借贷利率时段图 (单位:%)

其二,清代民间借贷利率比民国时期低。清代平均月利率2.91%,民国 (共38年) 平均月利率3.60%,民国比清代高出0.69个百分点 (见表5-6)。

其三,民国后期 (1946—1949),清水江流域民间借贷利率增长快,从平均月利率3.74%上升到4.59%,这说明当时该流域与全国其他地域一样,社会动荡,国民党反动统治影响民间借贷,利率起伏大。另有一定数量的民间借贷采用"借钱还谷,以谷作利息",难以计算利率的交易 (见图5-1)。

3. 区域性差别

清水江流域的民间借贷,县与县之间存在一定的差别。清代锦屏、岑巩等地民间借贷月利率绝大部分低于3%,具体是:锦屏3.01%,天柱2.83%,黎平2.79%,剑河3.61%,三穗2.27%,岑巩2.8%,平均月利率为2.86%,

对应年利率为 34.32%。这是货币借贷利率。这种差异的原因在于县与县之间的资本流通量不相同，流通速度等不同，资料总量有大有小（见表 5-1）。粮食借贷一般按年利率计息，由表 5-3 可知，锦屏为 80%，黎平为 39.6%，剑河为 70%，三穗为 50%，平均为 49.4%，折合月利率为 4.11%。这与贵州省道真县清代的货币借贷相比，差异很小，粮食借贷利率低于道真县。清代道真县货币借贷月利率为 2.85%，粮食借贷年利率则为 58.9%。[①]

民国时期，以上差异仍然存在。区域性差别除表现在各县的乡村之间存在贷币借贷利率、粮食借贷利率方面，还表现在各县城镇之间也有差别。由表 5-4 可知，锦屏粮食借贷年利率为 46.5%，天柱 67.5%，黎平 49.9%，剑河 60%，岑巩 53.5%，平均为 51.6%，折合月利率为 4.29%。货币借贷的月利率分别是，锦屏 3.14%，天柱 3.52%，黎平 3.25%，剑河 3.2%，三穗 2.92%，岑巩 2.78%，平均月利率为 3.24%（见表 5-2）。同期贵州安顺市大屯乡货币借贷月利率则为 5.3%[②]，明显高于清水江流域。

民国时期平均月利率 3.24%，比该流域清代 2.86% 高 0.38 个百分点。清至民国清水江流域民间货币借贷平均月利率为 3.04%。贵州省道真县清至民国货币借贷利率为 2.82%。

（二）类别差异

民间借贷利率具有季节差异和类别差异。从类别上看，粮食借贷利率高于货币借贷利率，信用借贷（信用借贷）利率高于抵押借贷利率。同时，民间借贷的形成还受资金供求关系、乡族关系、成本、地理位置（交通便捷度）

---

① 清代道真县货币借贷月利率分别为：6% 有 1 份、3% 有 6 份、3.3% 有 2 份，2.5% 有 7 份，0.5% 有 1 份，共 17 份。民国月利率 2.5%，有 2 份。根据汪文学编校《道真契约文书汇编》，中央编译出版社 2015 年版，第 26、40、54、56、73、94、96、110、112、139、203、218、239、267、315、323、362、380 页所载资料整理而得。粮食借贷年利率 100% 有 1 份，70% 有 1 份，60% 有 3 份，50% 有 3 份，30% 有 1 份。根据前书第 6、23、28、30、75、101、224、228、250 页资料整理而得。

② 根据吕燕平编《大屯契约文书汇编》（上），孔学堂书局 2020 年版，第 296、300、508、509、516、518 页资料整理得到。

等因素影响。

1. 货币借贷利率与粮食借贷利率的差别

(1) 清代借贷利率

清代，清水江流域的货币借贷月利率平均为 2.86%。各县月利率大体处于 2.27% 至 3.01% 之间，利率起伏较小。同期，该流域的粮食借贷月利率大致为 4.11%，各县粮食借贷月利率介于 1.25% 至 8.33% 之间。粮食借贷利率起伏大。

清代民间借贷中，粮食利率比货币利率高。二者相同处在于，月利率 3% 所占比重都较大，66% 货币借贷的月利率为 3%，56% 的粮食借贷月利率为 3%，大约六七成的民间借贷月利率为 3%。

(2) 民国借贷利率

民国货币借贷月利率平均为 3.24%。各县月利率大体处于 2.78% 至 3.52% 之间。粮食借贷月利率平均为 4.29%，比货币借贷利率高 1.05 个百分点，各县平均粮食借贷月利率大致处于 1.5% 至 8.33% 之间。

货币借贷与粮食借贷利率都围绕 3% 波动。70.85% 的货币借贷月利率为 3%，即当地习惯所说的"钱加三"。51.28% 的粮食借贷年利率 50%，即当地习惯所说的"谷加五"。换言之，"钱加三、谷加五"的习惯利率在民间借贷契约文书得到印证，如民国二十五年（1936）四月八日伍咏卓用 1 丘田作为抵押，借到龚秀桃谷 3.5 挑，"每年利谷加五"[1]，即采用年利率 50% 支付谷息。

整体看，清至民国清水江流域民间借贷利率有三条规律：一是粮食借贷利率高于货币借贷利率。粮食借贷月利率为平均 4.21%，货币借贷月利率平均为 2.73%，二者相差 1.48 个百分点。二是民国借贷利率高于清代借贷利率。

---

[1] 张新民主编：《天柱文书》（第一辑），第 20 册，江苏人民出版社 2014 年版，第 336 页。

三是该流域民间借贷利率围绕月利率3%上下波动，粮食借贷利率起伏比货币借贷大。

2. 信用借贷利率与抵押借贷利率的差别

信用借贷利率高于抵押借贷利率。信用借贷月利率平均为3.33%，抵押借贷月利率为平均3.13%。前者比后者高0.2个百分点。这两类借贷有共性。一是都以月利率3%为主。信用借贷58.30%为月利率3%，抵押借贷59.58%为月利率3%。二者合计，可得59.23%的民间借贷月利率为3%，大约六成民间借贷执行此月利率。这表明3%的月利率是该流域的常规利率（见表5-7）。

另外，月利率2.5%、2%和年利率50%在信用借贷和抵押借贷中都占一定的比例，这些利率一定程度上影响着该流域的民间借贷。有标的物作为抵押条件之后，钱主所放贷的钱粮利率略低，符合民间借贷的一般常理，这亦是该流域抵押借贷盛行，交易数量远超过信用借贷的原因（见表5-7）。

表5-7　清至民国清水江流域信用借贷与抵押借贷利率比较表

利率描述/借贷类型	信用借贷（份）	抵押借贷（份）	合计（份）
当日利每十毛当一角	1		1
月加一	2	2	4
月加二	13	17	30
月加二五	27	57	84
月加三	158	259	417
月加四	17	19	36
月加五	12	11	23
月加六	2	7	9
月加八		3	3
月加九	1		1
月加十	3	2	5

利率描述/借贷类型	信用借贷（份）	抵押借贷（份）	合计（份）
月加十六	1	1	2
年息一分	2		2
年一分二	1		1
年加一五		1	1
年加二	2	9	11
年加二三		2	2
年加二五	6	7	13
年加三五	1	1	2
年加四	8	5	13
年加五	11	27	38
年加七		1	1
年一本一利	3	2	5
合计（份）	271	433	704
月利率（%）	3.33	3.13	3.21

说明：其中日利率10%，只借3天，属于特例，未纳入月利率折算。如果将其纳入计算，则该月利率为100%，信用借贷月利率为3.66%，年利率为43.92%。

3. 亲房、亲族、亲戚、近邻好友之间借贷利率与普通关系之间借贷利率的差别

其一，亲房、亲族、亲戚、近邻好友之间的借贷利率无区别。在锦屏县，亲房、亲族等之间的借贷在利率方面，与普通人之间的借贷没有质的区别，都须承担约定的利息。比如嘉庆八年（1803）二月初二日姜昌连典田，借到姜廷撰银10两，每年交租谷3担半，每担90斤①，共计315斤，即每两每年交31.5斤。该流域一般每两每年交20—60斤不等。借贷双方是族兄弟关系，

---

① 张应强、王宗勋主编：《清水江文书》（第一辑），第9册，广西师范大学出版社2007年版，第18页。

并不能够免除利息。道光四年十月初九日姜开礼、姜开胜兄弟当田借到绿音3.65 两，"其银言定照月加三行利"①，即月利率 3%，借贷双方属于叔嫂关系。道光二十年（1840）十一月初一日姜之琏借杨光□银 20.04 两，用杉木 1 块和收谷 8 担之田作为抵押，月利率 2%，并限在当年十二月初十内还清。②姜之琏与杨光□之间相堂爷孙关系。该县道光年间信用借贷利率多数情况下为 3%。同治十二年（1873）十一月二十一日姜克贞借到姜克青银 5 两，二者之间是叔侄关系，用土块的三分之一股份作为抵借，月利率 3%③。宣统三年（1911）十月初八日姜金镑用园地作为抵押，借到姜凤德铜币 2000 文，月利率 3%。④ 可见，在锦屏县的民间借贷中，亲房、亲戚之间多数情况下仍然收取利息。

天柱县借贷中，亲识之间，仍然收利息。以粮食借贷为例，民国三十七年（1948）四月十二日杨胜鱼向黄招汉借谷 5 斗，按年加六行付息，⑤ 即年利率 60%，二者之间是亲识关系。在 22 份亲族、房族、姻亲等借贷文书中，有7 份收取利息，如同治元年（1862）三月七日杨秀魁、杨秀金、杨秀鱼兄弟三人以屋场作抵，向蒋再学借铜币 6000 文，执行月利率 2.5%⑥，借贷双方为姻亲关系。光绪三年（1877）七月十六日杨秀林向姻亲昌有借铜币 6000 文，秋收时每千文谷 4 大斗作为利息。⑦

其他县亦然。黎平县的民间借贷，亲人与普通人之间的借贷或高或低，

---

① 张应强、王宗勋主编：《清水江文书》（第一辑），第 1 册，广西师范大学出版社 2007 年版，第 345 页。

② 张应强、王宗勋主编：《清水江文书》（第一辑），第 10 册，广西师范大学出版社 2007 年版，第 164 页。

③ 张应强、王宗勋主编：《清水江文书》（第一辑），第 7 册，广西师范大学出版社 2007 年版，第 236 页。

④ 张应强、王宗勋主编：《清水江文书》（第一辑），第 10 册，广西师范大学出版社 2007 年版，第 348 页。

⑤ 张新民主编：《天柱文书》（第一辑），第 3 册，江苏人民出版社 2014 年版，第 228 页。

⑥ 张新民主编：《天柱文书》（第一辑），第 7 册，江苏人民出版社 2014 年版，第 233 页。

⑦ 张新民主编：《天柱文书》（第一辑），第 7 册，江苏人民出版社 2014 年版，第 275 页。

并未呈现亲人之间的借贷利率就一定低于普通人之间的借贷。

利率相同。光绪三年（1877）三月初七日陈学信借到张广德、吴廷祥铜币5000文，"其钱言定每千加叁行息"①，即月利率3%。光绪三十一年（1905）十月初三日石国琛用田1丘作抵，借到本房石国彦银18.38两，"每照月加三行息"②，即月利率3%。同时期普通人之间的借贷月利率相同。民国十年（1921）六月二十一日吴显辉借到杨士和谷290斤，每年每百斤利谷50斤③，双方为普通关系，年利率50%。民国十一年（1922）三月十一日嬴学标借到其姊母禾350斤，利率为加五行息④，与前者年利率相同。

其二，亲房、亲族、亲戚、近邻好友之间的借贷利率高于普通人之间的借贷利率。光绪五年（1879）四月初八日欧学标本末作田1丘作为抵押，借到宗兄欧孔澄、叔父盛球二人铜币3000文，利息为"秋收粮利谷乙石贰斗"⑤，大约每两每年利谷60斤，比后列两例普通关系利率高。民国六年（1880）四月十二日嬴本祯用1丘田作为抵押，借到吴继槐银150毫（约合银11两），每年利谷300斤⑥，每两银利谷27斤。双方为普通关系。民国三十五年（1946）六月初四日吴文彬用田作抵，借到大洋10元，"每元应当利谷拾陆斤"⑦，大约每两支付利息21斤。双方亦为普通关系。

再如民国二十三年（1934）十二月二十一日杨发隆以田作抵向杨清国借

---

① 李斌主编，凯里学院、黎平县档案馆编：《贵州清水江文书·黎平文书》（第二辑），第46册，贵州民族出版社2019年版，第388页。

② 李斌主编，凯里学院、黎平县档案馆编：《贵州清水江文书·黎平文书》（第一辑），第12册，贵州民族出版社2017年版，第99页。

③ 李斌主编，凯里学院、黎平县档案馆编：《贵州清水江文书·黎平文书》（第二辑），第48册，贵州民族出版社2019年版，第50页。

④ 李斌主编，凯里学院、黎平县档案馆编：《贵州清水江文书·黎平文书》（第三辑），第52册，贵州民族出版社2020年版，第371页。

⑤ 李斌主编，凯里学院、黎平县档案馆编：《贵州清水江文书·黎平文书》（第二辑），第30册，贵州民族出版社2019年版，第25页。

⑥ 李斌主编，凯里学院、黎平县档案馆编：《贵州清水江文书·黎平文书》（第三辑），第52册，贵州民族出版社2020年版，第318页。

⑦ 李斌主编，凯里学院、黎平县档案馆编：《贵州清水江文书·黎平文书》（第一辑），第17册，贵州民族出版社2017年版，第261页。

铜币 30000 文，"其钱每仟每月加伍拾文"①，双方为胞兄弟关系，月利率为5%，这亦比后列两例普遍人之间借贷利率高。民国二十三年（1934）十月初七日嬴志明用田作为抵押借彭家珍银 400 毫，"按月每百毫行息三分"，即每月 3% 的利率，双方为普通关系。民国二十四年（1935）二月二十一日杨清泰用田作为抵押借到铜币 13000 文，"每仟照月加三"②，双方亦为普通关系。同时期普通人之间的借贷月利率一般为 3%。

其三，无利息。亲房之间的借贷有时无利息，但不能呈现某种规律，且属于极少数情形。如时间不详吴成易用坐屋作为抵押，借到吴成章铜钱 800文，无利息③，二者为族兄弟关系。吴成礼用田作为抵押，借到吴仁让铜币1360 文④，无利息，双方为堂叔侄关系。民国六年（1917）十二月初二日石维□以田作抵，借到石廷花铜币 6000 文（约合银 2 两）⑤，无利息。民国二十三年（1934）五月二十一日陆秀银典田与陆胜河，借到铜币 108 封（折合银99 两）⑥，双方为叔侄关系，无利息，限定三年回赎。不过，清水江流域绝大多数典当借贷均无利息。

同寨人之间无利息。民国十六年（1927）三月二十八日石友生以田作抵，借到石廷光铜币 10000 文⑦，无利息。民国三十七年（1948）十一月二十五日

① 张新民主编：《天柱文书》（第一辑），第 3 册，江苏人民出版社 2014 年版，第 135 页。

② 李斌主编，凯里学院、黎平县档案馆编：《贵州清水江文书·黎平文书》（第一辑），第 12册，贵州民族出版社 2017 年版，第 205 页。

③ 张应强、王宗勋主编：《清水江文书》（第三辑），第 1 册，广西师范大学出版社 2011 年版，第 279 页。

④ 张应强、王宗勋主编：《清水江文书》（第三辑），第 1 册，广西师范大学出版社 2011 年版，第 281 页。

⑤ 李斌主编，凯里学院、黎平县档案馆编：《贵州清水江文书·黎平文书》（第二辑），第 32册，贵州民族出版社 2019 年版，第 129 页。

⑥ 张应强、王宗勋主编：《清水江文书》（第二辑），第 3 册，广西师范大学出版社 2009 年版，第 344 页。

⑦ 李斌主编，凯里学院、黎平县档案馆编：《贵州清水江文书·黎平文书》（第二辑），第 32册，贵州民族出版社 2019 年版，第 166 页。

石伟宏用地基作为抵押，借到同寨人石文举禾 250 斤①，亦无利息。

由此可以推断，利率与借贷双方亲疏无关。无论亲房、亲族、亲戚、近邻好友，还是普通人，民间借贷都按乡村习惯利率执行，即利率与亲疏无关联。

在天柱县民间借贷契约中，借贷双方属于本房关系有 7 宗借贷。每月利率 3%有 2 宗，光绪二十七年（1901）三月十日龙连榜以田作抵，向本房龙祖宝借银 8.45 两，每月加三②；民国十年（1921）三月二十五日刘泽欢用田作抵向本房刘东贵借钱 7400 文，月利率同为 3%③。每月利率 4%有 5 份，如民国二十四年（1935）六月二十二日伍绍江以田作抵，向本房伍永春借铜币 102700 文④，月利率 4%；同年七月八日伍永德以田作抵，向本房伍永贤借铜币 56000 文⑤，月利率 4%。

不仅如此，胞兄弟之间借贷亦收取利息。民国二十三年（1934）十二月二十一日杨发隆以田作抵，向胞弟杨清国借铜币 30000 文，"其钱每仟每月加伍拾文"⑥，即月利率 5%；民国二十七年（1938）六月二十八日刘修炳以墦作抵向胞兄借铜币 3000 文⑦，无利息。民国三十三年（1944）六月二十日龙登焕以田作抵，向胞弟龙登辉借钞洋 2600 元⑧，月利率 4%。

由此可见，借贷钱粮收取利息，超越了人际关系，纯粹以经济收益为标杆在运行。换言之，人与人之间是否亲族、房族、亲戚或好友，并不能阻挡利率的执行。唯一的标准是该流域，准确地说是该乡村当时流行什么样的利

---

① 李斌主编，凯里学院、黎平县档案馆编：《贵州清水江文书·黎平文书》（第二辑），第 32 册，贵州民族出版社 2019 年版，第 218 页。

② 张新民主编：《天柱文书》（第一辑），第 19 册，江苏人民出版社 2014 年版，第 183 页。

③ 张新民主编：《天柱文书》（第一辑），第 14 册，江苏人民出版社 2014 年版，第 22 页。

④ 张新民主编：《天柱文书》（第一辑），第 12 册，江苏人民出版社 2014 年版，第 137 页。

⑤ 张新民主编：《天柱文书》（第一辑），第 12 册，江苏人民出版社 2014 年版，第 138 页。

⑥ 张新民主编：《天柱文书》（第一辑），第 3 册，江苏人民出版社 2014 年版，第 135 页。

⑦ 张新民主编：《天柱文书》（第一辑），第 9 册，江苏人民出版社 2014 年版，第 11 页。

⑧ 张新民主编：《天柱文书》（第一辑），第 19 册，江苏人民出版社 2014 年版，第 228 页。

率。比如光绪三十年（1904）四月廿一日杨甫兴借到杨如龙等钱□千文，利率为"每年过年行息四十斤"①，借贷双方为亲戚关系。再如民国十二年（1923）五月二十日吴志如借到吴廷泮等借铜币3000文，利率月加三②，即3%，双方为族祖孙关系。

清水江流域亲房、亲族、亲戚、近邻好友之间借贷利率与普通关系之间借贷利率仅有无息的差别，民间借贷利率的高低完全取决于借贷双方的约定和该流域流行的利率，即契约文书所说的行息，与借贷双方之间的关系远近没有必然联系。

4. 合会中的借贷利率与私人之间借贷利率的比较

清水江流域有清明会、土地会、四人会、呆会、冬至会、拾人会、观音会、修路会，等等。他们大多数具有营利性质。这些合会所借贷的钱粮利息高低不等，可以分为无利息和有利息两种情况。

其一，合会借贷无利息。通过典当借贷，合会类组织借贷一般情况未收取利息，比如《石声清典田字（同治十三年八月初八日）》：

> 立典田字人石声清，为因生理缺少用费无出，自己问到，愿将大便屋鞭田一丘，在（载）禾十六把，名下所占八把，今出典与四家清明会石长宗、祥兴、四明、声律等四家名下得典为业，当日凭中议定典价纹银拾两零八钱五分整，亲手领回应用。其田至（自）典之后，任凭银主管业，不恂（拘）远近价到赎取田回，二比不得异言。恐后无凭，立此典字是实为据存照。
>
> 　　　　　　　　　　　　　　　　凭中　　石春应

---

① 李斌主编，凯里学院、黎平县档案馆编：《贵州清水江文书·黎平文书》（第二辑），第46册，贵州民族出版社2019年版，第134页。

② 李斌主编，凯里学院、黎平县档案馆编：《贵州清水江文书·黎平文书》（第二辑），第30册，贵州民族出版社2019年版，第94页。

同治十三年八月初八日　　　亲笔　　立①

石声清典借到清明会之银 10.85 两，标的物为收禾 16 把之田产一半，无利息，银主石长宗等管业标的物，对石声音清未收取利息。再如民国六年（1917）三月初三日石文用将收禾 14 把之田，典于清明会，借到银 2.4 两②，无利息。民国三十五年（1946）二月初二日石生玉将收禾 2 把之田典与本寨之会上人李仕科等，借到禾谷 122 斤③，无利息。

土地会账本亦显示无利息。《土地会账本（时间不详）》记载，石昌名借土地会之铜币 1000 文。如果不偿还归会，会上众人将收禾 2 把之田的禾谷变卖归还。吴正举借土地会之铜币 2000 文。若不偿还，会上众人将变卖收禾四把之田赔还。④ 张连辉借土地会之铜币 2000 文。张连辉用收禾三把之田作抵⑤，若违约，会上之人将田变卖归还。

其二，清代合会借贷利率钱粮有异，钱利率低于粮食利率。清代，村民借到会上之钱利息一般为月利率3%，如石炳辉借字（光绪三十四年三月十七日）：

> 立借字石炳辉，为缺少银□无处所出，央中问到清明会上，石
> 梯超、梯陵、梯远、炳光、炳春、炳焕等实借过新宝银叁两叁钱整，
> 入手收用。其银自借之后，每两照月加 三 行息。……⑥

---

① 李斌主编，凯里学院、黎平县档案馆编：《贵州清水江文书·黎平文书》（第一辑），第 7 册，贵贵州民族出版社 2017 年版，第 129 页。

② 李斌主编，凯里学院、黎平县档案馆编：《贵州清水江文书·黎平文书》（第一辑），第 7 册，贵州民族出版社 2017 年版，第 219 页。

③ 李斌主编，凯里学院、黎平县档案馆编：《贵州清水江文书·黎平文书》（第三辑），第 56 册，贵州民族出版社 2017 年版，第 284 页。

④ 李斌主编，凯里学院、黎平县档案馆编：《贵州清水江文书·黎平文书》（第二辑），第 48 册，贵州民族出版社 2020 年版，第 384 页。

⑤ 李斌主编，凯里学院、黎平县档案馆编：《贵州清水江文书·黎平文书》（第二辑），第 48 册，贵州民族出版社 2019 年版，第 385 页。

⑥ 李斌主编，凯里学院、黎平县档案馆编：《贵州清水江文书·黎平文书》（第二辑），第 14 册，贵州民族出版社 2017 年版，第 336 页。

光绪十七年（1891）三月十六日吴宏达借到"土地会钱伍佰陆拾文，加三行利，限是十月归还"①，即月利率3%。再如光绪二十六年（1900）三月二十三日吴泰发借到"会上吴有零、吴应文名下，实借过铜钱肆仟三百文整，亲手收回应用，其钱言定每千每年加三行利"②，月利率3%。光绪三十四年三月十七日石炳辉借清明会上，石梯超等银3.3两，"每两照月加三行息"③，宣统三年（1911）四月初一日石梯荣借到本房会上石梯桂庆老宝银4.3两，"其艮（银）每两照月加三行利"④，即月利率3%。这些充分说明，合会类借贷月利率一般为3%。

如果用禾谷支付利息，一般为每千钱20—30斤。道光二十七年（1847）六月初八日杨士清欠杨士彬名下会钱4800文，限至当年八月二十五日归还，用黄牯牛1只作抵，超过期限，"每千钱作利谷三十斤"⑤，即月利率为铜币每千文支付利谷30斤。光绪二十九年（1903）十月初二日杨如秀典田，借到铜币3500文，"其田其钱言定每仟行息贰拾觔（斤）租谷"⑥，每千文利谷20斤。

村民借会谷，利息则高低不一，但高于借钱的利率。有的借会上谷利率很高，达到年利率100%，如《光绪三十二年二月初八日谢三凤等抵借谷字》：

　　　　立抵字人谢三凤、谢文凤，今因缺少谷食，无所出处，自愿将

到地名使僚田乙丘，计禾花四担，上抵沟，下抵谢姓田，左谢姓田，

　　① 李斌主编，凯里学院、黎平县档案馆编：《贵州清水江文书·黎平文书》（第二辑），第36册，贵州民族出版社2019年版，第63页。
　　② 李斌主编，凯里学院、黎平县档案馆编：《贵州清水江文书·黎平文书》（第二辑），第41册，贵州民族出版社2019年版，第123页。
　　③ 李斌主编，凯里学院、黎平县档案馆编：《贵州清水江文书·黎平文书》（第一辑），第14册，贵州民族出版社2017年版，第336页。
　　④ 李斌主编，凯里学院、黎平县档案馆编：《贵州清水江文书·黎平文书》（第一辑），第14册，贵州民族出版社2017年版，第339页。
　　⑤ 李斌主编，凯里学院、黎平县档案馆编：《贵州清水江文书·黎平文书》（第二辑），第49册，贵州民族出版社2019年版，第51页。
　　⑥ 李斌主编，凯里学院、黎平县档案馆编：《贵州清水江文书·黎平文书》（第二辑），第46册，贵州民族出版社2019年版，第130页。

右沟，四至分明，要谷出典抵。自己上门问到凉停会上会主谢老林、德岩、乾寿、乾增、饶定贵承借本谷贰百壹拾七斤，连箩平。其谷对本行利，限至本年九月归得本利，上门赎约，不得有误。□者，下田耕种。恐后无凭，立有抵字为据。

代笔 谢文礼

光绪叁拾二年二月初八日 立①

谢三凤等以田作抵押，借到凉停会上会主谢老林等谷 217 斤，对本行利，即年利率 100%。

另外，借谷以谷作利时，年利率 25%、50% 不等，如宣统三年（1911）六月初四日吴凤贤"自己问到会土吴佩智、吴凤生、吴凤礼、吴凤蛟、吴怡昆五人名下，实借过谷子壹佰六十斤整，亲手收回应用，其谷言定每年利息四十斤"②，即年利率 25%。清代合会粮食借贷利率一般为年利率 25% 至 100%，换成月利率分别为 2.08%、4.17%。

清水江流域清代民间借贷平均月利率为 3.01%。上述契约文书所载合会类民间借贷月利率 8 份，平均月利率 3.78%，高于清代平均利率。

其三，民国时期合会借贷利率平均偏高。货币借贷月利率 2%、2.5% 是比较少见的情形。民国九年（1920）十一月十七日无名氏借到铜币 10000 文，"其钱每千周年加三行息"③，即月利率 2.5%。民国十年（1921）六月二十日李昭久借到王光荣铜币 18000 文，"三面议定每千钱周年加叁行息"，"自愿将到先年帮吴贵生所助之大会乙脚有钱四拾余千左抵"④，月利率为 2.5%。姜必

---

① 贵州省档案馆、黔东南州档案馆、剑河县档案馆合编：《贵州清水江文书·剑河卷》（第一辑），第 1 册，贵州人民出版社 2018 年版，第 219 页。

② 李斌主编，凯里学院、黎平县档案馆编：《贵州清水江文书·黎平文书》（第二辑），第 42 册，贵州民族出版社 2019 年版，第 370 页。

③ 贵州省档案馆、黔东南州档案馆、三穗县档案馆合编：《贵州清水江文书·三穗卷》（第二辑），第 10 册，贵州人民出版社 2018 年版，第 258 页。

④ 贵州省档案馆、黔东南州档案馆、三穗县档案馆合编：《贵州清水江文书·三穗卷》（第一辑），第 2 册，贵州人民出版社 2018 年版，第 76 页。

铺"向平鳌场桥梁会首人借以补清，每两按月行息二分"①，即桥梁会月利率为2%。按此，17年利息约21两。

每月利率3%是比较多的利率。这是沿袭清代的常规利率。比如民国二年（1913）十月二十五日姜春茂抵用仓半间和猪1头作为抵押，借到土地会上首人石体全等铜币4000文，"其钱自借之后随乡每仟照加月叁行利，限至明年四月之内木（本）利归清"②，月利率3%。民国十二年（1923）五月二十日吴志如借到"本团族祖廷泮、宏癸二人会上之钱叁千文整"，"自愿照月加叁行息"③，月利率3%。民国十三年（1924）六月初六日杨光明借到"石□桥土地会众人名下承借钱拾贰千整"，"其钱行息过年加叁"④，即年利率30%，换成月利率为2.5%。民国二十七年（1938）十二月二十八日姜秉光借到"振济会内大洋叁角玖仙整，照月加三行利"⑤，月利率3%。

合会钱类借贷月利率4%、5%。民国十八年（1929）五月十九日龙德芳以土作抵向胡国柱等借到"孔圣会钱肆拾五千文正（整），每月加四行息"⑥，即月利率4%。民国二十六年（1937）二月二十三日王桂标借到清醮会上铜币47500文，"其钱照月加四"⑦，即月利率4%。民国二十八年（1939）十一月五日伍绍钱典田借到"本房清明会钱经手人伍华廷名下承借钱贰拾捌仟文正（整），其钱照月加四行息"⑧，月利率4%。借会钱，用禾谷付利息，利率亦

---

① 张应强、王宗勋主编：《清水江文书》（第二辑），第2册，广西师范大学出版社2009年版，第38页。

② 李斌主编，凯里学院、黎平县档案馆编：《贵州清水江文书·黎平文书》（第一辑），第4册，贵州民族出版社2017年版，第137页。

③ 李斌主编，凯里学院、黎平县档案馆编：《贵州清水江文书·黎平文书》（第二辑），第30册，贵州民族出版社2019年版，第94页。

④ 贵州省档案馆、黔东南州档案馆、三穗县档案馆合编：《贵州清水江文书·三穗卷》（第一辑），第5册，贵州人民出版社2018年版，第261页。

⑤ 张应强、王宗勋主编：《清水江文书》（第一辑），第7册，广西师范大学出版社2007年版，第318页。

⑥ 张新民主编：《天柱文书》（第一辑），第15册，江苏人民出版社2014年版，第115页。

⑦ 张应强、王宗勋主编：《清水江文书》（第二辑），第5册，广西师范大学出版社2009年版，第504页。

⑧ 张新民主编：《天柱文书》（第一辑），第12册，江苏人民出版社2014年版，第150页。

高。民国三十三年（1944）三月初十日王林党立借到王焕方等会洋 6300 元（折银 18.06 两），"每仟元当利谷二百斤"①，年利率大约每两银支付利谷 70 斤。

合会类借贷中，粮食借贷利率相对高，一般为年利率 50%，折合成月利率为 4.17%。年利率最高为 100%，折合成月利率为 8.33%，比如民国四年（1915）正月十六日姜绍学借到"清明会之姜学正、广、必达、祥等本谷贰百斤，其谷加五行息"②，年利率 50%。民国十年（1921）三月初九日姜坤泽母子用田作为抵押借到"姜凤沼、凤翎、源淋、元秀等清明会内之内谷一伯（佰）斤，其后加五行利"③，年利率 50%，两处皆为月利率 4.17%。民国三十年（1941）四月□日姜文斌弟兄用栽手杉木作抵押，借到修路会姜锡珍、姜元瀚谷 100 斤，其谷加五行息④，即年利率 50%，月利率亦为 4.17%。再如《石文周借字（民国十四年七月十一日）》：

> 立借字人石文周，为因缺少口粮无出，自问到，愿将岑柱分种清明会之田禾总一百斤，出卖与石德昭名下，实借铜钱贰千贰百文正（整），入手领收应用。其钱自借之后，至秋收任凭钱主上埂收花，二比不得异言。此借是实为据。
>
> 请笔　石昌后
>
> 民国乙丑年七月拾壹日　立⑤

民国十四年（1925）七月十一日石文周将禾 100 斤押卖于清明会，借到

---

① 张应强、王宗勋主编：《清水江文书》（第二辑），第 7 册，广西师范大学出版社 2009 年版，第 122 页。

② 张应强、王宗勋主编：《清水江文书》（第二辑），第 1 册，广西师范大学出版社 2009 年版，第 378 页。

③ 张应强、王宗勋主编：《清水江文书》（第一辑），第 7 册，广西师范大学出版社 2007 年版，第 112 页。

④ 张应强、王宗勋主编：《清水江文书》（第一辑），第 11 册，广西师范大学出版社 2007 年版，第 96 页。

⑤ 李斌主编，凯里学院、黎平县档案馆编：《贵州清水江文书·黎平文书》（第一辑），第 7 册，贵州民族出版社 2017 年版，第 274 页。

铜币 2200 文，每年秋收钱主上田收花 100 斤，换言之，这 100 斤是清明会放贷钱的利息，这里的年利率实际为 100%。

民国时期清水江流域民间借贷平均月利率为 3.73%。上述合会类借贷折合成月利率共 15 宗，平均月利率为 3.62%，略低于民国平均月利率。

三、高利贷

（一）高利贷界定

高利贷是一个较难界定的概念。属于高利贷的利率界限是多少？中国历史上各时期并不相同，这就影响了此概念的表述。石毓符说，古代高利贷"这个名词的含义是模糊不清的，因为何为高利并没有一个明确的界限。……把封建时期的贷款行为统称为'高利贷'，似也不很确当。"[1] 由于利率情况不明，难确定是否为高利贷，古代某些"通过贷放货币或实物攫取高额利息的剥削方式"只能被称为"'私债'。因为私债的内涵远比高利贷（这里的高利贷不包括政府的借贷行为）宽泛得多，在概念的表述上也更加确切。"[2] 张忠民从供给弹性角度看高利贷，认为高利贷多不是作为资本，而只是小生产者为维持其再生产或生活消费，因此较大的供给弹性必定使高利贷者获取较高的利息率。"随着高利贷资本的膨胀以及活动范围的广泛，高利贷的供给弹性会变小，高利贷者互相之间的竞争则会加剧，这都会导致借贷条件的宽松以及利息率趋于降低。"[3] 从平均利率高于某个数值来界定高利贷是比较可行的，因此本书采用方行对高利贷概念。他说："高利贷资本和商业资本的收益，属于高收益还是低收益，都会自然地同封建地主的土地收益相比较，并

---

[1]　石毓符：《中国货币金融史略》，南开大学出版社 2019 年版，第 24 页。

[2]　赵毅：《明代豪民私债论纲》，《东北师大学报》（哲学社会科学版）1996 年第 5 期，第 35 页。

[3]　张忠民：《前近代中国社会的高利贷与社会再生产》，《中国经济史研究》1992 年第 3 期，第 151 页。

会以后者作为衡量准绳。"基于清代土地、商业、高利贷收益的整体水平，他指出："把年利息率在百分之十五以上，即高于地租收益的借贷，界定为高利贷，或许是可行的。"① 按照此说，超过年利率15%或月利率1.25%以上的借贷即为高利贷。

从理论上说，刘秋根对高利贷资本的定义准确，高利贷资本是"适应前资本主义生产方式的、资本收益较当时的土地收益高的古老形式的生息资本。就中国的实际情况看，中国封建社会各种借贷只要具有谋利性质便都是高利贷资本的组成部分，而不必考虑其具体的利率究竟有多高"②。他认为中国古代的友情借贷和封建政府发放的具有赈济性质的常平仓、义仓等形式的借贷，是低利或无利的借贷，所以不在高利贷之列，中国早期的银行业包括钱庄、典当等实质上属于高利贷资本。③ 鉴于民间借贷更多的是小生产者、农民和手工业者，不是资本主义的生产者，其资本量较小，谈不上商业资本，所以高利贷的界定一般按照清政府和民国政府对利率所作的规定，高于其规定利率的借贷被称为高利贷。彭信威先生说："在封建社会和半封建的旧中国社会中，各种信用，都带有高利贷的性质，不向个人间的借贷也好，典当的抵押信用也好，甚至钱庄的票号等信用机关所作的放款，都可以包括在高利贷这一名词之内。"④ 有学者指出："高利贷是一种债主通过放贷现金或实物，向债户收取高额利息的一种信用。"⑤

民间借贷中的高利贷，根据清政府和民国政府等的相关规定来认定，同时结合当时的实际情况，即结合社会环境和通货是否膨胀，如纸币借贷并归还纸币，在物价上涨指数特别大的时段，如抗战爆发时、1946至1949年间

---

① 方行：《清代前期农村高利贷资本问题》，《清史研究》1994年3期，第30页。
② 刘秋根：《明清高利贷资本》，社会科学文献出版社2000年版，第4页。
③ 刘秋根：《明清高利贷资本》，社会科学文献出版社2000年版，第5页。
④ 彭信威：《封建时代的高利贷》（北京图书馆藏油印论文），转引自刘秋根《明清高利贷资本》，社会科学文献出版社2000年版，第4页。
⑤ 陈峥：《民间借贷与乡村经济社会研究：以近代广西民族地区为中心》，经济日报出版社2016年版，第28页。

等，物价飞涨，货币贬值快，超过年利率 20%，不属于高利贷。比如李金铮认为，南京国民政府颁行民间借贷年利率不得超过 20% 的标准，将超过年利 20% 或月利 1.67% 借贷视为高利贷的做法是可以接受的，但他认为这一规定实际上没有取得成效①；"当发生物价急剧膨胀的时候，货币高利贷利率标准应另当别论。"② 这个论断是科学的。银两、银圆、毫银和铜币等金属货币借贷，并且使用银两、银圆、铜圆、禾、谷、米等实物支付利息，就民国时期而言，年利率超过 20% 属于高利贷。借物（禾、谷、米）还物（禾、谷、米）和借纸币（钞票）还实物（禾、谷、米），年利率超过 20%，亦属于高利贷。陈峥说："在此需要补充的是，在物价比较平稳的时候，现金借贷和实物借贷可以根据此标准，若在通货膨胀严重时期，现金借贷年利率在 20% 以上未必就是高利贷。但近代广西民族地区的实际情况是，物价平稳时的借贷既有现金借贷，也有实物借贷，而物价变动较大时，实物借贷就取代了现金借贷而占主要地位了，在抗战时期和第三次国内战争时期，广西民族地区乡村的借贷就以实物借贷为主，此时期的现金借贷，也多是币值较为稳定的银币和银两。因此，无论哪一时期，广西民族地区乡村借贷年利率在 20% 以上者大多是高利贷。"③ 清水江流域与广西有所不同，一般而言，清水江流域的高利贷是钱主或物主向他人出贷资金或禾谷，按期收获高额利息（月利率超过 3%）的借贷方式。

由此，本书认为，在清代，月利率超过 3%，或年利率超过 36% 的借贷属于高利率贷。在民国，为了便于整体上比较，同样以月利率超过 3%，或年利率超过 36% 的借贷为高利率贷。俞如先认为，货币借贷利率超过 36%，粮食

---

① 李金铮：《政府法令与民间惯行：以国民政府颁行"年利 20%"为中心》，《河北大学学报》（哲学社会科学版）2002 年第 4 期，第 11 页。

② 李金铮：《华北抗日根据地私人借贷利率政策考》，《抗日战争研究》2001 年第 3 期，第 36 页。

③ 陈峥：《民间借贷与乡村经济社会研究：以近代广西民族地区为中心》，经济日报出版社 2016 年版，第 28 页。

借贷利率超过 50%，即可定性为高利贷。① 本书所采用的这个标准，理由在于，既然是民间借贷，就无须区分其所借贷的是货币还是粮食。无论货币借贷还是粮食借贷，都用同一标准讨论，旨在从长时段、宏观上探求两个多世纪里（214 年）清水江流域民间借贷利率的变化趋势和高利贷的构成情况。总之，高利贷的认定应具体情况具体分析。

从历史上看，我国古代的高利贷利率整体上呈现下降而又升降不定的趋势，曾维君说："中国古代高利贷利率在纵的发展趋势方面具有整体上呈下降趋势但发展却升降不定两个特点。"② 对于汉代的高利贷利率，傅筑夫认为，"一般都在一倍以上，有时更高"。③ 漆侠认为，两宋三百年时期，民间借贷利呈现下降趋势④。两宋以后，高利贷利率继续下降，明代高利贷利率呈下降的趋势，刘秋根指出："实物借贷（主要是谷物）整体上说以年息倍称（100%）或五分以上最为常见。……（货币借贷）从整体上说应该是以二分、三分左右为主，高达五分、六分甚至十分，低至一分五厘甚至一分。从演变趋势上分析，明代前期至中后期，高利率表现出某种下降的趋势。"⑤ 到了清代前期，高利率继续呈下降的趋势，"清代前期的利率，如果以康熙五六十年为界将清代前期划分为清代初期和清代中期的话，那么初期至中期也是表现出了一定的程度上的下降趋势的。"⑥ 清代后期利率不是下降而是有所上升。陈支平指出："清代后期的利息率比清代前期略有增长，但增长的相当有限，大致在年息百分之二十至三十之间浮动。"⑦ 民间借贷利率仍然处于上升态势。"大致以

---

① 俞如先：《清至民国闽西乡村民间借贷研究》，天津古籍出版社 2010 年版，第 329 页。

② 曾维君：《略论中国古代高利贷资本利率演变趋势》，《湖南社会科学》2001 年第 2 期，第 77 页。

③ 傅筑夫：《中国经济史论丛》，生活·读书·新知三联书店 1980 年版，第 544 页。

④ 漆侠：《宋代经济史论》（下册），上海人民出版社 1988 年版，第 1119 页。

⑤ 刘秋根：《关于明代高利贷资本利率的几个问题》，《河北学刊》2002 年第 5 期，第 137—139 页。

⑥ 刘秋根：《关于明代高利贷资本利率的几个问题》，《河北学刊》2002 年第 5 期，第 204 页。

⑦ 傅衣凌、杨国桢：《明清福建社会与乡村经济》，厦门大学出版社 1987 年版，第 235 页。

1931 年为限，此前变化不大，此后利率是上升的，但不是毫无限制的。"① 俞如先认为，"与古代社会形成鲜明对比的是，自清朝后期直至民国时期，我国民间借贷利率反呈上升趋势"②，"我国近代各地农村的借贷利率就普遍出现了迅速增长的趋势"③。关于清至民国清水江流域民间借贷中的高利贷利率问题，在后续分析中将会得出相关结论。

（二）高利贷利率

1. 实物借贷

针对清水江流域而言，高利贷是存在的，其利率变化亦呈现一定的规律。

清水江流域的民间借贷契约主要从乾隆年间到民国末年，大体上涉及古代、近代和现代三个时段（以中华人民共和国成立为当代起点）。本书在讨论借贷利率时，所涉及的高利贷是比较复杂的。

一是史志所载的粮食类高利贷。

> 高利贷是这里普遍流行的剥削形式。本寨的富裕户（地主、富农、富裕中农）每年收回的利息，至少可以抵去他雇工的支出（只约有30%的富裕户不放债）。外寨来此放债的债主们，有的后来成了巫脚交的地主（如郜清和），他们最初是图这里的秤大（大秤每斤比台江城的正秤多半斤），同样是每元50斤的利谷在巫脚交实际上就可以收入75斤（正秤）的利谷。以后，赖在此地不走，秋收后，本利一起囤放在此地，到次年初夏又贷出去。就这样翻来覆去，积累多时，就在本寨"踩田"买地。……

> 高利贷者进行剥削的另一手法就是实物、货币互换。一般谷价

---

① 徐畅：《二十世纪二三十年代华中地区农村金融研究》，齐鲁书社 2005 年版，第 76—77 页。

② 俞如先：《清至民国闽西乡村民间借贷研究》，天津古籍出版社 2010 年版，第 5 页。

③ 郑庆平：《中国近代高利贷资本及其对农民的盘剥》，《经济问题探索》1986 年第 4 期，第 51 页。

低时将钱换成稻谷，到青黄不接谷价上涨时，又将稻谷换成钱。高利贷者从中获取暴利。[1]

三穗县亦有高利贷。"长吉有的高利贷者：以场计息，每一（银）元每场利息为猪肉 1 市斤，月息累计达 20% 以上。'放养'牲畜的借贷，敢养人将母牛或仔猪散给其他人喂养，一般放养母牛所生牛崽，故养者与喂养人各得一半，母牛乃属放养人所有。放养仔猪实行除本分利，即喂成肥猪后减去仔猪重量，双方平均分配，也有少数采取本利平分。新中国建立后，随着国家银行机构和农村信用社的普速设立，高利贷活动受到抑制。但民间自由借贷尚存，唯其形式则以借币还币，以无息或低息（普遍高于银行和信用社贷款息）借贷为多，偶尔也有少数高利放债者，一般月息为 10%—15%，年息高达 180%，多为暗地借贷活动。且以短拨暂借急需用项较多。至亲友好相支持无息借贷者较为普遍。"[2]

岑巩县境内有高利贷，钱三分利，谷五分利。若按月利率超过 3% 为高利贷标准，其谷利属于高利贷。"钱谷借贷钱利利率向例 3 分，也有 5 分到 10 分的；谷利，民间谚云：'钱加三谷加五'，并要担保人及凭中人为证，立据画押，据调查：民国二十四年（1935），注溪陈千锡向邓维林借 40 吊铜圆买耕牛，每 10 吊谷利 5 升，年末陈千锡被迫卖牛，又借 8 吊铜圆才还清 40 吊和 2 石谷利。还有利变本，利上加利等。"

黎平县贫苦农民无法生活时，急需资金或粮食渡过难关，不得不举借高利贷，甘心承受高额利息的盘剥，"利息一般为银钱加三禾加五，还有'大加一'、'大加二'、'大加三，或'月月息'的高利借贷。"[3]

可见，清水江流域的高利贷计息方式有三类：一是禾五钱三的利率，即

---

① 《民族问题五种丛书》贵州省编辑组、《中国少数民族社会历史调查资料丛刊》修订编辑委员会编：《苗族社会历史调查》（一）（修订本），民族出版社 2009 年版，第 61—62 页。

② 三穗县志编纂委员会编：《三穗县志》，民族出版社 1994 年版，第 487 页。

③ 《黎平县志》编纂委员会编：《黎平县志》，巴蜀书社 1989 年版，第 196—197 页。

禾、谷、米类借贷月利率按5%计算（年利率60%），货币借贷月利率3%。二是大加一、大加二、大加三的高利息，即年利率100%、200%、300%。三是月月息、半月息、场（五天）息、日息等高利率。

二是清水江流域民间借贷契约文书所载的粮食高利贷。

虽然各县对于高利贷的认定有不同的标准，但本书关于高利贷利率的起点只有一个标准，即月利率超过3%或年利率超过36%的民间借贷是高利贷。在清水江流域，实物借贷主要是粮食。① 本书从清代和民国两个时段进行讨论。

从表5-3，可知清代清水江流域粮食借贷利率数据。清代粮食借贷中，除去无利息的外，有利息的粮食借贷28份，其中年利率大于36%的有16份，分别有4个100%、80%、60%、8个50%、40%、38%，占有利息粮食借贷的57.14%，平均年利率为63.63%，月利率则为5.3%。也就是说，该流域清代的粮食借贷中，高利贷平均月利率大约5.3%，占清代粮食借贷的比例为57.14%。

从表5-4可知民国时期清水江流域粮食借贷中的高利贷数据。39份粮食借贷记载利息，其中年利率超过36%的有35份，占总数的89.74%。利率分布分别为100%，1个；70%—72%，2个；60.7%—62.4%，2个；60%，4个；50%，22个；37.5%—40%，4个；平均年利率54.77%，换成月利率则为4.56%。民国时期该流域接近九成的粮食借贷属于高利贷，高利贷的平均月利

① 实物借贷除了借粮食，另有借鸦片，归还时用稻谷的实物借贷，但契约文书尚未发现。"台江杨姓趁这里吸鸦片烟的人家渐渐增加，就从台江买来二三十两鸦片烟，借给本寨有烟瘾的人吸，借的时候，将烟按市价（本寨的一般价格）折成稻谷，到秋收时偿还稻谷。此地谷贱烟贵，加上他在台江低价买进鸦片到此地高价卖出，所以偿还时不加利息；有时，借鸦片烟时只记烟账，等到秋收偿付鸦片烟账时，再按当时价格折成稻谷偿付。这两种代价都差不多，一般每两大烟折稻谷四五十斤，比当时台江城并镇的鸦片烟价高50%，与稻谷借贷的利息同，只不过它更狠毒些（九月云赊烟1两，十月还谷子，也要给四五斤稻谷）。随时可以放债，数量也不拘多少，更用不着一家一户去费唇舌，瘾客们自己找上门的。"（详见《民族问题五种丛书》贵州省编辑组、《中国少数民族社会历史调查资料丛刊》修订编辑委员会编《苗族社会历史调查》（一）（修订本），民族出版社2009年版，第60页。）本书中未讨论借贷鸦片。

率大约为 4.56%。

略举数例文书进一步说明。年利率 100%者，如道光元年（1821）三月初一日马宗荣借到姜熊占禾 300 斤，"每年一本一利"①、道光十八年（1838）五月初三日姜光宗借到姜钟□娘"谷壹石重玖拾斤，限在秋收后之时本利共还壹百捌拾斤"② 以及道光十九年（1839）三月十八日姜显智借到"姜绍齐兄谷九十斤，八九月秋收还一百八十斤"。③

年利率 50%者，如民国三十八年（1949）十一月初二日姜秉魁借到九佐村林银和昌二人私下之谷 530 斤，"其谷加伍行息，秋收之日本利归还"，并用田 1 丘作抵，约谷四石。④

月利率 5%。民国三十一年（1942）十月初三日吴文有将牛 2 脚作抵，借到吴文贤谷 1 石，"照月加五行息"⑤。月利率 7%，如民国四年（1915）四月十七日吴显辉借到杨士财禾 50 斤，将祖父遗下之业田乙丘，约禾 3 把作抵，"限至九月秋收之日加柒行利"，若误，"恁钱主之变卖还钱"。⑥

"高利贷分实物和货币两种，以实物为主，约占 80%。几家大地主放的高利贷数额都很大。李尊三家每年放的谷账约有 1000 挑左右。马家大地主放出的更多，仅 1947 年贷出的谷子就将近 2000 挑，其中扬武乡有 700 挑，此外，还贷出一些银子。还债有三种形式：一、放银圆，本利皆还银圆；二、借银圆，还银本谷利；三放谷子，本利皆还谷子。此外，还实行'集体借债，集

---

① 张应强、王宗勋主编：《清水江文书》（第一辑），第 1 册，广西师范大学出版社 2007 年版，第 340 页。

② 陈金全、杜万华主编：《贵州文斗寨苗族契约法律文书汇编——姜元泽家藏契约文书》，人民出版社 2008 年版，第 341 页。

③ 陈金全、杜万华主编：《贵州文斗寨苗族契约法律文书汇编——姜元泽家藏契约文书》，人民出版社 2008 年版，第 350 页。

④ 张应强、王宗勋主编：《清水江文书》（第一辑），第 7 册，广西师范大学出版社 2007 年版，第 127 页。

⑤ 贵州省档案馆、黔东南州档案馆、剑河县档案馆合编：《贵州清水江文书·剑河卷》（第一辑），第 5 册，贵州人民出版社 2018 年版，第 133 页。

⑥ 李斌主编，凯里学院、黎平县档案馆编：《贵州清水江文书·黎平文书》，第 50 册，贵州民族出版社 2019 年版，第 80 页。

体还债'的办法，因农民经济力量各有不同，集体借债容易，但集体还债就比较困难，这样就便于地主进行大规模的掠夺。当债务到期农民无力还债时，便强迫农民以田地、房屋、猪、牛作抵偿。实物债，主要是放谷子和大米。每年到青黄不接时候，地主便将谷子或大米借给群众，一般年利为50%，如遇灾害年景，年利达100%。由于借谷时间是五月、六月、七月，而还谷则在当年九月，所以名为年利，实际上只有三四个月。如果当年还不起，就以利作本，归人下年还。有些农民就这样连年还不清债，因而倾家荡产。"① 可见，清水江流域高利贷主要有放贷钱和放贷禾谷两种方式。

民间借贷契约文书显示：

其一，清至民国清水江流域民间粮食借贷中，大约76.12%为高利贷，即七成以上属于高利贷。

其二，粮食借贷中，高利贷年利率平均为57.55%，换成月利率为4.8%，相当于契约文书中所载的月加五，高于清政府法定月利率3%，高出1.8个百分点。

货币高利贷的数量（138份），虽然多于粮食借贷（51份），但它所占的比例（19.6%）远比粮食高利贷（76.12%）小，不及粮食高利贷普遍，大约仅有两成的货币借贷属于高利贷。

需要指出的是，如果把粮食借贷中借贷时间不满一年均按年利率50%来计算的话，按实际时间折算成年利率，则高达200%。无论三或五个月借贷时间，均按一年计息，这是清水江流域出贷人剥削借贷方的重要方式，如道光十八年（1938）五月初三日姜光宗借粮食90斤，秋收时还180斤②，时间大约5个月，按1年计息，利率100%；道光十九年（1839）三月十八日姜显智

---

① 《民族问题五种丛书》贵州省编辑组、《中国少数民族社会历史调查资料丛刊》修订委员会编：《苗族社会历史调查》（三），民族出版社2009年版，第173页。

② 陈金全、杜万华主编：《贵州文斗寨苗族契约法律文书汇编——姜元泽家藏契约文书》，人民出版社2008年版，第341页。

借粮食 90 斤，当年八九月还 180 斤[①]，仍按年利率 100% 计息。本书讨论的粮食年利率，仍按清水江流域约定俗成的方式，未按实际借贷时间计算。

2. 货币借贷

其一，清代百分之六七的货币借贷为高利贷。

清代清水江流域货币借贷中高利贷占一定比例。本书以月利率超过 3% 为高利贷。围绕这个标尺讨论该流域的高利贷，"货币债。年利率一般也是 50%。大地主马二皆，常以银钱放债，以谷计利，借 4 元、5 元或 6 元，当年要谷利 1 挑。谷价高时，年利率达 100%。"[②]

根据表 5-1 可知，65.57% 的年利率为 36%，不在高利贷范畴。"民间借贷一般年息 3 分左右，也有'大加一'、'大加二'（月息一分、两分）等。1945 年以后，物价猛涨，法币迅速贬值，借贷多以银圆或东毫计算，有借法币折合银圆，也有以银圆借贷的。农村一般是佃户向地主借贷，如借下脚粮，卖桑谷（即卖青苗）等，借贷多为实物，借谷还谷或借钱还谷，利息多在'大加一'以上。"[③]

就目前所见清水江流域清代货币借贷契约文书来看，清代高利贷有 23 份，占总数 366 份的 6.28%，其中最高为月利率 10%（月加十），有 1 份。每月利率 4% 的，占比最多，计 10 份，平均月利率为 4.7%，超过清代法定利率 3% 的标准，高 1.7 个百分点（见表 5-8）。

---

① 陈金全、杜万华主编：《贵州文斗寨苗族契约法律文书汇编——姜元泽家藏契约文书》，人民出版社 2008 年版，第 350 页。

② 《民族问题五种丛书》贵州省编辑组、《中国少数民族社会历史调查资料丛刊》修订委员会编：《苗族社会历史调查》（三），民族出版社 2009 年版，第 174 页。

③ 《黎平县志》编纂委员会编：《黎平县志》，巴蜀书社 1989 年版，第 446 页。

表5-8 清代清水江流域民间货币高利贷利率表

利率描述／县	锦屏	天柱	黎平	剑河	三穗	岑巩	合计（份）
月加四	7		3				10
月加五		1	1	1		1	4
月加六			1				1
月加八				1			1
月加十			1				1
年加四			1				1
年加五	1		4				5
合计（份）	8	1	11	2		1	23
月利率（%）	4.03	5	4.82	6.5		5	4.7

说明：月利率和年利率统一折合成月利率，便于比较，下同。

用契约文书加以说明，如《道光二年十二月初四日杨登转借银限字》：

> 立限至杨登转，为因年内无银，自今限到来年二月内归还本利
> 共银叁两整。不得过期，如有过期，每月加利银乙钱。今欲有凭，
> 立此限为据。
>
> 外批：当收银二两整。
>
> 　　　　　　　　　　凭中代笔　吴芳山
>
> 道光贰年十二月初四日　立①

杨登转应在来年二月偿还的本利银3两，若超过期限，"每月加利银乙钱"，增加利息，按月利率10%支付。原欠债已经包含利息。再如《道光七年十二月十二日谢坝长抵当田字》：

> 立抵当田人谢坝长，今因家下要银使用，无从得处，自愿将到
> 土名坐落论不如田半丘禾花十边出抵，请中上门问到本寨谢包楼名

---

① 李斌主编，凯里学院、黎平县档案馆编：《贵州清水江文书·黎平文书》（第二辑），第38册，贵州民族出版社2019年版，第327页。

下承当本银叁两正。其银亲手领，限至明年四月内相还本利四两还亲（清），不得有误，若有误者，任从艮（银）主下田耕种，不得异言。今恐无凭，立有抵字为据。

凭中　谢长包坝

代笔　谢包岩

道光柒年十二月十二日　立借①

本例中，谢坝长借到谢包楼银 3 两，时间为 4 个多月，支付利息银 1 两，月利率大约 8%。

其二，民国时期大约百分之十六的货币借贷属于高利贷。

根据表 5-2 可知，民国时期清水江流域高利贷契约文书 44 份，占总数 271 份的 16.24%。月利率平均为 7.74%，最高为日利率 10%，月利率则为 100%。又以月利率 4% 为最多（见表 5-9）。

表 5-9　民国清水江流域民间货币高利贷利率表

利率描述/县	锦屏	天柱	黎平	剑河	三穗	岑巩	合计（份）
三日加十			1				1
月加四	2	9	4	1			16
月加五	2	7	3		1		13
月加八			1				1
月加九			1				1
月加十			4				4
月加十六			2				2
年加四	1		1		1		3
年加五			1		2		3

---

① 贵州省档案馆、黔东南州档案馆、剑河县档案馆合编：《贵州清水江文书·剑河卷》（第一辑），第 1 册，贵州人民出版社 2018 年版，第 199 页。

续表

利率描述/县	锦屏	天柱	黎平	剑河	三穗	岑巩	合计（份）
合计（份）	5	16	18	1	4		44
月利率（%）	4.26	4.44	12.7	4	4.3		7.74

如表5-9所示，其中有按日计算利息的案例，即《吴氏乃老想借条（民国三十三年十二月初四日）》：

凭条

今借到赖先生继贵名下，小洋叁佰毫整，因为姻事急用，限三日送还，利洋叁拾毫。不得延误。此据。

借账人　吴氏乃老想

凭中　　吴义荣　吴培□

请笔　杨振斌

民国三十三年古十二月初四日　立①

本凭条中，吴氏乃老想在中人吴义荣的撮合下，借到赖继贵小洋银300毫（约合银22两），期限3天，利息30毫。这里按天计息，3天的利率为10%。若换成月利率，则高达100%，也就是常说的大加一。

其三，清至民国清水江流域民间货币借贷高利贷月利率平均为6.76%。

记载高利贷的契约文书例证足以表明该流域民间借贷中高利贷曾经存在。月利率超过3%的契约文书，如乾隆三十九年（1774）八月二十一日范富臣借到（锦屏）加室（池）寨姜佐章本银6钱"银（言）定照月加四行利，限至十一月内本利归还"，"倘有为误，加一称粮"。②虽然月利率为4%，但超过期限，除收利息外，另支付一秤（60斤）粮食。

---

① 李斌主编，凯里学院、黎平县档案馆编：《贵州清水江文书·黎平文书》（第二辑），第41册，贵州民族出版社2019年版，第235页。

② 张应强、王宗勋主编：《清水江文书》（第一辑），第7册，广西师范大学出版社2007年版，第134页。

月利率5%至9%的例证。比如民国二十八年（1939）十一月初六日蔡起坤借用水牛1只作抵，借到曹光林大洋15元，"其洋言定每元照月加五行息"①，照月加五行息即月利率5%。民国三十五年（1946）四月二十八日刘荣祥与龙远臣借到刘荣祥钞洋1万元，"行息加五"②，秧地田1丘作抵押，月利率亦5%。民国二十二年（1933）七月二十三日吴学忠用田禾贰拾四把作为抵押，借到姚□交洋银叁拾毫整，"每仟每月加六行急（息）"③，月利率6%。民国十一年（1922）三月十三日吴炽标用田30把和屋宇1座作抵，借到赢文选小洋毫600角，按月行利，每百毫8角小洋④，月利率8%。民国四年（1915）十一月十六日石昌荣"借去本银贰两六钱整，又去玉石嘴一个价银一两六分八分，二共该本银四两三分，从借去之久蓉四拾贰价月零日，共该利银伍两五分，九分息，共该本利银九两九分整"⑤，"九分息"即月利率9%。

有月利率10%的契约文书，如《石培先借字（民国三十六年六月二十四日）》：

> 立借字人石培先，为因胞兄辞世缺少用费，无从得出，自愿将所喂之猪作抵央中借到本房石雍照名下借过大洋肆元整，领收应用。其洋自借之后，每元按月照加大洋壹角息利，不拘远近归还。倘有不归还清，口说无凭，立此借字为据。……⑥

民国三十七年（1948）五月二十七日杨胜□借到石世标大洋20元，"其

---

① 李斌主编，凯里学院、黎平县档案馆编：《贵州清水江文书·黎平文书》（第三辑），第59册，贵州民族出版社2020年版，第98页。

② 贵州省档案馆、黔东南州档案馆、三穗县档案馆合编：《贵州清水江文书·三穗卷》（第三辑），第11册，贵州人民出版社2019年版，第53页。

③ 李斌主编，凯里学院、黎平县档案馆编：《贵州清水江文书·黎平文书》（第三辑），第59册，贵州民族出版社2020年版，第250页。

④ 李斌主编，凯里学院、黎平县档案馆编：《贵州清水江文书·黎平文书》（第三辑），第54册，贵州民族出版社2020年版，第100页。

⑤ 李斌主编，凯里学院、黎平县档案馆编：《贵州清水江文书·黎平文书》（第一辑），第4册，贵州民族出版社2017年版，第157页。

⑥ 李斌主编，凯里学院、黎平县档案馆编：《贵州清水江文书·黎平文书》（第一辑），第15册，贵州民族出版社2017年版，第54页。

洋自借后，每元按月加大洋壹角，限至明年春三月之内归本息还清，不得有误。如有误者，自愿将边守田贰丘载谷壹拾陆石作抵"①，月利率同样10%。

有时月利率高达16.67%，如《吴育林借字约（民国二十三年十二月八日）》：

> 立借字约人本寨吴育林，为因缺少钱用无出，自己上门借到谢三顺名下，实借付银毫壹佰贰拾毛整，每月作利贰拾毫，不得有误，自愿将杀善田一厢作抵。恐口无凭，立此借字为据。
>
> 笔中　吴定发

民国贰拾三年十二月八日　立借②

吴育林所借谢三顺银120毫，每月利息20毫，月利率为16.67%，折成年利率则为200%，即大加二。

"黔东南有借钱和借物两种。地主借钱给贫苦农民，一般月息四分、五分、六分、七分不等，有的利倍于本，甚至数倍于本收取利息，到期有的还不起，利连本一起计算，变成利生利，农民称为'马打滚''阎王债'。地主借物给农民，有的折价计息，有的'借物还物'，总的都是借少还多。……黎平县一廖姓农民因家遭不测，向地主借500银毫，月息定为50毫，每月付不起利息，便写'红条'续欠，这样息又为本，两年后无力还清，不得已，将房屋抵债。"③廖姓农民月利息50毫，月利率为10%，这与前一例文书所载货币借贷月利率皆为月利率10%，换成年利率则为120%。这说明，清水江流域民间借贷中，一年一本一利或以上，应当是成立的。这样的高利贷造成借入人用房屋、田产抵债，最终无力偿还，只有倾家荡产。

---

① 李斌主编，凯里学院、黎平县档案馆编：《贵州清水江文书·黎平文书》（第一辑），第15册，贵州民族出版社2017年版，第202页。

② 李斌主编，凯里学院、黎平县档案馆编：《贵州清水江文书·黎平文书》（第二辑），第42册，贵州民族出版社2019年版，第390页。

③ 黔东南苗族侗族自治州地方志编纂委员会编：《黔东南州志·农业志》，贵州人民出版社1993年版，第19页。

3. 高利贷总体趋势

其一，清至民国清水江流域民间借贷中，高利贷所占比例为 19.46%，即大约两成的民间借贷属于高利贷。

其二，高利贷以年加四（换成月利率为 3.33%）最多，占 27.74%；月加四（月利率 4%）次之，占 26.28%。利率最高为三日加十（月利率 100%）；月利率 9% 及以上的契约文书计 9 份，占 6.57%；一年一本一利有 5 份，占 3.65%。这三者共见借贷契约文书 14 份，占 10.22%。换言之，一成以上的高利贷年利率为一年一本及以上（见表 5-10）。

其三，高利贷月利率平均为 4% 以上，最高为 8.91%，从乾隆到民国年间月利率平均为 5.63%（见表 5-10）。

表 5-10　清至民国清水江流域民间高利贷利率表

利率/时段	乾隆	嘉庆	道光	咸丰	同治	光绪	宣统	民国 1-17	民国 18-34	民国 35-38	合计（份）
三日加十									1		1
月加四	5	2					2	5	22		36
月加五				1	1	2		9	7	3	23
月加六						3		3	2	1	9
月加八			1	1				1			3
月加九								1			1
月加十								1	2	2	5
月加十六									2		2
年加四						2		4	3	4	13
年加五	1	1	6		1	3		12	8	6	38
年加七								1			1
年一本一利			3			1			1		5
合计（份）	6	3	10	2	2	11	2	37	48	16	137
月利率（%）	4.03	4.07	5.79	4	4.6	5.04	4	4.84	8.91	4.95	5.63

其四，从清乾隆至民国，清水江流域民间高利贷起点为月利率4.03%，经过嘉庆时期的4.07%，道光年间又有所上升，达到5.79%，咸丰年间为4%，同治年间为4.6%，光绪年间又有所上升，达到5.04%，到宣统年间回落到4%。在这176年里，起伏不大，基本处于月利率4%至6%之间。民国元年至十七年（1912—1928），上升到4.84%；民国十八至三十四年（1929—1945），再上升到8.91%；民国最后四年（民国三十五年至三十八年，1946—1949）有所回落，为4.95%。民国的38年里，高利贷利率处于月利率4.84%至8.91%之间，时间虽短，但利率高且起伏较大（见表5-10）。

最后，清水江流域民间高利贷利率大致呈现两高峰期和两个平缓期，围绕月利率5%上下波动。道光年间为高峰期，月利率5.79%；民国十八至三十四年（1929—1945）间为第二高峰期，达到8.91%。乾隆至嘉庆、咸丰至宣统两个时期为平缓期，虽然光绪年间略有抬升，达到5.04%，但这两个时期整体上仍平缓（见图5-2）。

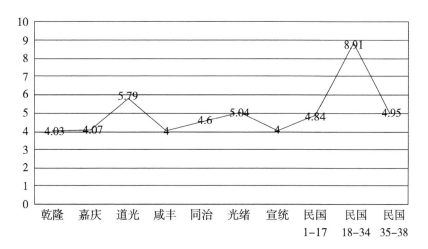

图5-2　清至民国清水江流域高利贷利率变化图（单位：%）

由图5-2可以看出，在清乾隆至民国的214年里，清水江流域民间高利贷总趋势呈上升趋势。具体地说，从月利率4.03%为起点，最终为4.95%，整体利率偏高。

（三）高利贷评价

清水江流域的民间借贷所得主要用于生产和消费，而非"糊口借贷，是维持或消极性的借贷，是经济贫困制约的结果"。[①] 尽管借贷使村民产生了负债，包袱沉重，但负债并不一定代表贫穷，而是收入的灵活运用。举债用于生活或农业开发、经济开发，出于何种目的，都不会损害农业或农村经济，而有助于生产和生活。

一般认为，高利贷产生的原因是社会贫富不均。韦庆远认为，"高利贷这种社会现象之所以能出现并严重蔓延，必须具备两个条件：一为有大量的人户为生活所迫，不得不典地典房甚至典押人身以求借……二为社会上也有另一部分人拥有大量游资现银并且乐于以放债食利为生，甚至专门从事这样的经营"。[②] 另有社会不安定、天灾人祸等因素，此处不赘述。

针对清水江流域苗、民乡民的高利贷，应当给予客观评价。一方面高利贷有极大的消极作用，另一方面它在客观上也产生了一定的积极影响。

1. 消极作用

整体而言，民间借贷在一定程度上维护封建社会的生产方式和地主阶级私有制，清水江流域民间借贷亦然，其中的高利贷盘剥乡民，使村民负债累累，贫困交加，流离失所，甚至倾家荡产。

马克思用否定的眼光评价民间借贷中的高利贷，他说："这种高利贷资本使这种生产方式陷入贫困的境地，不是发展生产力，而是使生产力萎缩……高利贷不改变生产方式，而是像寄生虫那样紧紧地吸在身上，使它虚弱不堪。高利贷吮吸着它的脂膏，使它精疲力竭，并迫使再生产在每况愈下的条件下

---

① 李金铮：《民国乡村借贷关系研究》，人民出版社 2003 年版，第 58 页。
② 韦庆远：《档房论史文编》，福建人民出版社 1984 年版，第 35—36 页。

进行。"① 受这种观点的影响，有学者认为民间借贷中的高利贷造成社会经济凋零。刘秋根说："中国学术界受这一观点影响，对中国古代高利贷资本的历史作用多加否定。"② 亦有学者将民间借贷与高利贷对等起来，或者直接否定高利贷，因为高利贷所带来的负面影响极大，诸如农民破产、生产力发展受阻碍、卖儿鬻女的黑暗社会等，刘兴唐指出："这种高利贷，在中国社会发展过程中所起的作用，我们很可以看出他是阻止了商业资本之发展。在某一个时期中，他固然加速了农村经济破产之过程，而在某一个时期中，他也曾压迫过商人。"③ 薛暮桥认为，"地主、商人们的采用高利贷的剥削方式，一方面加重了穷苦农民的负担，另一方面可使佃租和商业利润带着愈加浓厚的封建的色彩。"④ 陈翰笙认为高利贷使农民重复简单的再生产，"高利贷对于拥有生产手段的小生产者有绝大的破坏能力。它活似生活在那些小农们的毛孔中，吸吮他们的血液，萎缩他们的心脏，逼得他们一天悲惨过一天地去从事农业的简单再生产。"⑤

清水江流域的实物借贷一般是放贷禾谷，油米极少。如前所论，大约76.12%的粮食借贷属于高利贷，高利贷平均年利率为 57.55%，换成月利率为4.8%。有时借谷时间是三至七月，偿还禾谷在八至十月或当年，计息采用年利，实际上只有半年，不足一年。当年还不清，利也作本，上再加利。货币借贷采用钱和禾谷计算利息的方式，清水江流域货币高利贷平均月利率为6.76%。这样的高利率剥削对乡村中的贫困人民剥削程度较高，其直接结果表现为：

一是借入人被出贷人夺走半倍、数倍于本的货币与粮食。例如张皆乡遭

---

① ［德］马克思、［德］恩格斯著：《马克思恩格斯全集》第 25 卷，中共中央马克思恩格斯列宁斯大林著作编译局编译，人民出版社 2016 年版，第 674—675 页。
② 刘秋根：《关于中国古典高利贷资本的历史华用——读〈资本论〉第三卷第五编》，《史学月刊》2000 年第 3 期，第 12 页。
③ 刘兴唐：《唐代之高利贷事业》，《食货半月刊》第 1 卷第 10 期，1935 年，第 15 页。
④ 薛喜桥：《旧中国的农村经济》，农业出版社 1980 年版，第 74 页。
⑤ 陈翰笙：《陈翰笙文集》，复旦大学出版社 1985 年版，第 98 页。

到高利贷盘剥，借地主张久岁 17 斤谷子，最终偿还 1175 斤，利息达 68.12 倍。"丙寅年遭大灾荒，高利贷者加紧剥削，手段极为毒辣。1925 年张皆乡的母亲曾借巫脚交财主张久岁 17 斤谷子。1926 年，张皆乡全家人死得只剩下他一个孤儿，张久岁就玩弄手段，先以谷折钱，复以钱折谷，重利盘测，最多又用大秤称粮，榨去本利达 1175 斤谷子，利为本的 69 倍。"[①] 粮食借贷利率平均 50%左右，借粮人被夺走的利息亦是非常多的。

二是借入人被出贷人夺走田地。此类现象现实中并不少见，如 "木商邰乌里柯于 1930 年前后来反排放债，中农唐当九的父亲借了他 100 斤谷，折合大洋 5 元，每元利谷 50 斤，共需付利 250 斤，利为本的 2.5 倍。两年后，因家贫无力偿债，被邰乌里柯 '踩田' 5 挑。他在反排通过放债夺取了 30 多挑田，转租给唐当九种。唐缺耕牛，使用他的牛耕田，每年除临田分花外，还要收牛租。邰乌里柯再以租谷放债，反复盘剥。"[②] 邰乌里柯利用谷折价银圆、银圆又收取利谷的方式剥削，此处年利率达到 250%，其结果，唐当九之父收谷 5 挑的田被吞噬。"1945 年正值灾荒年头。贫农马文忠家缺乏粮食，又遇父亲病亡，为了糊口，只得将祖传的 12 挑田抵给马家地主，借得白米 5 斗，合为 1 石。当年米价 8 元银洋 1 斗，年终无法归还，随后不到半年的时间，本利一算，合 120 元，12 挑田就归马家所有了。"[③] 马文忠所借白米 5 斗，折价本大洋 80 元，不足半年，本利当偿还 120 元，因无力偿还，12 挑田被马略溜夺走。

"贫农杨勾卡借马二皆 10 块钱和 4 挑谷，当面议定：10 块钱当年收利谷 2 挑，4 挑谷当年收本利谷 6 挑，共需交本利谷 8 挑。杨勾卡佃种马二皆 20 挑

---

① 《民族问题五种丛书》贵州省编辑组、《中国少数民族社会历史调查资料丛刊》修订委员会编：《苗族社会历史调查》（一），民族出版社 2009 年版，第 145 页。

② 《民族问题五种丛书》贵州省编辑组、《中国少数民族社会历史调查资料丛刊》修订委员会编：《苗族社会历史调查》（一），民族出版社 2009 年版，第 145 页。

③ 《民族问题五种丛书》贵州省编辑组、《中国少数民族社会历史调查资料丛刊》修订委员会编：《苗族社会历史调查》（三），民族出版社 2009 年版，第 173 页。

田，自得谷 10 挑，交息谷 8 挑，只剩下 2 挑。因此生活维持不了，只得挖蕨巴野菜度日。……贫农李农保借李尊 35 块银洋，年利率 50%。两年后，算成 30 多块。以后，李龙保整个家产 30 挑田就被李家吞没了。"① 杨勾卡借马二皆 10 块钱和 4 挑谷最终该还谷 8 挑，虽佃种马二皆田，阶乘去还谷债，仅剩下谷 2 挑，无法生活。李农保借到李尊大银 35 元，两年后本利 60 多元，不得不把禾谷 30 挑的田产抵扣债务。

"年利率一般也是 50%。大地主马二皆，常以银钱放债，以谷计利，借 4 元、5 元或 6 元，当年要谷利 1 挑。谷价高时，年利率达 100%。某年，党早、宰非、甲石等寨灾荒很重，老百姓生活困难，都来向马三行借钱。马三行也就以'救济'为名，大放高利贷，年利 50%。借钱的人多以土地作抵押。由于连年负债，年长日久，本加利，利加本，债额愈来愈大，借债人无法还清，就只得将土地抵死给马三行了。就这样，单是马三行一代，就在党早、甲石、宰非三个村，盘剥了土地约 900 多挑。"② 地主马三行通过放高利贷，攫取借入人田地，多达禾谷产量 900 多挑。

三是借入人被出贷人夺走房屋地基、耕牛等。"贫农马皎南由于连年欠马略溜（马二皆孙子）的债，连年被马家盘剥，到 1945 年，已贫穷到仅剩几间房屋了，而马略溜又看中了他的房屋和屋基，于是又借给他 8 挑谷子，年利 100%，到第二年，本利一加，折成 80 元银洋，马皎南除将地基抵外，拆了两间房子的瓦给他，随后又将屋架卖给他。马皎南就是这样被马家地主弄得一贫如洗。"③ 马皎南因为连年欠马略溜的债，不得不借谷维持生计，所借 8 挑谷子，第二本利须偿还 80 元大洋，无力归还，把地基和两间房的瓦作抵，抵

① 《民族问题五种丛书》贵州省编辑组、《中国少数民族社会历史调查资料丛刊》修订委员会编：《苗族社会历史调查》（三），民族出版社 2009 年版，第 173 页。
② 《民族问题五种丛书》贵州省编辑组、《中国少数民族社会历史调查资料丛刊》修订委员会编：《苗族社会历史调查》（三），民族出版社 2009 年版，第 173 页
③ 《民族问题五种丛书》贵州省编辑组、《中国少数民族社会历史调查资料丛刊》修订委员会编：《苗族社会历史调查》（三），民族出版社 2009 年版，第 173 页。

扣债务，然后被迫卖掉屋架，最终一贫如洗。

"李尊三家老雇工莫皎南，在 1945 年青黄不接之际，向李家借 1 挑谷子，议定年利 100%，即借 1 挑还 2 挑。两年后，莫仍无法归还，李说：'谷子可以不还了，把你的黄牛给我也行。'莫无法，只得将黄牛抵给他。又过了两年，莫皎南积了一点钱，向李赎牛，李说：'三四年了，算起来不知多少，你还想要牛吗？'这样，牛就被李占有了。"① 莫皎南借李尊三谷 1 挑，年利率 100%，两年后当还本利 4 挑，无力偿还，将牛作抵押，4 年后，抵押物牛被迫用来抵谷债。这是高利贷盘剥的又一例证。

借入人用土地、房屋、耕牛等财产抵扣债务，地主加聚了土地积累。借入人所欠之账，将其土地全部用于抵账，而所有权转移到出贷人手中。这些是借贷所产生的财产权转移的典型事件，即由抵押借贷变成财产占有。由此可见，高利贷加剧了对清水江流域农业生产进步的阻碍程度，该流域两成左右的高利贷存在，导致生产力长期处于比较落后的境地。高利贷是阻碍该流域生产力发展的落后生产关系，最终造成较严重的土地财富兼并。高利贷造成地主对农民土地的剥夺，这是高利贷被否定的关键。陈翰笙说："广东农民的失地百分之七八十都是先典后卖的。"② 费孝通说："当借贷者没在看望偿还债务时，不得不将土地所有权转交给债主，从而变成了债主的佃户。"③ 薛暮桥说："地主的兼并土地，常常通过迂回过程，这样来达到他们廉价掠夺的目的。"④ 即地主常通过高利贷来夺取农民的土地。曹幸穗认为，地主常集官吏、商人和高利贷者为一身以盘剥农民从而集聚土地，"我们把官吏、地主、高利贷者和收入分开来叙述，仅仅是为便于探明购买土地的资本来源问题。旧中国他们常是集合于一身的。一个地主可能同时又是商人及高利贷者，这就是

---

① 《民族问题五种丛书》贵州省编辑组、《中国少数民族社会历史调查资料丛刊》修订委员会编：《苗族社会历史调查》（三），民族出版社 2009 年版，第 173 页。
② 冯和法编：《中国农村经济资料》（续编），黎明书局 1935 年版，第 927 页。
③ 费孝通：《江村经济》，江苏人民出版社 1986 年版，第 130、195 页。
④ 薛暮桥：《旧中国的农村经济》，农业出版社 1980 年版，第 73 页。

所谓的‘三位一体’。多种农业剩余价值集中于一身，形成一股强合力，进一步推动土地向地主手中集中。"① 故而，在旧中国，剥削作为一种社会现象，有数千年的历史。同样，清水江流域的民间借贷中的剥削，如契约文书所示，亦有二三百年。正如黄仁宇所说，"剥削是一种社会现象，绵延数千载，代代相传"，在明代，剥削已成为"文官集团家庭经济的基础"。②

民国时期的高利贷更猛烈，破坏了小农经济。"民国时期，高利贷兼并田产甚为猛烈，它以不合情理之手段——重息（暴利）——击倒对方，乘机夺取对方的恒产（土地），从而严重地挫伤了小农经济，破坏了农业生产力（使耕者元气丧尽）。"③ 漆侠对宋代的高利贷在肯定其对封建所有制所起的某些积极作用时，也指出了其对社会经济造成的倒退作用，"对封建所有制确实起了某种‘革命的’、或多或少的积极作用。……但另一方面，它拼命地吸吮小农小工等小生产者的血汗，就又充分地表现了它的寄生性和腐朽性。……高利贷的这个经济力量又转化为超经济的强制力量，或为宋代及其以后封建租佃制向庄园农奴倒退的一个重要因素。……到元、明、清诸代，高利贷的消极作用更加暴露出来。"④ 黄冕堂亦否定高利贷⑤。同样，清水江流域近二百年来民间高利贷对村民的剥削和由此带来的苦难是不可忽视的。

2. 积极作用

任何事物的存在都具有其合理性，所以持辩证的观点看待高利贷的学者亦不少。20世纪30年代，费孝通就曾肯定过高利贷的积极作用，"向高利贷者借款至少到一定的时候，还可能有一线偿还的希望"，"当农村需要外界的

---

① 曹幸穗：《旧中国苏南农家经济研究》，中央编译出版社1996年版，第35—36页。

② 黄仁宇：《万历十五年》，生活·读书·新知三联书店2006年版，第174页。

③ 刘三谋、李震、刘德雄：《近代农村传统的资金借贷》，《古今农业》1998年第4期，第60页。

④ 漆侠：《宋代经济史》（下册），上海人民出版社1988年版，第1127—1128页。

⑤ 黄冕堂：《清史治要》，齐鲁书社1990年版，第461页。

钱来供给他们生产资金时，除非有一个较好的信贷系统可供农民借贷，否则不在，地主和高利贷是自然会产生的。如果没有他们情况可能更坏。"① 高利贷在清水江流域存在，同样具有其合理性。高利贷并非一无是处，其积极作用主要表现在以下几方面：

一是高利贷者之间的竞争可以降低利率。方行指出："既决定于高利贷资本的供求关系，还决定于高利贷者之间的竞争。通过竞争，利息率就会降低。"② 曾维君说："虽然高利贷者不一定很好地遵守这些法律政策，但它对利率下降的影响也是不容忽视的。"③

在清水江流域，粮食高利贷的利率，无论清代还是民国，都以年利率50%为主，放贷者要想维持年利率100%的可能性没有，这是该流域放贷人长期竞争的结果。换言之，叫作遵从地方行息。从表5-3可知，清代28宗有利息的粮食借贷中，高利贷（年利率大于36%）16宗，其中年利率100%有4宗，50%有8宗，占一半，平均年利率为63.63%（月利率5.3%）。到了民国时期，年利率100%仅有1宗，50%有22宗，占39宗高利贷的56.41%。由于放贷者之间的相互竞争，高利贷的年利率逐渐趋向50%。从长时段来看，乾隆至民国粮食高利贷年利率为57.55%（对应为月利率为4.8%）。可见，高利贷者之间潜在的竞争抑制了利率的飙升，使其逐渐趋向某一个利率发展，这个利率就是契约文书中记载的当地行息。

二是高利贷者为借入人提供了生存资金和粮食。应当承认，民间高利贷并未使得举债之人都破产，而更多的是促其渡过难关，获得生机。由于清代清水江流域几乎没有专门的金融机构，民间借贷作为苗、侗族村民资金调节的主要手段，缓解了村民经济困难，促进了农业再生产过程的实现。客观上，

---

① 费孝通：《江村经济》，江苏人民出版社1986年版，第196、201页。
② 方行：《清代前期农村高利贷资本问题》，《经济研究》1984年第4期，第61页。
③ 曾维君：《略论中国古代高利贷资本利率演变趋势》，《湖南社会科学》2001年第2期，第80页。

在区域经济社会发展中起到了一定的积极作用。

从表5-3可知，清代清水江流域粮食高利贷契约文书有16份，共计禾谷3022斤。从表5-4可知，民国高利贷粮食借贷契约文书共有35份，其中34份为禾谷，共5900斤，1份为茶油，40斤。清至民国清水江流域粮食高利贷，禾谷共8922斤。若按每人每年需食用禾谷500斤计算，这笔禾谷可供18人吃一年。若杂粮参半，大约可供40人食用一年。这笔粮食若按占实际的1%估算，可供2000至4000人吃一年。倘若没有这笔禾谷，那么这几千人只有依靠杂粮或其他生活，能否生存下去则是不可预测的了。由此可见，粮食高利贷为该流域乡民提供了生活必需的粮食，这是不可不否认的事实。

如前所论，清至民国清水江流域的信用借贷与抵押借贷共计1257份，若此数占实际交易量的1%，则可以估算二者资金共计银246万多两，其中高利贷共计137份，占总数1257份的10.89%，高利贷所提供的资金在26万两以上，平均每年超过1250多两。这对于清水江流域村民的资金调节作用是巨大的，特别是生产和生活急需资金的村民，用这些资金足以渡过难关。当然，资金的实际数据已大于此数。

三是弥补了清代和民国官府信贷机构之不足。民国时期曾在清水江流域建立合作社，比如"民国二十七年（1938），岑巩县合作指导室建立，随即在桐木寨、上瓦窑建了两个信用社。民国三十一年（1942），全县建农村信用合作社达106个，社员5665人。至三十七年（1948）消失。"① 但是农民在这些合作社存款数量少。据民国三十一年（1942）调查记载："信用社组织存款甚微。其资金除股金外，多向农本局转情。"② 究其原因，农村信用社被保长、豪绅等控制，农民不能承受其高额的贷款利率。比如在岑巩县，"解放前，县境的农村信用合作社被乡保长和豪绅把持，贷款利率高，农民处于既贷不到

---

① 贵州省岑巩县志编纂委员会编：《岑巩县志》，贵州人民出版社1993年版，第709页。
② 贵州省岑巩县志编纂委员会编：《岑巩县志》，贵州人民出版社1993年版，第709页。

也贷不起的状况"。①

清至民国，物价由商会决定，造成物价上涨，形成通货膨胀。"从清末到民国，政府无物价专管机构，市场物价是由商会议定，实际上是操纵在少数大商户手里，二是由各伢行从中撮合，代为议价。而一般小商品和农副产品则随行就市。至民国后期战事混乱，物资奇缺，通货膨胀，一日数价，无所谓物价管理和监督。"②

清至民国清水江流域官方信贷机构几乎缺失，乡民需要资金，没有可以借贷之处。乡民之间可以借贷，无论利率高低，解决了乡民急需资金的困难，这是高利贷的积极作用。方行认为高利贷吞并农民的剩余劳动，"高利贷又会尽量吞食农民的剩余劳动，以至必要劳动，使他们的生产条件每况愈下，甚至导致贫困化和社会生产力萎缩。……因此，它往往给农民带来严重经济后果"，但高利贷维系了农民的再生产，"随着储蓄商品货币经济的发展和高利贷资本的发展以及利息率的降低，农村高利贷资本在农民再生产中的作用会进步显示出来"。③ 李金铮在指出高利贷的消极作用时，也肯定了其在整个社会经济中所起的积极作用，"自古代以至民国时期，高利贷始终是整个社会经济生活的一个重要环节，对于维持农民的生命延续和简单再生产发挥着一定的作用。……高利贷填补了现代金融奇缺的空白，对农民起到了救急之用。"④ 清水江流域高利贷的作用值得肯定，整体上它在某种程度上推动了社会经济运行，维系了社会的再生产并在一定程度上促进了区域经济发展。

---

① 贵州省岑巩县志编纂委员会编：《岑巩县志》，贵州人民出版社 1993 年版，第 709 页。
② 《黎平县志》编纂委员会编：《黎平县志》，贵州人民出版社 1989 年版，第 187 页。
③ 方行：《清代前期农村高利贷资本问题》，《经济研究》1984 年第 4 期，第 62—64 页。
④ 李金铮：《民国乡村借贷关系研究》，人民出版社 2003 年版，第 191—192 页。

第六章 清水江流域民间借贷与国家关系

一、乡村合会组织

合会是一种中国民间金融互助组织，表现为地缘性与血缘性，与中国传统农业社会相结合，有钱会、邀会等称呼，其历史较久。王宗培认为合会起源于唐宋之际，"合会为我国民间之旧式经济合作制度，救济会员相互间金融之组织"。① 姚公振认为合会"起于隋代，较为可信"②。李宗昉指出，"黔人用潮名吹丝"，"借短票银市商铳"，"市人醵银钱为会，每月箍之，团饮为乐，曰'上会'，妇人亦多为之。其始盖皆各省流寓之民，鲜土著者，故醵银寝以成俗"。由此可知，贵州各类钱会起于移民群体凑钱饮酒，逐渐成俗，再传入土著人。大致而言，合会在唐宋时期开始成型，经由明代发展，到清代成熟，至民国末年走向衰落。

（一）借贷类合会组织

合会的功能主要是集聚资金（包括稻谷），使村民在急用资金、粮食时得到接济和周转。合会属于民间信用互助组织。清水江流域的合会组织，称为

---

① 王宗培：《中国之合会》，中国合作学社 1931 年版，第 1 页。
② 姚公振：《中国农业金融史》，中国文化服务社 1947 年版，第 76 页。

"约会"，有数种称法。"约会又称邀会、摇会、打会、标会等，这是一种民间较为盛行的资金互助组织。这种组织形式，多为解决某些临时急需而由急需资金者发起，邀约亲朋好友及信用较好的人参加。"① 从传世文书来看，清水江流域的合会主要分为祭祀类、借贷类、慈善类、集资类等类型，本书只讨论借贷类合会。民间借贷有两种方式，一种是直接借贷，即前几章所论的信用借贷、抵押借贷与典当，另一种是约会兼营借贷。清水江流域的合会（约会）兼营借贷情况如下。

1. 清明会

清明会既是祭礼型合会，又经营借贷。传世契约文书可证清明会经营借贷情况，比如民国十年（1921）三月初九日姜坤泽母子借清明会内谷 100 斤②，每月加 5 行利（月利率 5%），从 3 月到秋收，大约 6 个月，支付利息谷 30 斤，到期本利共应还谷 130 斤。民国十二年（1923）三月十七日刘森严将田典给清明会首人刘大材、刘昭德等，价钱 18000 文③，每年交清明会干净谷 18□斤，逐年交清。民国二十六年（1937）四月十二日王有德父子将田典于王康佑、王恩葵、清明会等④，典价大洋 27 元，每年利谷 250 斤，若过当年十月本利未还，所借 27 元按月利率 4% 付息。这些例证表明，清明会所经营的借贷，月利率在 5% 左右。

锦屏县张氏家族清明会账簿提供了更多的信息，时间为民国十年九月二十五日（1925 年 11 月 11 日）至民国二十二甲戌年二月二十二日（1934 年 4 月 9 日）。该文书封面为"癸酉年　张红顺号　座簿乙本"⑤。其账务主要内容

---

① 三穗县志编纂委员会编：《三穗县志》，民族出版社 1994 年版，第 487 页。
② 张应强、王宗勋主编：《清水江文书》（第一辑），第 7 册，广西师范大学出版社 2007 年版，第 112 页。
③ 张新民主编：《天柱文书》（第一辑），第 19 册，江苏人民出版社 2014 年版，第 116 页。
④ 张应强、王宗勋主编：《清水江文书》（第二辑），第 10 册，广西师范大学出版社 2009 年版，第 363 页。
⑤ 此资料来源于贵州省锦屏县张继渊家藏契约文书。

按时间先后整理如下：

民国十四年乙丑九月廿五日　立　清明会仲（众）等号　出入簿记

……丙寅拾五年二月十三日。……合共归同元钱拾五封捌百八十文，外存钱拾二封六百四十文。仝（同）日，光中耕（跟）国珍、国三会手（首）借元钱叁封，美（每）封称脚谷乙十六斤，凡（还）清。……

民国十六年丁卯年三月初四日。……于（余）存元钱九丰（封）二百四十文。存称脚，每丰（封）乙十六斤，谷子行习（息）加五。……

戊辰年后二月十五日。……算帐（账）存元钱乙封三百廿文，称脚每封十［六斤］。……

戊辰年二月十六日，光禄、光忠［放］借谷六百〇二斤。外有三弟、国珍该出却（脚）五斤半，扣钱□整。光全借去伍十斤，光志借去伍十斤，光隆借去清明会谷六十二斤，光禄借去清明会谷二佰廿斤，光忠借去清明会谷二百廿斤，三弟见即借元钱乙封，光禄招借八百文。

己巳年三月初三日。……算清存谷六百四十斤。

庚午年三［月］初六日。……归钱乙仟四百四十文。……收光全谷四百卅二斤，色（折）谷廿三斤。……

辛未年二月初九日，三弟借谷七十斤。九月十五，收三弟谷乙百叁十五斤，存谷三百九十二斤。光荣借去乙百斤，外存酒米二件。十月廿六日，借谷七十八斤。光明借谷乙百一十斤。晚娘借谷六十斤，收晚谷九十斤。三弟借谷乙百斤。光禄父子借谷乙百八十二斤。老卯借元钱二封二百文，转昌辉还□知乙封二百文。进肉钱乙封整。

甲戌年二月廿二日卦清，乙共吃用廿仟〇乙百文。于（余）存

谷四百廿捌斤，交会。老卯欠钱贰仟七百廿文。光隆借清明会谷捌
十二斤半。光禄借清明会谷乙百捌拾四斤。三弟借清明会谷乙百卅
九斤半。光忠欠会谷廿二斤……。存钱乙仟五百文。

该资料主要涉及清明会会友购物数量、单价、账务结算和转移。从民国
十年（1921）九月二十五日至二十三年（1934）二月二十二日，由张国珍、
张国三发起的清明会，会员 14 人，参会禾谷每位 30 斤，通过不足 8 年的运
行，余谷 428 斤，铜币 1500 文（见表 6-1）。

表 6-1　民国年间贵州锦屏清明会入会简表

起止时间	发起人	会　员	会金/禾谷	人数	管理年号	会金/粮结余
民国十年九月二十五日（1925 年 11 月 11 日）至甲戌年二月二十二日（1934 年 4 月 9 日）	张国珍张国三	张光隆	30 斤	1	乙丑年	余谷 428 斤钱 1500 文
		张光文	30 斤	1	乙丑年	
		张光全	30 斤实 27.5 斤，买会簿扣 2.5 斤	1	丙寅年	
		张光志	30 斤	1	丙寅年	
		张三弟	30 斤	1	丁卯年	
		张光荣	30 斤	1	丁卯年	
		张国正	30 斤	1	丁卯年	
		张光隆	30 斤	1	戊辰年	
		张光明	30 斤	1	戊辰年	
		张光禄	30 斤	1	己巳年	
		张光忠	30 斤	1	己巳年	
		张姜氏	30 斤	1	祭祖	
		张月知	1200 文	1	壬申年	
		张光文	2000 文	1	壬申年	
		合计	谷 357.5 斤，钱 3200 文	12 人		

资料来源：贵州省锦屏县张继渊家藏契约文书。

此会向会友放贷，铜币利率为每千谷子 16 斤，谷子按行息加五（年利率 50%）计息，存谷子亦此利率付会友利息。

清水江流域还有平鳌姜学正、姜学广等发起的清明会。其产业多为禾谷，有积余时，仍然向村民放贷，如民国四年（1915）正月十六日姜绍学向清明会借谷 200 斤，利率为 5%，并用收谷 8 石的田作抵押，期限为 8 个月。原契文如下：

> 立借谷字人姜绍学为因缺少粮食，无处得出，自愿借到清明会姜学正、学广、学信、必达、必祥等本谷贰百斤。其谷加五行息，愿将皆背墨田一丘作抵，约谷八担（石），限至九月归还，不得有误。立此借字为据。

代笔　志邦

民国乙卯年正月十六日　立①

清明会田可以转让，如嘉庆元年（1796）五月二十三日唐汝政、唐其昌、唐其麟等将清明会田出卖，价银 1.18 两。②

2. 其他合会

土地会。土地会与清明会相似，亦置办产业，一般是田地、谷物。这些产业亦可买卖，其资金可以借贷。回龙庵即属于土地会性质的民间会社，如光绪十九年（1893）杨昌德向回龙庵借谷子 150 斤，用河木 60 株作抵，折合铜币 1800 文③，期限为 2—3 个月，木卖后还银两。若违约，按铜币每千月利率 3% 付息。杨昌德卖木，缺少用费，举而向石华彩、杨盛世等人组织的回龙

---

① 张应强、王宗勋主编：《清水江文书》（第二辑），第 1 册，广西师范大学出版社 2009 年版，第 378 页。

② 李斌主编，凯里学院、黎平县档案馆编：《贵州清水江文书·黎平文书》（第一辑），第 17 册，贵州民族出版社 2017 年版，第 4 页。

③ 李斌主编，凯里学院、黎平县档案馆编：《贵州清水江文书·黎平文书》（第一辑），第 1 册，贵州民族出版社 2017 年版，第 134 页。

庵借贷禾谷，可以看作有是合会资金向木商行业的融通。排夫、放木、搬运等环节都需要粮食，粮食亦是资金才能换来的，所以借贷粮食的重要性与借贷资金是相同的，故而民间合会间接地支持了地方的木商行业。再如《土地会出借清单（民国十一年九月十三日）》所记载禾谷数量：

> 土地会壬戌九月十三日计录清单。姜春太借去禾乙百斤，去年未得利。山何借去禾四十斤，去年未得利，收两年利。邰生有借去禾乙百四十八斤，收利。光彩借去禾贰百廿五斤，□□不得利。徐杨素借去禾乙百乙十三斤。去年未得利。得盛借去禾卅二斤，收利。山何借去禾五十六斤，去年未得利，收两年利。山何借谷子乙百斤，去年未得利，收二年利。……①

这个清单可以推算该年土地会的业务情况。该会当年借出禾谷 1231 斤，未记载利禾谷数量，未计算其利率。

至于利率问题，土地会执行月利率 3%。民国二年（1913）土地会执行的利息率是月利率 3%。《账单（宣统二年至民国六年）》载："民国癸丑年十二月初一日，价土地会上本钱乙千五百文，算合三十八个月，利钱合乙仟七百文，共合本利钱三仟二百文。"② 铜币 1700 文按 38 个月计算，再除以本金 1500 文，得 2.98%，取整数为月利率 3%。

修路会。民国九年（1920）七月二十四日潘光禄、潘光贤向潘光槐众等修路会上承借铜币 4000 文③，月利率 4%，并用杉木树作抵押，借贷期限为一年，每月铜币 160 文，周年利息铜币 1920 文，本利共计铜币 5920 文。民国三十年（1941）四月□日姜文斌弟兄借到修路会谷 100 斤④，按年利率 50% 计

---

① 李斌主编，凯里学院、黎平县档案馆编：《贵州清水江文书·黎平文书（第一辑）》，第 4 册，贵州民族出版社 2017 年版，第 236 页。

② 李斌主编，凯里学院、黎平县档案馆编：《贵州清水江文书·黎平文书》（第一辑），第 4 册，贵州民族出版社 2017 年版，第 103 页。

③ 张新民主编：《天柱文书》（第一辑），第 6 册，江苏人民出版社 2014 年版，第 140 页。

④ 张应强、王宗勋主编：《清水江文书》（第一辑），第 11 册，广西师范大学出版社 2007 年版，第 96 页。

息，并用杉木栽手 3 块作为抵押，超过当年九月本利不归还，抵押物将由修路会断卖管业。

凉停会。从现存清水江流域借贷契约文书可见凉停会参与借贷情况，如《光绪三十二年二月初八日谢三凤等抵借谷字》：

> 立抵字人谢三凤、谢文凤，今因缺少谷食，无所出处，自愿将到地名使僚田乙丘，计禾花四担……四至分明，要谷出典抵。自己上门问到凉停会上会主谢老林、德岩、乾寿、乾增、饶定贵承借本谷贰百壹拾七斤连箩平，其谷对本行利，限至本年九月归得本利，上门赎约，不得有误，□者下田耕种。恐后无凭，立有抵字为据。
>
> 代笔　谢文礼
>
> 光绪叁拾二年二月初八日　[立]①

本例中，谢三凤、谢文凤借谷 217 斤，时间 8 个月，按一本一利计算，即 100%，折算成月利率为 12.5%。

桥梁会等。除上述合会外，清水江流域还有桥梁会、社神会六月六等合会组织参与民间借贷。宣统二年（1910）二十四日吴国凤借过社神会钱六月六铜币 1000 文②，既用田和猪牛作抵，条件苛刻，利率为每月 3.5%；若违约，社神会六月六首人将按约变当田产偿还，甚至宰杀猪羊付清。资金数额不大，但约定严格，说明借贷类合会组织有属于自己的一套运营机制，利率较高，借贷条件苛刻。

总之，如前所论，契约文书所示的清水江流域借贷类合会利率高低不一，但规律是，货币借贷利率低于粮食借贷，民国借贷利率高于清代，其中有高利率剥削，但月利率 3% 最流行。

---

① 贵州省档案馆、黔东南州档案馆、剑河县档案馆合编：《贵州清水江文书·剑河卷》（第一辑），第 1 册，贵州人民出版社 2018 年版，第 219 页。

② 李斌主编，凯里学院、黎平县档案馆编：《贵州清水江文书·黎平文书》（第一辑），第 49 册，贵州民族出版社 2019 年版，第 201 页。

（二）借贷类合会组织结构

1. 组织结构

借贷类合会的组织结构一般包括会首、会员、会金、会期、会规等要素。

（1）会首

会首是合会的发起人，亦称请会人。作为组织者和发动者，会首要寻求会员，在急需资金周转的情况下，向所请到的会员说明缘由、钱谷数量、规模、上会时间等具体事项。

会首的责任重大，要组织会员交纳钱谷款项，制定会规、会期、安排生活、结算账务、办理会员的交接会等事务。会首并非任何都可以担任。毛泽东曾指出："打会的人（会头）不是全无资产的人都打得的，多半是中农阶级及小商人中间打会的多，高农不屑打会，极贫的贫农想邀个会也邀不到。要是半自耕、佃农中之有牛力农具者，自耕农，市镇上较活动没有破产危险的小商人，他们邀会才有人来。"① 这里可看出，会首多半是中农和小商人，他们有一定的经济基础。王宗培的《中国之合会》云："需款使用者，往往为合会之主动者或发起人，一会之创意无论其目的若何，出于何种特殊需要则一，然而我人需款何以舍借贷而取合会之法耶？曰：合会之法，远胜借贷，集款偿还，两有便利也。一、集款上之便利……二、偿还上之便利。"②

每逢会期来临，会首需要在家中或别处备办酒席，准备钱谷账目、算法、会金数额和上会期数等明细，每期钱会，会首都必须到场，当全部会员都接会之后，会首的职责才结束。若遇到纠纷，会首主持调解，合理安排各会员接会的顺序。倘若会员拖欠会费，或者向会借贷，会首还要催收会费和处理借贷账务，以致垫付会金等复杂琐碎的会上事务，旨在维持钱（谷）会的正

---

① 毛泽东：《寻乌调查》，见《毛泽东文集》第 1 卷，人民出版社 1991 年版，第 65 页。
② 王宗培：《中国之合会》，中国合作学社 1931 年版，第 103 页。

常运转。有的地区约定俗成，若是会首不能维持邀会的运转，各个会员因为邀会中断造成的损失由会首包赔。[1]

（2）会员

集资数额由发起者按需要而定。经事先邀约，定期办理"上会""接会"手续。首次聚会由邀约人主持，接受会友"上会"，称头会，之后依次称二会……末会。二会以后接会者，有的用一次抽签排定名次，也有的在每次接会时抽签（也有协商）决定。[2] 费孝通称合会"这种互助会的核心是亲属关系的团体"[3]。

凡参加者，每人接一次会后即告结束。这种资金（或谷物）互助约会，凡已接会者均要付一定低息。每次接会者必备酒席，也有给予头会者免息后备酒席，从头会到末会。[4]

（3）会期

各种合会组织的会期不同，会期的规定主要根据该会对资金和禾谷的需要而设定。一般设置的时间单位为年，比如三年[5]、四年[6]等。

（4）会规

一是定期齐会。有的会规确立以义为利的办会宗旨。

二是不允许会内人所欠私账相扣。违犯此条，加息交禾谷。"如有相扣悬谷者，二年务要照规加三加息。"[7]

接会时，由于领到的资金数额较大，没有保障，必须书立字据，钱主方许

① 遵义市政协文史资料委员会编：《遵义市文史资料第 13 辑 . 关于遵义工商（一）》，遵义文史资料编辑部 1988 年版，第 108—109 页。

② 三穗县志编纂委员会编：《三穗县志》，民族出版社 1994 年版，第 487 页。

③ 费孝通：《江村经济》，商务印书馆 2001 年版，第 189—190 页。

④ 三穗县志编纂委员会编：《三穗县志》，民族出版社 1994 年版，第 487 页。

⑤ 张新民主编：《天柱文书》（第一辑），第 7 册，江苏人民出版社 2014 年版，第 239 页。

⑥ 张新民主编：《天柱文书》（第一辑），第 7 册，江苏人民出版社 2014 年版，第 261 页。

⑦ 张应强、王宗勋主编：《清水江文书》（第一辑），第 9 册，广西师范大学出版社 2007 年版，第 389 页。

可，如咸丰十年（1860）六月游希林、游希凤兄弟抵接会时，领到 12000 文足钱，用收谷 11 运（挑）的田作为抵押①，确保所领的钱有偿还的依据。

会首与会员之间不是领导与被领导关系，而是一种平行关系，会员之间平等，相互之间信义相孚。

2. 运作方式

第一年（第一次上会），会员上会，将谷交给第一个会员，第一个得谷的人，相当于向他人一次性借入谷若干，第二年（第二次上会），第一人将谷退第二接会之人，并付息，其余人继续交会谷。以此类推，到最后一人接会时，收到其余会员交给的谷及利息。当然，除了运用禾谷作为合会的借贷物，还用钱，或者钱谷并用。

黎平县境的标会，从会首发起该会，到会脚投标，然后接会等，"各地还流行一种'标会'形式，亲友 10 户 8 户为'一把会'，在会内互相借贷。由发起人（会首）摆酒相约'会脚'、约定会金数额、首会由会首按全额会金接收，从二会起实行'标让'接会每月标接一次，各会脚自定标让数投标，标让数最高的会脚接会。标让即自愿承担的利息，在接会时贴现，接会的会脚按贴现后数额接收会金。接会以后，每次标会都必须付给全额会金，最后接会者即可得足额会金。所有会脚人都接过会后，这把会即为结束。如有中途因故停会的称为'滥会'。这种标会利息都高于一般借贷。一直流行到人民政府成立前。"② 该标会属于借贷性合会。

3. 合会价值

在较大利益的驱动下，合会组织对内部成员收取利钱利谷，合会由互助性质变为营利性质，成为乡村新型剥削机构。最终，合会逐渐变为高利贷

---

① 张新民主编：《天柱文书》（第一辑），第 7 册，江苏人民出版社 2014 年版，第 216 页。
② 《黎平县志》编纂委员会编：《黎平县志》，巴蜀书社 1989 年版，第 446 页。

组织。

本寨内部还有一种高利贷性质的"合会"。"合会"本来是一种互助性质的储蓄活动，即三五家多至七八家人家，按期积蓄一定数量的货币或实物，轮流交给参与合会成员之一人收用，以后，又按期退还。收用之家，要付出少量利息。……后来，这一形式被高利贷者利用，加大利息，先上会给借债户，自己最后收回。这样就加重了贫困户的负担，高利贷者也达到了他进一步剥削的目的。[①]

互助性质的合会一旦变成营利性质的高利贷机构，剥削率高，禾谷年利率达50%，强度极大，贫困会员受到的压力就会增加，他们的生产和生活受到影响，地域的社会稳定亦会产生不安定因素。

借入人借了会上之钱物，受到利息和债主的煎熬，感受深刻，呼吁子孙不要再借贷各类会的钱与物，如《石梯荣借字（民国九年九月十八日）》所载，石梯荣民国九年（1920）九月十八日，用归母田1丘在禾30把，请中向到兹圣会借到足纹银7.9两，每两月利率3%，借3年，通过凭劝中人杨胜荣从中劝说，民国二十六年（1937）某日石梯荣还清这笔债务。[②]

□彦基

请二位兄还父亲借数，抵字在母卑田贰处，共还去大洋贰拾伍元正（整），还清□得十六年利□□还七月九禾艮（银）数每年还利去大洋贰元正。以后子孙不要在（再）借会上之公物，数众人要之时，逼迫汤火已极，受累不浅矣。[③]

石彦基发自内心地说："逼迫汤火已极，受累不浅"，每年还利大洋2元，

---

① 《民族问题五种丛书》贵州省编辑组、《中国少数民族社会历史调查资料丛刊》修订编辑委员会编：《苗族社会历史调查》（一）（修订本），民族出版社2009年版，第60—61页。
② 李斌主编，凯里学院、黎平县档案馆编：《贵州清水江文书·黎平文书》（第一辑），第14册，贵州民族出版社2017年版，第352页。
③ 李斌主编，凯里学院、黎平县档案馆编：《贵州清水江文书·黎平文书》（第一辑），第14册，贵州民族出版社2017年版，第352页。

总算还清债务。该契约揭示了营利性合会组织催债之紧迫，剥削会员，使会员身心疲惫，传教子孙不可借贷合会之钱粮。

清水江流域的合会组织自明清时代产生，延续至新中国社会主义改造完成，为新制度所取代。应当承认，合会组织在民间乡村曾起到了解救村民资金和粮食困难，自发维系乡村的资金融通的作用，对地域木材贸易、土地经营、社会生产和生活都起到一定的积极作用。虽然不可能穷尽他们所开展的业务和资金运转的全部信息，但通过一定的史料记载，足以证实这种作用，比如锦屏县文斗寨1951年收公田谷所记载的账单，计有老人本利谷646斤及其他本利谷数目，原记载如下：

公元一九五一年五月三日清理本村谷会各交与姜元均、姜胜昌手保管数目列后：

上房老人会本利谷六百四十六斤

中乡本利谷壹仟三佰卅斤

甲林本利谷捌佰捌拾九斤

甲林旧账本利谷四佰九十斤

下房收本利谷贰仟九佰卅斤

乡农会收新旧本利谷一千八百九十一斤

学校基谷收本利谷五佰卅斤

学校旧欠本利谷伍佰廿八斤

建校收本利谷三仟贰佰〇六斤

积谷收本利谷七百八十贰斤

旧欠积谷本利四仟八佰五十三斤①

将这些本利谷合计，共为18075斤，其中利谷多少斤、利率按多少计算不

---

① 张应强、王宗勋主编：《清水江文书》（第三辑），第7册，广西师范大学出版社2011年版，第440页。文化是长时段的，当然会在中华人民共和国建立初期有一定反映，本书中的极少量史料涉及1950年和1951年，特此说明。

得而知，但此数量存于一个村寨，其村民在灾荒之年或缺少粮食之户可以从此处获得支援，不必远涉其他乡村或县集镇乃至县城去谋求，这对于文斗寨自身的生产和生活所产生的作用是无法估量的。

一方面，借贷类合会对其成员进行高利息盘剥；另一方面，它又在村民缺少粮食或资金时，提供了借贷方便，而无论利率大与小，它都让村民看到生存希望，且举借方便，所以借贷类合会组织既有其剥削性，又有实用性，既对借入人实行高利率盘剥，又能救人之急，帮助村民渡过难关。合会的价值在于调剂和救济资金和粮食，使村民日常生产生活能够正常进行，其最大的弊端在于对会员的高利率剥削。

二、民间借贷与国家之关联

（一）国家对民间借贷的规制

习惯是连续的，是人们长期以来遵循的、习用的，国家仍然保留最后的裁决权。契约纠纷可能影响到社会的稳定时，国家的最后裁决权是最高的，亦是人们最后的期盼。在中国历史上，历代官府都重视对借贷利率的管控。西汉时期曾对超过法律规定的贵族放贷进行处罚。唐代禁止按照复利计息，规定最高利率不许超过一倍。宋代则规定，收取利息不超过本钱。本书所说的国家，指清朝和中华民国，因为本书所涉及之借贷契约主要是清代和民国两个时段。

1. 清政府

（1）用律令规范民间借贷

在中国古代，借的含义是特定物的使用借贷；贷则指种类物的消费借贷。无偿的称"负债"，取息的称"出举"，"质举"指出举然后取担保物。[1] 民间

---

① 张晋藩：《清代民法综论》，中国政法大学出版社 1998 年版，第 156 页。

借贷的利息率由双方约定。官府为了防止出贷人收取过多利息而造成社会问题，做出规定以限制利息过高。汉代的法律禁止借贷所产生的利息再做本而产生新的利息，即"坐贷子钱"。对"取息过律"进行惩罚。取利过多，损害贫民。唐政府规定，"天下负举只宜四分收利，官本五分收利"；负债出举，不得"回利作本"与"法外生利"。①

入关前，清朝即禁止高利贷。天命九年（1624）正月，努尔哈赤下令："用银放债也要完全停止。放债的人，在正月（初）十以内全部收完。"②在皇太极创设六部以后所颁布的第一批法令中重申了这一禁令③，并将它收入崇德元年议定的会典，"凡人不许开当铺，不许借银。借粮的止许一年有利，若年多许本粮有利，不许利上起利。"④ 这些政令并不可能完全禁止民间借贷。

入关后，清政府对民间借贷做出规定，通过颁发谕令的方式限制利息率。顺治皇上谕："今后一切债负。每银一两，止许月息三分。不得多索。及息上增息……如违，与者、取者俱治重罪。"⑤ "……势豪举放私债，重利剥民，实属违禁。以后止许照律，每两三分行利，即至十年，不过照本算利。有例外多索者，依律治罪。"⑥ 这些规定为后来的大清律例奠定了基础。

对民间借贷所规定的核心内容是利率标准。规定月利率3%和33个月达到利与本同，33个月为取利的时间上限。凡超过这两个规定，即为违犯律例，将被治罪。《大清律例·户律·钱债》规定："凡私放钱债及典当财物，每月取利并不得过三分。年月虽多，不过一本一利。违者，笞四十，以余利计赃，

---

① （宋）王溥撰：《唐会要》卷八八《杂录》，中华书局1955年版，第1618页。
② 辽宁大学历史系：《重译满文老档》卷六〇"天命九年正月"，1979年版，第103—104页。
③ 张晋藩：《清代民法综论》，中国政法大学出版社1998年版，第156页。
④ 辽宁大学历史系：《清太宗实录稿本》，1978年版，第12页。
⑤ 《清实录》卷三八，中华书局1985年影印本，第308页。
⑥ 《清实录》卷四一，中华书局1985年影印本，第330页。

重者（于笞四十），坐赃论，罪止杖一百。"① 乾隆二十二年（1757）重申："放债之徒用短票扣折违例巧取重利者，严拿治罪。其银照例入官。受害之人许其自首免罪，并免追息。"② 清政府从法律角度对民间借贷收取过高利息和负债不偿还的具体规定，旨在规范借贷秩序，用法律的方式稳定社会经济生活。

清政府运用立法的形式力图杜绝违禁取利，以形成正常的借贷关系，从而达到社会稳定之目的，但从其具体规定中又透露出有偏向出贷人的倾向。《大清律例·户律·钱债》规定："其负欠私债，违约不还者，五两以上违三月，笞一十，每一月加一等，罪止笞四十；五十两以上违三月，笞二十，每一月加一等，罪止笞五十；百两以上违三月，笞三十，每一月加一等，罪止杖六十，并追本利给主。"③ 唐律允许出贷人"牵掣"借入人的财产以抵还欠款项，清律则禁止出贷人私自"强夺去人，孳畜产业"，违犯此条，"杖八十"。对于强夺的数额未超过债务的，"所赎不追"，"若估（所夺畜产之）价过本利者，计多余之物，（罪有重于杖八十者），坐赃论，（罪止杖一百，徒三年）"④，并依多余之数追回原物还主。清政府将处置借入人的权力从私人手中纳入国家权力范围，客观上加强了对民间借贷的管控，有利于民间借贷的正常运行。

商品经济的发展推动社会不断进步。清政府废除了唐宋以降的"役身折酬"制。"若准折人妻妾、子女者，杖一百。（奸占，加一等论）强夺者，加二等。（杖七十，徒一年半）因（强夺）而奸占妇女者，绞（监候，所准折

---

① 张荣铮、刘勇强、金懋初点校：《大清律例·户律·钱债·违禁取利》，天津古籍出版社 1993 年版，第 269 页。

② 张荣铮、刘勇强、金懋初点校：《大清律例·户律·钱债·违禁取利·条例》，天津古籍出版社 1993 年版，第 270 页。

③ 张荣铮、刘勇强、金懋初点校：《大清律例·户律·钱债·违禁取利》，天津古籍出版社 1993 年版，第 269 页。

④ 张荣铮、刘勇强、金懋初点校：《大清律例·户律·钱债·违禁取利》，天津古籍出版社 1993 年版，第 269 页。

强夺之）人口给亲，私债免追。"① 这些法规表明清朝的超经济剥削（人身剥削）从制度层面有所削弱，但实际社会生活中并不能达到这样的效果，民间社会自有应对的方式。

清政府还用法律禁止监临官在其部内放债收利："监临官吏于所部内举放钱债、典当财物者，即非禁外多取余利，亦按其所得月息，照将自己货物散与部民多取价利计赃，准不枉法论。强者，准枉法论"，"违禁取利，以所得月息全数科算，准不枉法论。强者，准枉法论，并将所得利银追出，余利给主"。② 对违者进行惩治，没收其利银入官库；对于违禁收取的利银，追赃得到后，将余利归还原主，其余入官。

对借贷诉讼投状场所亦有规定。清代律令规定私人欠债造成诉讼，必须到主管衙门报告，不可投错衙门，否则问罪。"凡负欠私债，在京不赴五城及步军统领衙门而赴部院，在外不赴军卫有司而越赴巡抚、司道官处告理，及辄具本状奏诉者，俱问罪（依赴诉讼）。立案不行，私债不追。"③

清政府用律令规范借贷，逐步使民间借贷向制度化、法律化方向发展。

（2）完善典当与抵押的相关法规

第一，典当。典与卖的区别在于，典转移了标的物的使用权，而卖转移了标的物的所有权。虽然典与卖在中国历史上出现较早，但关于二者的区别并用法律形式标明，到明代才形成。《大明律·户律·田宅》规定："盖以田宅质人，而取其财曰典；以田宅与人，而取其财曰卖。典可赎也，而卖不可赎也。"④ 在清水江流域，民间典卖不动产获得资金周转是比较常见的方式，也是民间借贷契约文书中最多的类型，虽然所见的这些文书集中于清代和民

① 张荣铮、刘勇强、金懋初点校：《大清律例·户律·钱债·违禁取利》，天津古籍出版社1993年版，第269页。
② 张荣铮、刘勇强、金懋初点校：《大清律例·户律·钱债·违禁取利》，天津古籍出版社1993年版，第270页。
③ 张荣铮、刘勇强、金懋初点校：《大清律例·户律·钱债·违禁取利》，天津古籍出版社1993年版，第270页。
④ 张晋藩：《清代民法综论》，中国政法大学出版社1998年版，第119页。

国时期。清政府承袭《大明律》，其《大清律例》对典卖做出规定："以价易出，约限回赎者，曰典。"① 在期限内按原价回赎标的物，曰典。

乾隆十八年（1753）明确典与卖的区别："嗣后民间置买产业，如系典契，务于契内注明'回赎'字样，如系卖契，亦于契内注明'绝卖'、'永不回赎'字样。"② 清水江流域的典卖契约有约定了回赎期限和不约定期限两种情形，后者常用"不拘远近，价到回赎"。针对典卖期限，乾隆十八年（1753）规定"其自乾隆十八年定例以前，典卖契载不明之产，如在三十年以内，契无'绝卖'字样者，听其照例分别找赎。若远在三十年以外，契内虽无绝卖字样，但未注明回赎者，即以绝产论，概不许找赎。如有混行争告者，均照不应重律治罪。"③ 按此规定，典期最高以 30 年为限，超过 30 年，无论契约内有无绝卖（断卖）字样，一律作绝卖（断卖）处置。这条定例"肯定了出典人交还典价，即享有回赎典物和找贴的权利，并且不付利息。这对于澄清典与卖的不同，保护产权人的利益，都具有重要的意义"。④ 此规定对典卖双方都有利。

嘉庆六年（1801）的《户部则例》规定典期最长为 10 年，"凡民人典当田房，契载年分，统以三五年至十年为率，限满听赎。如原业主力不能赎，听典主执业，或行转典，悉从民便。倘于典契内多载年分，一经发觉，追交税银，照例治罪。"⑤ 这里明确规定典与当的期限为 3 至 10 年，期满可赎，若无力回赎，钱主办理契税和过割手续才能获得产业。超过 10 年，除追缴税外，

---

① 张晋藩：《清代民法综论》，中国政法大学出版社 1998 年版，第 119 页。
② 张荣铮、刘勇强、金懋初点校：《大清律例·户律·田宅·典买田宅·条例》，天津古籍出版社 1993 年版，第 213 页。
③ 张荣铮、刘勇强、金懋初点校：《大清律例·户律·田宅·典买田宅·条例》，天津古籍出版社 1993 年版，第 213 页。
④ 张晋藩：《清代民法综论》，中国政法大学出版社 1998 年版，第 120 页。
⑤ （清）载龄等奉敕撰：《钦定户部则例》卷一七《田赋·典卖田产》，海南出版社 2000 年版，第 149 页。对于重典和重卖，亦治罪。"已典卖与人田宅，重复典卖者，照本律治罪，追价还，后典卖之主，田宅从原典买主为业。若重复典买之人，及牙保知情者，与犯人同罪，追价入官。不知情者，不坐。"同前书，第 149 页。

还按律例治罪。另特别作了规定，回赎期太长，二三十年以上等，须在两年内报官府改典为卖。

回赎的基本前提是典契内书明回赎期限和契约未标明绝卖（断卖）字样。典主（业主）到期备足价款回赎，若承典人（钱主）"托故不肯放赎"，违者"笞四十"，"限外递年所得（多余）花利，追征给主。（仍听）依（原）价取赎。"① 反之，典主到期无力回赎，可找中人（或自己）将所典的标的物绝卖（断卖）与承典人（钱主），将标的物到期的实价与典价之差额找回，这是"找价"或"找贴"。如果承典人不同意找价，可将标的物卖于其他人。清代法律对出典人有保护的特点，改变了宋代法律中典主到期无力回赎时，承典人依法取得标的物所有权的做法，更具有人性化。这些规定见《大清律例》："卖产立有绝卖文契，并未注有找贴字样者，概不准贴赎。如契未载'绝卖'字样，或注定年限回赎者，并听回赎。若卖主无力回赎，许凭中公估找贴一次者，另立绝卖契纸。若买主不愿找贴，听其别卖归还原价。倘已经卖绝，契载确凿，复行告找告赎，及执产动归原先尽亲邻之说，借端掯勒，希图短价，并典限未满而业主强赎者，俱照不应重律治罪。"② 律例禁止典期未满出典强行回赎。

另外，清水江流域的当契涉及的标的物是不动产，如田地、房屋、山林，属于典，可与典一起讨论。当把动产作当时，比如将猪、牛等作当时，属于出当人把动产的占有权交与承当人担保，称为质。质的回赎期较短，收取利息，标的物包括衣服、珠宝、器具、奴婢、猪牛马驴等。汉代出现的质，到宋变为"当铺"，入清以后当铺较流行。清水江流域民间契约中，涉及苗、侗族的当约时，无当铺，但是标的物有动产，如猪、牛等，未见当铺方面的契

---

① 张荣铮、刘勇强、金懋初点校：《大清律例·户律·田宅·典买田宅·条例》，天津古籍出版社1993年版，第212页。

② 张荣铮、刘勇强、金懋初点校：《大清律例·户律·田宅·典买田宅·条例》，天津古籍出版社1993年版，第212—213页。

约。清律对当铺有规定，"当铺月利不得过三分，且一本一利，违者笞四十"。承当人对标的物具有占有、留置和保管权，不能使用其收益。当契与当票相当于一种债券，"物主遗失当票需通知当铺，由保证人证明，方许取赎。'当权'设定后，须将当物的占有，交付当主，故为要物契约"，清偿期限不等，"在此期限内，物主有权任意清偿，以回赎当物，质权随之而消灭。当主不得对借入人强制清偿，或对其财物加以牵掣，或请官扣押，即使由于当物贬值、当主将当物变卖，不足以偿付母利时，也不得请求不敷的母利，更不得请求追加担保"。①

清水江流域的当契部分地使用质的办法，即将猪、牛作当，但未将标的物交付承当人保管，虽立有期限，所借之货币须支付利息，到期了当或抽约（回赎），但严格意义上属于典。关键因素是所质之标的物并未转移物权，即当主并未保管标的物。若出当人不归还债务，承当人有权卖掉质物，优先接受清偿。质物受损，清代有相关规定。②

第二，抵押。抵押是担保，是抵主或第三人向钱主提供不动产作为清偿债务的担保，但不转移占有的担保物权。抵押与质（当）不同，一是只设定于不动产，二是不转移标的物占有。抵押与典区别在于：承典人拥有对标的物占有、使用、收益和一定的处分权；承押人无此项权利。典主不需支付利息，而押主则需支付利息；典是长期质（10年至20年不等），押却定有较短的回赎期。③清水江流域典的期限从3个月、1年、2年、3年、5年、8年、

---

①　张晋藩：《清代民法综论》，中国政法大学出版社1998年版，第127页。"质物的灭失也同质物的回赎、变卖一样。是质权消火的条件之一。"同前书，第128页。

②　如质物消失，"凡典商收当货物，自行失火烧毁者，以值十当五，照原典价值计算，作为准数；邻火延烧者，酌减十分之二，按月扣除利息，照数赔偿。其米麦、豆石、棉花等粗重之物，典当一年为满者，统以贯三计算，照原典价值给还十分之三。邻火延烧者，减去原典价值二分……均不扣除利息……典铺被窃，无论衣服米豆丝棉木器书画，以及金银珠玉铜铁铅锡各货，概照当本银一两再赔一两。如系被劫，照当本银一两再赔五钱，均扣除失事日以前应得利息。"见（清）昆冈等纂《钦定大清会典事例》卷七六四《刑部·户律·钱债》。

③　张晋藩：《清代民法综论》，中国政法大学出版社1998年版，第128页。

10 年、20 年、30 年不等，其中 3 年较多。

抵押须订立契约，用某标的物为押，借贷银或钱或粮食，确立利息和支付期限，押主（抵押人）到期未偿还债务，抵押就变为典当，承押人按双方约定有权处置标的物。"在抵押关系建立的同时，抵押人一般须交付田契或房契，故又称为'契押'。"① 钱主对抵押物在约定期限内暂时担保，不能强迫借入人还清债务，也不能扣押借入人的其他财产；允许抵押人到期回赎抵押物，不可以阻止。

（3）下令民间运用官契纸书写契约并投税

关于税契，在明代已有规定。《大明律·户律·田宅》云："凡典卖田宅不税契者，笞五十。仍追田宅之价钱一半入官。"② 此条在《大清律例》中直接被沿用。其条例又说："凡民间活契典当田房，一概免其纳税。其一切卖契无论是否杜绝，俱令纳税。其有先典后卖者，典契既不纳税，按照卖契银两实数纳税。如有隐漏者，照律治罪。"③ 活典当田房不纳税，但卖契必须纳税，先典后卖者，只需卖契纳税，对于隐瞒者则治罪。"在清代，凡是土地、房屋、奴婢等重要标的物的买卖，必须经过官府的同意，履行税契的法律程序。方才具有法律效力。买方将契约呈于官府，交纳契税，取得官府颁发的契尾和加盖的官印，这种契约叫'红契'、'朱契'或'赤敕'。清代的税契与前代不同，已经从买卖双方纳税，变为买方交纳；从加盖官印的单一形式，也发展为官印、契尾的复杂形式，标志着契约制度的发展。税契通常以一年为限，逾限者视为偷漏契税，依法处治。"④ 清政府通过征收契税，以加盖官印和粘贴契尾等方式，对民间契约进行了更加规范的管理。

清政府重视契税。康熙年间推行的契税，在雍正年间被废除，乾隆年间

---

① 张晋藩：《清代民法综论》，中国政法大学出版社 1998 年版，第 129 页。
② 怀效锋点校：《大明律·大明律·户律·田宅·典卖田宅》，辽沈书社 1990 年版，第 53 页。
③ 张荣铮、刘勇强、金懋初点校：《大清律例·典买田宅》，天津古籍出版社 1993 年版，第 214 页。
④ 张晋藩：《清代民法综论》，中国政法大学出版社 1998 年版，第 132 页。

又推行契税。乾隆十四年（1749），由户部疏奏之后，"税契之法"确定下来。民间投税"布政使颁发给民契尾格式"，粘贴在手写的契纸之后。在该契尾上"编列号数，前半幅照常细书业户等姓名、买卖田房数目、价银税银若干，后半幅于空白处预钤司印，以备投税时将契价税银数目大字填写钤印之处，令业户看明，当面骑字截开。前幅给业户收执，后幅同季册汇送布政使查核。"①这是对契税的规定。对于民间典卖土地进行征收。

涉及民间借贷契约中的典当契约类，须按上述规定交纳契税。就清水江流域借贷契约文书而言，现存下来的基本属于乾隆以降的，运用清代官版契纸书写的借贷契约文书极其罕见。

2. 民国政府

（1）民国初年颁布典契并征收典契税

通过颁布官版契纸，要求民间登记典卖事项。官版契纸是清朝和国民政府对民间征收契税的依据，是一种官方文书。从内容上看，官版契纸记载典卖事项属于民间借贷，但其格式不属于民间借贷。这里略作对比，以示一斑。

在民间借贷中，苗、侗族村民典卖不动产和动产时，迫于完纳契税，才去填写官版契纸并纳税。这是官府的管理行为。官版契纸是一种表格式的契纸，典卖标的物的契文填写在正中间，其他表格还详列典卖事主的相关信息。

民国三年（1914）中华民国政府相继颁布《契税条例》《契税条例施行细则》，后者将契纸分为典与卖两种，其第六条规定："契据应贴之特别印花，由立契据人照应缴税额向征税官署购买成贴用，由该管官署加盖图章于印花

---

① 《清朝文献通考》卷三一《征榷六·杂征敛》，浙江古籍出版社 1998 年版，第 5138—5139 页。

票与骑缝之间。"[1] 并要求另注册不动产坐落、四至、亩数及每亩价值。《契税条例施行细则》列出了典契纸式样，存根和典契，如图 6-1 和图 6-2 所示。

中华民国 年 月 日 典主 中人 县给	立契年月日	原契几张	应纳税额	典价	四至				面积	坐落	不动产种类	承典人姓名
					北至	西至	南至	东至				
		壹										

根　　　存

图 6-1　官版典当契存根式样[2]

---

① 《中华民国法规大全》第 3 册，商务印书馆 1936 年版，第 3047 页。
② 《中华民国法规大全》第 3 册，商务印书馆 1936 年版，第 3052 页。

契典													字第
中华民国　年　月　日	要摘则例	其他事项	四至	立契年月日	原契几张	应纳税额	典价	面积	坐落	不动产种类	承典人姓名		号完税

注意：此纸仅有成立契约效力，未经赴局投税加盖县印以前，不能认为管业凭证。

中华民国　年　月　日

典主　中人　财政局　给

要摘则例

一　不动产之买主或承典人，须于契纸成立后六个月以内，赴该管征收官署投税。

一　订立不动产买卖或典契时，须由卖主或典主赴该管征收官署，填具申请书，请领契纸，缴纳契纸费五角。

一　不动产之卖主或出典人请领契纸后已逾两月，其契约尚未成立者，原领契纸失其效力，但有因障碍致契约不能成立时，得于限内赴征收官署申明事由，酌予宽限。

一　原领契纸倘遗失，其他事由须补领或更换时，依第四条第一项之规定缴纳契纸费。

一　不动产之买主或承典人逾契约成立后六个月之期限，不依本条例缴纳契税者，除税定率之税额外，并处以应纳税额之十倍罚金。

前条奉

部令六个月期限后，除税定率之税额外，逾期一个月以内者，处以应纳税额之二倍罚金，逾期两个月以内者，处以应纳税额之二倍罚金，逾期三个月者，处以应纳税额之三倍罚金，逾期三个月以外，处均以三倍为限，不再递加。

一　匿报契纸时匿报契价者，除另换契纸改正契约纳税额外，并处以左列之罚金：

匿报契价十分之二以上未满十分之三者，短纳税额之二倍。

匿报契价十分之三以上未满十分之四者，短纳税额之四倍。

匿报契价十分之四以上未满十分之五者，短纳税额之八倍。

匿报契价十分之五以上者，短纳税额之十六倍，或由征税官署依所报契价收买之。但匿报契价得买之，而核计短纳税额不及一元者免罚。

四倍、八倍、十六倍及新增之二倍，处罚节最轻得减至定额一半之数，但须先行申明案由，呈报厅核准后执行之。其情节最轻得减至定额一半之数。

一　卖主或出典人于六个月之纳税期间，限于遵领官契纸者适用之，其私纸所书之契约，若事后不换此契纸，以逾限论。

一　逾限未税之契诉讼时无凭证之效力。

图6-2　官版典当契式样①

清水江流域民间典契并未将"例则摘要"全部罗列。民国三年（1914）贵州省财政厅清代契约通过验契征税，并颁发《税验买契》，饬令民间执行。

---

① 《中华民国法规大全》第3册，商务印书馆1936年版，第3053页。

如《民国三年十二月三日贵州财政厅出具杨昌和卖杉木税验买契》中，就载有要求：

> 贵州财政厅，为给与税验买契事，照得税契验契，本省向系分办手续繁重，有碍进行，现因期限紧迫，特另定税契验契合办条例，将应用税验契纸合并为一，并印制四联税验买契，自布告实行之日起，凡民间以旧契投税呈验者，税契仍照本省，向章定准完纳，逾限则按月递加，验契仍照部章纳费，逾限则按月加倍。所有税验旧契各项，除分别登记存根缴验外，特发给税验买契，将应行记载事件开列于后。①

这些要求另见官版契纸所载（题为"验契注册证"），如《民国三年十二月八日贵州财政厅出具杨胜有买田税验买契》②《民国三年十二月三日贵州财政厅出具龙儒兴买油山税验买契》③《民国三年十二月十日贵州财政厅出具龙儒兴买田税验买契》④《民国四年一月十八日贵州财政厅出具龙贵宗买田税验买契》⑤，这些要求的核心就是令民间旧契约（清代契约）通过验契缴纳契税，增加财政收入。民间借贷契约中的典卖契约自然在缴纳典契税之列，但实际赴民国地方官府缴纳契税的苗、侗族乡民极少，这类官契纸并不常见。

(2) 民国二十一年（1932）以后继续征收典卖契税并详作说明

贵州省财政厅除了上述验契征税外，又增加官版契约征收银币五角的办法，强制在民间推行，意在规范民间典卖不动产，其用意仍在增加税收。因为此时征税栏目由一变为二，税源似乎增加了，如《民国二十一年三月伍绍银买田契》记载了贵州省政府财政发行官契纸的说明：

> 一、本官契纸，每张征纸价银币伍角，如经手人格外多取，准

---

① 张新民主编：《天柱文书》（第一辑），第14册，江苏人民出版社2014年版，第131页。
② 张新民主编：《天柱文书》（第一辑），第14册，江苏人民出版社2014年版，第132页。
③ 张新民主编：《天柱文书》（第一辑），第14册，江苏人民出版社2014年版，第190页。
④ 张新民主编：《天柱文书》（第一辑），第14册，江苏人民出版社2014年版，第191页。
⑤ 张新民主编：《天柱文书》（第一辑），第14册，江苏人民出版社2014年版，第262页。

人民呈请究办；二、凡典买不动产成立契约，均应购领本官契纸；三、购领本官契纸成契后，应照章报税，由缴收官署填给纳税凭证，附粘契尾；四、购领本官契纸后，如有遗失或误写作废及其他事故时，准由购领人据实呈明备价另购①。

把纳税凭证附粘契尾，这是沿用清乾隆年间创设的交纳契税后将凭证粘在契尾的方法。

这些契纸在民间存留极少，如图6-3和图6-4两份来自贵州省岑巩县大有镇木召村鲁溪屯组黄秀华家藏文书所示：

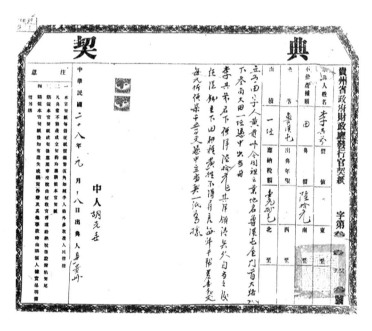

图6-3　《民国二十八年元月二十八日李其芬承典田典契》②

①　张新民主编：《天柱文书》（第一辑），第12册，江苏人民出版社2014年版，第6页。

②　资料来源：岑巩县大有镇木召村鲁溪屯组黄秀华。文书影印件见贵州省档案馆、黔东南州档案馆、岑巩县档案馆合编《贵州清水江文书·岑巩卷》（第一辑），第1册，贵州人民出版社2019年版，第186页。

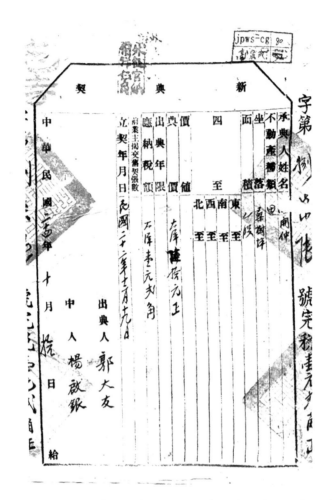

图6-4 《民国二十四年十月十日尚开仲承典田新典契》①

另有典契和典契纳税凭证，如表6-2和表6-3。

---

① 资料来源：岑巩县大有镇木召村曾家组郭贤成。文书影印件见贵州省档案馆、黔东南州档案馆、岑巩县档案馆合编《贵州清水江文书·岑巩卷》（第一辑），第1册，贵州人民出版社2019年版，第248页。

表6-2　《杨胜智典田契（民国二十七年九月九日）》

契　典		
贵州省政府财政厅发行官契纸　　　字弟		
承典人名	价　值	东至
不动产种类	典　价	南至
坐落	出典年限	西至
面积	应纳税额	北至

立典田三人杨胜智，今将原约内田一分出典与吴起斌名下，当日典价收足。此据

中华民国廿七年九月九日

出典人

中人　吴光学

意　注

一　本官契纸每张征纸价银□伍角，如经手人格外多取，准人民指控。

二　凡典当不动产成立契约均应购领本官契纸。

三　购领本官契纸成契后，应照章投税，由征收官准填给纳税凭证并粘契尾。

四　购领本官契约后，如有遗失或误写作废及其他事故时，由购领人据实呈明，备价另购。

表6-3　《吴廷佐典契纳税凭证（民国二十八年十二月二十二日）》

典契纳税凭证									
此项凭证只应纳税款，经征机关不另需笔纸等名目索资价，得以分。									
中华民国二十八年十二月　月廿二日 贵州财政厅印	出典主　吴廷佐 中人　吴永和	面积	坐落	不动产种类	典主姓名	合给凭证为据	贵州省政府财政厅制发典买不动产完纳契税凭证 今据典业人 遵章完纳契税银币　△百　△拾元　角　△分	第　号　应纳典契税额壹元陆角正	
				田	杨正泮				
		应纳税额	得典年月	典价	四至				
		壹元贰角陆分罚肆元	伍年	四拾贰元	详原契				

资料来源：1. 表6-2　《杨胜智典田契（民国二十七年九月九日）》，见李斌主编，凯里学院、黎平县档案馆编《贵州清水江文书·黎平文书》（第一辑），第16册，贵州民族出版社2017年版，第259页。2. 表6-3　《吴廷佐典契纳税凭证（民国二十八年十二月二十二日）》，见李斌主编，凯里学院、黎平县档案馆编《贵州清水江文书·黎平文书》（第二辑），第30册，贵州民族出版社2019年版，第169页。

　　贵州省财政厅颁布的官版契纸一直使用，到民国三十年（1941）增加一条业户注意，如《民国三十年七月一日龙令钦买龙廷辉田契》记载："本契成立后，如逾六个月定限，未经缴纳契税附粘契尾者，照章须处罚金。"逾期不缴纳契税，将被处以罚金。业户典卖不动产成立契约必须用官版纸的四条要求与前相同：

　　一、本官契纸，每张征纸价银币伍角，如经手人格外多取，准人民呈请究办；二，凡典卖不动产成立契约，均应购领本官契纸；三，购领本官契纸成契后，应照章报税，由征收官署填给纳税凭证，附贴契尾；四，购领本官契纸后，如有遗失或误写作废及其他事故时，准由购领人据实呈明备价另购。①

　　这次对典卖的规范增加了逾期6个月未交纳契税将被判处罚金的规定。表面上看，征收契税的强制性加强了。不过，在民国三十年（1941）、三十一年（1942）的买契纳税凭证中，贵州省政府财政厅制发典买不动产完纳契税凭证强调"此项凭证只征应纳税款，经征机关不得另以笔资、纸价等项名目需索分文"②，经征机关不可以另征任何费用。

　　从民国三十二年（1943）开始，贵州省财政厅颁布的官版契纸的管理部门改为财政部贵州省田赋管理处，所发行官契纸的注意事项和四点要求与之前完全相同，如《民国三十二年三月二十日财政部贵州省田赋管理处出具龙令钦买田契（附：民国三十二年十月十二日龙令钦买契税收据）》③所载。从民国三十四年（1945）起，官版契纸改为财政部贵州省某县田赋管理处印发，简名为契本契，在其最上用小字端刊有"契税条例摘要"，如《民国三十四年七月二十一日天柱县田赋管理处印发刘荣桂（卖主）、刘宗先（买主）买

---

① 张新民主编：《天柱文书》（第一辑），第16册，江苏人民出版社2014年版，第42页。
② 《民国三十年八月二十五日贵州省财政厅出具龙令钦田土买契纳税凭证》，载张新民主编《天柱文书》（第一辑），第16册，江苏人民出版社2014年版，第45页。又见《民国三十一年六月二十六日贵州省财政厅出具龙令钦田土买契纳税凭证》，同前书，第47页。
③ 张新民主编：《天柱文书》（第一辑），第16册，江苏人民出版社2014年版，第51页。

卖田土契本契》载"典契税——百分之十"①。这些规定又见《民国三十五年七月十五日天柱县田赋管理处印发龙起仁（卖主）、杨秀椿、杨秀藩（买主）买卖田契本契》②。

由契税摘可知，典契征税百分之十，提高了 4 个百分点（卖三典六），纳契税的期限由原来的 6 个月缩短为 3 个月，对逾期未交契税定了罚锾比例，规定三种等次的匿价处罚，基层政府征收 2% 的监证费。仅以民间借贷中的典卖契税而言，这个征税额度是民国时期最严酷的，比清代惯例高得多。即便如此，在清水江流域，国民政府的契税征收并未能收到预期效果。比如锦屏县，直到民国二十五年，按契报税的人仍然寥寥无几，"最后在政府高压之，契税还是在部分人中得以推行"③，多为自耕农民负担契税，有钱有势之人则未税。

民国政府曾对高利贷做出规定，限制高利贷。其《民法》第 205 条规定：凡放账贷出者，年利率不得超过 20%，出贷人对于超过部分的利息无请求权。④ 超过此限，双方订立的借贷契约则失去法律效力，债主无权强迫借方支付超出此限的利息。这种规定，对于清水江流域民间借贷而言，似乎未起到大的作用。

---

① 张新民主编：《天柱文书》（第一辑），第 16 册，江苏人民出版社 2014 年版，第 204 页。本页有契税条例摘要："第三条契税税率。1. 应于契约成立后三个月内为之。2. 逾期不纳者科以百分之十之罚锾。3. 逾期两个月递加百分之十，至应纳税额同数为止。第十四条匿报税价，除另换契补税外，予以左列处分。1. 匿价未满百分之二十者，科以短纳税额之半数。2. 匿价百分之二十至百分之五十者，科以短纳税额之同数。3. 匿价百分之五十以上者，科以短纳税额之二倍。第十六条乡镇公所监证时按契价抽取百分之二监证费。"

② 张新民主编：《天柱文书》（第一辑），第 14 册，江苏人民出版社 2014 年版，第 152 页。

③ 《民族问题五种丛书》贵州省编辑组、《中国少数民族社会历史调查资料丛刊》修订编辑委员会编：《侗族社会历史调查》，民族出版社 2009 年版，第 148 页。

④ 费孝通：《江村经济》，上海人民出版社 2006 年版，第 185 页。

（二）民间借贷对国家法律的回应

1. 遵从

在清水江流域，对于国家规定的利率和必须完纳的契税，民间则相对灵活处理。

民间涉及债务不能归还，只得请求官府，特别是地方官和民间乡绅协助解决。私人之间依靠契约和字据已经不能将所欠之借款及其利息追回，请求官府解决，另外的方式是通过诉讼解决。比如《民国三十三年七月二十五日刘世科等承任还帐字》：

> 立承任还帐字人刘世科弟兄，今因先年所借白绍全、白绍金名
> 下大洋壹佰元，至今请凭地方绅嗜（者）本利算楚，还洋壹万元，
> 外□谷贰石，谷洋限至是年十月廿兑清无误。事后两下不得异论生
> 支（枝）。无凭，此据。

	王德霖	
凭中	沈大钦	刘世刚
	瞿万堂	瞿开和
代笔	世均	

民国卅三年七月廿五日　立①

潘永荣《从现存碑刻内容看增冲传统文化的变迁》记载："一议卖田不典，将典作断，一卖百了，止田有粮无粮，无粮之田以后说田有粮，进油锅为止。"② 黔东南州从江县高增寨款碑刊刻于清康熙十一年（1672），碑文有

---

① 贵州省档案馆、黔东南州档案馆、岑巩县档案馆合编：《贵州清水江文书·岑巩卷》（第一辑），第 1 册，贵州人民出版社 2019 年版，第 54 页。
② 贵州省民族研究所、贵州省民族事务委员会编：《贵州"六山六水"民族调查选编·侗族卷》，贵州人民出版社 2008 年版，第 314 页。

12 条款，其第八款云："一议卖田作典，不得翻悔，将典作新，一卖百了，粮税随田，不能无田有税，有税无田（无税有田），宜各理清。"①

这两处碑文中，虽然前碑文将典田作为第八款，后碑文将典卖田业作为第七款，但性质相同，都是关于典卖田业和田的赋税承载规定。该地区的侗族文化很低或者没有文化，田地买卖无文字记载以作凭据，于是有人从中谋利，借口"只当不卖""只典不卖""没有绝卖"等理由，田主妄图进行第二次、第三次出卖，以致多次找价，获得收益。这条碑文旨在端正田产卖而未断、典与卖混淆不清而形成的坏风气和土地买卖纠纷。碑文关于典与卖必须清楚，卖则断卖，典则可赎，当则两清，特别是关于所买卖田产所承载的赋税务必清楚。粮与赋税田产同时转移，不可有田无税或有税无田，即买卖时双方须将田产业和粮赋税交割干净，杜绝后患。违犯此条者将受到重罚，直到"进油锅"。

苗、侗族人民通过立万古永存之碑来管理该民族的典与卖，属于有款可依，有碑可据，人人遵守，以维系着地方的社会秩序。据载有人将同一田产作三次卖，"四通有个龙姓人塘作三破，田作三卖。第一次卖田里不卖田外，第二次卖田不卖田坎，第三次才卖完。卖里不卖外，留田坎种豆，留田坎种菜，务农怕劳累，懒做又好闲，脚歪心不正，手勾又眼浅，乱了村和寨，俗规有威严。"② 执字鸣公，报官处理，如《道光二十三年四月二十八日姚碧川欠字》：

> 立欠字人姚碧川，今欠到崔义顺宝号名下足纹银四十四两四钱
> 九分，其银当凭三面清算，并无准折等獘（弊），所欠是实。茀恐人
> 心不古，凭中亲立欠约，异日不得支吾（枝梧）搪塞，如姚姓异生

---

① 引自从江县文史学习委员会、从江县文化体育广播电视局编印《从江文史资料》第 7 集，载张子刚编撰《从江石刻资料选编》，从江县教育局印刷厂 2007 年版，第 45 页。

② 引自《黔桂界邻地区少数民族石体资料搜集、整理与研究》（18AMZ011）（二〇一九年六月一日）第十章第一节第二点，未刊稿。

枝搪，崔姓执字鸣公。恐口无凭，特立亲笔字样存为确据。……①

姚碧川欠到崔义顺宝号足纹银 44.49 两，如果另生枝节，钱主崔义宝号将执字鸣公，通过官府法律来解决欠债。

遵从官府的规定，是清水江流域民间借贷的基本做法，亦是村民对官府的积极回应。

2. 规避

民间借贷有一整套长期运行的机制，并不需要国家法律过多的干预，所以民间借贷并非主动地去适应国家法律的规定，而是当国家法律触及民间借贷的某些层面时，比如过高利息、借贷所引发的纠纷时，民间借贷方与国家法律发生联系，或者说，消极地回应。

当地方习惯与国家法律相冲突时，国家解决纠纷则以法为准绳。二者不冲突时，习惯可以处理其范围内的争端。礼教部分地融入习惯，而习惯是民间断案的依据，当地方习惯苍白无力时，最终仍需要国家做最后的裁决。民间借贷最终回归到认同国家，并以国家为寄托。换言之，苗、侗族人民心目中有国家这个至高无上的权威。

民间对官府有关借贷法律法令的规避，方式比较复杂，本书仅从借贷契约文书的角度尝试加以讨论。

方式一，借入人自愿做工抵扣债务。清至民国借入人自愿做工抵债，避免与债主产生纠纷，自行化解产生纠纷的可能性，从而免受（清）官府的追究。这种情形需要双方达成一致。有契约为证，如《姜元方、姜乔申父子续借地基还债字（道光二十九年七月十一日）》：

> 立续（赎）地基借字人本寨姜元方、子乔申，为因偷到姜生绞
> 腊蔡，众往发（罚）银无处得出，乔申求凤仪弟兄地基一间与众往

---

① 贵州省档案馆、黔东南州档案馆、三穗县档案馆合编：《贵州清水江文书·三穗卷》（第一辑），第 4 册，贵州人民出版社 2018 年版，第 170 页。

出卖与别人，乔申自愿助工三年足，与凤仪弟兄续地基一间，每年送乔兴依库纹银四钱。如三年不足，向天生一面全当。如有多手重犯，不关凤仪弟兄之事。各在元方、天生一面全当。恐后无凭，立此续（赎）借字为据。

朝弼

凭中　姜光秀

代笔　　开吉

道光廿九年七月十一日　　立①

姜乔申因为无力交纳罚银，这笔罚银成为姜元方、姜乔申的欠账，姜乔申不得不请求姜凤仪弟兄将地基1间出卖于众人抵罚银。姜乔申必须为姜凤仪赎回地基，又不愿被官府追究，自愿助工3年足，向凤仪弟兄赎地基1间。换言之，姜乔申无任何财产可以赎地基1间，只有免费助工3年，才能赎回姜凤仪的地基1间。又如光绪十九年（1893）五月初八日张老益借到张开盛等叔侄4人铜币40000文②，每年还5000文，8年还清，如果违约，自愿本身做工归还。

方式二，借入人把自己人身抵押给出贷人。"准折身为奴"以偿清债务，此种行为不符合清代法律规定，但是官府默许它合法。借入人利用自己人身作为抵押，借贷钱粮，如《吴洪发借字（光绪二十六年七月二十一日）》；

立借字人良长寨吴洪[发]，为因缺少银用无出，自原（愿）将[内]本生（身）作抵与宰官寨石光烈名下，至借过纹银四两整，亲手收回应用。每□照月加叁行利，限至九月之内归清，不得有误。如者，主照字为平（凭）。立借立字为据。

清（亲）笔　吴洪发　　（押）

---

① 张应强、王宗勋主编：《清水江文书》（第一辑），第1册，广西师范大学出版社2007年版，第358页。

② 本文书来自贵州省锦屏县张继渊家族所藏文书，特此说明。

光绪二十六年七月二十一日　　［立］①

吴洪发把自己作为抵押物，向石光烈借到纹银4两，每月支付3%的利息，限在当年九月内归还本利钱，否则钱主将按约定执行。又如民国三十六年（1947）一月十四日陈再炳用本人身体作为抵押，向亲戚刘修槐借贷法币12000元②，限期当年年底偿还所借之钱。把借入人自己作为抵押物，交给出贷人，并没有折身为奴，借入人仍然是自由的。当借入人不能按约定期限偿还所借债务时，借入人的人身才抵押给出贷人。这种方式超过了经济剥削，产生的客观效果是借贷双方自行处理纠纷，避免状告官府而遭追究或处罚。

方式三，订立借贷契约抵扣债务。订立田宅典买契约，但是买方并未支付钱币（价金），属于"虚钱实契"，意在抵扣债务。对于民间这种行为，清代法律予以禁止。《大清律例》规定："若虚钱实契，典买及侵占他人田宅者，田一亩、屋一间以下，笞五十；每田五亩、屋三间加一等，罪止杖八十，徒二年。"③清水江流域民间借贷契约文书中，常写有"二比心平意愿，并无压逼等情"，或"二比心甘情愿，并无压逼情事"等语，应看作民间借贷双方大体上是平等的，他们以某种方式在回避官府的法律禁令，如《邓仲□典田字约（咸丰六年二月二十日）》：

> 立限字人邓仲□，为因先年得典杂福之田，土名高戚，在（载）禾十六把，典价禾乙千二百八十斤，姓邓将田典与姓萧准银两，石姓元主将禾典兰姓赎取不来，邓姓自愿将得买还梅良廷田一丘，在（载）禾十二把，作抵与石姓耕种，限字（至）秋收之日邓姓与兰姓退得元业与石姓，不得异言。恐退不来，将禾花一半作抵，二比不将异言。恐口无凭，立此限至（字）是实。

---

① 李斌主编，凯里学院、黎平县档案馆编：《贵州清水江文书·黎平文书》（第一辑），第13册，贵州民族出版社2017年版，第376页。
② 张新民主编：《天柱文书》（第一辑），第9册，江苏人民出版社2014年版，第139页。
③ 《大清律例》卷九《户律·田宅·盗卖田宅》。

外批：典价银未受。

声聪

凭中　石

成林

亲笔

咸丰六年二月廿日　　立限字①

此份类似虚钱实契，其中所约典价银 3 两，并未交与兰姓手中。邓姓将所买之业作抵与兰姓耕种，限到秋收，邓、兰二姓将田退还与石姓耕种，同时还将禾花一半作抵。所在契约中特别批注，钱主未收到典价银。这份契约采用了虚钱实契的做法，旨在限制邓姓按期归还原业主石姓的典价禾 1280 斤。此处的"准银两"即是虚钱，邓、兰二姓所订立的契约则是真实的，即实契，立契约的关键在于交还石姓的禾 1280 斤。可见，虚钱实契的根本目的是抵扣债务。虚钱实契在清水江流域的确存在，但不常见，其真正目的在于抵扣债务，这是规避官府的法律法规处罚的有效手法。

清水江流域另有将欠字改借字的做法。民间将欠债改为借字，如涉及产业纠纷，采用此法既能赎回产业，又可免除官方的处置，如《叶惠亭、叶焕亭兄弟借字（光绪十三年十二月十五日）》：

> 立借字人叶惠亭、叶焕亭弟兄，今因先年父手绍虞所当银于坪之田十二丘，因父亡故后田不清，谢姓与崔姓兴讼日久，控经陈聂杨李，几任未能断结。今承亲友劝息，令我弟兄加到谢姓之钱四十千文，赎回崔姓之契，呈官涂销，下余四十千文，我弟兄当凭亲友，自愿挨求书立借字，借到崔吴氏姨妈名下青红钱四十千文正（整）。其钱每千每年认利一分行息。我弟兄蒙父阴灵庇佑发达将本利奉还，

---

① 李斌主编，凯里学院、黎平县档案馆编：《贵州清水江文书·黎平文书》（第一辑），第 5 册，贵州民族出版社 2017 年版，第 192 页。

不得短少分文。今日无凭，特立借字为据。……①

欠账改立借字，并承担利息，年利率1%。欠账改立借字之后，债务人变成借入人，实质虽未变化，但免除了官司之苦，还可以赎回原有产业。

方式四，借入人自愿帮补差钱。在清水江流域，无论抵押借贷还是典当，借入人自愿每年帮补钱主一定数量的差钱，并且钱主收到差钱，不书立字据。有的情形是钱主帮补借入人的差钱，如《嘉庆十七年十一月四日黄君祥弟兄等立当田契》：

> 立当田契人黄君祥、君爵弟兄等，今将自己面分，座（坐）落地名对铺下半湾大田壹丘，自愿凭中出当与瞿自勤先生名下，当日议定足色银拾陆两贰钱，园系九伍色银贰两捌钱贰，共银壹拾九两整，黄姓亲手领明无欠，每年瞿姓帮差钱叁分，自当之后，任从艮（银）主上田耕种，业主不得异（言），凡有采买差粮夫马，业主一并充当，不与艮（银）主相干，而后收赎价到田回。恐后无凭，立当为据。
>
> ……每年收差不用帖。……②

黄君祥、黄君爵弟兄将田当于瞿自勤，借到银19两。钱主每年帮补差银3分，但采买差粮夫马等费用则由借主承担。光绪十年（1884）二月十八日杨启燕当田土山场等项于姚复珍，因为差粮难完纳，在3名中人做证下，出当与姚复珍名下，加补铜币8000文，共计铜币110000文，期限为60年，姚复珍必须每年帮杨士成老桩佃上完纳本契所载差粮1.5亩，年限未满不能转当或加价、补价。③ 这亦是钱主帮补差粮的明证。这两例表明，钱主所典当入手的产

---

① 贵州省档案馆、黔东南州档案馆、三穗县档案馆合编：《贵州清水江文书·三穗卷》（第一辑），第4册，贵州人民出版社2018年版，第188页。

② 贵州省档案馆、黔东南州档案馆、岑巩县档案馆合编：《贵州清水江文书·岑巩卷》（第一辑），第4册，贵州人民出版社2019年版，第197页。

③ 贵州省档案馆、黔东南州档案馆、岑巩县档案馆合编：《贵州清水江文书·岑巩卷》（第一辑），第5册，贵州人民出版社2019年版，第284页。

业，若承载了差粮，则须在管业期内完纳所典当产业的差粮。

在以下的文书中，则由借入人每年帮补钱主一定数量的差钱，而不是钱主帮补差钱，如《光绪十八年十月初一日杨昌贵借钱字》：

> 立借钱字人杨昌贵，今因无钱用度，清（亲）自上门，借到叔父杨光代家，借清（青）红大钱十千文正（整），其钱亲首（手）领名（明）无欠，自借之后每千周年廿任当谷利二斗，限道（到）周年本利相还。恐有无钱相还，字（自）源（愿）将到老朋沟脚田十丘，在（载）花三十落（箩）……恐有无钱相还，任凭钱主下田耕重（种），借主不得意（异）言，每年甘邦（帮）钱六十文。……①

杨昌贵借到叔父杨光代铜币 10000 文，每年利谷 2 斗，用田谷 30 箩的田作为抵押，每年帮补钱主 60 文。宣统二年（1910）十一月二十日杨志林典田与李顺祥父子，典价铜币 16000 文，每年干帮差钱 120 文，秋收交纳。②

民国年间亦如此。一般仍由借入人帮补钱主差钱，如《民国四年一月二十三日张隆生出典田契》：

> 立典田契字人张隆生，今因空乏无处出办，将到去岁得典为以治之业。坐落地名磨阳田大小肆丘，有花捌堆。其田上抵杨姓，下抵杨姓，左右抵坡，四抵分明，全无混杂。要行出典，请中问到杨胜梅名下承典，三面言定净典钱柒千二百文整。其钱亲手领足并无下欠，每年邦（帮）差钱四十文收差无贴。……③

张隆生典田于杨胜梅，借到铜币 7200 文，自愿帮补钱主差钱 40 文，不书

---

① 贵州省档案馆、黔东南州档案馆、三穗县档案馆合编：《贵州清水江文书·三穗卷》（第一辑），第 4 册，贵州人民出版社 2018 年版，第 5 页。
② 贵州省档案馆、黔东南州档案馆、三穗县档案馆合编：《贵州清水江文书·三穗卷》（第二辑），第 6 册，贵州人民出版社 2018 年版，第 178 页。
③ 贵州省档案馆、黔东南州档案馆、三穗县档案馆合编：《贵州清水江文书·三穗卷》（第二辑），第 8 册，贵州人民出版社 2018 年版，第 262 页。

写字据，这种帮补属于借贷双方的约定，如遇纠纷，无字据可证。又如民国五年（1916）九月二日吴开江典田于吴开瀛，得到铜币 16000 文，"每年干帮差钱乙百二十文"①。同年（1926）十二月初十日邱长江、邱长春将田产一半典于吴通和，借到铜币 240000 文，"每年干帮差钱壹千六百文"②，田交由钱主耕种管业，双方情愿。同年十二月十八日伍发昌典田与张大朋，"每年干任差钱捌拾文，秋收交称"③，借到青红钱 12000 文。

一般由借入人帮补钱主的差钱数量虽小，但仍与所借贷钱数量有关，数额越大，帮补的差钱就越多。大体上，帮补差钱占所借贷钱的 0.2% 至 7% 之间，以上数例平均差钱占货币或典当货币总数的 1.47%，多数情况下帮补的差钱小于借贷银货币数额的 1%。差钱数额虽小，其实质是出贷人变相地收取借入人利息的办法，但前提是借入人自愿承受，且无字据可查，如遇到纠纷，还可免除了官府的处置。这种方式对出贷人极其有利，表面上双方平等，实际上出贷人处于有利地位。帮补差钱可看作出贷人超越利率之外的剥削。

方式五，派人讨债，并支付工钱。坐守讨账方式对出贷人而言需要支出一笔费用，但不必与借入人发生争端而导致向官府投诉，避免受司法程序之苦。这是民间借贷自行处理债务的有效方式之一，亦是巧妙地回避官府追究的方式。有两种情形。

一是借入人向出贷人在契约中承诺，若违约，允许出贷人派人坐守追账。如《刘吉春借字（光绪三十二年五月十六日）》：

> 立借字人孟彦刘吉春，为因少银用无得出，自己上门问到上龙
>
> 杨四祥名下借过纹银陆两四钱整，亲收回应用。其银每两照月加三

① 贵州省档案馆、黔东南州档案馆、三穗县档案馆合编：《贵州清水江文书·三穗卷》（第三辑），第 13 册，贵州人民出版社 2019 年版，第 248 页。
② 贵州省档案馆、黔东南州档案馆、三穗县档案馆合编：《贵州清水江文书·三穗卷》（第一辑），第 2 册，贵州人民出版社 2018 年版，第 165 页。
③ 贵州省档案馆、黔东南州档案馆、岑巩县档案馆合编：《贵州清水江文书·岑巩卷》（第一辑），第 4 册，贵州人民出版社 2019 年版，第 47 页。

行息，限至六月之内归清，不得有误。若有误者，请人登门坐守开
工食饭。所借是实为据。

凭中　杨宏奎

光绪叁拾贰年伍月十六日　亲笔　立借①

刘吉春借到龙四祥纹银6.4两，限定6个月内本利偿还，若违约，允许钱
主请人登门坐守，刘氏支付工钱，负担食饭。民国二年（1913）十月二十五
日姜春茂把仓半间和猪1只作抵，借石体全等铜币40000文，月利率3%，限
在第二年四月内本利还清，"言定限至本年十一月内，要棬（圈）内有猪。如
不得猪，任从钱主请人坐守"。②民国二十二年（1933）三月十七日陆老莫欠
到陆□周小洋180毫，限到当月二十一内还清，"如有误者，请人坐守"。③甚
至借入人允许出贷人派兵坐守追债，如一九四九年十一月二十七日姜吉荣
"情因应补杨光锦订婚之损失费用大洋贰拾肆元，今至古本年十二月初六日如
数兑清。如有逾期，任凭派兵坐守，本人自愿负追究之责"④，姜吉荣承诺出
贷人派兵坐守追欠款，实际上是保证按期偿还欠账。

借入人违约，到期不能偿还本利时，出贷人将请人坐守追债。这是借入
人在订立契约时与出贷人约定的内容，也就是借入人自己愿意承担的条件。
此时，出贷人没有逼近的情形。相对而言，民国时期的此类案例比清代多。

其二，超过期限债权收不到账务，出贷人请人坐守追讨所欠债务。借入
人逾期不偿还本利，出贷人多次催收无果时，采用派人坐守之法收回欠账。
契约文书的措辞仍然比较委婉，尊重借入人，如《龙三旧讨讨账说明（光绪

---

① 李斌主编，凯里学院、黎平县档案馆编：《贵州清水江文书·黎平文书》（第一辑），第13
册，贵州民族出版社2017年版，第381页。

② 李斌主编，凯里学院、黎平县档案馆编：《贵州清水江文书·黎平文书》（第一辑），第4册，
贵州民族出版社2017年版第137页。

③ 李斌主编，凯里学院、黎平县档案馆编：《贵州清水江文书·黎平文书》（第二辑），第50
册，贵州民族出版社2019年版，第258页。

④ 李斌主编，凯里学院、黎平县档案馆编：《贵州清水江文书·黎平文书》（第一辑），第18
册，贵州民族出版社2017年版，第185页。

二十二年十二月二十三）》：

　　龙三旧、龙福桄字系二人见字，得知因年所卖谷纹银、六月初
六得买，限至秋收归纹银不还，几限到十二月二十，来往应该要用，
又不把做账误追讨，今专人来守望，得钱方可才来，莫信他人推委
（诿）口言说告，引来此处说情。切切不误。

　　冬安不一。

　　外批：专人来每天工钱一百文。

　　福桄买谷纹银二两三钱，三旧谷钱三千四百三十八文，收钱六
百文。

　　光绪二十二年十二月二十三日　　来①

　　龙三旧、龙福桄二人收到讨账说明，必须将先年买谷银 2.3 两、铜币
3480 文收回，其方式是派专人前来收款，每天支付专人工钱 100 文。"如借贷
人破产，则由中保人负连带责任。只有当出贷人'准折借贷人妻女'，构成犯
罪的条件下，私债才免追。"② 清律即有追中人责任和免私债的相关规定。

　　民国二年（1913）二月十二日杨起栋借到杨心怡等老宝银 3.48 两，按月
支付3%利息，由于未偿还，"此银被芒脸首人请教化子坐守追讨，逼人太
甚"，借入人尝到了被教化子坐守追账的苦头，到民国四年（1915）十月初十
日偿清债务。

　　请人坐守追讨所欠债务的方式纯属不得已而为之，在民间却具有一定的
效力，既回避了借贷双方皆受国家法律约束之苦，又保证了借贷双方关系的
维系而不破裂，出贷人最终能够收回债务。这对于不讲信誉的借贷者不失为
行之有效的方法。不过，无论国家法律抑或民间习惯，都认定私人债务必还，

① 贵州省档案馆、黔东南州档案馆、剑河县档案馆合编：《贵州清水江文书·剑河卷》（第一
辑），第 5 册，贵州人民出版社 2018 年版，第 296 页。
② 张晋藩：《清代民法综论》，中国政法大学出版社 1998 年版，第 160 页。

父债子还，天经地义，借入人亡故亦要追债。[①]

　　方式六，合理约定典当期限。前述嘉庆六年（1801）的《户部则例》规定典期为 10 年，若达二三十年，则须向官府报告，改典为卖。实际上，清水江流域苗、侗族村民在典当田地等产业时，约定的回赎期限是比较复杂的，短的仅 3 个月，长的达二三十年，甚至长达 60 年。或者期限模糊，直接用"不拘远近"一词来表示，其中比较普遍的期限是 3 年。在 20 年典期的借贷契约中，双方并呈报官府，如道光二十七年（1847）五月十一日石怀琳将载禾 14 把的田 1 丘黄与石正邦，借到元银 37 两，该田交与石正邦耕种管业，双方约定典期 20 年[②]，到时须回赎。若过此期限，典借成为断卖，田产永远归石正邦所有，即银主从拥有田产的管理权变为拥有田产的所有权。

　　这里标的物权若发生变更，并未提及向清朝地方政府报告。也就是说，村民所约定的典卖期限，并未遵照清代法律，或者说，他们根本不知道要报告官府改为断卖。似乎可以理解为，苗、侗族村民无意识地规避了清代的法律。

　　另有典期 30 年，如同治九年（1870）二月吉日蒋政论、蒋昌陞叔侄将田 1 涧典于蒋政昌建造，期限 30 年，借到铜币 3200 文，同时每年收租 880 文。[③]本契中，双方并未报告清政府。按清律，应当变为断卖，但是到期后，典主蒋政论、蒋昌陞将上门赎取，钱主蒋政昌移退。这亦是回避清律的一种方式，即订立契约时根本未考虑清代法律，完全从自己角度出发。光绪十年（1884）

---

　　① 清官府借给贫民的米石谷麦及耕牛等，如遇人亡户绝，查实者，可请求豁免。《大清律例·户律·仓库》规定："凡遇地方荒歉，借给贫民米石谷麦，或开垦田土，借给牛具籽种，以及一切吏役兵丁等办公银两，原系题明咨部行令出借。倘遇人亡产绝，确查出结，题请豁免。"不准"捏饰侵渔"，不准"未经报明私行借助"，违者依律究办。

　　② 李斌主编，凯里学院、黎平县档案馆编：《贵州清水江文书·黎平文书》（第一辑），第 6 册，贵州民族出版社 2017 年版，第 255 页。

　　③ 张新民主编：《天柱文书》（第一辑），第 9 册，江苏人民出版社 2014 年版，第 181 页。

二月十八日杨启燕当田土山场等项与姚复珍，加价铜币 8000 文，期限长达 60 年①，几乎是一代人的生命周期。

典借期限为"不拘远近"的情形在清水江流域比较普遍，双方约定，只要典主备足原典价，随时可以将所典当的产业赎回。如乾隆五□□年□月□日吴文显将田典与石辉云名下，借到银 8 两，约定不拘远近备足原本回赎产业。②又如乾隆五十九年（1794）十二月十四日姜文甫典田与邓大朝，得纹银 12 两，"其田不俱（拘）远近价到续（赎）回"③。另有"不拘远近归还"④，"不居（拘）远近银到归赎"⑤，"日后不俱（拘）远近价到归赎"⑥ 等。"不拘远近"极大地方便了借入人，特别是对于官府的法律规定，这是一种巧妙的回应，不受法律 10 年之限制。

典借时，亦有约定标的物"永远耕管"，即没有回赎的可能。这种典卖契约，实质上是断卖契约。

方式七，乡民自办谷会、钱会。在清水江流域，禾谷经常充当货币介质，履行货币职能，有"准硬通货"之称，究其原因是该流域粮食长期供给不足，乃至木材贸易中，有时运用禾谷计价并支付。村民自愿组织谷会，旨在积累禾谷抗荒，并相互救济。道光二十四年（1844）姜凤仪等成立谷会，总额 1080 斤（除会首，实 900 斤），"每年东道银叁钱八分，定十月初十日系样齐

① 贵州省档案馆、黔东南州档案馆、岑巩县档案馆合编：《贵州清水江文书·岑巩卷》（第一辑），第 5 册，贵州人民出版社 2019 年版，第 284 页。

② 李斌主编，凯里学院、黎平县档案馆编：《贵州清水江文书·黎平文书》（第二辑），第 37 册，贵州人民出版社 2019 年版，第 14 页。

③ 陈金全、杜万华主编：《贵州文斗寨苗族契约法律文书汇编——姜元泽家藏契约、文书》，人民出版社 2008 年版，第 53 页。

④ 李斌主编，凯里学院、黎平县档案馆编：《贵州清水江文书·黎平文书》（第二辑），第 35 册，贵州人民出版社 2019 年版，第 113 页。

⑤ 李斌主编，凯里学院、黎平县档案馆编：《贵州清水江文书·黎平文书》（第三辑），第 55 册，贵州人民出版社 2020 年版，第 145 页。

⑥ 李斌主编，凯里学院、黎平县档案馆编：《贵州清水江文书·黎平文书》（第二辑），第 28 册，贵州人民出版社 2019 年版，第 14 页。

井，会内之人所欠私账，不许相扣。如有相扣悬谷者，务要照规加三加息"①，4 年交足，每年 270 斤。

道光二十四年（1844）七月二十二日姜凤仪因为缺少粮食，无处出取，变卖其冉龙塘自己的八分之一股份，出卖于本房姜开让，断卖价银 1.13 两。②姜凤仪断卖成立谷会的原因，可能与该村寨粮食紧缺、官府的义仓不能及时发挥作用有关。谷会的特点是自发性、自治性，不受官府支配和管制，亦不需要在官府申请。

以上诸种方式表明，在清水江流域民间借贷中，借入人与出贷人一般都愿意从私人的角度解决借贷纠纷，必要时通过中人、乡绅、耆老等斡旋来解决。换言之，民间形成一套解决借贷纠纷的机制，自发地起作用。民间无法解决债务纠纷时，借贷双方才状告到地方官府，通过清代和民国的机关，按司法程序解决借贷纠纷。民间借贷契约中极少有债务纠纷契约证明了这一点。总的来看，清水江流域民间借贷中，存在乡民在遵从国家法律的前提下，合理规避官府追究，而寻求自行解决债务纠纷的实态。

---

① 张应强、王宗勋主编：《清水江文书》（第一辑），第 9 册，广西师范大学出版社 2007 年版，第 389 页。

② 张应强、王宗勋主编：《清水江文书》（第一辑），第 3 册，广西师范大学出版社 2007 年版，第 355 页。

结　　语

民间借贷是较古老的金融活动。在文书视域下，清至民国时期，民间借贷涉及清水江流域村民的政治、经济以及日常生活，对该流域社会的演变和经济的发展发挥了不可忽略的作用，具有重要的历史意义。

一、民间借贷之描述

民间借贷是一种没有官方金融机构参与的私人借贷形式，它主要包括个人之间的借贷及个人向非政府金融机构的借贷。清水江流域民间借贷讲究契约书写格式，与省内外同类契约相比，有其自身的特点。该流域民间借贷契约采用竖行排列，呈现一定的规律，主要有五种类型，即平齐式、抬头式、避讳式、便条式和账簿式。其规律是由繁到简，然事主、类别、事由和立契时间四个关键信息一直存在。

其一，民间借贷包括信用借贷和抵押借贷，其中信用借贷形成条件主要有代笔人和中人。实物借贷有禾、谷、苞谷等。借土地、路、水属于借用，使用之后归还。清代实物借贷的物质形态以粮食为主，禾、谷超过七成，少量苞谷，另有猪、牛。货币主要是银两、铜币。铜币自道光始出现，咸丰后逐渐增多。清代信用借贷货币折银超过 50 万两，平均每年近 3000 两。民国实物借贷以粮食为主，禾、谷超过八成，另有木材、布匹等；货币借贷以银为主，另有铜币，间有法币；以借银还银、借钱还钱为主，银两、铜币与粮食支付利息并行。民国信用借贷折银大约 17 万余两，年均折银 4600 多两。长时段地考察，该流域两百多年里信用借贷折银平均每宗超过 16 两。借贷货币主要是银，超过七成，铜币占两成多。法币极少。这是信用借贷的主要规律。

其二，民间抵押借贷同样为村民重要的经济活动。抵押借贷中实物主要有粮食包括禾、谷、米，另有茶油。清代货币抵押借贷的币种主要为银两、铜币。道光以降，铜币逐渐增多，咸丰最高，超过七成，超过银币，且这种态势一直延续到清末。清代抵押借贷折银 3000 余两，估算全部抵押借贷折银 30 余万两，年均近 2000 两。民国货币抵押借贷的币种主要有银币、铜币和法币，平均每份 15.63 两，民国年间估计折银 80 多万两。

该流域抵押借贷呈现一定规律。一是发生月份，将近五成发生在农历四至六月，其中六月最多。九、八、十月很少。抵押借贷必要条件是抵押物。相对条件有中人、书写人、在场人等。抵押物有田地、山林、房屋、股份、产业、家畜、物类、人身和虚拟物。二是抵押物以田为主，超过七成，是常态。三是多数情况下抵押物使用权发生让渡，未发生让渡的极少。四是契约文书记载偿还限期的占一半，其中最短为 1 天，最长为 3 年，以当年下半年偿还为主。回赎方式有在原契约中注明、书立还账字、抵押物被处理和绝卖抵债、订立付约等。

民间借贷（信用借贷与抵押借贷）平均每宗折银 14.34 两。由此可以推断，民间借贷货币总量超过 200 万两，年均逾 1 万两。民间借贷更多地发生在上半年，且更多地发生在六、四、三、五月，接近五成。农历九、八、十等 3 个月是民间借贷发生较少的月份。

其三，民间典当十分活跃。其规律：一是发生时间，农历上半年比下半年多，发生多的月份依次三、十二、二、四、五、六月。二是典当交易货币，清代铜币上升，银两下降，但银始终是主要货币；民国金属货币超过九成，铜币由六成多逐渐减少到不足 1%，银两被毫银挤压，银圆占两成多。平均每宗折银量略高于同期信用借贷和抵押借贷。典当粮食以禾、谷为主，米和油极少。三是典当契约八成以上有中人，九成以上有代笔人。在场人仅 0.52%。四是标的物以田为主，超过八成。田与地和山林即土地类，共占 86.18%，还有房屋，股份、产业、家畜、物品和人身。标的物所载粮赋由典主、当主承担或在典当期内由钱主暂时承担。五是期限以三年及以下的较短期为主，占一半，是常态。正常回赎有在契约中注明、订立赎字和退典字。非正常回赎有书立收字或典收字、吐退字、自行调解、司法调解与诉讼。约 2%—3% 的典当契约支付礼费，礼费占价款 0.1%—10.18%，平均 2.76%。典当终止方式有回赎、找补后绝卖等。典当类型有重典、转典、退典、加价等。

其四，民间借贷利率规律。第一，清至民国借贷平均月利率为 3.21%，以月利率 3% 为常态，超过七成。清代平均月利率为 2.86%，超过法定利率（3%）的不足 6%，民国为 3.24%。第二，计息方式，货币借贷主要采用按月计息，"借钱还钱，以钱付息"是偿还本利的主要方式。粮食借贷一般按年计息，以银 1 两、银圆 1 元、毫银 100 毫米、铜币 1000 文等单位付息，月付禾谷在 10 斤至 100 斤范围。借禾谷还禾谷、以禾谷付息是还利的主要方式。粮食借贷年利率在 36%—60% 之间。第三，民间借贷利率具有差异性。季节性差别，从农历一月至六月为高发时段，占六成，平均月利率 3.23%。七至十一月为低频率时段，八月最低。月利率总体在 1% 至 16% 之间。阶段性差别，从乾隆到民国，总体特征是两头高、中间低。平均月利率为 3.21%，清代月利率 2.91%，民国 3.60%。县域间差别，清代锦屏、三穗、岑巩低于 3%。平均货币借贷月利率为 2.86%，民国为 3.24%。各县处于 2.78% 至 3.52% 之间。类别差别，信用借贷平均月利率为 3.33%，高于抵押借贷 3.13%。合会中货币借贷利率比借粮食借贷低。这些差异性折射了该流域民间借贷利率的复杂性和丰富性。

清水江流域存在高利贷（月利率超过 3%）剥削。清至民国粮食借贷七成多属于高利贷，月利率4.8%。清代货币高利贷平均月利率为4.7%，民国为6.76%。整体上，两成民间借贷属于高利贷，月利率最高为8.91%，平均为5.63%。高利贷者盘剥乡民，夺走乡民的货币与粮食、田地、房屋、地基、耕牛等，还存在超经济的人身剥削，由此造成乡民更加贫困，但高利贷在竞争中降低利率，提供生存资金和粮食，以及弥补官府信贷机构不足等方面亦有积极作用。

其五，合会组织分为祭祀、借贷、慈善、集资等类型，其中的土地会、桥梁会、修路会等兼营借贷，为乡民提供了必要的资金和粮食。虽存在剥削，但亦有调节资金和粮食的作用。民间借贷与国家有重要的关联。一方面，国家管理借贷。清政府颁布契纸、令民纳税、规定月利率3%、禁止违令取利等规范民间借贷；民国政府亦制定税契法规，令民纳税，但收效都甚微。另一方面，乡民自有应对方法，既遵守法定利率，通过官府或与民间乡绅耆老协助解决纠纷；又尽可能规避律令追究，收取高利率，自行处理借贷纠纷，采用做工抵债、人身抵押、派人讨债，以及举办谷会、钱会等方式经营民间借贷，以获取利益。

应当指出，清至民国清水江流域民间借贷的主要原因是封建土地所有制；人口增加快，耕地有限，由此形成的人地矛盾制约着家庭的发展；家庭变故、自然灾害、清与民国政府繁重的苛捐杂税、社会动荡不安、借贷机构缺失等是民间借贷的重要原因。

二、借贷契约文书之特色

清水江流域民间借贷契约文书有以下几个特色。

其一，借贷的钱与物主要为金属货币与禾谷。 民间借贷的货币主要有银两、银圆、银毫、铜币、钞，粮食类主要有禾谷，极少量涉及米、油。禾谷被誉为硬通货，在民国中后期更多地被用来支付借贷利息，特别是借贷法币时。

　　清乾嘉时期，借贷货币全部为银两。道光年间铜币开始进入借贷领域，但银两仍然占据主导地位，咸丰年间钱币作为借贷的主要货币。咸丰年间铜币作为借贷的主要货币，此后省外银币流域该流域，呈现多种银币流通的态势。光绪年间有宝纹银、纹银、新宝银等，但是铜币的流通量仍然很大，铜币包括制钱、铜圆、青红钱等。从乾隆至清末，该流域民间信用借贷所借的货币都是金属货币，即银两和铜币。[①] 民国时期民间借贷货币种类有银两（纹银、老宝银、新宝银、宝纹银）、银圆（大洋、银洋、光洋、花钱）、毫银（洋银、小洋银）、铜币（铜圆、制钱）和法币（市洋）等。法币在民间借贷中所占比例不足一成，铜币占三成多，货币借贷中仍然以银币为主。自乾隆年间至民国末年的214年里，银币始终是清水江流域民间借贷的主要货币，铜币处于辅助地位，法币不值一提。这是清水江流域民间货币借贷的实态。这与国内其他地区的情形大体相似。18世纪中叶，单纯的银两占据优势地位，以后铜钱、洋银等并存，18世纪后期开始到19世纪，北京铜钱的使用增多，福建、台湾银两向银圆的转移明显，徽州银两的使用却几乎未动摇。[②] 无论清代还是民国时期，银两、银圆、铜币都是民间借贷的主流货币，这从侧面显示了清代和民国皆未能实现单纯均质而稳定的货币制度。

　　其二，特殊计量单位。 在清水江流域借贷契约文书中，铜币计量单位用"千（仟）""封"表示。比如铜圆拾陆仟文，表示铜币数量16000文。再如元钱三封六百文，每封当禾利十三斤。铜圆1封，一般为一千文。在记载利率时，常用每千X斤、每封X斤。当然，百、十计量单位仍在使用。"乙"用

---

　　① 清代贵州主要使用银两和制钱。银锭有元宝，马蹄形，锞子即小锭、颗子或小锞，重量一到四两，另有滴珠，即福珠或粒银，重一两以下。制钱又称通宝，如乾隆通宝。光绪年间改为宝重。纸币开始于顺治时的钞贯，旋废。咸丰时有官票、宝钞，光绪开始有兑换券。详见贵州六百年经济史编辑委员会编《贵州六百年经济史》，贵州人民出版社1998年版，第203页。

　　② ［日］岸本美绪著：《清代中国的物价与经济波动》，刘迪瑞译，社会科学文献出版社2010年版，第328页。

于表示数字"一"。人们书写数字"一"时，有时写作"乙"，旨在防止伪造。用"秤"（"称"）表示重量。村民用"把""手""稨"（"边"）"箩""运""耢""挑"等单位标记抵押物田地的产量，这些是清水江流域的地域特色。

其三，利率多用"月加三"等表示。其他还有月加四、月加五、月加六、年加二五、年加五、年加八等各种月利率和年利率表示法。另用禾谷计息利息。表示为年利息用每年净谷 X 箩、每两收禾 X 稨、利谷每年 X 斤、每两银脚禾 X 斤或秤、每年谷利 X 石或斗、每年称利谷子 X 斤。月利率如每月每一百洋毫禾 X 斤、铜币每千文月利禾谷 X 斤、每月每毫禾谷 X 斤、银每两或每元每月禾谷 X 斤，等等。"月加 X""年加 X""月利禾谷 X""年利禾谷 X"等利率表示法，是清水江流域民间借贷的又一特征。

其四，抵押物、典当标的物具有丰富性和特殊性。清水江流域乡民采用的抵押物十分丰富，几乎将一切值钱的东西都可以用作抵押物。民间借贷抵押物主要是田，超过七成，田包括干田、水田、秧地。另有地类（菜园、园、地基、屋场、墦地、土块、棉花地、阴地、塘）、山林类（杉木山场、林木、油树块、茶山、山、油茶山）、房屋类（以房屋、厢房、仓库、榨房、碾房等）、股份类（土地股份、山林股份、合会股份、塘股份、猪牛股份等）、产业类（祖业、产业、事业、养殖业）、家畜类（猪、牛）、物品类（木材、棺木、大木、锯刀等），以及人身作为抵押物。不仅如此，民间典当中，接近九成的标的物是田，另有房屋、粮仓库、油榨房、碾房、小商店、茅厕四柱、牛圈、塘股份、土股、地股、产业、家畜、排夫顺序等。除此之外，还典当股份。

田是主要的抵押物，各种股份和人身作为抵押物，排夫顺序、土地股份等作为标的物，成为清水江流域民间借贷鲜明的地域特色。

其五，省笔字、自造字、俗字、别字运用较多。清水江民间借贷契约文书中省笔字主要有殳（股）、艮（银）、厶（亩）、毛（毫）、厂（历）等，现通行正字写在括号里。自造字有几个，如"文+艮"合成一个字，指"纹银"，符号Ɔ，即"钱"，"卜"指"分"。偶用"恁从"，意为"任从"。存在少量用古体，如"觔"表示"斤"，"仝"表示"同"，以及式、廿、卅等数词的写法。还存在大量别字，如不居/俱/几（拘）愿/永（远）进/定（近）、价道（到）归续/述/速（赎）、钱主不得亦/义/议/仪（异）言、作柢/低/底（抵）等，正字写在括号里①，这类例子俯拾皆是，恕不罗列。省笔字、自造字、俗字和别字在民间借贷契约中比较流行，但并不影响借贷契约自身的效力，也不会导致民间借贷纠纷。这见证了清水江流域乡民对汉字的认识、吸纳与掌握存在一个长期的发展过程，乡民将汉字融入生产与生活过程，拓宽了汉文字的运用层面，亦见证了乡民汉语水平的提升是渐进的、逐步的和主动的。清水江文书反映了地域经济文化及其汉语记苗音、侗音以及汉语、苗音、侗音的相互混用特色②，但极少在民间借贷契约文书中有所体现。

值得一提的是，清水江流域民间借贷契约文书绝大多数是未经官府"验迄"的白契，"红契"所占比例极少，然而大量白契存在丝毫未影响借贷契约的效力。村民谨守诚信是民间借贷运行的根本。无须官府干预，民间借贷照样有效地运行，这亦是清水江流域民间借贷的特色之一。

三、民间借贷之价值

其一，促进社会再生产。中国封建社会虽然漫长且发展缓慢，自然经济

---

① 另如：在（载）谷三石、三年以（已）满、致（自）借之后、便（变）卖填凡（还），五两林/灵/霖（零）三钱、伍阡（仟）、叁佰文正（整）、典田价佲（至）、借祖（主）、典祖（主）、字（自）典之后、临田今（均）分、孔（恐）口无平（凭）。梅/美（每）年美（每）千、无悟/梧（误）、内天（添）三字、不关钱祖（主）之自（事）、典软（与）、天（添）四可（颗）字、徒（涂）乙字，等。

② 具体为"（一）汉字记苗音或侗音；（二）半汉半苗或半汉半侗意译与记音混用；（三）汉语径译苗语或侗语。"这些反映了"当地多元化的语言文化生态现象，透露出侗、苗、汉民族聚居融合的特点，值得采取侗语、苗语、汉语多语言互证的方法"。详见张新民主编《天柱文书》（第一辑），江苏人民出版社2014年版，"序"，第6页。

占据主导地位，但其中不乏推动经济发展的因素，民间借贷就是这种因素之一。民间借贷参与社会再生产的过程，推动着生产者生产属于自己和家庭必需的各类实物，亦帮助生产者换取自己不能生产的生产和生活资料，使社会再生产得以实现和不断地进行。民间借贷是货币经济的一部分，商品、货币经济是社会再生产实现的条件之一。民间借贷在社会发展中的积极作用应当肯定。清水江流域的民间借贷同样参与乡民生活和生产全过程，作为货币经济的重要组成部分，构成社会再生产的重要条件，在一定程度上促进了区域社会再生产。

即使农村高利贷资本中的生活性、消费性借贷占重要地位，高利贷对社会经济有冲击和破坏，对贫困乡民的生产和生活有阻碍作用，具有剥削性，但清至民国，高利贷资本在生产性、资本性、经营性的借贷增加了，"有促进城乡生活货币化的作用"，"高利贷资本已经开始突破生活性放贷及对个体小生者放贷的藩篱，与商业资本及早期产业资本发生了程度不一的、千丝万缕的联系。这就预示着一种新变化，即高利贷资本开始褪去其封建的颜色，逐渐向近代借贷资本转化"。[1] 就清水江流域而言，高利贷虽然具有生活性与生产性，且重在日常生活，但并未能转化成经营性的借贷资本，始终未能脱离小生产者的角色，与普通借贷一样，与地主土地所有制捆绑在一起，但它毕竟适应了社会经济活动中融通资金的客观要求[2]，为乡民提供了必要的资金，解决了资金供给不足的实际困难，客观上促进了社会再生产。

其二，融通必要资金。清水江流域开发较晚，契约文书在明末清初极少，自清中叶以后逐渐大量涌现。民间借贷契约文书是清水江契约文书中的重要组成部分，记录了清水江流域乡民的社会经济生活，特别是日常经济交往的信息。由前面的估算可推断，假设契约文书所载的数量相当于实际交易的1%，那么清乾隆朝至民国末年清水江流域信用借贷总量为65.8万多两，抵押

---

① 刘秋根：《明清高利贷资本》，社会科学文献出版社2000年版，第312、313页。
② 《中国经济史》编写组编：《中国经济史》，高等教育出版社2019年版，第104页。

借贷折银总量为 180 多万两，典当交易折银总量约 500 万两，这三项合计达到
746 万两（实际交易应当大于此数据）。在这 214 年里，平均每年达到 3.5 万
两。在清水江流域农村经济运行中，746 万两是一个比较大的经济体量，它融
通了乡民生产和生活中必需的资金，对乡民的家庭经济发展起到了重要的
作用。

制度和习惯之延续有其自身的社会经济基础。清水江流域长期处于地主
土地所有制下，民间借贷与这种制度紧密相连，脱离不了地主土地所有制的
土壤。清水江流域民间借贷呈现一种逐渐发展、进而活跃的态势，其资本运
行方式为：粮食—粮食，粮食—货币；物品—货币；货币—货币；货币—谷
物。期限为：月—年—不限，其中货币中占八成以上。粮食等实物在借贷中
运行，不是物物交换的传统形式，而是附有利息的借贷，这更有利于货币增
值。前论该流域在两百余年里民间借贷交易资金折合银达到七八百万两，此
数据充分说明，民间借贷村民经济和村民生活具有重要的金融调剂作用，为
村民提供了必要的资金，这是民间借贷长期存在的内在动力。

其三，推动区域经济社会发展。商品经济的发展离不开货币，货币依赖
金融支持。由此，货币经济必须取得金融支持才能向前发展。清水江流域民
间借贷无论信用借贷、抵押借贷，抑或典当，其中一定数量为高利贷资本。
虽然这里的高利贷资本总量并不充足，但它在社会生产、流通和生活领域，
能够稳定地发展，具有其经济的合理性和必然性。整体而言，清至民国清水
江流域的民间借贷有以下几个特点：

第一，民间借贷对小生产者进行了一定程度的剥削，主要方式是利率剥
削。另外，民间借贷中的放贷者与地租、商业剥削相结合，剥削了生产者一
定数量的剩余劳动。借钱人因债务重压而难以生存，造成村民没有余暇从事
农业生产改良，亦无力积累资本，不能扩大再生产，迟滞了商品市场的发展。
小农生产方式在该流域持续反复地进行下去，新的生产方式就难形成，而且
民间借贷，特别是其中的典当，与高利贷资本形态一样，竭力维系着小生产

方式。民间借贷的经营方式和特点非常符合以自然经济为主、商品货币经济略有发展的清水江流域的小农生产之需要。该流域小生产者，包括雇农、自耕农，乃至需要资金周转的个体商人、小土地出租者，在民间借贷的支持下完成再生产过程，并自动承担其中的高利贷而无任何怨恨。换言之，民间借贷顽强地维持着该流域的小农生产方式，无法摆脱封建地主土地所有制对其的长久束缚，男耕女织的小生产方式得以长期延续。

第二，民间借贷助推着地主、商人、高利贷者三位一体社会结构的发展。"这种结构的形成及发展使中国历代商业资本具有两个致命的弱点：一是与封建性的、自给自足性的农业有着天然的联系，货币资本大量投入土地买卖，进行封建地租剥削；二是与高利贷资本关系亦相当密切，并且经常向高利贷资本转化。"[1] 清水江流域的民间借贷更多地表现为地主与高利贷者之结合，商人虽在其中，但并非三位一体。长期的封建性、半封建性并始终与土地买卖紧密联系在一起的、自给自足的个体经营特征突出，民间借贷不可能突破小生产方式，未能扩大商品生产。在契约的作用下，在租佃制的制约下，地主获得借贷利息的稳定收益，小生产者有一定的货币需求，维系着民间借贷，使其长时间地、几乎永久地持续下去。虽有利率起伏变化，然而清至民国在整体趋势上，民间借贷是地主、小生产者、高利贷者在操纵和获利，在构筑剥削机制，基本上是借入人与出贷人的二维结构。

第三，区域经济的发展离不开民间借贷。正如典当、钱庄、票号等近代金融机构可资借贷，其"机构的演进过程也是商品经济的发展过程"，"是商品经济发展的需要"，其发展"及其在市场流通又能推动商品的交换"[2]，促进经济增长。民间借贷虽无专业化分工和技术创新，但它自发调节民间所需的生产和生活资金，在相对封闭的经济环境中进行交换，降低了交易成本，

---

① 刘秋根：《中国典当制度史》，上海古籍出版社 1995 年版，第 300 页。
② 缪坤和、余发良、朱红琼等：《贵州：经济发展的晴雨表》，贵州人民出版社 2009 年版，第 111 页。

有助于交换的产生，从而导致经济的增长。清水江流域民间借贷从社会底层的角度适应了商品流通的需求，弥补了该区域金融机构稀缺而造成的资金不足，推动了区域财货的流通和生活消费，一定程度上促进了清水江流域社会经济的发展。当然，民间借贷的剥削性在新中国被彻底取缔。①

总之，民间借贷作为乡村不可或缺的金融形式，与经济社会和国家互动，是一个动态的历史过程，具有积极的历史作用，其利大弊小，维系了乡村社会再生产，促进了经济社会的发展，加速了社会转型。

----

①　中华人民共和国成立后，国家银行和农村信用社普遍设立，高利贷活动受到抑制和打击，专以高利贷为业的人已成为自食其力的劳动者，然偶有经营高利贷的。一般民间自由借贷仍较普遍，采用借币还币、以高于银行和信用社借贷的低息或无息放贷。民间借粮还粮、放养牲畜的借贷亦继续存在，作为习俗在延续。20世纪50年代，"农村基层政府掌握一部分公有积谷，递年以低息或无息接济缺粮农民的口粮困难，春借秋还，周转使用，解决了一大批缺粮农户的需要，使农村民间借贷有所减少"。（参见贵州省黔东南苗族侗族自治州地方志编纂委员会编《黔东南苗族侗族自治州志·金融志》，贵州人民出版社1990年版，第157页。）民间借贷一直存在，但其高利剥削被消除。

参 考 文 献

A

安尊华：《清水江流域土地契约文书研究》，北京：科学出版社，2019 年。

［日］岸本美绪著：《清代中国的物价与经济波动》，刘迪瑞译，北京：中国社会科学出版社，2010 年。

B

卞利、胡中生主编：《民间文献与地域中国研究》，合肥：黄山书社，2010 年。

［日］白井佐知子：《论明清时代徽州的典与当》，载卞利、胡中生主编《民间文献与地域中国研究》，合肥：黄山书社，2010 年。

［苏联］E. A. 贝洛夫：《辛亥革命前夕中国的政治经济概况》，《历史教学》1960 年第 1 期。

C

曹贤平、赵冬香：《清水江文书数据库建设元数据标准设计》，《信息与电脑》（理论版）2020 年第 10 期。

曹幸穗：《旧中国苏南农家经济研究》，北京：中央编译出版社，1996 年。

岑巩县志编纂委员会编：《岑巩县志》，贵阳：贵州人民出版社，1993 年。

曾梦宇：《"当江"制度与民族地区经济发展的保护研究》，《原生态民族文化学刊》2017 年第 4 期。

曾维君：《略论中国古代高利贷资本利率演变趋势》，《湖南社会科学》2001 年第 2 期。

陈国灿：《敦煌所出诸借契年代考》，《敦煌学辑刊》1984 年第 1 期。

陈国灿：《由锥形走向定型化的契约——谈谈吐鲁番出土契券》，《文史知识》1992 年第 8 期。

陈翰笙：《陈翰笙文集》，上海：复旦大学出版社，1985 年。

陈金全、杜万华主编：《贵州文斗寨苗族契约法律文书汇编——姜元泽家藏契约文书》，北京：人民出版社，2008 年。

陈金全、梁聪主编：《贵州文斗寨苗族契约法律文书汇编》，北京：人民出版社，2015 年。

陈永胜：《敦煌文献中民间借贷契约法律制度初探》，《甘肃政法学院学报》2000 年第 3 期。

陈峥：《民间借贷与乡村经济社会研究：以近代广西民族地区为中心》，北京：经济日报出版社，2016 年。

陈志武、林展、彭凯翔：《民间借贷的暴力冲突：清代债务命案研究》，《经济研究》2014 年第 9 期。

程泽时：《互动与共享：清代苗疆社会转型之理讼调适》，北京：中国法制出版社，2017 年。

程泽时：《清水江文书之法意初探》，北京：中国政法大学出版社，2011 年。

从江县文史学习委员会、从江县文化体育广播电视局编印：《从江文史资料》第 7 集，载张子刚编撰《从江石刻资料选编》，从江县教育局印刷厂 2007 年 12 月印刷。

D

戴鞍钢：《山林权的经营与转让——读〈清水江文书·天柱卷〉之二》，载张新民《探索清水江文明——清水江文书与中国地方社会国际学术研讨会论文集》，成都：巴蜀书社，2014 年。

邓刚：《"三锹人"与清水江中下游的山地开发——以黔东南锦屏县岑梧村为中心的考察》，《原生态民族文化学刊》2010 年第 2 期。

邓建鹏：《清至民国苗族林业纠纷的解决方式——以清水江"认错字"文书为例》，《湖北大学学报》（哲学社会科学版）2013 年第 4 期。

杜建录：《中国藏黑水城出土汉文借钱契研究》，《西夏学》2013 年第 2 期。

F

方行：《清代前期农村高利贷资本问题》，《经济研究》1984 年第 4 期。

费孝通：《江村经济》，上海：上海人民出版社，2006 年。

冯和法编：《中国农村经济资料》（续编），上海：黎明书局，1935 年。

冯剑：《近代天津民间借贷研究》，2012 年南开大学博士学位论文。

冯学伟：《敦煌吐鲁番文书中的地方惯例》，《当代法学》2011 年第 2 期。

傅安辉：《论历史上清水江木材市场繁荣的原因》，《贵州民族学院学报》（哲学社会科学版）2010 年第 1 期。

傅衣凌、杨国桢：《明清福建社会与乡村经济》，厦门：厦门大学出版社，1987 年。

傅衣凌：《明清农村社会经济·明清社会经济变迁论》，北京：中华书局，2007 年。

傅衣凌：《明清社会经济史论文集》，北京：商务印书馆，2010 年。

傅筑夫：《中国经济史论丛》，北京：生活·读书·新知三联书店，

1980 年。

G

高聪、谭洪沛主编，贵州民族文化宫编：《贵州清水江流域明清土司契约文书·九南篇》，北京：民族出版社，2013 年。

高聪、谭洪沛主编，贵州民族文化宫编：《贵州清水江流域明清土司契约文书·亮寨篇》，北京：民族出版社，2014 年。

高彦彬：《农村企业民间契约融资的风险与防范》，《河南理工大学》（社会科学版）2014 年第 3 期。

龚晓康：《清水江文书文献价值研究》，贵阳：贵州大学出版社，2016 年。

（清）载龄等奉敕撰：《钦定户部则例》，海口：海南出版社，2000 年。

《贵州六百年经济史》编辑委员会编：《贵州六百年经济史》，贵阳：贵州人民出版社，1998 年。

贵州人民政府财政经济委员会编印：《贵州财经资料汇编》，1950 年。

贵州省编辑组编：《侗族社会历史调查》，贵阳：贵州民族出版社，1988 年。

贵州省岑巩县志编纂委员会编：《岑巩县志》，贵阳：贵州人民出版社，1993 年。

贵州省档案馆、黔东南州档案馆、岑巩县档案馆合编：《贵州清水江文书·岑巩卷》（第一辑），贵阳：贵州人民出版社，2019 年。

贵州省档案馆、黔东南州档案馆、剑河县档案馆合编：《贵州清水江文书·剑河卷》（第一辑），贵阳：贵州人民出版社，2018 年。

贵州省档案馆、黔东南州档案馆、黎平县档案馆合编：《贵州清水江文书·黎平卷》（第一/二辑），贵阳：贵州人民出版社，2017 年。

贵州省档案馆、黔东南州档案馆、三穗县档案馆合编：《贵州清水江文书·三穗卷》（第一/二辑），贵阳：贵州人民出版社，2018 年。

贵州省档案馆、黔东南州档案馆、三穗县档案馆合编：《贵州清水江文书·三穗卷》（第三辑），贵阳：贵州人民出版社，2019 年。

贵州省档案馆、黔东南州档案馆、天柱县档案馆合编：《贵州清水江文书·天柱卷》（第一辑），贵阳：贵州人民出版社，2019 年。

贵州省地方志编纂委员会编：《贵州省志·金融志》，北京：方志出版社1998 年。

贵州省剑河县地方志编纂委员会编：《剑河县志》，贵阳：贵州人民出版社，1994 年。

贵州省锦屏县志编纂委员会编：《锦屏县志》，贵阳：贵州人民出版社，1995 年。

贵州省民族研究所、贵州省民族事务委员会编：《贵州"六山六水"民族调查选编·侗族卷》，贵阳：贵州人民出版社，2008 年。

贵州省黔东南苗族侗族自治州地方志编纂委员会编：《黔东南苗族侗族自治州志·金融志》，贵阳：贵州人民出版社，1990 年。

贵州省天柱县志编纂委员会编：《天柱县志》，贵阳：贵州人民出版社，1993 年。

贵州省台江县志编纂委员会编：《台江县志》，贵阳：贵州人民出版社，1994 年。

《贵州清水江文书编纂业务培训资料汇编》，内部资料，2018 年 8 月。

郭兴利、成中英：《个人破产与民间借贷的文化分析——成中英教授访谈录》，《南京林业大学学报》（人文社会科学版）2014 年第 1 期。

国家文物局古文献研究室等编：《吐鲁番出土文书》第三册，北京：文物出版社，1981 年。

果鸿孝：《清代典当业的发展及作用》，《贵州社会科学》1989 年第 2 期。

H

韩德章：《浙西农村之借贷》，《社会科学杂志》（北平），1932 年第 2 期。

何仁仲主编：《贵州通史》，北京：当代中国出版社，2003 年。

华林、杜昕、王逸凡、刘为：《清水江文书国家综合档案馆集中保护问题研究》，《档案学研究》2015 年第 2 期。

怀效锋点校：《大明律》，沈阳：辽沈书社，1990 年。

黄家服、段志洪主编：《中国地方志集成·贵州府县志辑（16）乾隆镇远府志·民国岑巩县志·民国思县志稿·民国炉山物产志稿》，成都：巴蜀书社，2006 年。

黄家服、《中国地方志集成·贵州府县志辑》编委会编：《中国地方志集成·贵州府县志辑（17）·光绪黎平府志》，成都：巴蜀书社，2016。

黄娟：《木材缘何流动——评〈木材之流动：清代清水江下游地区的市场、权力与社会〉》，《原生态民族文化学刊》2010 年第 2 期。

黄冕堂：《清史治要》，济南：齐鲁书社，1990 年。

黄仁宇：《万历十五年》，北京：生活·读书·新知三联书店，2006 年。

黄时鉴：《清代包头地区土地问题上的租与典——包头契约的研究之一》，《内蒙古大学学报》（人文社会科学版）1978 年第 1 期。

黄忠鑫：《清代福建永泰县的田根流转与契约书写》，《暨南学报》（哲学社会科学版）2017 年第 1 期。

J

剑河县志编纂委员会编：《剑河县志》，贵阳：贵州人民出版社，1994 年。

K

孔庆明、胡留元、孙季平编著：《中国民法史》，长春：吉林人民出版社，1996 年。

L

雷存福：《论中国古代契约与国家法的关系——以唐代法律与借贷契约的

关系为中心》，《当代法学》2005 年第 1 期。

雷福存、章燕：《吐鲁番回鹘文借贷契约研究》，《吉林大学社会科学学报》2004 年第 4 期。

雷福存：《敦煌吐鲁番借贷契约的抵赦条款与国家对民间债负的赦免——唐宋时期民间高利贷与国家控制的博弈》，《甘肃政法学院学报》2007 年第 2 期。

《黎平县志》编纂委员会编：《黎平县志》，成都：巴蜀书社，1989 年。

李斌等：《碎片化的历史：清水江流域碑刻研究》，北京：民族出版社，2018 年。

李斌等：《清代清水江流域社会变迁研究》，贵阳：贵州民族出版社，2016 年。

李斌主编，凯里学院、黎平县档案馆编：《贵州清水江文书·黎平文书》（第一辑），贵阳：贵州民族出版社，2017 年。

李斌主编，凯里学院、黎平县档案馆编：《贵州清水江文书·黎平文书》（第二辑），贵阳：贵州人民出版社，2019 年。

李斌主编，凯里学院、黎平县档案馆编：《贵州清水江文书·黎平文书》（第三辑）贵阳：贵州人民出版社，2020 年。

李海峰：《从民间借贷契约看古巴比伦时期的利率——兼论〈汉穆腊比法典〉中借贷利率的非现实性》，《安徽史学》2016 年第 3 期。

李金铮：《华北抗日根据地私人借贷利率政策考》，《抗日战争研究》2001 年第 3 期。

李金铮：《借贷关系与乡村变动：民国时期华北乡村借贷之研究》，保定：河北大学出版社，2000 年。

李金铮：《民国乡村借贷关系研究》，北京：人民出版社，2003 年。

李金铮：《政府法令　与民间惯行：以国民政府颁行"年利 20%"为中心》，《河北大学学报》（哲学社会科学版）2002 年第 4 期。

李时岳：《清末农村经济的崩溃与农民运动》，《史学月刊》1958 年第 6 期。

李文治、章有义主编：《中国近代农业史资料》（第二辑），北京：生活·读书·新知三联书店，1957 年。

李霞：《元代法律对民间借贷契约的规制》，《兰台世界》2015 年第 13 期。

李晓娟：《贵州清水江清白文书存在原因及评析》，《中国地方志》2017 年第 6 期。

李亚：《苗族习惯法对林业生产的管理研究——以加池寨清水江文书为中心》，《原生态民族文化学刊》2015 年第 3 期。

李一鸣：《试论汉代的民间借贷习俗与官方秩序——兼论汉代民间借贷中的"契约精神"》，《民俗研究》2018 年第 1 期。

李雨纱、张亚光：《近代中国民间金融契约整理与制度解析》，《经济科学》2015 年第 6 期。

（清）李宗昉编：《黔记》，北京：中华书局，1985 年。

梁聪：《清代清水江下游村寨社会的契约规范与秩序：以文斗苗族契约文书为中心的研究》，北京：人民出版社，2008 年。

梁凤荣：《唐代借贷契约论析》，《郑州大学学报》（哲学社会科学版）2005 年第 4 期。

辽宁大学历史系：《清太宗实录稿本》，1978 年。

辽宁大学历史系：《重译满文老档》，1979 年。

林芊：《从明代民间文书探索苗侗地区的土地制度——明代清水江文书研究之三》，《贵州大学学报》（社会科学版）2015 年第 6 期。

林芊：《国内成熟文书在少数民族地区的运用：明代清水江文书契纸样式简论——明代清水江文书研究之一》，《贵州大学学报》（社会科学版）2015 年第 4 期。

林芊：《明清时期贵州民族地区社会历史发展研究——以清水江为中心、历史地理的视角》，北京：知识产权出版社，2012 年。

林芊：《明清时期清水江流域林业生产与木材贸易研究的思考——清水江文书·林契研究之一》，《贵州大学学报》（社会科学版）2016 年第 3 期。

林芊：《清水江林契所反映的"股权"属性及林地权样态》，《贵州大学学报》（社会科学版）2018 年第 1 期。

林芊：《凸洞三村：清至民国一个侗族山乡的经济与社会——清水江天柱文书研究》，成都：巴蜀书社，2014 年。

林文勋、徐政芸主编：《云南省博物馆藏契约文书整理与汇编》（第四卷），北京：人民出版社，2013 年。

刘秋根：《中国典当制度史》，上海：上海古籍出版社，1995 年。

刘秋根：《明清高利贷资本》，北京：社会科学文献出版社，2000 年。

刘秋根：《关于明代高利贷资本利率的几个问题》，《河北学刊》2002 年第 5 期。

刘蓉：《简论西夏法典对借贷契约的规制》，《职工法律天地》（下）2014 年第 3 期。

刘崧：《礼法之间：清水江文书的定性问题》，《档案管理》2015 年第 2 期。

刘崧：《解读清水江文书的信任机制》，《寻根》2017 年第 3 期。

刘三谋、李震、刘德雄：《近代农村传统的资金借贷》，《古今农业》1998 年第 4 期。

刘兴唐：《唐代之高利贷事业》，《食货半月刊》第 1 卷第 10 期，1935 年。

刘亚男、吴才茂：《从契约文书看清代清水江下游地区的伦理经济》，《原生态民族文化学刊》2012 年第 2 期。

龙登高、温方方、邱永志：《典田的性质与权益——基于清代与宋代的比较研究》，《历史研究》2016 年第 5 期。

龙泽江、张清芳：《清代贵州清水江苗族土地契约的计量分析》，《农业考古》2014 年第 3 期。

龙泽江：《从清水江文书看清代贵州苗侗地区货币流通中的几个问题》，《贵州大学学报》（社会科学版）2013 年第 2 期。

龙泽江：《锦屏文书征集入馆保护模式的问题与对策》，《档案管理》2019 年第 3 期。

龙泽江：《苗族土司家谱〈迪光录〉概说》，《原生态民族文化学刊》2020 年第 5 期。

陆跃升：《清代汉族移民与清水江中上游农林经济开发考述》，《农业考古》2014 年第 4 期。

吕燕平编：《大屯契约文书汇编》（上、下），贵阳：孔学堂书局，2020 年。

M

马端临：《文献通考》卷一九《征榷考六·牙契》，北京：中华书局，1986 年。

马建石，杨育棠主编：《大清律例通考校注》，北京：中国政法大学出版社，1992 年。

［德］马克思、［德］恩格斯著：《马克思恩格斯全集》，中共中央马克思恩格斯列宁斯大林著作编译局编译，北京：人民出版社，2016 年。

马国君、黄艳：《清水江流域林木生产的社会规约探析——以现存契约文书为分析依据》，《原生态民族文化学刊》2011 年第 4 期。

《民族问题五种丛书》贵州省编辑组、《中国少数民族社会历史调查资料丛刊》修订委员会编：《苗族社会历史调查》，北京：民族出版社，2009 年。

《民族问题五种丛书》贵州省编辑组、《中国少数民族社会历史调查资料丛刊》修订编辑委员会编：《侗族社会历史调查》，北京：民族出版社，

2009 年。

缪坤和、余发良、朱红琼等：《贵州：经济发展的晴雨表》，贵阳：贵州人民出版社，2009 年。

P

潘宇、李新田：《民国间民事习惯调查中所见的中人与保人研究》，《法制与社会发展》2000 年第 6 期。

潘志成、吴大华编著：《土地关系及其他事务文书》，贵阳：贵州民族出版社，2011 年。

盘应福：《惯习、礼法与秩序：近世清水江下游地区的"关系清白"研究》，《青海民族研究》2019 年第 3 期。

彭文字：《清代福建田产典当研究》，《中国经济史研究》1992 年第 3 期，第 88 页。

彭信威：《中国货币史》，上海：上海人民出版社，1958 年。

Q

漆侠：《宋代经济史》，上海：上海人民出版社，1988 年。

钱晶晶：《三门塘人的空间观念及表达》，《原生态民族文化学刊》2011 年第 4 期。

钱宗武：《清水江文书研究之回顾与前瞻》，《贵州大学学报》（社会科学版）2014 年第 1 期。

黔东南苗族侗族自治州地方志编纂委员会编：《黔东南州志·粮食志》，北京：方志出版社，1995 年。

黔东南苗族侗族自治州地方志编纂委员会编：《黔东南州志·农业志》，贵阳：贵州人民出版社，1993 年。

秦秀强：《江规：清代清水江木材采运贸易规范考察》，《原生态民族文化学刊》2010 年第 1 期。

秦秀强：《清水江下游苗侗地区碑刻文化调查——以天柱县为例》，《贵州民族学院学报》（哲学社会科学版）2012 年第 3 期。

《清实录》，北京：中华书局，1985 年影印本。

《清朝文献通考》，杭州：浙江古籍出版社 1998 年影印本。

曲彦斌：《中国典当史》，北京：九州出版社，2007 年。

R

热依拉·依里木、刘明：《乡村借贷、非正式治理与信贷效率——基于维吾尔借贷契约的历史启示》，《上海经济研究》2017 年第 9 期。

S

单洪根：《锦屏林业契约文书——清代林业生产关系的活化石》，《凯里学院学报》2007 年第 5 期。

单洪根：《锦屏文书——与清水江林业史话》，北京：中国政法大学出版社，2017 年。

单洪根：《木材时代：清水江林业史话》，北京：中国林业出版社，2008 年。

三穗县志编纂委员会编：《三穗县志》，北京：民族出版社，1994 年。

沈文嘉：《清代清水江流域林业经济与社会发展论要》，《古今农业》2005 年第 2 期。

沈文嘉等：《清代清水江流域侗、苗族杉木造林方法初探》，《北京林业大学学报》（社会科学版）2004 年第 4 期。

石开忠：《碰撞与调适——清水江流域人民武装反抗斗争与当地社会文化变迁》，《贵州大学学报》（社会科学版）2014 年第 5 期。

石毓符：《中国货币金融史略》，天津：南开大学出版社，2019 年。

史达宁：《清水江借贷契约初探》，载张新民主编《人文世界——区域·传统·文化》（第四辑），北京：人民出版社，2011 年。

［日］寺田浩明著：《权利与冤抑：寺田浩明中国法史论集》，王亚新等译，北京：清华大学出版社，2012 年。

苏少之、常明明：《建国前后人民政府对农村私人借贷政策演变的考察》，《中国经济史研究》2005 年第 3 期。

（清）孙诒让撰：《周礼正义》，北京：中华书局，2013 年。

T

唐力、杨有庚、［日］武内房司主编：《贵州苗族林业契约文书汇编（1736—1950）》，东京：东京外国语大学，2001—2002 年。

天柱县志编纂委员会编：《天柱县志》，贵阳：贵州人民出版社，1993 年。

［法］童丕著：《敦煌的借贷：中国中古时代的物质生活与社会》，余欣、陈建伟译，北京：中华书局，2003 年。

W

万红：《试论清水江木材集市的历史变迁》，《古今农业》2005 年第 2 期。

汪文学编校：《道真契约文书汇编》，北京：中央编译出版社，2015 年。

王斐弘：《敦煌借贷契约的民间规则——以举钱契为例》，《民间法》2015 年第 2 期。

王红梅：《蒙元时期回鹘文的使用概况》，《黑龙江民族丛刊》2012 年第 6 期。

（宋）王溥撰：《唐会要》，北京：中华书局，1955 年。

王廷元：《徽州典商述论》，《安徽史学》1986 年第 1 期。

王亚南：《王亚南文集》，福州：福建教育出版社，1988 年。

王宗培：《中国之合会》，中国合作学社，1931 年。

王宗勋：《从"化外之苗"到"契约之乡"——以平鳌"输粮附籍"碑为中心》，《原生态民族文化学刊》2019 年第 2 期。

王宗勋：《法律、族规与款规款约的互渗及作用——以魁胆侗寨为例》，《贵州大学学报》（社会科学版）2017 年第 4 期。

王宗勋：《民间文献"锦屏文书"的生态文明价值探析》，《贵州大学学报》（社会科学版）2019 年第 2 期。

王宗勋：《浅谈锦屏文书在促进林业经济发展和生态文明建设中的作用》，《贵州大学学报》（社会科学版）2012 年第 5 期。

王宗勋：《清代清水江中下游林区的土地契约关系》，《原生态民族文化学刊》2009 年第 3 期。

王宗勋主编：《乡土锦屏》，贵阳：贵州大学出版社，2008 年。

韦庆远：《档房论史文编》，福州：福建人民出版社，1984 年。

温锐：《民间传统借贷与农村社会经济——以 20 世纪初期（1900—1930）赣闽边区为例》，《近代史研究》2004 年第 3 期。

吴秉坤：《典制的完整形态：清至民国徽州典契研究》，《淮北师范大学学报》（哲学社会科学版）2011 年第 5 期。

吴承洛：《中国度量衡史》，上海：上海三联书店，1984 年。

吴才茂：《清代清水江流域的"民治"与"法治"——以契约文书为中心》，《原生态民族文化学刊》2013 年第 2 期。

吴才茂：《从契约文书看清代以来清水江下游苗、侗族妇女的权利地位》，《西南大学学报》（社会科学版）2013 年第 4 期。

吴才茂：《民间文书与清水江地区的社会变迁》，北京：民族出版社，2016 年。

吴才茂：《"礼"入苗疆：清代清水江文书中的婚姻世界》，《西南大学学报》（社会科学版）2019 年第 6 期。

吴才茂：《一叶知秋：明清契约文书究竟还能研究什么？读〈明月清风：

明清时代的人、契约与国家〉》，载赵晶主编《中国古代法律文献研究》第十三辑，2019 年。

吴才茂：《亦谱亦志：清代西南土司族谱编纂的方志化研究——以亮寨蛮夷长官司为例》，《原生态民族文化学刊》2020 年第 5 期。

吴声军：《锦屏契约所体现林业综合经营实证及其文化解析》，《原生态民族文化学刊》2009 年第 4 期。

吴述松：《清水江两百年争江案判决与乾隆以蛮治蛮新政》，《北方民族大学学报》（哲学社会科学版）2014 年第 1 期。

吴欣：《明清时期的"中人"及其法律作用与意义——以明清徽州地方契约为例》，《东南大学法律评论》2004 年春季号。

吴育瑞：《锦屏文书：穿越五百年的文化记忆》，《中国民族报》2011 年 4 月 1 日，第 10 版。

X

肖亚丽：《清水江文书语言学研究综述》，《原生态民族文化学刊》2017 年第 4 期。

肖亚丽：《清水江文书词语释义十一则》，《原生态民族文化学刊》2020 年第 2 期。

谢国兴：《中国现代化的区域研究：安徽省》，台北："中央研究院"近代史研究所，1991 年。

谢景连：《清水江区域社会与清水江文书研究现状简述》，《怀化学院学报》2014 年第 4 期。

谢景连：《人·地·权："插花地"地湖契约文书整理研究》，《原生态民族文化学刊》2018 年第 3 期。

谢景连：《"插花地"：文化生态、地方建构与国家行政：清水江下游地湖乡的个案研究》，北京：社会科学文献出版社，2019 年。

谢开键：《"出典回佃"式交易研究——以清中后期贵州省锦屏县为例》，《中国社会经济史研究》2019 年第 1 期。

徐畅：《二十世纪二三十年代华中地区农村金融研究》，济南：齐鲁书社，2005 年。

［日］相原佳之：《从锦屏县平鳌寨文书看清代清水江流域的林业经营》，《原生态民族文化学刊》2010 年第 1 期。

［日］相原佳之：《清代贵州省东南部的林业经营与白银流通》，载张新民主编《探索清水江文明——清水江文书与中国地方社会国际学术研讨会论文集》，成都：巴蜀书社，2014 年。

（明）徐渭：《徐文长文集》，载《续修四库全书》第 1354 册，上海：上海古籍出版社，2012 年。

徐晓光、夏阳：《清朝政府清水江林木市场经济调控法律制度研究》，《原生态民族文化学刊》2013 年第 1 期。

徐晓光：《教化、"归化"与文化——清代清水江流域苗族侗族地区与法律有关的教育文化事象》，《教育文化论坛》2012 年第 2 期。

徐晓光：《锦屏乡土社会的法与民间纠纷解决》，北京：民族出版社，2012 年。

徐晓光：《苗族习惯法传承过程与"广场化"仪式》，《民间法》2018 年第 2 期。

徐晓光：《清水江流域传统林业规则的生态人类学解读》，北京：知识产权出版社，2014 年。

徐晓光：《清水江流域传统贸易规则与商业文化研究》，北京：社会科学文献出版社，2018 年。

徐晓光：《清水江流域林业经济法制的历史回溯》，贵阳：贵州人民出版社，2006 年。

徐迎冰：《中国早期的信用和信用业》，《南方金融》1982 年第 7 期。

徐钰：《清至民国时期清水江流域民间借贷活动研究——以〈天柱文书〉为中心》，2016 年贵州大学硕士论文。

薛暮桥：《旧中国的农村经济》，北京：农业出版社，1980 年。

Y

严中平、徐义生等编：《中国近代经济史统计资料选辑》（第一种），北京：科学出版社，1985 年。

杨军昌、李斌等：《清水江流域少数民族教育文化研究》，北京：知识产权出版社，2020 年。

杨军昌、王斌、林芊：《基于清水江学建构的清水江文书研究再认识》，《贵州大学学报》（社会科学版）2019 年第 4 期。

杨淑红：《元代的保人担保：以黑水城所出民间借贷契约文书为中心》，《宁夏社会科学》2013 年第 1 期。

杨孝斌等：《清水江文书林业契约中的记数数码、股份制记数法研究》，《原生态民族文化学刊》2016 年第 2 期。

杨选第：《元代亦集乃路的民间借贷契约》，《内蒙古师大学报》（哲学社会科学版）1996 年第 3 期。

杨志军、刘崧：《清水江文书的信任机制及其阐释》，《浙江档案》2017 年第 11 期。

姚公振：《中国农业金融史》，上海：中国文化服务社，1947 年。

殷苏编：《中国砖铭》，南京：江苏美术出版社，1998 年。

余椿寿：《高利贷产生的原因及其影响》，《农林新报》第 14 期，1936 年。

俞如先：《清至民国闽西乡村民间借贷研究》，天津：天津古籍出版社，2010 年。

（清）俞渭修、陈瑜纂：《黎平府志》，清光绪十八年（1892）刻本。

（宋）袁采：《世范》，长沙：岳麓书社，2002 年。

袁春湖：《民间借贷法律规制研究：以利率为中心》，北京：法律出版社，2015 年。

Z

张传玺主编：《中国历代契约会编考释》，北京：北京大学出版社，1995 年。

张海英、黄敬斌：《春花鱼鳞册》，载张新民《探索清水江文明——清水江文书与中国地方社会国际学术研讨会论文集》，成都：巴蜀书社，2014 年。

张慧然：《清代洛阳地区民间借贷研究》，2019 年郑州大学硕士学位论文。

张建民、唐刚卯编：《湖北天门熊氏契约文书》，武汉：湖北人民出版社，2014 年。

张晋藩：《清代民法综论》，北京：中国政法大学出版社，1998 年。

张明、林芊：《苗界苗疆考——对明清时期贵州"苗民"聚居地称谓演变的历史考察》，《地域文化研究》2020 年第 1 期。

张鹏飞编：《新度量衡换算表》，北京：中华书局，1947 年。

张荣铮、刘勇强、金懋初点校：《大清律例》，天津：天津古籍出版社，1993 年。

张肖梅：《贵州经济》，中国国民经济研究所，1939 年。

张新民：《清水江文书的整理研究与清水江学的构建发展》，《贵州大学学报》（社会科学版）2016 年第 1 期。

张新民：《区域社会经济史研究的新创获——清水江文书与中国地方社会国际学术研讨会综述》，《中国经济史研究》2014 年第 2 期。

张新民：《乡村日常生活与帝国经略政治——关于清水江文书整理与研究的几点思考》，《吉首大学学报》（社会科学版）2019 年第 2 期。

张新民主编：《天柱文书》（第一辑），南京：江苏人民出版社，2014 年。

张银锋：《"屋山头"的文化嬗变：对清水江流域一个侗族村落的历史人类学考察》，《原生态民族文化学刊》2011 年第 4 期。

张应强、胡腾：《锦屏》，李玉祥摄影，北京：生活·读书·新知三联书店，2004 年。

张应强：《从卦治〈奕世永遵〉石刻看清代中后期的清水江木材贸易》，《中国社会经济史研究》2002 年第 3 期。

张应强：《木材之流动：清代清水江下游地区的市场、权力与社会》，北京：生活·读书·新知三联书店，2006 年。

张应强、王宗勋主编：《清水江文书》（第一辑），桂林：广西师范大学出版社，2007 年。

张应强、王宗勋主编：《清水江文书》（第二辑），桂林：广西师范大学出版社，2009 年。

张应强、王宗勋主编：《清水江文书》（第三辑），桂林：广西师范大学出版社，2011 年。

张应强：《区域开发与清水江下游村落社会结构——以〈永定江规〉碑的讨论为中心》，《原生态民族文化学刊》2009 年第 3 期。

张忠民：《前近代中国社会的高利贷与社会再生产》，《中国经济史研究》1992 年第 3 期。

章有义编：《中国近代农业史资料》（第二辑，1912—1927），北京：生活·读书·新知三联书店，1957 年。

赵冈：《永佃制下的田皮价格》，《中国农史》2005 年第 3 期。

赵毅：《明代豪民私债论纲》，《东北师大学报》（哲学社会科学版）1996 年第 5 期。

郑庆平：《中国近代高利贷资本及其对农民的盘剥》，《经济问题探索》1986 年第 4 期。

中国第二历史档案馆编：《中华民国史档案资料汇编》，南京：江苏古籍出版社，1994 年。

《中国经济史》编写组编：《中国经济史》，北京：高等教育出版社，2019 年。

《中华民国法规大全》第 3 册，北京：商务印书馆，1936 年。

钟一苇、杨博：《从引证看清水江文书的研究》，《贵州民族研究》2017 年第 3 期。

周冬梅、石开忠：《清水江流域教育发展述论》，《教育文化论坛》2011 年第 2 期。

周静、张颖：《唐代民间借贷利息的官方与民间两视野——对一份敦煌吐鲁番契约的解读》，《中国商界》（下半月）2008 年第 2 期。

周利：《唐代借贷契约中的国家干预》，《当代经济》2017 年第 34 期。

朱荫贵：《从贵州清水江文书看近代中国的地权转移》，《贵州大学学报》（社会科学版）2013 年第 6 期。

朱汉国、杨群主编：《中华民国史》，成都：四川人民出版社，2006 年。

遵义市政协文史资料委员会编：《遵义市文史资料》第 13 辑《关于遵义工商》，遵义文史资料编辑部，1988 年。